300점 만점 필요 없잖아? 초고속 4급 합격을 위한 교재

# HSK 4급

## 180점 넘어
## 230점까지

다락원

학원에서 직접 HSK 4급 강의를 하다 보면, 시험에 대해 충분한 이해 없이 막연히 HSK를 준비하는 학생들이 많습니다. 혹은 주변 친구들에게 "3급부터 할까, 4급부터 할까?"를 묻고, 시험에 대한 정확한 정보 없이 바로 도전하는 경우도 종종 봤습니다. 이렇게 시작한 학생 중에는 4급이 생각보다 어렵다는 사실에 당황하고 중도 포기하는 경우가 많습니다.

이에, 본 교재는 HSK 4급을 준비하는 수험생들이 짧은 시간 안에 최대의 효율을 낼 수 있는 기본 필독서가 되기를 바라며 집필했습니다. HSK 4급 300점 만점을 목표로 하는 고득점용이 아닌, **180점에서 230점을 목표로 하는 학생들을 위한 책입니다.** 따라서, 지나치게 어려운 문제나 이론은 과감히 덜어내고, 실전에서 꼭 필요한 내용만을 담아 효율적인 학습을 하도록 구성했습니다. HSK 4급을 처음 시작하는 분들은 반드시 이 책을 먼저 필독하는 것이 좋습니다.

본 교재는 기존 교재의 틀을 깨고, 아래와 같이 학생들이 최단기간에 합격할 수 있게 구성했습니다!

**첫째,** 교재 구성을 단순히 '듣기-독해-쓰기' 순서가 아닌, HSK 4급 부분별 난이도에 따라 '쓰기 제1부분(어법 이론 포함) → 독해 제1부분 → 듣기 제2, 3부분 대화형 → 독해 제3부분 → 듣기 제1부분 → 독해 제2부분 → 듣기 제3부분 서술형 → 쓰기 제2부분' 순서로 배치했습니다.

학생들은 학습 플래너에 따라 앞에서부터 차근차근 실력을 키워 나가기만 하면 됩니다.

**둘째,** HSK 4급을 공부하는 데 가장 중요한 3급과 4급 최우선 빈출 어휘를 교재 뒤편에 실었으며, 별도로 PDF로 다운로드하여 이동 중에도 스마트폰이나 태블릿 PC로 공부할 수 있게 했습니다.

**셋째,** 듣기 문제뿐만 아니라 일부 독해 문제에도 MP3파일을 제공하여, 학생들이 독해를 하면서도 듣기 실력을 늘리게끔 했습니다.

**넷째,** 본 교재로 공부하면서 이해가 안 되는 부분은 카카오톡 채널 liuhsk에 질문 주시면 저자인 저희가 직접 답변해 드립니다.

마지막으로, 교재 내용을 위해 함께 힘써준 리우HSK연구소 여러 선생님들께 고마움을 표합니다.

저자 **리우, 최예슬**

# 차 례

# 이 책의 특징 및 활용법

## ❶ 빠른 시간, 최대의 효율로 증서 획득을 돕는 교재

이 교재는 오랜 시간이 걸려 고득점을 획득하는 것이 아닌, 빠른 시간 안에 180점부터 230점 내의 점수를 받아 증서 획득을 한 후 다음 급수로 넘어가는 것을 목표로 합니다. 이를 위해 교재에 지나치게 어려운 이론과 문제는 덜어내고, 시험에 꼭 나오는 내용만을 담았기에 효율적인 학습이 가능합니다.

## ❷ 기존 교재의 틀을 깬 새로운 구성

기존의 '듣기-독해-쓰기' 순서가 아닌, 영역별 난이도에 따라 최대의 학습 효과를 얻을 수 있도록 순서를 재구성했습니다. 학습자는 30일 학습 플래너 의 순서에 따라 쉽고 편하게 공부할 수 있습니다.

## ❸ HSK 3.0 버전의 다양한 실전문제 포함

최신 기출 트렌드를 반영하여 학습자가 다양한 유형과 난이도의 문제를 경험할 수 있습니다. 문제가 보이는 시간 의 예제 문제, 내공이 쌓이는 시간 의 빈출 문제, 실력 확인하기 문제, 모의고사 까지 실전 대비 훈련이 가능합니다.

## ❹ 최우선 빈출 어휘 수록

HSK 3급과 HSK 4급의 최우선 빈출 어휘를 선별하여 교재 맨 뒤에 표로 정리했습니다. 학습자는 30일 학습 플래너 의 DAY에 따라 어휘를 암기하면 됩니다. 교재에 수록된 어휘는 모두 PDF로 다운로드하여 언제 어디서든 편하게 학습할 수 있습니다.

## ❺ 듣기 및 독해 MP3 음원 수록

듣기 영역의 모든 내용과 독해 영역 일부에 녹음 파일을 제공합니다. 학습자는 독해 문제의 비교적 긴 지문을 들으면서 독해와 듣기 실력을 모두 끌어올릴 수 있습니다.

## ❻ 저자 쌤의 초고속 합격 전략 동영상

저자 쌤이 직접 알려주는 초고속 합격 전략 동영상을 제공합니다. 9쪽의 QR 코드를 스캔하여 시험에 대비해 보세요.

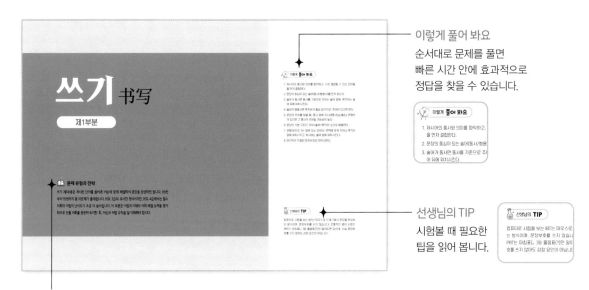

이렇게 풀어 봐요
순서대로 문제를 풀면
빠른 시간 안에 효과적으로
정답을 찾을 수 있습니다.

선생님의 TIP
시험볼 때 필요한
팁을 읽어 봅니다.

문제 유형과 전략
부분별 문제 유형을 소개하고, 학습자가 시험에 대비하도록
공부 방법, 시간 분배 전략 등의 내용을 정리했습니다.

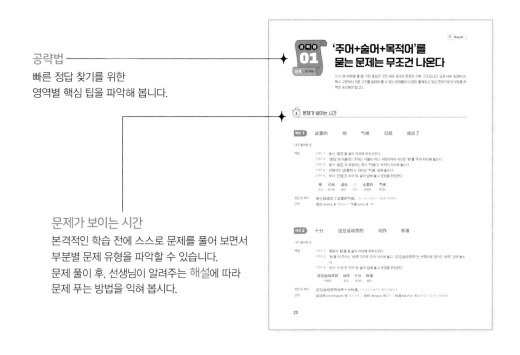

공략법
빠른 정답 찾기를 위한
영역별 핵심 팁을 파악해 봅니다.

문제가 보이는 시간
본격적인 학습 전에 스스로 문제를 풀어 보면서
부분별 문제 유형을 파악할 수 있습니다.
문제 풀이 후, 선생님이 알려주는 해설에 따라
문제 푸는 방법을 익혀 봅시다.

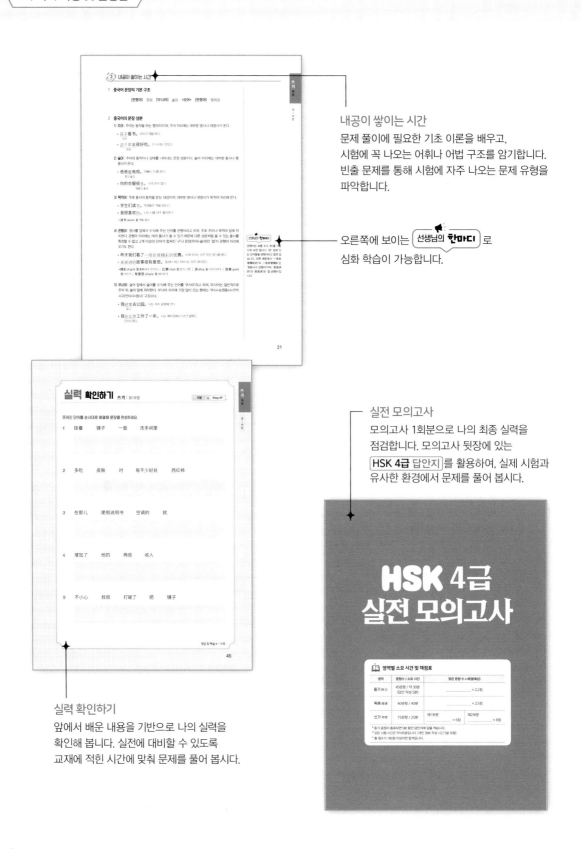

**내공이 쌓이는 시간**
문제 풀이에 필요한 기초 이론을 배우고,
시험에 꼭 나오는 어휘나 어법 구조를 암기합니다.
빈출 문제를 통해 시험에 자주 나오는 문제 유형을
파악합니다.

오른쪽에 보이는 선생님의 한마디 로
심화 학습이 가능합니다.

**실전 모의고사**
모의고사 1회분으로 나의 최종 실력을
점검합니다. 모의고사 뒷장에 있는
HSK 4급 답안지 를 활용하여, 실제 시험과
유사한 환경에서 문제를 풀어 봅시다.

**실력 확인하기**
앞에서 배운 내용을 기반으로 나의 실력을
확인해 봅니다. 실전에 대비할 수 있도록
교재에 적힌 시간에 맞춰 문제를 풀어 봅시다.

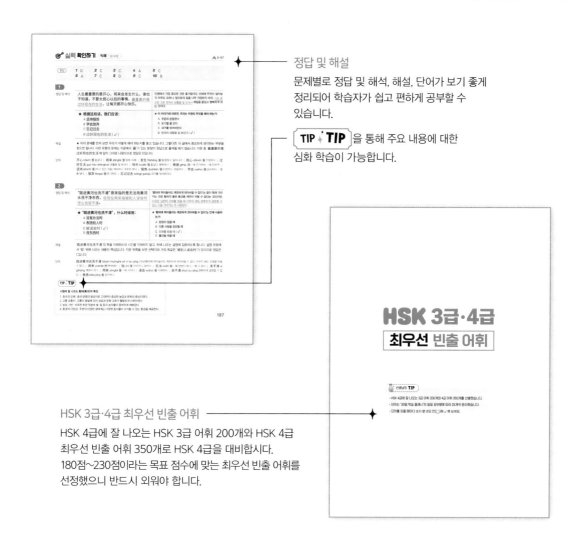

정답 및 해설

문제별로 정답 및 해석, 해설, 단어가 보기 좋게
정리되어 학습자가 쉽고 편하게 공부할 수
있습니다.

**TIP TIP** 을 통해 주요 내용에 대한
심화 학습이 가능합니다.

HSK 3급·4급 최우선 빈출 어휘

HSK 4급에 잘 나오는 HSK 3급 어휘 200개와 HSK 4급
최우선 빈출 어휘 350개로 HSK 4급을 대비합시다.
180점~230점이라는 목표 점수에 맞는 최우선 빈출 어휘를
선정했으니 반드시 외워야 합니다.

바로 **연결**

• 듣기 영역 전체 + 독해 영역 일부 +
  모의고사 듣기 및 독해 영역
  MP3파일 다운로드
• 권말 부록 HSK 3급·4급 최우선
  빈출 어휘 PDF 다운로드

• 저자 선생님의
  HSK 4급 초고속
  합격 전략 동영상

• 『HSK 어휘 5000 플러스』
  웹페이지
  (HSK 1급~6급 모든
  어휘 및 예문 학습 가능)

## HSK의 모든 것

**HSK 소개**

HSK(汉语水平考试, Hànyǔ Shuǐpíng Kǎoshì)는 중국 교육부 산하 기관에서 주관하는 중국어 능력 평가 시험이다. HSK는 총 1급~6급이 있었는데, 최근 7급~9급이 더해져 새롭게 고급 과정이 개편되었다.

### ◆ HSK 급별 구성

| 급 | 어휘량 | 수준 |
|---|---|---|
| HSK 7~9급 | 11,000개 | 중국어를 제2언어로 사용하는 응시자의 사회생활, 학술 연구 등 복잡한 주제에 대한 중국어 교류 능력을 중점적으로 평가한다. 거의 원어민 수준에 준하는 중국어 실력을 쌓을 수 있다. |
| HSK 6급 | 5,000개 이상 | 중국어 정보를 듣거나 읽을 때 쉽게 이해할 수 있으며, 중국어를 사용해 구두상 및 서면상으로 자신의 견해를 유창하고 적절하게 전달할 수 있다. |
| HSK 5급 | 2,500개 이상 | 중국어 신문과 잡지를 읽을 수 있고, 중국어 영화 또는 TV 프로그램을 감상할 수 있다. 또한 중국어로 비교적 완전한 연설을 할 수 있다. |
| **HSK 4급** | **1,200개 이상** | **중국어로 비교적 자연스러운 일상 대화가 가능하며, 적합한 단어를 활용하여 간단한 글쓰기를 할 수 있다. 또한 감정, 의견, 계획 등 좀 더 추상적인 내용을 표현하는 단어를 쓸 수 있다.** |
| HSK 3급 | 600개 이상 | 중국어로 일상생활, 학습, 업무 등 각 분야의 상황에서 기본적인 회화를 할 수 있다. 또한 중국 여행 시에 겪는 대부분의 상황에 중국어로 대응할 수 있다. |
| HSK 2급 | 300개 이상 | 중국어로 간단하게 일상생활에서 일어나는 화제에 관해 이야기할 수 있다. |
| HSK 1급 | 150개 이상 | 아주 간단한 중국어 단어와 문장을 이해하고 사용할 수 있으며, 기초적인 일상 회화를 할 수 있다. |

### ◆ 방식

- IBT(Internet-Based Test) : 컴퓨터로 진행하는 시험
- PBT(Paper-Based Test) : 기존의 종이 시험지와 OMR 답안지로 진행하는 시험

### ◆ 용도

- 국내외 대학(원) 및 특목고 입학·졸업 시 평가 기준
- 중국정부장학생 선발 기준
- 국내외 기업 취업·승진을 위한 평가 기준

## ◆ 접수 방법

| 인터넷 접수 | HSK 한국사무국 홈페이지(www.hsk.or.kr)에서 접수<br>＊사진 파일(3x4cm 반명함판 크기 or 115x150 pixel로 스캔한 jpg 파일) 필요 |
|---|---|
| 우편 접수 | 구비 서류 동봉 후, 등기 발송하여 접수<br>구비 서류 ┃ 응시원서(사진 1장 부착), 사진 2장(3x4cm 반명함판), 응시료를 낸 입금 영수증<br>보낼 주소 ┃ (06336) 서울특별시 강남구 강남우체국 사서함 115호 〈HSK 한국사무국〉 |
| 방문 접수 | 구비 서류를 들고 직접 방문하여 접수<br>구비 서류 ┃ 응시원서, 사진 3장(3x4cm 반명함판), 응시료<br>접수처 ┃ 서울 강남구 테헤란로5길 24(역삼동 635-17) 장연빌딩 2층 〈서울공자아카데미〉<br>접수 시간 ┃ 평일 오전 9시 30분~12시, 오후 1시~5시 30분/ 토요일 오전 9시 30분~12시 |

## ◆ 준비물

· IBT(Internet-Based Test): 수험표, 신분증
· PBT(Paper-Based Test): 수험표, 신분증, 2B 연필, 지우개

## ◆ 성적 조회 및 성적표 수령 방법

| 성적 조회 | 시험 본 당일로부터 1개월 후(PBT) 또는 2주 후(IBT)에 **중국고시센터**(old.chinesetest.cn)에서 성적 조회 가능 |
|---|---|
| 성적표 수령 | '시험일로부터 45일 후'에 접수 시 선택한 방법(우편 또는 방문)으로 수령 가능 |
| 성적 유효기간 | 시험일로부터 2년간 유효함 |

## Q1 HSK가 뭔가요?

HSK(汉语水平考试, Hànyǔ Shuǐpíng Kǎoshì)는 중국어를 외국어로 사용하는 사람들이 중국어 능력을 평가받는 전 세계적인 중국어 인증 시험입니다. HSK는 총 9개의 급수로 나뉘는데, 숫자가 클수록 더 높은 수준의 중국어를 요구합니다. 기존에 실시한 1급~6급은 변하지 않고, 7급~9급만 새롭게 고급 과정으로 개편되었습니다.

## Q2 HSK 4급은 어떤 시험인가요?

HSK 4급은 중급 수준의 중국어 실력을 평가하는 시험입니다. 일상생활뿐만 아니라 학교나 직장에서도 중국어로 소통할 수 있는 능력을 봅니다. 이 시험에 합격하면 신문 기사나 TV 드라마를 어느 정도 이해하고, 직장이나 학업에서도 기본적인 중국어 대화를 할 수 있다는 걸 증명합니다.

## Q3 HSK 4급은 어떤 구성으로 되어 있나요?

HSK 4급은 세 가지 영역으로 나뉩니다. 듣기, 독해, 쓰기 총 100문항이 출제되고, 각각 듣기(45문항), 독해(40문항), 쓰기(15문항)로 구성됩니다. 시험 시간은 약 1시간 40분 정도이고, 듣기 음원이 종료되면 답안 마킹 시간 5분이 주어집니다. 독해, 쓰기 영역은 따로 답안 마킹 시간이 없으니 주어진 시간을 잘 활용하여 답안지를 작성해야 합니다.

| 문제 영역 | | 문항 수 | | 시험 시간 | 점수 |
| --- | --- | --- | --- | --- | --- |
| 듣기 听力 | 제1부분 | 10 | 45 | 30분 | 100점 |
| | 제2부분 | 15 | | | |
| | 제3부분 | 20 | | | |
| 듣기 영역 답안 마킹 시간 | | | | 5분 | |
| 독해 阅读 | 제1부분 | 10 | 40 | 40분 | 100점 |
| | 제2부분 | 10 | | | |
| | 제3부분 | 20 | | | |
| 쓰기 书写 | 제1부분 | 10 | 15 | 25분 | 100점 |
| | 제2부분 | 5 | | | |
| 총계 | | 100문항 | | 약 100분 | 300점 만점 |

## Q4 시험 점수는 어떻게 계산되나요?

시험은 총 300점 만점입니다. 듣기·독해·쓰기 각각 100점씩이고, 합격하려면 180점 이상을 받아야 합니다. 영역별 과락 점수는 따로 없습니다.

| 영역 | 문항 수 | 문제당 점수 배점(예상) | | 총점 |
|---|---|---|---|---|
| 듣기 听力 | 45문항 | 2.2점 | | 100점 |
| 독해 阅读 | 40문항 | 2.5점 | | 100점 |
| 쓰기 书写 | 15문항 | 제1부분 | 제2부분 | 100점 |
| | | 6점 | 8점 | |
| 총 점수가 180점 이상이면 합격 | | | | |

## Q5 HSK 4급에서 어떤 부분부터 공부하는 게 유리한가요?

먼저 쓰기 제1부분부터 공부하세요. 쓰기 제1부분을 통해 기본적인 어법과 문장 구조를 탄탄하게 다지면, 나중에 독해와 듣기에서 더 쉽게 적응할 수 있습니다. 본 교재는 HSK 4급의 부분별 난이도 순서대로 구성했습니다. 교재에서 이끄는 대로 공부하면 각 부분이 자연스럽게 연결되어 효율적으로 학습할 수 있습니다.

## Q6 HSK 4급, 어떻게 준비해야 하나요?

1) **단어 암기**
HSK 4급에서는 약 1,200개(1급~3급 600개+4급 600개)의 단어를 알아야 합니다. 우선 교재의 최우선 빈출 어휘에 나온 단어를 반드시 외우고, 실제 문장에도 활용해 봅니다.

2) **듣기 연습**
시험에 나오는 원어민의 말하기 속도에 익숙해져야 합니다. 원어민의 음성 자료를 많이 듣고, 중문 문장을 제대로 된 성조와 발음으로 소리 내어 읽습니다. 틈틈이 받아쓰기 연습도 필요합니다.

3) **독해 연습**
제한된 시간 내에 문제 푸는 연습을 많이 해 봅니다. 문장 속에서 정확한 의미를 추론하는 능력이 필요합니다.

4) **쓰기 연습**
문장을 올바르게 구성하는 연습을 해야 합니다. 자주 쓰이는 문법 구조를 익히고, 다양한 주제로 글을 써 봅니다.

### Q7 HSK 4급을 IBT로 볼까요, PBT로 볼까요?

HSK 4급은 두 가지 방식(IBT/PBT)이 있습니다. 이 중에 어떤 방식이 더 나은지는 본인의 스타일에 따라 다릅니다. 자세한 내용은 유튜브 채널 'liuhsk'를 참고하세요. **(유튜브 검색어:** 리우HSK IBT**)**

#### 1) IBT (Internet-Based Test) : 컴퓨터로 치르는 시험

**장점** 듣기 문제를 헤드폰으로 들을 수 있어 집중이 잘 되고, 답안 마킹도 클릭만 하면 됩니다. 쓰기 제2부분에서 한자 쓰기가 약한 학습자에게 유리합니다.

**단점** 독해 문제를 풀 때 오로지 눈으로만 컴퓨터 화면을 봐야 해서 조금 불편합니다. 또한 쓰기 제2부분을 위해 한어병음을 입력하여 중문을 타이핑하는 연습이 필요합니다.

#### 2) PBT (Paper-Based Test) : 전통적인 종이 시험

**장점** 손으로 한자를 쓰는 게 익숙하면 더 유리합니다. 종이로 문제를 읽고 푸는 것을 선호하는 사람에게 추천합니다.

**단점** 듣기 음성이 스피커로 나오기 때문에 음질이 떨어질 수 있습니다. 답안을 수정할 때는 지우개로 지우고 다시 써야 해서 시간이 더 걸릴 수 있습니다.

### Q8 IBT는 밑줄 긋기나 메모가 안 되는데, 어떻게 대비할 수 있을까요?

IBT는 밑줄을 긋거나 메모할 수 없다는 단점이 있습니다. 평소 듣기나 독해 문제를 풀 때, 핵심 단어만 빠르게 기억하고, 내용을 요약하는 연습을 해 봅시다. 모의고사를 풀 때도 밑줄이나 메모 없이 문제를 풀어 봅니다. 효율적인 시간 관리를 위해, 꼭 시간 제한을 두고 문제를 풉니다.

## ◆ 듣기 听力 / 약 30분

<table>
<tr><td>**제1부분** | 총 10문항</td><td>**제2부분** | 총 15문항</td><td>**제3부분** | 총 20문항</td></tr>
</table>

### 一、听力
#### 第一部分

第1~10题: 判断对错。

例如: 我想去办个信用卡, 今天下午你有时间吗? 陪我去一趟银行?
★ 他打算下午去银行。 ( ✓ )

现在我很少看电视, 其中一个原因是, 广告太多了, 不管什么时间, 他打开电视, 总能看到那么多广告, 浪费我的时间。
★ 他喜欢看电视广告。 ( ✗ )

1. ★ 说话人从来不复习。 ( )
2. ★ 爷爷准备去打网球。 ( )
3. ★ 那趟航班将在大兴国际机场起飞。 ( )
4. ★ 那位男演员总是发脾气。 ( )
5. ★ 公园离医院不远。 ( )

간단한 내용을 듣고 제시문과 일치하면 ✓, 틀리면 ✗를 고르는 문제이다. 핵심 정보를 빠르게 파악하여 보기와 질문을 예측해 답을 선택한다.

#### 第二部分

第11~25题: 请选出正确答案。

例如: 女: 该加油了, 去机场的路上有加油站吗?
男: 有, 你放心吧。
问: 男的主要是什么意思?

A 去机场　B 快到了　C 油是满的　**D 有加油站**

11. A 翻译材料　B 发传真　C 开会　D 打电话
12. A 学校　B 公司　C 医院　D 电影院
13. A 很热　B 比较凉快　C 很冷　D 温暖舒适
14. A 恋人　B 大学同学　C 同事　D 朋友
15. A 经常做梦　B 心情很紧张　C 打算爬山　D 生病了
16. A 没有问题　B 考试没通过　C 不能上学　D 没参加考试

남녀의 대화를 듣고 질문에 답하는 문제이다. 대화의 흐름을 이해하고, 질문의 의도를 정확히 파악하여 세부 정보보다는 핵심 내용에 집중한다.

#### 第三部分

第26~45题: 请选出正确答案。

例如: 男: 把这个材料复印5份, 一会儿拿到会议室发给大家。
女: 好的, 会议是下午三点吗?
男: 改了, 三点半, 推迟了半个小时。
女: 好, 602会议室没变吧?
男: 对, 没变。
问: 会议几点开始?

A 两点　B 3点　**✓ 15: 30**　D 18: 00

26. A 寒假　B 这月底　C 下个星期　D 明天
27. A 邮局　B 火车站　C 烤鸭店　D 机场
28. A 联系银行　B 阿儿子　C 问朋友　D 再试试
29. A 质量很好　B 有点小　C 是导导销的　D 不便宜
30. A 打车　B 坐公共汽车　C 开车　D 乘地铁

남녀의 대화나 단문 내용을 듣고 질문에 답하는 문제이다. 긴 대화를 듣고 전체적인 문맥을 파악하는 것이 중요하며, 질문의 키워드를 놓치지 않도록 집중한다.

## ◆ 독해 阅读 / 총 40분

<table>
<tr><td>**제1부분** | 총 10문항</td><td>**제2부분** | 총 10문항</td><td>**제3부분** | 총 20문항</td></tr>
</table>

### 二、阅读
#### 第一部分

第46~50题: 选词填空。

A 世纪　B 遍　C 无论　D 坚持　E 羡慕　F 开心

例如: 她每天都 ( D ) 走路上下班, 所以身体一直很不错。

46. 你问题都回答完以后再检查一 ( )。
47. 今天是母亲节, 儿子用自己的零花钱给我买了礼物, 我非常 ( )。
48. 上个 ( ) 末, 世界人口已经超过了60亿。
49. ( ) 我们之间的距离是远还是近, 我们的友谊都不会改变。

문장을 읽고 단어를 고르는 문제이다. 주어진 문장을 빠르게 이해하고, 빈칸 앞뒤를 통해 빈칸에 들어갈 단어의 품사를 파악하여 문맥에 맞는 단어를 고른다.

#### 第二部分

第56~65题: 排列顺序。

例如: A 可是今天却晚了
B 平时我骑自行车上班
C 所以就打车来公司　　B A C

56. A 一个是店员态度特别好
B 这家咖啡店最吸引我的地方有两个
C 另外一个是店里有很多可爱的小猫

57. A 姐姐都以自己的生活费
B 然后把剩下的钱全部存进银行
C 每个月发了工资

58. A 今天才听说原来是他奶奶生病住院了
B 昨天吃饭时小李没打招呼就着急走了

문장의 순서를 올바르게 배열하는 문제이다. 접속사와 문장 관계를 파악해 문맥을 연결하여 자연스러운 흐름을 찾는다.

#### 第三部分

第66~85题: 请选出正确答案。

例如: 她很活泼, 说话很有趣, 总能给我们带来快乐, 我们都很喜欢和她在一起。
★ 她是个什么样的人?
**✓ 幽默**　B 马虎　C 骄傲　D 害羞

66. 云南有很多少数民族, 在难的六个云南人分别来自不同的民族, 让我们很惊讶。
★ 从话里可以知道云南:
A 地方大　B 人很多　C 少数民族多　D 喜欢聚会

67. 要保护孩子的眼睛, 就要注意让他们的用眼距离和环境, 周末的时候带他们出去走走, 看看绿树红花, 蓝天白云。
★ 这段话说的是:
A 怎么保护眼睛　B 养成好习惯　C 动作要标准　D 对刷牙感兴趣

68. 雪的颜色是白的看上去很干净, 其实并不是这样, 因为下雪会带走各种污染物。

지문을 읽고 맞는 답을 고르는 문제이다. 지문의 핵심 내용을 빠르게 파악하고, 질문에서 요구하는 정보를 정확하게 찾아내는 것이 중요하다.

## ◆ 쓰기 书写 / 약 25분

### 제1부분 | 총 10문항

단어를 순서대로 배열해 문장을 만드는 문제이다. 문법 구조와 단어의 역할을 명확하게 이해하여 자연스러운 문장을 만든다.

### 제2부분 | 총 5문항

주어진 단어로 문장을 구성하는 문제이다. 평소 공략법에 있는 만능 문장 패턴을 활용하여 문장 만드는 연습을 한다. 중국어 기본 문장 구조에 따라 주제에 어울리는 간단한 문장을 만든다.

---

### 일러두기

1. 이 책에 나오는 인명과 지명은 중국어 발음을 우리말로 표기했습니다. 단, 우리에게 이미 널리 알려진 고유명사는 익숙한 발음으로 표기했습니다.

   예) 小张 샤오장    北京 베이징    长城 만리장성

2. 품사는 다음과 같은 약어로 표기했습니다.

| 품사 | 약어 | 품사 | 약어 | 품사 | 약어 |
|---|---|---|---|---|---|
| 명사/고유명사 | 명/고유 | 부사 | 부 | 접속사 | 접 |
| 대사 | 대 | 수사 | 수 | 감탄사 | 감 |
| 동사 | 동 | 양사 | 양 | 조사 | 조 |
| 능원동사(조동사) | 능 | 수량사 | 수량 | 의성사 | 의성 |
| 형용사 | 형 | 전치사(개사) | 전 | 성어 | 성 |

3. 시험에 자주 나오는 어휘나 핵심 내용에는 ★★ 로 표기했습니다. 반드시 외워 주세요.

4. 단어 앞에 있는 □에 스스로 체크하면서(☑) 단어를 외워 보세요.

## Day 01
학습일

- **쓰기** 제1부분
  공략법 01~02
- HSK 3급 어휘 25개

## Day 02
학습일

- **쓰기** 제1부분
  공략법 03~04
- HSK 3급 어휘 25개

## Day 03
학습일

- **쓰기** 제1부분
  공략법 05~06
- HSK 3급 어휘 25개

## Day 04
학습일

- **쓰기** 제1부분
  공략법 07~08
- HSK 3급 어휘 25개

## Day 05
학습일

- **쓰기** 제1부분
  공략법 09~10
- HSK 3급 어휘 25개

## Day 06
학습일

- **쓰기** 제1부분
  공략법 11
- **독해** 제1부분
  공략법 01
- HSK 3급 어휘 25개

## Day 07
학습일

- **쓰기** 제1부분
  실력 확인하기(&문제 풀이)
- **독해** 제1부분
  공략법 02
- HSK 3급 어휘 25개

## Day 08
학습일

- **독해** 제1부분
  공략법 03
- **듣기** 제2,3부분 대화형
  공략법 01
- HSK 3급 어휘 25개

## Day 09
학습일

- **독해** 제1부분
  공략법 04
- **듣기** 제2,3부분 대화형
  공략법 02
- HSK 4급 어휘 25개

## Day 10
학습일

- **독해** 제1부분
  공략법 05
- **듣기** 제2,3부분 대화형
  공략법 03
- HSK 4급 어휘 25개

## Day 11
학습일

- **독해** 제1부분
  실력 확인하기(&문제 풀이)
- HSK 4급 어휘 25개

## Day 12
학습일

- **듣기** 제2,3부분 대화형
  공략법 04
- **독해** 제3부분
  공략법 01
- HSK 4급 어휘 25개

## Day 13
학습일

- **듣기** 제2,3부분 대화형
  실력 확인하기(&문제 풀이)
- HSK 4급 어휘 25개

## Day 14
학습일

- **독해** 제3부분
  공략법 02
- **듣기** 제1부분
  공략법 01
- HSK 4급 어휘 25개

## Day 15
학습일

- **독해** 제3부분
  공략법 03
- **듣기** 제1부분
  공략법 02
- HSK 4급 어휘 25개

## Day 16
학습일

- **독해** 제3부분
  실력 확인하기(&문제 풀이)
- HSK 4급 어휘 25개

## Day 17
학습일

- **듣기** 제1부분
  실력 확인하기(&문제 풀이)
- HSK 4급 어휘 25개

## Day 18
학습일

- **독해** 제2부분
  공략법 01
- HSK 4급 어휘 25개

## Day 19
학습일

- **독해** 제2부분
  공략법 02~03
- HSK 4급 어휘 25개

## Day 20
학습일

- **독해** 제2부분
  공략법 04
- HSK 4급 어휘 25개

## Day 21
학습일

- **독해** 제2부분
  실력 확인하기(&문제 풀이)
- HSK 4급 어휘 25개

## Day 22
학습일

- **듣기** 제3부분 서술형
  공략법 01
- HSK 4급 어휘 25개

## Day 23
학습일

- **듣기** 제3부분 서술형
  공략법 02
- HSK 3급 어휘 200개 (복습)

## Day 24
학습일

- **듣기** 제3부분 서술형
  공략법 03
- HSK 3급 어휘 200개 (복습)

## Day 25
학습일

- **듣기** 제3부분 서술형
  실력 확인하기(&문제 풀이)
- HSK 3급 어휘 200개 (복습)

## Day 26
학습일

- **쓰기** 제2부분
  공략법 01~02
- HSK 4급 어휘 350개 (복습)

## Day 27
학습일

- **쓰기** 제2부분
  실력 확인하기(&문제 풀이)
- HSK 4급 어휘 350개 (복습)

## Day 28
학습일

- **모의고사**
- HSK 4급 어휘 350개 (복습)

## Day 29
학습일

- **모의고사** 문제 풀이
- HSK 4급 어휘 350개 (복습)

## Day 30
학습일

- 총정리

★학습 플래너에 있는 어휘는 234~255페이지의 'HSK 3급·4급 최우선 빈출 어휘'로 학습하시면 됩니다.

# 쓰기 书写

## 제1부분

📖 **문제 유형과 전략**

쓰기 제1부분은 제시된 단어를 올바른 어순에 맞게 배열하여 문장을 완성하면 됩니다. 86번부터 95번까지 총 10문제가 출제됩니다. HSK 3급과 유사한 형식이지만, HSK 4급에서는 필수어휘와 어법의 난이도가 조금 더 높아집니다. 이 부분은 어법의 이해와 어휘 배열 능력을 평가하므로 빈출 어휘를 충분히 숙지한 후, 어순과 어법 규칙을 잘 이해해야 합니다.

이렇게 **풀어 봐요**

1. 제시어의 품사와 의미를 파악하고, 서로 결합할 수 있는 단어들을 먼저 결합한다.

2. 문장의 중심이 되는 술어(동사/형용사)를 먼저 찾는다.

3. 술어가 동사면 동사를 기준으로 주어는 술어 앞에, 목적어는 술어 뒤에 위치시킨다.

4. 술어가 형용사면 목적어가 필요 없으므로, 주어만 있으면 된다.

5. 문장의 주어를 찾을 때, 명사 앞에 지시대명사(这/那)나 관형어가 있으면 그 명사가 주어일 가능성이 높다.

6. 문장의 기본 구조인 '주어+술어+목적어' 순으로 배열한다.

7. 관형어(주로 '的' 앞에 있는 단어)는 문맥에 맞게 주어나 목적어 앞에 위치시키고, 부사어는 술어 앞에 위치시킨다.

8. 마지막은 적절한 문장부호로 마무리한다.

 선생님의 **TIP**

컴퓨터로 시험을 보는 IBT는 마우스로 드래그해서 문장을 완성하는 방식이며, 문장부호를 쓰지 않습니다. 전통적인 종이 시험인 PBT는 마침표(。)와 물음표(?)만 알아두면 되는데, 사실 문장부호를 쓰지 않아도 감점 요인이 아닙니다.

# '주어+술어+목적어'를 묻는 문제는 무조건 나온다

**쓰기 | 제1부분**

쓰기 제1부분을 풀 때 가장 중요한 것은 바로 중국어 문장의 기본 구조입니다. 요즘 HSK 4급에서는 특수 구문보다 기본 구조를 알아야 풀 수 있는 문제들이 더 많이 출제되고 있는 편이므로 이 부분을 완벽히 숙지해야 합니다.

 **문제가 보이는 시간**

---

**예제 1**    这里的        他        气候        已经        适应了

**내가 풀어본 답**

해설    STEP 1    동사 '适应'을 술어 자리에 위치시킨다.
　　　　STEP 2    '适应'과 어울리는 주어는 사물이 아닌 사람이어야 하므로 '他'를 주어 자리에 놓는다.
　　　　STEP 3    동사 '适应'과 호응하는 명사 '气候'는 목적어 자리에 놓는다.
　　　　STEP 4    관형어인 '这里的'는 의미상 '气候' 앞에 놓는다.
　　　　STEP 5    부사 '已经'은 주어 뒤, 술어 앞에 놓고 문장을 완성한다.

| 他 | 已经 | 适应 | 了 | 这里的 | 气候 |
|---|---|---|---|---|---|
| 주어 | 부사어 | 술어 | 조사 | 관형어 | 목적어 |

정답 및 해석    他已经适应了这里的气候。 그는 이미 이곳의 기후에 적응했다.
단어    适应 shìyìng 동 적응하다 | 气候 qìhòu 명 기후

---

**예제 2**    十分        这位运动员的        动作        标准

**내가 풀어본 답**

해설    STEP 1    형용사 '标准'을 술어 자리에 위치시킨다.
　　　　STEP 2    '标准'의 주어는 '动作'이므로 주어 자리에 놓고, '这位运动员的'는 관형어로 명사인 '动作' 앞에 놓는다.
　　　　STEP 3    부사 '十分'은 주어 뒤, 술어 앞에 놓고 문장을 완성한다.

| 这位运动员的 | 动作 | 十分 | 标准 |
|---|---|---|---|
| 관형어 | 주어 | 부사어 | 술어 |

정답 및 해석    这位运动员的动作十分标准。 이 선수의 동작은 매우 정확하다.
단어    运动员 yùndòngyuán 명 (운동) 선수 | 动作 dòngzuò 명 동작 | 标准 biāozhǔn 형 표준적인, (동작이) 정확하다

## 2 내공이 쌓이는 시간

### 1 중국어 문장의 기본 구조

(관형어)　주어　[부사어]　술어　<보어>　(관형어)　목적어

### 2 중국어의 문장 성분

**1) 주어:** 주어는 동작을 하는 행위자이며, 주어 자리에는 대부분 명사나 대명사가 온다.

- <u>孩子</u>看书。 아이가 책을 본다.
  주어

- <u>这个苹果</u>很好吃。 이 사과는 맛있다.
  주어

**2) 술어:** 주어의 동작이나 상태를 나타내는 문장 성분이다. 술어 자리에는 대부분 동사나 형용사가 온다.

- 爸爸<u>看</u>电视。 아빠는 TV를 본다.
  동사 술어

- 你的衣服很<u>多</u>。 너의 옷이 많다.
  형용사 술어

**3) 목적어:** 주로 동사의 동작을 받는 대상이며, 대부분 명사나 대명사가 목적어 자리에 온다.

- 学生们读<u>书</u>。 학생들은 책을 읽는다.

- 我很喜欢<u>你</u>。 나는 너를 아주 좋아한다.

  ◆读书 dúshū 동 책을 읽다

**4) 관형어:** 명사를 앞에서 수식해 주는 단어를 관형어라고 하며, 주로 주어나 목적어 앞에 위치한다. 관형어 자리에는 여러 품사가 올 수 있기 때문에 다른 성분처럼 올 수 있는 품사를 특정할 수 없고, 2개 이상의 단어가 합쳐진 '구'나 문장(주어+술어)인 '절'이 관형어 자리에 오기도 한다.

- 昨天我们看了<u>一场非常精彩的</u>比赛。 어제 우리는 아주 멋진 경기를 봤다.
- <u>弟弟讲的</u>故事很有意思。 동생이 하는 이야기는 아주 재미있다.

  ◆精彩 jīngcǎi 형 훌륭하다, 멋지다 | 比赛 bǐsài 명 경기, 시합 | 讲 jiǎng 동 이야기하다 | 故事 gùshi 명 이야기 | 有意思 yǒuyìsi 형 재미있다

**5) 부사어:** 술어 앞에서 술어를 수식해 주는 단어를 '부사어'라고 하며, 부사어는 일반적으로 주어 뒤, 술어 앞에 위치한다. 부사어 자리에 가장 많이 오는 형태는 '부사+능원동사+전치사구(전치사+명사)' 구조이다.

- 我<u>经常</u>去公园。 나는 자주 공원에 간다.
  부사

- 我<u>在北京</u>工作了一年。 나는 베이징에서 1년간 일했다.
  전치사+명사

선생님의 한마디

관형어는 보통 조사 '的'를 기준으로 보면 됩니다. '的' 앞에 있는 단어들을 관형어라고 알면 쉽습니다. 좌측 예문에서 '一场非常精彩的'의 '一场非常精彩'는 '형용사구 관형어'이며, '弟弟讲的'의 '弟弟讲'은 '절 관형어'입니다.

6) **보어**: 술어 뒤에서 술어를 보충해주는 단어를 보어라고 한다. 중국어에는 결과보어, 정도보어, 상태보어, 시량보어, 동량보어, 방향보어, 가능보어가 있는데, HSK 4급 쓰기 제1부분에서 가장 많이 나오는 보어는 '상태보어'로, 그 형태는 '동사+得+상태보어(정도부사+형용사)'이다.

- 我已经看<u>完</u>了那本书。 나는 이미 그 책을 다 봤다.
  <br>　　　　　　결과보어

- 他吃饭吃得<u>很快</u>。 그는 밥을 빨리 먹는다.
  <br>　　　　　상태보어

## 3　시험에 가장 많이 나오는 구조조사 '的', '地', '得'

구조조사란 단어나 구 사이에서 앞뒤 성분을 연결해 주어 구조적으로 도움을 주는 조사이다.

1) **…的+명사**: '的' 뒤의 명사는 주어나 목적어가 된다.

- <u>这个月所有的</u>　<u>任务</u>　<u>都</u>　<u>完成</u>　<u>了</u>。 이번 달의 모든 임무는 다 완수했다.
  <br>　관형어　　　　　주어　부사어　술어　조사

- <u>那个人的</u>　<u>付出</u>　<u>获得</u>　<u>了</u>　<u>很完美的</u>　<u>成功</u>。
  <br>　관형어　　　주어　　술어　조사　　관형어　　　목적어
  <br>그 사람의 노력은 완벽한 성공을 거두었다.

  ◆任务 rènwu 몡임무 | 完成 wánchéng 동완성하다, 완수하다 | 付出 fùchū 동(대가를) 치르다, 노력하다 | 获得成功 huòdé chénggōng 성공을 거두다 | 完美 wánměi 혱완벽하다

2) **地+동사**: '地' 뒤의 동사는 술어가 된다.

- <u>他</u>　<u>不停地</u>　<u>哭</u>。 그는 쉬지 않고 운다.
  <br>주어　부사어　술어

- <u>我</u>　<u>将书上的题</u>　<u>简单地</u>　<u>复习</u>　<u>了</u>　<u>一下</u>。
  <br>주어　将(把)+목적어　부사어　술어　조사　보어
  <br>나는 책의 문제를 간단하게 복습 좀 했다.

  ◆不停 bùtíng 동멈추지 않다, 쉬지 않다 | 哭 kū 동울다 | 题 tí 몡문제 | 简单 jiǎndān 혱간단하다 | 复习 fùxí 동복습하다

3) **동사/형용사+得+보어**: '得' 앞의 동사/형용사는 술어가 된다.

- <u>今天</u>　<u>热得</u>　<u>很</u>。 오늘은 매우 덥다.
  <br>주어　형용사 술어 得　보어

- <u>医生的</u>　<u>表情</u>　<u>变得</u>　<u>严肃起来</u>。 의사의 표정이 진지해졌다.
  <br>관형어　　주어　동사 술어 得　보어

  ◆表情 biǎoqíng 몡표정 | 变 biàn 동(성질·상태가) 변하다, 바뀌다 | 严肃 yánsù 혱엄숙하다, 진지하다

## 4　기본 구조 문제의 풀이 비법 ✦★

1) 문장의 중심이 되는 술어를 찾는다.
2) 술어를 보고 알맞은 주어를 찾는다.
3) 술어가 동사면 남아있는 명사는 목적어일 확률이 높으니 목적어 자리에 위치시킨다.
4) 부사, 능원동사, 전치사구(전치사+명사)는 술어 앞에 위치시킨다.
5) 구조조사 '的', '得', '地'를 적극 활용한다.

# 문장의 중심인
# 술어를 먼저 찾는다

쓰기 | 제1부분

문장에서 가장 중심이 되는 성분은 술어입니다. 술어는 대부분 동사 혹은 형용사인데, 일반적으로
동사는 목적어를 가질 수 있으며, 형용사는 목적어를 가질 수 없습니다.

 ① 문제가 보이는 시간

---

**예제 1**　　　专门　　　国际法　　　研究　　　李律师

**내가 풀어본 답**

**해설**　　STEP 1　동사 '研究'를 술어 자리에 위치시킨다.
　　　　　STEP 2　'研究'의 주어는 '李律师'이므로 주어 자리에 놓고, '研究'와 호응하는 명사 '国际法'를 목적어 자리에
　　　　　　　　　 놓는다.
　　　　　STEP 3　부사 '专门'은 주어(李律师) 뒤, 술어(研究) 앞에 놓고 문장을 완성한다.

　　　　　李律师　　专门　　研究　　国际法
　　　　　　주어　　부사어　　술어　　목적어

**정답 및 해석**　李律师专门研究国际法。 리 변호사는 국제법을 전문적으로 연구한다.
**단어**　　律师 lǜshī 명 변호사 | 专门 zhuānmén 부 전문적으로 | 研究 yánjiū 동 연구하다 | 国际法 guójìfǎ 명 국제법

---

**예제 2**　　　友谊　　　越深　　　我们之间的　　　越来

**내가 풀어본 답**

**해설**　　STEP 1　형용사 '深'을 술어 자리에 위치시킨다.
　　　　　STEP 2　'深'의 주어는 '友谊'이므로 주어 자리에 놓고, '我们之间的'는 관형어로 명사인 '友谊' 앞에 놓는다.
　　　　　STEP 3　'越来'와 '深' 앞의 '越'를 합쳐서 '越来越'를 만들어준 후에 문장을 완성한다.

　　　　　我们之间的　　友谊　　越来越　　深
　　　　　　관형어　　　　주어　　부사어　　술어

**정답 및 해석**　我们之间的友谊越来越深。 우리 사이의 우정이 점점 깊어진다.
**단어**　　友谊 yǒuyì 명 우정 | 越来越 yuèláiyuè 부 점점, 갈수록 | 深 shēn 형 깊다

## 1 동사 술어의 특징

**1)** 동사 술어는 목적어를 가질 수 있다. 중국어의 동사는 대부분 자동사와 타동사를 겸하고 있어서 따로 구분해서 외우지 않아도 된다.

- 学校提供了一些机会。 학교는 약간의 기회를 제공했다.

- 这个月所有的任务都完成了。 이번 달의 모든 임무는 다 완수했다.

  ◆学校 xuéxiào 몡학교 | 提供机会 tígōng jīhuì 기회를 제공하다 | 任务 rènwu 몡임무 | 完成 wánchéng 됭완성하다, 완수하다

**2)** 두 개의 목적어를 취하는 동사의 공식을 알아둔다.

**주어 + 동사 + 간접 목적어(사람) + 직접 목적어(사물)**

주어는 ~에게(간접목적어) ~을(직접목적어) ~하다

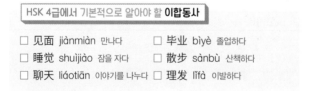

> **이중목적어를 취하는 동사**
>
> □ 递 dì 건네다              □ 告诉 gàosu 알리다
> □ 问 wèn 묻다               □ 通知 tōngzhī 통지하다, 알리다
> □ 叫 jiào ~라고 부르다       □ 送 sòng 주다, 선물하다
> □ 交 jiāo 건네주다           □ 教 jiāo ~에게 ~을(를) 가르치다
> □ 还 huán 돌려주다           □ 借 jiè 빌리다, 빌려주다

- 李老师　教　我们　汉语。 리 선생님은 우리에게 중국어를 가르친다.
  　주어　술어　간접목적어　직접목적어

- 我朋友　给　我　生日礼物。 내 친구는 나에게 생일 선물을 주었다.
  　주어　술어　간접목적어　직접목적어

  ◆生日礼物 shēngrì lǐwù 생일 선물

**3)** 동사 자체가 '동사+목적어'인 이합동사는 뒤에 목적어를 가질 수 없다.

> **HSK 4급에서 기본적으로 알아야 할 이합동사**
>
> □ 见面 jiànmiàn 만나다       □ 毕业 bìyè 졸업하다
> □ 睡觉 shuìjiào 잠을 자다     □ 散步 sànbù 산책하다
> □ 聊天 liáotiān 이야기를 나누다 □ 理发 lǐfà 이발하다

- 我和他见面。 나는 그와 만난다.
- 他们经常一起聊天。 그들은 자주 함께 이야기를 나눈다.
- 她大学毕业了。 그녀는 대학을 졸업했다.
- 我两个星期理一次发。 나는 2주에 한 번 이발한다.

---

**선생님의 한마디**

□ 开 kāi 열다
　자동사: 门开了。
　　　　문이 열렸다.
　타동사: 他开门。
　　　　그는 문을 연다.

□ 关 guān 끄다
　자동사: 灯关了。
　　　　불이 꺼졌다.
　타동사: 请关灯。
　　　　불을 꺼주세요.

□ 开始 kāishǐ 시작하다
　자동사: 工作开始了。
　　　　일이 시작되었다.
　타동사: 他开始工作了。
　　　　그는 일을 시작했다.

**선생님의 한마디**

쓰기 제1부분에서 '이중 목적어를 취하는 동사'를 모르면 문제를 풀 수 없으므로, 왼쪽의 동사들은 꼭 외워줍니다.

## 2  형용사 술어의 특징

**1)** 형용사는 술어가 된다.

- 这条裙子有点儿短。 이 치마는 조금 짧다.
- 他的经验很丰富。 그의 경험은 풍부하다.

  ◆裙子 qúnzi 명 치마 | 经验 jīngyàn 명 경험 | 丰富 fēngfù 형 풍부하다

**2)** 형용사는 목적어를 가질 수 없다.

- 这条裙子非常合适她。(×)

  → 这条裙子非常适合她。(O) 이 치마는 그녀에게 매우 잘 어울린다.

  ◆合适 héshì 형 적당(적합)하다 | 适合 shìhé 통 적합하다, 어울리다

**3)** 형용사는 일반적으로 정도부사(很, 非常, 十分 등등)의 수식을 받는다.

- 妈妈很瘦。 엄마는 말랐다.
- 这家饭馆很干净。 이 식당은 깨끗하다.

  ◆瘦 shòu 형 마르다 | 饭馆 fànguǎn 명 식당 | 干净 gānjìng 형 깨끗하다

## 3  술어 문제의 풀이 비법 ✿★

1) 문장의 중심인 술어를 찾는다.
2) 술어가 동사인지 형용사인지 파악한다.
3) 술어가 동사면 짝꿍 관계인 목적어를 찾고, 술어가 형용사면 목적어를 갖지 않으므로 주어만 찾는다.
4) 부사어는 술어 앞에 위치시킨다.

# 부사어 자리는 '부능전명'을 기억한다

**쓰기 | 제1부분**

(부사+능원동사+전치사+명사)

부사어는 술어 앞에서 술어를 수식하는 단어이며, 보통 부사, 능원동사(=조동사), 전치사(=개사) 등의 품사들이 부사어 자리에 위치합니다. 이때 전치사는 혼자서 직접 술어를 수식할 수 없으며 명사와 함께 전치사구를 만들어서 술어를 수식합니다.

 **문제가 보이는 시간**

**예제 1**  羊肉汤    咸    特别    这碗

**내가 풀어본 답**

해설
STEP 1  형용사 '咸'을 술어 자리에 위치시킨다.
STEP 2  '지시대명사(这)+양사(碗)+명사(羊肉汤)'의 형태를 만들어준 후 주어 자리에 놓는다.
STEP 3  마지막으로 부사 '特别'는 술어 '咸' 앞에 놓고 문장을 완성한다.

这碗羊肉汤　特别　咸
주어　　　부사어　술어

정답 및 해석  这碗羊肉汤特别咸。 이 양고기 수프는 아주 짜다.
단어  碗 wǎn 양 공기, 그릇 | 羊肉汤 yángròutāng 양고기 수프 | 咸 xián 형 (맛이) 짜다

**예제 2**  看过    这么大的    我从来    老虎    没有

**내가 풀어본 답**

해설
STEP 1  '看过'를 술어 자리에 위치시킨다.
STEP 2  '看'의 행위자인 '我'는 주어 자리에 놓고, '看'의 대상인 '老虎'는 목적어 자리에 놓는다.
STEP 3  부정부사 '没有'는 술어 '看' 앞의 부사어 자리에 놓는다.
STEP 4  '这么大的'는 의미상 '老虎'의 관형어이므로 '老虎' 앞에 놓고 문장을 완성한다.

我　从来没有　看　过　这么大的　老虎
주어　부사어　술어　조사　관형어　　목적어

정답 및 해석  我从来没有看过这么大的老虎。 나는 지금껏 이렇게 큰 호랑이를 본 적이 없다.
단어  从来没有 cónglái méiyǒu 지금껏 ~한 적이 없다 | 老虎 lǎohǔ 명 호랑이

26

## 2 내공이 쌓이는 시간

### 1  부사어의 종류

**1) 부사**

- 我现在很难过。 나는 지금 슬프다.

  ◆难过 nánguò 형 슬프다

**2) 능원동사**

- 这儿可以休息吗? 여기서 쉬어도 되나요?

  ◆休息 xiūxi 동 휴식하다, 쉬다

**3) 전치사+명사(전치사구)**

- 我对这次考试很有信心。 나는 이번 시험에 대해 매우 자신이 있다.

  ◆考试 kǎoshì 명 시험

### 2  부사어 공식

**주어 + 부사어 + 술어 + (목적어)**
**(부사 + 능원동사 + 전치사 + 명사)**

★ 제시어에 부사, 능원동사, 전치사구가 모두 있으면 '부능전명(부사+능원동사+전치사+명사)' 순으로 배열한다.

- 我 一定 要 跟崔老师 学HSK。 나는 반드시 최 선생님한테 HSK를 배워야 한다.
      부사 능원동사 전치사+명사

### 3  부사어 문제의 풀이 비법 ✦★

1) '주어+술어+(목적어)'의 형태를 만들어준다.
2) '부능전명(부사+능원동사+전치사+명사)' 순으로 부사어 자리에 배열한다.
3) 예외로, '马上', '及时', '随便', '互相'과 같이 술어와 관계가 긴밀한 부사들은 술어 바로 앞에 위치시킨다.

- 我们应该马上开始学习。 우리는 즉시 공부를 시작해야 한다.

# 보어는 술어 뒤에서 의미를 보충해 준다

술어(동사/형용사) 뒤에서 앞에 있는 술어를 보충하는 역할을 하는 문장 성분을 '보어'라고 합니다. 중국어의 보어는 구조적으로 매우 낯선 문장 성분이고, 우리말로 옮기면 부사어 등 다른 성분으로 바뀌기 때문에 어렵게 느껴질 수 있습니다. 따라서 용법과 의미를 익힌 후에 술어와 함께 통째로 외워 줍니다.

 문제가 보이는 시간

---

**예제 1**  太咸了　　包子　　得　　包

**내가 풀어본 답**

해설　　STEP 1　조사 '得'를 확인한 후에 '동사+得+보어(정도부사+형용사)' 공식을 활용해서 '包得太咸了'를 완성한다.
　　　　STEP 2　남은 '包子'를 주어 자리에 놓고 문장을 완성한다.

| 包子 | 包 | 得 | 太咸了 |
|------|-----|------|--------|
| 주어 | 술어 | 조사 | 보어 |

정답 및 해석　包子包得太咸了。 찐빵을 너무 짜게 만들었다.
단어　　　　包子 bāozi 몡 (소가 든) 찐빵, 왕만두 | 包 bāo 동 싸다 | 咸 xián 혱 (맛이) 짜다

---

**예제 2**　一趟　　她最近　　去了　　大使馆

**내가 풀어본 답**

해설　　STEP 1　'去了'를 술어 자리에 위치시킨다.
　　　　STEP 2　'去'의 행위자인 '她'가 포함된 제시어 '她最近'을 주어 자리에 놓고, '去' 뒤에는 장소 목적어가 오므로 '大使馆'을 목적어 자리에 놓는다.
　　　　STEP 3　'一趟'은 동량보어로 술어 뒤에 오기 때문에 '去了' 뒤에 놓고 문장을 완성한다.

| 她 | 最近 | 去 | 了 | 一趟 | 大使馆 |
|-----|------|-----|-----|--------|--------|
| 주어 | 부사어 | 술어 | 조사 | 동량보어 | 목적어 |

정답 및 해석　她最近去了一趟大使馆。 그녀는 최근 대사관에 한 번 다녀왔다.
단어　　　　趟 tàng 양 차례, 번[왕래한 횟수를 셀 때 쓰임] | 大使馆 dàshǐguǎn 몡 대사관

## 2 내공이 쌓이는 시간

### 1 상태보어 ✦★

상태보어는 동사 술어 뒤에 조사 '得'를 써서 <u>동사 술어</u>의 상태를 평가하거나 결과를 나타내는 보어이다. 시험에 가장 많이 출제되는 상태보어 형태인 '<u>정도부사+형용사</u>'를 꼭 기억한다.

#### 1) 상태보어 공식

**동사 + 得 + 상태보어**

(정도부사 + 형용사)

- 他汉语说得很好。 그는 중국어를 잘한다.
- 张阿姨笑得十分开心。 장씨 아주머니는 아주 즐겁게 웃었다.

　◆阿姨 āyí 몡 아주머니, 아줌마

'得' 뒤에 가장 많이 오는 품사는 형용사인데, 형용사는 일반적으로 단독으로 사용하지 않고, 앞에 정도부사(很, 非常, 十分, 越来越 등등)와 함께 사용합니다.

### 2 정도보어

정도보어는 형용사가 술어일 때, 술어인 형용사의 정도를 강조하는 보어이다.

#### 1) 정도보어 공식

**형용사 + 得 + 很 / 不得了 / 厉害**

- 热得很(=很热) 매우 덥다 / 痛得厉害 매우 아프다
- 他们俩的感情好得很。 그들 둘의 감정은 매우 좋다.

　◆感情 gǎnqíng 몡 감정

부사는 단독으로 보어가 될 수 없지만, '很'은 '得' 뒤에서 단독으로 앞에 있는 형용사의 정도를 보충해 줍니다.

**형용사 + 极了 / 坏了 / 死了 / 远了** : 매우, 훨씬 (형용사)하다.

- 漂亮极了 매우 예쁘다 / 高兴极了 매우 기쁘다
- 气坏了 매우 화나다 / 高兴坏了 매우 기쁘다
- 气死了 매우 화나다 / 困死了 매우 졸리다
- 差远了 훨씬 못하다, 한참 떨어지다
- 我现在难受极了。 나는 현재 매우 괴롭다.
- 他的汉语水平差远了。 그의 중국어 실력은 한참 떨어진다.

　◆困 kùn 혱 졸리다 ┃ 难受 nánshòu 혱 (육체·정신적으로) 괴롭다 ┃ 差 chà 혱 나쁘다, 못하다, (실력이) 떨어지다

'极了', '坏了', '死了'는 모두 '매우'로 해석되지만, '极了'는 긍정적인 면에서, '坏了'는 긍정과 부정 모두에서, '死了'는 부정적인 면에서 더 많이 쓰이고, '远了'는 '差+远了' 형태로만 사용됩니다.

### 3 동량보어

동량보어는 동작의 양이라는 말로, 동작이 진행된 횟수를 나타낸다. 동량보어의 형태는 보통 '수사+동량사'이다.

#### 1) 동량보어 공식

동사 + 了 + 동량보어
(수사+동량사)

- 他说了一遍。 그는 한 번 말했다.
- 我给她打了好几次电话。 나는 그녀에게 전화를 여러 번 했다.

#### 2) 자주 쓰이는 동량사

- ☐ 次 cì 회, 번, 차례 ➜ 간단한 동작의 횟수
  说一次 한 번 말하다 / 看一次 한 번 보다

- ☐ 遍 biàn 회, 번 ➜ 처음부터 끝까지 전 과정을 강조
  看一遍 한 번 보다 / 再说一遍 다시 한번 말하다

- ☐ 趟 tàng 번, 차례 ➜ 왕복, 왕래하는 횟수
  来一趟 한 차례 오다 / 回去一趟 한 차례 되돌아가다

- ☐ 下 xià 회, 번 ➜ 동작의 시도
  问一下儿 좀 물어보다 / 商量一下儿 상의를 좀 해보다

### 4 시량보어

시량보어는 동사 뒤에서 시간의 양(얼마 동안)을 나타내는 시량사가 동사를 수식해 주는 보어를 말한다. 해석할 때는 '~동안'이라고 해석한다.

#### 1) 시량보어 공식

동사 + 了 + 시량보어
(수사+시량사)

- 我等了一个小时老师。 나는 선생님을 한 시간 동안 기다렸다.
- 我学了三年汉语。 나는 3년간 중국어를 배웠다.

#### 2) 자주 쓰이는 시량사

- ☐ 小时 xiǎoshí 시간 / 分钟 fēnzhōng 분 / 年 nián 년 / 月 yuè 월 / 星期 xīngqī 주
- 我昨天睡了六个小时。 나는 어제 여섯 시간 잤어.
- 我在上海住了两个月。 나는 상하이에서 두 달 살았다.

### 5 보어 문제의 풀이 비법 ✨⭐

> 1) '술어+得+상태보어(정도부사+형용사)' 공식을 활용해 제시어를 배열한다.
> 2) 동량보어(동작이 진행된 횟수를 나타냄)와 시량보어(동작이 지속된 시간의 양을 나타냄)는 술어 뒤에 온다. 참고로 '次', '遍', '趟', '下' 등은 동량보어에 자주 쓰이는 양사이다.

선생님의 한마디

시량사는 동작을 하거나 상태가 지속되면서 흘러간 시간의 양을 말합니다. (一年, 一个月, 一个星期, 一天, 一分钟, 一个小时 등등)

他学过三年汉语。
그는 3년 동안 중국어를 배운 적이 있다.

她复习了一个小时。
그는 한 시간 동안 복습했다.

✦ 复习 fùxí 동복습하다

30

# 동사가 2개 이상이면 동작이 일어난 순서대로 배열한다

쓰기 | 제1부분

주어 하나에 동사가 2개 이상 연이어 나오는 문장을 '연동문'이라고 합니다. 이때 동사는 동작이 일어난 순서대로 위치합니다. 연동문은 일상대화에서도 자주 사용하고, HSK에 자주 출제되는 문장 구조이므로 잘 익혀두어야 합니다.

 **문제가 보이는 시간**

---

예제 **1**   书      问题      她      看着      回答      老师的

**내가 풀어본 답**

해설   STEP 1   동사는 '看'과 '回答' 2개이므로, '看着(술어1)+回答(술어2)'와 같이 동작이 일어난 순서대로 배열한다.

STEP 2   '看着'의 주어는 '她'이므로 주어 자리에 놓고, '看着'와 '回答'의 짝꿍 관계인 명사 '书'와 '问题'를 각각의 목적어 자리에 놓는다.

STEP 3   '老师的'는 의미상 '问题'의 관형어이므로, '问题' 앞에 놓고 문장을 완성한다.

| 她 | 看 | 着 | 书 | 回答 | 老师的 | 问题 |
|----|----|----|----|------|--------|------|
| 주어 | 술어1 | 조사 | 목적어1 | 술어2 | 관형어 | 목적어2 |

정답 및 해석   她看着书回答老师的问题。 그녀는 책을 보면서 선생님의 질문에 대답했다.

단어   回答问题 huídá wèntí 질문에 대답하다

---

예제 **2**   拿一双      袜子      房间      麻烦你      再去

**내가 풀어본 답**

해설   STEP 1   동사는 '麻烦', '去', '拿' 3개이므로, '麻烦(술어1)+你(주어2)+再去(술어2)+拿一双(술어3)'과 같이 동작이 일어난 순서대로 배열한다.

STEP 2   '麻烦你'는 상대방에게 부탁할 때 쓰는 말로 문장의 맨 앞에 놓는다.

STEP 3   '再去', '拿一双'과 호응하는 명사 '房间'과 '袜子'를 각각의 목적에 자리에 놓고 문장을 완성한다.

| 麻烦 | 你 | 再 | 去 | 房间 | 拿 | 一双 | 袜子 |
|------|----|----|----|------|----|------|------|
| 술어1 | 주어2(겸어) | 부사어 | 술어2 | 목적어2 | 술어3 | 관형어 | 목적어3 |

정답 및 해석   麻烦你再去房间拿一双袜子。 번거롭겠지만 다시 방에 가서 양말 한 켤레를 가져오세요.

단어   麻烦 máfan 통 번거롭게 하다 | 房间 fángjiān 명 방 | 拿 ná 통 (손에) 쥐다, 가지다 | 双 shuāng 양 켤레 | 袜子 wàzi 명 양말

## 1 연동문 공식

주어 + 술어1 + 목적어1 + 술어2 + (목적어2)

- 上个月  我们  去  上海  玩  了  三天。
  주어  술어1  목적어1  술어2  시량보어

  지난달 우리는 상하이에 가서 3일간 놀았다.

- 我  回  家  吃  饭。 나는 집으로 돌아가서 밥을 먹었다.
  주어1 술어1 목적어1 술어2 목적어2

## 2 연동문 문제의 풀이 비법 ✨★

1) 제시된 단어 중 동사가 2개 이상이면 동사의 순서를 정해 준다.

2) 각 동사에 호응하는 목적어를 찾아 순서대로 배열한다.

선생님의 **한마디**

연동문에서 동태조사(着/了/过)의 위치를 기억합니다. 연동문에서 지속의 의미를 갖는 '着'는 첫 번째 동사 뒤에, 완료의 의미를 갖는 '了'와 경험의 의미를 갖는 '过'는 두 번째 동사 뒤에 위치합니다.

他听着音乐做作业。
그는 음악을 들으며 숙제를 한다.

我们昨天去超市买了一些东西。 우리는 어제 마트에 가서 물건을 좀 샀다.

我以前去中国学过汉语。
나는 예전에 중국에 가서 중국어를 배운 적이 있다.

◆作业 zuòyè 몡 숙제 ｜ 超市
  chāoshì 몡 마트

# '叫', '让', '使'가 있는지 체크한다

'叫', '让', '使' 같은 사역동사가 있으면 겸어문입니다. 겸어문은 첫 번째 술어의 목적어가 뒤에 나오는 두 번째 술어의 주어를 겸하고 있는 문장 형태입니다. 겸어문은 연동문과 달리 주어가 2개라는 점을 주의해야 합니다.

## ① 문제가 보이는 시간

**예제 1**  这个消息    很伤心    妈妈    让

**내가 풀어본 답**

**해설**
STEP 1  사역동사 '让'과 두 번째 술어 '很伤心'을 순서대로 배열한다.
STEP 2  '很伤心'에 대한 주어 '妈妈'를 주어2 자리에 놓는다.
STEP 3  마지막으로 남은 '这个消息'를 주어1 자리에 놓고 문장을 완성한다.

这个消息    让    妈妈    很    伤心
주어1    술어1  주어2(겸어) 부사어   술어

**정답 및 해석**  这个消息让妈妈很伤心。이 소식은 엄마를 슬프게 만들었다.
**단어**  消息 xiāoxi 몡 소식 | 伤心 shāngxīn 통 상심하다, 슬퍼하다

**예제 2**  使人感到    幽默的人    总是    快乐

**내가 풀어본 답**

**해설**
STEP 1  '使(술어1)+人(주어2)+感到(술어2)' 구조를 파악한 후 '使'에 내한 주어 '幽默的人'을 주어1 자리에 놓고, '感到'의 짝꿍 관계인 '快乐'를 목적어 자리에 놓는다.
STEP 2  부사 '总是'는 의미상 첫 번째 술어인 '使' 앞에 놓고 문장을 완성한다.

幽默的    人    总是    使    人    感到    快乐
관형어    주어1   부사어   술어1 주어2(겸어) 술어2   목적어2

**정답 및 해석**  幽默的人总是使人感到快乐。유머러스한 사람은 항상 사람을 즐겁게 한다.
**단어**  幽默 yōumò 혱 유머러스하다 | 总是 zǒngshì 뷘 항상, 늘 | 感到 gǎndào 혱 느끼다 | 快乐 kuàilè 혱 즐겁다

33

## 1 겸어문 공식

주어1 + 술어1(叫 / 让 / 使) + 주어2(겸어) + 술어2

- 老师　让　　我
  주어1　술어1　목적어1

  　　　　　　　我　　读　书
  　　　　　　　주어2　술어2 목적어2

  겸어(兼语)

  → 老师让我读书。 선생님이 나에게 책을 읽으라고 하셨다.

- 这个故事　使　　我们
  주어1　　　술어1　목적어1

  　　　　　　　　　我们　　很　感动
  　　　　　　　　　주어2　　　술어2

  겸어(兼语)

  → 这个故事使我们很感动。 이 이야기는 우리를 감동시켰다.

◆ 读书 dúshū 통 책을 읽다 | 故事 gùshi 명 이야기 | 感动 gǎndòng 통 감동하다

## 2 겸어문 문제의 풀이 비법 ★

1) 겸어문을 만드는 '叫', '让', '使' 같은 사역동사를 보면 술어1 자리에 놓고, 나머지 술어를 찾아 술어2 자리에 위치시킨다.

2) 사람이 아닌 사물이 주어일 경우, 주어1을 먼저 찾기가 어렵다. 따라서 문제를 푸는 순서가 제일 중요하다. 먼저 '술어1→술어2→주어2→주어1' 순서로 제시어를 찾아 배열하고, 그다음엔 나머지 부사나 능원동사를 찾아 술어1 앞에 위치시킨다.

**선생님의 한마디**

겸어문에서 기억해야 할 것은 부사와 능원동사의 위치입니다. 겸어문은 주어가 2개, 술어가 2개 나오는 특징이 있는데, 술어가 2개라서 부사와 능원동사를 어디에 둘 지 헷갈릴 수 있습니다. 부사와 능원동사는 특수구문에서 특별해 보이는 품사 앞으로 자주 이동하는 친구들입니다. 겸어문에서는 겸어문을 만들어주는 사역동사가 특별해 보이겠죠? 따라서 부사와 능원동사는 사역동사(술어1) 앞에 위치시켜 줍니다.

쓰기 | 제1부분

# 把자문은 공식으로 접근한다

모든 언어의 기본 문장은 '(주어)가 (목적어)를/에게 (동작)하다'라는 의미가 있습니다. 이러한 일반적인 평서문은 주어와 동작이 중심이 됩니다. 특히 평서문은 동작의 완료나 진행을 강조합니다. 하지만 때로는 목적어의 변화된 결과를 강조해야 할 때도 있습니다. 이때 쓰는 구문이 '把자문'입니다. 把자문은 HSK 4급 쓰기 제1부분에서 출제 빈도가 높은 유형이므로, 把자문 공식을 잘 익혀두고 문제를 풀어 봅니다.

 문제가 보이는 시간

---

**예제 1**    看了      那部电影      两遍      把      姐姐

내가 풀어본 답

해설     STEP 1    '把'와 술어 '看了'를 먼저 배열한다.
           STEP 2    '看了'의 행위자인 '姐姐'를 주어 자리에 놓고, 나머지 명사 '那部电影'을 '把' 뒤의 목적어 자리에 놓는다.
           STEP 3    마지막 남은 '两遍'은 동량보어이므로 술어 뒤에 놓고 문장을 완성한다.

| 姐姐 | 把那部电影 | 看 | 了 | 两遍 |
|------|-----------|----|----|------|
| 주어 | 把+목적어 | 술어 | 조사 | 보어 |

정답 및 해석    姐姐把那部电影看了两遍。 누나는 그 영화를 두 번 봤다.

단어        姐姐 jiějie 명 누나, 언니 | 电影 diànyǐng 명 영화 | 遍 biàn 양 번, 차례, 회 [한 동작의 처음부터 끝까지의 전 과정을 셀 때 쓰임]

---

**예제 2**    见面地点      他同意      改在      把      北京饭店

내가 풀어본 답

해설     STEP 1    '把'와 술어 '改在'를 먼저 배열한다.
           STEP 2    '改在'의 주어는 사람이어야 하므로 '他同意'를 주어 자리에 놓고, '北京饭店'은 장소이므로 '改在' 뒤에 놓는다.
           STEP 3    나머지 제시어인 '见面地点'은 '把' 뒤의 목적어 자리에 놓고 문장을 완성한다.

| 他 | 同意 | 把见面地点 | 改 | 在北京饭店 |
|----|------|-----------|----|-----------|
| 주어 | 술어 | 把+목적어 | 술어 | 보어 |

同意의 목적어

정답 및 해석    他同意把见面地点改在北京饭店。 그는 만나는 장소를 베이징호텔로 바꾸기로 동의했다.

단어        同意 tóngyì 동 동의하다 | 见面地点 jiànmiàn dìdiǎn 만나는 장소 | 改 gǎi 동 바꾸다

## 1 把자문이란?

중국어의 기본 문장 구조는 '주어+술어(동사)+목적어'이다. 이런 기본 문장 구조는 주어의 행위에 초점을 맞춰, '주어가 목적어에 대해서 무엇을 했다(한다)'라는 것을 강조한다.
이에 비해 把자문은 목적어를 동사 앞으로 가져가, '把+목적어+동사'의 형태로 나타낸다.
把자문은 '목적어가 주어의 행위를 받아 어떻게 변했다'라는 결과를 강조한다.

## 2 把자문 공식

주어 + 把 + 목적어 + 술어 + 결과(了, 在 / 到 / 给 / 成 + 명사)

## 3 把자문의 특징

**1) 술어+결과:** '了'와 '在/到/给/成+명사(전치사구)'는 술어 뒤에 와서 결과를 나타낸다.

- 我把书上的题简单地复习了一下。 나는 책의 문제를 간단히 좀 복습했다.
- 别把垃圾扔在沙发上。 쓰레기를 소파 위에 버리지 마라.

 ◆题 tí 몡 문제 | 简单 jiǎndān 옝 간단하다 | 复习 fùxí 동 복습하다 | 垃圾 lājī 몡 쓰레기 | 扔 rēng 동 버리다 | 沙发 shāfā 몡 소파

**2) 부사/능원동사+把:** 특별한 단어 앞에 붙고 싶어하는 부사와 능원동사는 '把' 앞에 쓴다.

- 我没有把那本书看完。 나는 그 책을 다 보지 못했다.
- 我竟然把银行卡的密码给忘记了。 나는 뜻밖에도 은행카드의 비밀번호를 잊어버렸다.

 ◆竟然 jìngrán 옘 뜻밖에도 | 银行卡 yínhángkǎ 몡 은행카드 | 密码 mìmǎ 몡 비밀번호 | 忘记 wàngjì 동 잊어버리다

**3) '请+把'**는 문장 맨 앞에 온다.

- 请把空瓶子扔进垃圾桶里。 빈 병을 쓰레기통에 버려 주세요.
- 请把这个句子翻译成中文。 이 문장을 중국어로 번역해 주세요.

 ◆空瓶子 kōng píngzi 빈 병 | 扔 rēng 동 버리다 | 垃圾桶 lājītǒng 몡 쓰레기통 | 翻译 fānyì 동 번역하다

## 4 把자문 문제의 풀이 비법 ✦★

1) '把'가 있으면 '주어+부사/능원동사+把+목적어+술어+결과' 공식을 떠올린다.
2) '把'와 동사 술어를 먼저 정한 다음에 주어와 목적어를 정한다.
3) 동사 뒤에 보어나 '了'를 써서 결과를 완성한다.
4) 부사나 능원동사가 있으면 '把' 앞에 놓는다.

'我竟然把银行卡的密码给忘记了'에서 '给'는 아무 의미 없는 조사로, 구어체의 어기를 강조해 주는 역할을 합니다.

'请把……' 구조가 HSK에 많이 출제되는데, '请你把……'에서 '你'가 생략된 형태라 할 수 있습니다.

쓰기 | 제1부분

# 被자문은 공식으로 접근한다

우리말 문장은 일반적으로 능동문, 즉 주체가 중심이 되어 행한 동작을 설명하는 표현을 씁니다. 하지만 중국어 문장은 능동문 외에도 때로는 피동문을 이용해 '(~을) 당했다'라는 의미를 더 명확하게 전달합니다. 이러한 중국어의 피동문을 '被자문'이라고 합니다. 한국어에는 없는 구조이므로 문제 풀때 반드시 공식에 맞춰 풀어야 단어를 정확하게 배열할 수 있습니다.

## ① 문제가 보이는 시간

**예제 1**    事情      被他      了      解决      已经

내가 풀어본 답

해설      STEP 1   '被他'와 술어 '解决'를 먼저 배열한다.
             STEP 2   명사 '事情'은 목적어 자리에 놓고, 부사 '已经'은 전치사 '被' 앞에 놓는다.
             STEP 3   결과를 나타내는 '了'는 술어 '解决' 뒤에 놓고 문장을 완성한다.

             事情    已经    被他    解决    了
             목적어    부사어    被+주어    술어    결과

정답 및 해석      事情已经被他解决了。 일은 이미 그가 해결했다.
단어            事情 shìqing 명 일, 사건 | 解决 jiějué 동 해결하다

**예제 2**    垃圾桶      弟弟      信封      被      扔进了

내가 풀어본 답

해설      STEP 1   '被'와 술이 '扔进了'를 먼저 배열한다.
             STEP 2   동사 '扔'의 행위자인 '弟弟'는 '被' 뒤의 주어 자리에 놓고, '扔'의 대상인 '信封'은 '被' 앞의 목적어 자리에 놓는다.
             STEP 3   '扔进了' 뒤에는 장소가 와야 하므로 '垃圾桶'을 뒤에 위치시켜 문장을 완성한다.

             信封    被弟弟    扔    进了垃圾桶
             목적어    被+주어    술어    보어

정답 및 해석      信封被弟弟扔进了垃圾桶。 편지봉투는 남동생이 쓰레기통에 버렸다.
단어            信封 xìnfēng 명 편지봉투 | 弟弟 dìdi 명 남동생 | 扔 rēng 동 버리다 | 垃圾桶 lājītǒng 명 쓰레기통

## 1 被자문이란?

被자문은 동사 뒤의 목적어를 문장 맨 앞으로 두고, 그 목적어 입장에서 이야기하는 것이며, 바라지 않은 행동을 당했을 때 주로 사용한다. 한국어에는 피동문이 발달하지 않았으므로, 被자문은 꼭 구조를 익혀서 접근하자.

기본 문장
妈妈　拿　走了　我的手机。 엄마가 내 휴대폰을 가져갔다.
　주어　동사　결과　목적어

被자문
我的手机　被妈妈　拿　走了。 내 휴대폰은 엄마가 가져가 버렸다.
　목적어　被+주어　동사　결과 → 앞에 있는 목적어 '手机'가 변화된 결과

## 2 被자문 공식

목적어+被+주어+술어+결과(了, 在/到/给/成+명사)

## 3 被자문의 특징

**1) 술어+결과:** '了'와 '在/到/给/成+명사(전치사구)'는 술어 뒤에 와서 결과를 나타낸다.

- 那杯水被他喝光了。 그 잔의 물은 그가 다 마셔버렸다.
- 橡皮被妹妹丢到垃圾桶里了。 지우개는 여동생이 쓰레기통에 버렸다.

　◆橡皮 xiàngpí 몡 지우개 | 丢 diū 동 버리다, 내던지다 | 垃圾桶 lājītǒng 몡 쓰레기통

**2) 부사/능원동사+被:** 특별한 단어 앞에 붙고 싶어하는 부사와 능원동사는 '被' 앞에 쓴다.

- 那棵树没有被风刮倒。 그 나무는 바람에 넘어지지 않았다.
- 这个消息很快就被同学们知道了。 이 소식은 금세 친구들이 알아버렸다.

　◆棵 kē 양 그루, 포기[식물을 셀 때 쓰임] | 刮倒 guādǎo 동 바람에 넘어지다 | 消息 xiāoxi 몡 소식 | 同学 tóngxué 몡 (학교) 친구

**3) 被자문은 주어 생략이 가능하다.**

- 这本书早上被借走了。 이 책은 아침에 빌려갔다.
- 火车的出发时间被推迟了。 열차의 출발 시간이 지연되었다.

　◆推迟 tuīchí 동 미루다, 연기하다, 지연시키다

## 4 被자문 문제의 풀이 비법 ✦★

1) '被'가 있으면 '목적어+부사/능원동사+被+주어+술어+결과' 공식을 떠올린다.
2) '被'와 동사 술어를 먼저 정한 다음에 주어와 목적어를 정한다.
3) 동사 뒤에 보어나 '了'를 써서 결과를 완성한다.
4) 부사나 능원동사가 있으면 '被' 앞에 놓는다.

被자문의 주어는 일반적인 사람들로 누구나 알 수 있는 경우이거나, 주어를 모를 때는 생략할 수 있습니다.

被자문에서 동사가 2음절 동사면 동사 뒤에 보어나 '了'를 쓰지 않고 문장을 끝낼 수 있습니다. 다만 '被' 앞에는 대부분 부사어가 있습니다.

爷爷不会被忘记。
할아버지는 잊히지 않을 것이다.

# 비교문은 공식으로 접근한다

**쓰기 | 제1부분**

둘 이상의 사물을 비교하는 문장을 '비교문'이라 하며, 주로 전치사 '比(~보다)'를 사용하여 비교의 의미를 나타냅니다. 비교문의 어순을 묻는 문제는 쓰기 제1부분 시험에 꾸준히 출제되는 유형입니다. 듣기, 독해 영역에서도 자주 출제되므로 비교문의 용법을 잘 외워 줍니다.

## 1 문제가 보이는 시간

**예제 1**      多了        他        胖        比从前

**내가 풀어본 답**

**해설**

STEP 1    '比从前'과 술어 '胖'을 먼저 배열한다.
STEP 2    '胖'의 주어는 '他'이므로 주어 자리에 놓는다.
STEP 3    '多了'는 '胖' 뒤의 보어 자리에 놓고 문장을 완성한다.

| 他 | 比从前 | 胖 | 多了 |
|---|---|---|---|
| 주어 | 부사어 | 술어 | 보어 |

**정답 및 해석**    他比从前胖多了。 그는 이전보다 훨씬 살쪘다.

**단어**    胖 pàng 阌 뚱뚱하다, 살찌다

**예제 2**      原来的        多了        新买的房子比        大

**내가 풀어본 답**

**해설**

STEP 1    '新买的房子比'와 술어 '大'를 먼저 배열한다.
STEP 2    비교대상인 '原来的'를 '比' 뒤에 놓는다.
STEP 3    '多了'는 '大' 뒤의 보어 자리에 놓고 문장을 완성한다.

| 新买的 | 房子 | 比原来的 | 大 | 多了 |
|---|---|---|---|---|
| 관형어 | 주어 | 부사어 | 술어 | 보어 |

**정답 및 해석**    新买的房子比原来的大多了。 새로 산 집은 원래의 것보다 훨씬 크다.

**단어**    房子 fángzi 阋 집 | 原来 yuánlái 阌 원래의

39

## 1 比를 쓰는 비교문 공식

동사는 비교의 의미를 나타낼 수 없으므로, 비교문에서 술어는 동사가 아닌 형용사이다.

1)

**A 比 B + 형용사** : A는 B보다 ~하다

- 西瓜比苹果大。 수박은 사과보다 크다.
- 这本书比那本书贵。 이 책은 저 책보다 비싸다.

2)

**A 比 B + 更 / 还 + 형용사** : A는 B보다 더 ~하다

- 飞机比火车更快。 비행기는 기차보다 더 빠르다.
- 广州比北京还热。 광저우는 베이징보다 더 덥다.

3)

**A 比 B + 형용사 + 一点儿 / 一些** : A는 B보다 조금/약간 ~하다

- 这本书比那本书贵一点儿。 이 책은 그 책보다 조금 비싸다.
- 我比他高一些。 나는 그보다 약간 크다.

4)

**A 比 B + 형용사 + 得多 / 多了 / 很多** : A는 B보다 훨씬 ~하다

- 西瓜比苹果大得多。 수박은 사과보다 훨씬 크다.
- 广州比北京热很多。 광저우는 베이징보다 훨씬 덥다.

## 2 비교문 문제의 풀이 비법 ✿★

> 1) '比'가 있으면 'A比B+형용사' 공식을 떠올린다.
> 2) '更/还'는 부사이므로, 술어 앞 부사어 자리에 위치시킨다.
> 3) '수량/一点儿/一些/得多/多了/很多'가 보이면 술어 뒤에 배열한다.
> 4) '比→술어→A→B→更/还→수량/一点儿/一些/得多/多了/很多' 순서로
>    제시어를 찾아서 배열한다.

선생님의 **한마디**

비교문에서는 형용사 앞에 정도부사 '更'과 '还'만 쓸 수 있으며, 다른 정도부사 '很', '非常', '真', '十分' 등은 쓸 수 없습니다.

## '是…的' 사이에는 강조하고 싶은 내용이 들어간다

쓰기 | 제1부분

'是…的' 강조 구문은 과거 행위의 시간, 장소, 방식, 대상, 목적, 행위자 등을 특별히 강조하고 싶을 때 '是'와 '的' 사이에 강조하고 싶은 내용을 넣어 만드는 문장입니다.

 **문제가 보이는 시간**

---

**예제 1**  是      负责的      由我们部门      这次调查

**내가 풀어본 답**

해설     STEP 1   '是' 외에 '负责的'가 있으므로 '是…的' 강조 구문으로 접근한다.
        STEP 2   제시어 중 명사는 '这次调查' 밖에 없으므로 주어 자리에 놓는다.
        STEP 3   전치사구 '由我们部门'은 술어 '负责' 앞의 부사어 자리에 놓고 문장을 완성한다.

        这次调查   是    由我们部门    负责    的
         주어      是     부사어       술어     的

정답 및 해석   这次调查是由我们部门负责的。이번 조사는 우리 부서가 책임진다.
단어        调查 diàochá 동 조사하다 | 由 yóu 전 ~이/가 | 部门 bùmén 명 부서 | 负责 fùzé 동 책임지다

---

**예제 2**  故意弄坏      电脑的      我不是      你的

**내가 풀어본 답**

해설     STEP 1   술어 '故意弄坏'를 먼저 배열한다.
        STEP 2   제시어 중 '我不是'와 '电脑的'가 있으므로 '是…的' 강조 구문의 부정형인 '不是…的' 구문으로 접근한다.
        STEP 3   술어 '故意弄坏'의 행위자인 '我不是'는 주어 자리에 놓고 대상인 '电脑的'는 목적어 자리에 놓는다.
        STEP 4   '你的'는 의미상 '电脑的'의 관형어이므로 '电脑的' 앞에 놓고 문장을 완성한다.

        我    不是   故意   弄坏   你的   电脑   的
        주어   不是   부사어  술어   관형어  목적어  的

정답 및 해석   我不是故意弄坏你的电脑的。난 일부러 너의 컴퓨터를 고장 낸 것이 아니다.
단어        故意 gùyì 부 고의로, 일부러 | 弄坏 nònghuài 동 망가뜨리다, 고장 내다 | 电脑 diànnǎo 명 컴퓨터

## 1 是…的 강조 구문

### 1) 시간 강조

- 我是去年秋天来的。 나는 **작년 가을에** 왔다.

### 2) 장소 강조

- 我是从韩国来的。 나는 **한국에서** 왔다.

### 3) 목적 강조

- 这本书是为你买的。 이 책은 **너를 위해** 샀다.

## 2 是…的 강조 구문 문제의 풀이 비법 ★★

1) 우선 '是…的' 구문에서는 '是'가 술어의 기능을 하는 것이 아니므로 제시어 중에 '是'를 제외하고 술어가 될 만한 다른 동사가 있는지 찾아본다.
2) '是'를 제외한 다른 동사와 조사 '的'가 있다면 '是…的' 강조 구문으로 판단한다
3) 강조 구문인 것이 판단되면 '是'는 강조하는 단어 앞에 놓고 '的'는 문장 끝에 위치시킨다.
4) '是…的' 강조 구문은 '술어→是→的→주어→부사어' 순서로 제시어를 찾아서 배열한다

'是…的' 강조 구문에서 '是'의 위치는 주어 바로 뒤, '的'의 위치는 문장 끝입니다.

'是…的' 강조 구문에서는 '是'가 아닌 다른 동사가 술어 역할을 합니다.

# 장소도 주어가 된다

쓰기 | 제1부분

존현문은 장소가 주어가 되는 문장으로 어떤 장소에 불특정한 사람이나 사물이 존재하거나 출현 또는 소멸함을 나타냅니다. 시험에 자주 출제되지는 않지만, 중국어에 있는 특수 구문이므로 알아 두어야 할 문장 구조입니다.

 **문제가 보이는 시간**

---

**예제 1**   一张        办公室里        中国地图        挂着

**내가 풀어본 답**

**해설**

STEP 1   술어 '挂着'를 먼저 배열한다.
STEP 2   장소를 나타내는 '办公室里'를 주어 자리에 놓고 '挂着'의 대상인 '中国地图'를 목적어 자리에 놓는다.
STEP 3   '수사+양사'인 '一张'은 '中国地图' 앞의 관형어 자리에 놓고 문장을 완성한다.

| 办公室里 | 挂 | 着 | 一张 | 中国地图 |
|---|---|---|---|---|
| 주어 | 술어 | 조사 | 관형어 | 목적어 |

**정답 및 해석**   **办公室里挂着一张中国地图。** 사무실에는 중국 지도 한 장이 걸려 있다.
**단어**   **办公室** bàngōngshì 몡 사무실 | **挂** guà 통 (고리·못 등에) 걸다 | **地图** dìtú 몡 지도

---

**예제 2**   翻译        这里        100多        大约有        名

**내가 풀어본 답**

**해설**

STEP 1   술어 덩어리 '大约有'를 먼저 배열한다.
STEP 2   장소를 나타내는 '这里'를 주어 자리에 놓고, 나머지 명사 '翻译'를 목적어 자리에 놓는다.
STEP 3   목적어는 임의의 사람이 와야하므로 '100多(수사)+ 名(양사)+ 翻译(명사)' 형태를 만들어 문장을 완성한다.

| 这里 | 大约 | 有 | 100多名 | 翻译 |
|---|---|---|---|---|
| 주어 | 부사어 | 술어 | 관형어 | 목적어 |

**정답 및 해석**   **这里大约有100多名翻译。** 이곳에는 대략 100여 명의 번역가가 있다.
**단어**   **翻译** fānyì 몡 번역가, 통역사 | **大约** dàyuē 뷔 대략 | **名** míng 양 명[사람을 셀 때 쓰임]

## 1 존현문이란?

어떤 장소에 불특정한 사람이나 사물이 존재하거나 출현 또는 소멸함을 나타내는 문장을 존현문이라 한다. 존현문은 '존재문+출현/소멸문'을 합한 문장으로, 동사의 성질에 따라 존재나 출현·소멸을 나타낸다. 존재동사는 지속이 가능하여 뒤에 '着'를 붙일 수 있고, 출현이나 소멸 동사는 지속이 불가능하므로 동사 뒤에 '了'를 붙이는 것이 특징이다.

## 2 존현문 공식

1)

장소 주어 + <u>존재 동사</u> + 着 +임의의 사람/사물
('放 fàng/坐 zuò/躺 tǎng(눕다)'등 지속이 가능한 동사)

- 桌子上　放　着　一本书。 책상 위에 책 한 권이 놓여 있다.
- 大树下　坐　着　几位老人。 큰 나무 아래 노인 몇 분이 앉아 있다.

　♦大树 dàshù 몡 큰 나무

2)

장소 주어 + <u>출현, 소멸 동사</u> + 了 + 임의의 사람/사물
('来 lái/走 zǒu/掉 diào'등 지속이 불가능한 동사)

- 家里　来　了　一位客人。 집에 손님 한 분이 왔다.
- 衣服上　掉　了　一个扣子。 옷에서 단추 하나가 떨어졌다.

　♦掉 diào 통 떨어지다 | 扣子 kòuzi 몡 단추

## 3 존현문 문제의 풀이 비법 ✿★

> 1) 장소명사가 있는데 전치사가 없다면 이때 장소명사는 주어 자리에 놓는다.
> 2) '수사+양사+명사' 형태의 제시어는 목적어 자리에 위치시킨다.

'불특정하다'는 말하는 사람이나 듣는 사람이 알지 못하는 임의의 어떤 사물이나 사람을 뜻합니다. 중국어에서 보통 '수사+양사+명사' 구조는 불특정하다는 말을 쓰며, 만약 지시대명사 '这/那'가 있으면 '특정하다'라는 말을 씁니다.

중국어에서 '桌子上', '大树下', '家里'처럼 일반 명사 '桌子', '大树', '家' 뒤에 방위를 나타내는 단어인 '上/下/里'를 붙여주면 장소명사가 되며, 전치사 없이 주어가 될 수 있습니다.

# 실력 확인하기 쓰기 | 제1부분

⊖ 5분 | ☀ Day 07

**주어진 단어를 순서대로 배열해 문장을 완성하세요.**

1   挂着      镜子      一面      洗手间里


2   多吃      皮肤      对      有不少好处      西红柿


3   在那儿      使用说明书      空调的      就


4   增加了      他的      两倍      收入


5   不小心      叔叔      打破了      把      镜子

정답 및 해설 ▶ 178쪽

# 독해 阅读

## 제1부분

📖 **문제 유형과 전략**

독해 제1부분의 문제 해결 전략은 시간 관리와 어법에 대한 이해가 핵심입니다. 이 부분은 46번부터 55번까지 총 10문제가 출제되며, 주어진 문장의 빈칸에 알맞은 제시어를 선택하면 됩니다. 문제를 풀 때 모든 지문을 일일이 읽고 풀려고 하면 시간이 부족하므로, 시간을 효율적으로 분배(10문제를 최대 5분 안에 풀도록 한다)하는 것이 매우 중요합니다.

특히 어법 개념을 잘 활용하면 풀이 시간을 크게 단축할 수 있습니다. 각 문장의 빈칸에 어떤 품사(명사, 동사, 형용사 등)가 들어갈지 빠르게 판단하는 연습을 꾸준히 해야 합니다.

이렇게 **풀어 봐요**

1. 먼저 제시어의 품사와 의미를 파악한다.

2. 46~50번 문제의 D 坚持와 51~55번 문제의 C 温度는 항상 나오는 제시어로 보자마자 삭제한다.

3. 미리 해석은 금지한다.

4. 빈칸의 앞뒤를 파악한 후 들어갈 품사를 골라 준다.

5. 어려운 문제는 맨 마지막에 저절로 풀리니 어려운 문제는 마지막에 풀어 준다.

6. 시간이 남으면 해석하면서 정답을 확인한다.

# '的' 뒤에는 명사가 온다

독해 | 제1부분

앞의 쓰기 제1부분에서 배웠던 '구조조사 的+명사'를 이용해 문제를 풀어 봅니다. '的' 뒤에는 다른 품사는 올 수 없고, 명사만 올 수 있으므로 제시어 중에서 명사를 골라 넣어 줍니다. 만약 명사 제시어가 2개라면 문제를 끝까지 읽지 말고, 빈칸이 있는 구절만 읽습니다.

## ⏱ 1 문제가 보이는 시간

🔊 0-01

**예제 1**

A 尤其　　B 骄傲　　C 交通　　D 坚持　　E 减少　　F 职业

校区的 (　　　) 太方便了，每隔三分钟就有一辆公共汽车。

| | |
|---|---|
| **해설** | 가장 먼저 빈칸의 위치를 파악합니다. 빈칸 앞에는 구조조사 '的'가 있으므로, 빈칸 자리는 명사가 와야 됩니다. 제시어 중 명사는 C, F가 있으며 문맥상 가장 적절한 것은 '交通(교통)'입니다. 독해 제1부분에서 '坚持'나 '温度'가 보이면 바로 지워 줍니다. |
| **정답 및 해석** | 校区的 (C 交通) 太方便了，每隔三分钟就有一辆公共汽车。 ┊ 캠퍼스의 (C 교통)은 아주 편리하다. 3분 간격으로 버스가 있다. |
| **단어** | 尤其 yóuqí 🔳(그중에서) 특히 ｜ 骄傲 jiāo'ào 🔳 거만하다, 교만하다 ｜ 交通 jiāotōng 🔳 교통 ｜ 减少 jiǎnshǎo 🔳 감소하다, 줄이다 ｜ 职业 zhíyè 🔳 직업 ｜ 校区 xiàoqū 🔳 캠퍼스 ｜ 方便 fāngbiàn 🔳 편리하다 ｜ 每隔 měi gé ~마다, ~의 간격으로 *隔 🔳 사이를(간격을) 두다 ｜ 辆 liàng 🔳 대[차량을 셀 때 쓰임] ｜ 公共汽车 gōnggòng qìchē 🔳 버스 |

🔊 0-02

**예제 2**

A 小伙子　　B 眼镜　　C 详细　　D 坚持　　E 暂时　　F 脏

这个穿蓝衬衫、黑头发的 (　　　) 是我的哥哥，帅吧?

| | |
|---|---|
| **해설** | 가장 먼저 빈칸의 위치를 파악합니다. 빈칸 앞에는 구조조사 '的'가 있으므로, 빈칸 자리는 명사가 와야 됩니다. 'A 是B(A는 B이다)' 구문이 나왔고, '是' 뒤에 나온 대상 '我的哥哥'와 호응하는 '小伙子(청년)'가 정답입니다. |
| **정답 및 해석** | 这个穿蓝衬衫、黑头发的 (A 小伙子) 是我的哥哥，帅吧? ┊ 이 남색 셔츠를 입고 검은 머리를 한 (A 청년)이 나의 형이야. 잘생겼지? |
| **단어** | 小伙子 xiǎohuǒzi 🔳 젊은이, 청년 ｜ 眼镜 yǎnjìng 🔳 안경 ｜ 详细 xiángxì 🔳 상세하다, 자세하다 ｜ 暂时 zànshí 🔳 잠시, 잠깐 ｜ 脏 zāng 🔳 더럽다 ｜ 穿 chuān 🔳 (옷을) 입다 ｜ 蓝衬衫 lán chènshān 남색 셔츠 ｜ 黑头发 hēi tóufa 검은 머리 ｜ 哥哥 gēge 🔳 형, 오빠 ｜ 帅 shuài 🔳 멋지다, 잘생기다 |

48

 내공이 쌓이는 시간

## 1  명사가 오는 자리

### 1) 주어

- 现在的动作很标准，再坚持一下。 지금의 동작은 아주 정확하니, 좀 더 견디세요.

  ◆ 动作 dòngzuò 몡 동작 ㅣ 标准 biāozhǔn 혱 표준적인, (동작이) 정확하다 ㅣ 坚持 jiānchí 동 견디다, 꾸준히 하다

### 2) 목적어

- 他给我留下了很深的印象。 그는 나에게 깊은 인상을 남겼다.

  ◆ 留下印象 liúxià yìnxiàng 인상을 남기다

### 3) 전치사 뒤

- 多喝牛奶对皮肤很好。 우유를 많이 마시면 피부에 좋다.

  ◆ 牛奶 niúnǎi 몡 우유 ㅣ 皮肤 pífū 몡 피부

## 2  시험에 잘 나오는 명사 ✦✦

| 信心 xìnxīn 몡 자신감 | 짝꿍 有信心 자신감이 있다<br>예문 他对这次考试很有信心。<br>그는 이번 시험에 매우 자신감이 있다.<br>◆ 考试 kǎoshì 몡 시험 |
|---|---|
| 困难 kùnnan 몡 곤란, 어려움 | 짝꿍 有困难 어려움이 있다<br>　　　 遇到困难 어려움에 부딪히다<br>예문 她在工作方面遇到了困难。<br>그녀는 업무 방면에서 어려움에 부딪혔다<br>◆ 遇到 yùdào 동 만나다, 마주치다 ㅣ 工作 gōngzuò 몡 일, 작업, 업무 |
| 态度 tàidu 몡 태도 | 예문 这个酒店服务生的服务态度很好。<br>이 호텔 종업원의 서비스 태도는 좋다.<br>◆ 酒店 jiǔdiàn 몡 (대형) 호텔 ㅣ 服务生 fúwùshēng 몡 종업원 ㅣ 服务 fúwù 동 서비스하다 |
| 时间 shíjiān 몡 시간 | 짝꿍 浪费时间 시간을 낭비하다<br>　　　 节约时间 시간을 절약하다<br>예문 浪费时间就是浪费生命。<br>시간을 낭비하는 것은 바로 생명을 낭비하는 것이다.<br>◆ 浪费 làngfèi 동 낭비하다 ㅣ 节约 jiéyuē 동 절약하다 ㅣ 生命 shēngmìng 몡 생명, 목숨 |
| 计划 jìhuà 몡 계획 | 짝꿍 改变计划 계획을 바꾸다<br>예문 我不得不改变计划。 나는 어쩔 수 없이 계획을 바꿨다.<br>◆ 改变 gǎibiàn 동 바꾸다 ㅣ 不得不 bùdébù 뷔 어쩔 수 없이 |

독해 阅读

제1부분

| | |
|---|---|
| **意见** yìjiàn<br>몡 의견 | **짝꿍** 征求意见 의견을 구하다<br>提出意见 의견을 제시하다<br>**예문** 我把今天大家在会上提的意见都整理出来了。<br>나는 오늘 사람들이 회의에서 제시한 의견을 모두 정리했다.<br><br>◆征求 zhēngqiú 뙤 (의견을) 구하다 ㅣ 提出 tíchū 뙤 제기하다, 제시<br>하다(=提) ㅣ 整理 zhěnglǐ 뙤 정리하다 |
| **脾气** píqi<br>몡 성격, 성깔, 성질 | **짝꿍** 有脾气 성깔이 있다<br>发脾气 성질을 내다, 화를 내다<br>**예문** 很抱歉，我昨天对你发了脾气。<br>어제 너한테 화를 내서 미안해.<br><br>◆抱歉 bàoqiàn 뙤 미안해하다 |
| **印象** yìnxiàng<br>몡 인상 | **짝꿍** 印象深 인상이 깊다<br>**예문** 那张画给她留下了很深的印象。<br>그 그림은 그녀에게 깊은 인상을 남겼다.<br><br>◆张 zhāng 얭 쟁[종이나 가죽을 셀 때 쓰임] ㅣ 画 huà 몡 그림 ㅣ 深<br>shēn 혱 깊다 ㅣ 留下 liúxià 뙤 (인상을) 남기다 |
| **经验** jīngyàn<br>몡 경험, 노하우 | **짝꿍** 经验不足 경험이 부족하다<br>经验丰富 경험이 풍부하다<br>**예문** 他是一个经验丰富的医生。<br>그는 경험이 풍부한 의사이다.<br><br>◆丰富 fēngfù 혱 풍부하다 ㅣ 医生 yīshēng 몡 의사 |
| **售货员** shòuhuòyuán<br>몡 판매원, 점원 | **예문** 那个商场的售货员态度非常不好。<br>그 백화점의 판매원은 태도가 아주 나쁘다.<br><br>◆商场 shāngchǎng 몡 백화점, 쇼핑센터 ㅣ 态度 tàidu 몡 태도 |

# 능원동사와 '地' 뒤에는 동사가 온다

부사어 자리에 오는 부사, 능원동사 뒤에 빈칸이 있으면 동사를 쓰고, 조사 '地' 뒤에도 대부분 동사만 옵니다. 제시어에 동사가 2개 이상 있으면 최종적으로 목적어와의 호응 관계와 문맥을 통해 정답을 골라 줍니다.

## ⏱ ① 문제가 보이는 시간

🔊 0-03

**예제 1**

A 导演　　B 举办　　C 预习　　D 坚持　　E 要是　　F 破

妹妹每天都会 (　　) 下节课的内容，这是个好习惯。

**해설**　　가장 먼저 빈칸의 위치를 파악합니다. 빈칸 앞에는 능원동사 '会'가 있으므로 동사 자리임을 파악할 수 있습니다. 제시어 중 동사는 B, C, F가 있으나, 뒤에 오는 목적어인 '下节课的内容(다음 수업의 내용)'과 호응하는 '预习(예습하다)'를 빈칸에 넣어 줍니다. 독해 제1부분에서 '坚持'나 '温度'가 보이면 바로 지워 줍니다.

**정답 및 해석**

| 妹妹每天都会 (C 预习) 下节课的内容，这是个好习惯。 | 여동생은 매일 다음 수업 내용을 (C 예습한다). 이것은 좋은 습관이다. |
|---|---|

**단어**　　导演 dǎoyǎn 몡 연출자, 감독 | 举办 jǔbàn 동 거행하다, 개최하다, 열다 | 预习 yùxí 동 예습하다 | 要是 yàoshi 젭 만약 ~라면 | 破 pò 동 찢어지다, 파손되다 | 妹妹 mèimei 몡 여동생 | 节 jié 양 수업을 셀 때 쓰임 | 课 kè 몡 수업 | 内容 nèiróng 몡 내용 | 习惯 xíguàn 몡 습관

🔊 0-04

**예제 2**

A 友好　　B 由于　　C 保护　　D 坚持　　E 严重　　F 解释

夏天外出时很多人都会戴太阳镜，因为这样可以有效地 (　　) 眼睛。

**해설**　　가장 먼저 빈칸의 위치를 파악합니다. 빈칸 앞에는 구조조사 '地'가 있으므로 '地+동사'를 활용해 빈칸에 올 수 있는 품사를 파악할 수 있습니다. 제시어 중 동사는 C, F가 있으나, 뒤에 오는 목적어가 '眼睛(눈)'이므로, '保护(보호하다)'를 빈칸에 넣어 줍니다.

**정답 및 해석**

| 夏天外出时很多人都会戴太阳镜，因为这样可以有效地 (C 保护) 眼睛。 | 여름에 외출할 때 많은 사람들이 선글라스를 낀다. 이렇게 하면 눈을 효과적으로 (C 보호)할 수 있기 때문이다. |
|---|---|

**단어**　　友好 yǒuhǎo 혱 우호적이다 | 由于 yóuyú 젭 ~때문에 | 保护 bǎohù 동 보호하다 | 严重 yánzhòng 혱 (정도가) 심각하다 | 解释 jiěshì 동 (원인·이유 등을) 설명하다 | 夏天 xiàtiān 몡 여름 | 戴太阳镜 dài tàiyángjìng 선글라스를 끼다 *戴 동 착용하다, 쓰다, 끼다 | 有效 yǒuxiào 혱 유효하다, 효과적이다 | 眼睛 yǎnjing 몡 눈

헷갈리면 안 되는 **유의어**

□ 戴 dài : 머리 위로 무언가를 쓰거나 착용할 때

□ 摘 zhāi : 머리 위로 무언가를 벗을 때

- 戴眼镜 안경을 쓰다
- 戴帽子 모자를 쓰다
- 戴项链 목걸이를 하다
- 戴耳环 귀걸이를 하다

- 摘眼镜 안경을 벗다
- 摘帽子 모자를 벗다
- 摘项链 목걸이를 빼다
- 摘耳环 귀걸이를 빼다

◆眼镜 yǎnjìng 명 안경 | 帽子 màozi 명 모자 | 项链 xiàngliàn 명 목걸이 |
耳环 ěrhuán 명 귀걸이

---

□ 穿 chuān : 머리 아래로 무언가를 입거나 착용할 때

□ 脱 tuō : 머리 아래로 무언가를 벗을 때

- 穿衣服 옷을 입다
- 穿袜子 양말을 신다
- 穿鞋 신발을 신다

- 脱衣服 옷을 벗다
- 脱袜子 양말을 벗다
- 脱鞋 신발을 벗다

◆衣服 yīfu 명 옷, 의복 | 袜子 wàzi 명 양말 | 鞋 xié 명 신발

선생님의 **한마디**

4급 필수 어휘 '脱' 뒤에 '眼镜, 帽子'를 많이 붙여 쓰는데, 서로 호응할 수 없는 단어입니다. '(안경·모자를) 벗다'는 5급 필수 어휘인 '摘'를 사용하므로 헷갈리지 않게 미리 구분해 두는 것이 좋습니다.

 **내공이 쌓이는 시간**

## 1 동사가 오는 자리

### 1) 동태조사 '了/着/过' 앞

- 我们参加了学校举办的活动。 우리는 학교에서 개최하는 행사에 참가했다.
  동태조사

  ◆参加活动 cānjiā huódòng 행사에 참가하다 | 学校 xuéxiào 명 학교 | 举办 jǔbàn 동 개최하다, 열다

### 2) 능원동사 뒤

- 我不会说汉语。 나는 중국어를 할 줄 모른다.
  능원동사

### 3) 구조조사 '地' 뒤

- 我们高兴地玩儿。 우리는 즐겁게 놀았다.
  구조조사

  ◆玩儿 wánr 동 놀다

## 2 시험에 잘 나오는 동사 ✦✦

| 收拾 shōushi<br>동 정리하다, 치우다 | 짝꿍 收拾行李 짐을 정리하다 |
| --- | --- |
| | 예문 我们要迟到了，简单收拾一下就出门吧。<br>우리 늦겠다, 간단하게 좀 치우고 나가자. |
| | ◆行李 xíngli 명 (여행) 짐 | 要…了 yào……le 곧 ~하다 | 迟到<br>chídào 동 지각하다, 늦다 | 简单 jiǎndān 형 간단하다 |

| | |
|---|---|
| **尊重** zūnzhòng<br>图 존중하다 | **짝꿍** 尊重**决定** 결정을 존중하다<br>尊重**选择** 선택을 존중하다<br>**예문** 既然你想好了，我尊重你的决定。<br>이왕 당신이 생각을 정했으니, 저는 당신의 결정을 존중하겠습니다.<br>◆决定 juédìng 图 결정 ┃ 选择 xuǎnzé 图 선택 ┃ 既然 jìrán 图 이<br>왕 ~했으니, 이미 ~했으니까 |
| **收到** shōudào<br>图 (구체적인 것을) 받다 | **짝꿍** 收到**短信** 문자를 받다<br>收到**传真** 팩스를 받다<br>**예문** 汽车公司没有收到我发的传真。<br>자동차 회사는 내가 보낸 팩스를 받지 못했다.<br>◆短信 duǎnxìn 图 문자 ┃ 传真 chuánzhēn 图 팩스 ┃ 发 fā 图 (팩<br>스를) 보내다 |
| **受到** shòudao<br>图 (추상적인 것을) 받다 | **짝꿍** 受到**批评** 비판을 받다<br>受到**影响** 영향을 받다<br>受到**欢迎** 환영을 받다<br>**예문** 他今天受到了老师的表扬。<br>그는 오늘 선생님의 칭찬을 받았다.<br>◆批评 pīpíng 图 비판하다, 질책하다 ┃ 影响 yǐngxiǎng 图 영향 ┃<br>欢迎 huānyíng 图 환영하다 ┃ 表扬 biǎoyáng 图 칭찬하다 |
| **养成** yǎngchéng<br>图 (습관을) 기르다 | **짝꿍** 养成**习惯** 습관을 기르다<br>**예문** 我们要养成早睡早起的好习惯。<br>우리는 일찍 자고 일찍 일어나는 좋은 습관을 길러야 한다.<br>◆习惯 xíguàn 图 습관 ┃ 早睡早起 zǎo shuì zǎo qǐ 일찍 자고 일찍<br>일어나다 |
| **举办** jǔbàn<br>图 (행사 등을) 개최하다, 열다 | **짝꿍** 举办**演出** 공연을 개최하다<br>举办**晚会** 파티를 열다<br>**예문** 这位艺术家今年要举办三场演唱会。<br>이 예술가는 올해 세 번의 콘서트를 열려고 한다.<br>◆演出 yǎnchū 图 공연 ┃ 晚会 wǎnhuì 图 (이브닝) 파티 ┃ 艺术家<br>yìshùjiā 图 예술가 ┃ 演唱会 yǎnchànghuì 图 콘서트 |
| **脱** tuō<br>图 벗다 | **짝꿍** 脱**鞋** 신발을 벗다<br>脱**袜子** 양말을 벗다<br>**예문** 记得睡觉之前脱袜子。<br>자기 전에 양말을 벗는 거 잊지 마.<br>◆鞋 xié 图 신발 ┃ 袜子 wàzi 图 양말 ┃ 记得 jìde 图 기억하고 있다,<br>잊지 않다 ┃ 睡觉 shuìjiào 图 (잠을) 자다 |
| **改变** gǎibiàn<br>图 변하다, 바꾸다 | **짝꿍** 改变**生活** 생활을 바꾸다<br>改变**环境** 환경을 바꾸다<br>**예문** 他们不得不改变原来的计划。<br>그들은 어쩔 수 없이 원래의 계획을 바꿨다.<br>◆环境 huánjìng 图 환경 ┃ 不得不 bùdébù 图 어쩔 수 없이 ┃ 计<br>划 jìhuà 图 계획 |

💬 **举办** vs **举行**

☐ **举办** jǔbàn '누가' 개최하는<br>가: 주체를 강조

学校举办运动会。<br>　강조<br>학교에서 운동회를 개최한다.

☐ **举行** jǔxíng '뭘' 개최하는가:<br>객체를 강조

明天学校将举行运动会。<br>　　　　　　　강조<br>내일 학교에서 운동회를 개최할<br>것이다.

| | |
|---|---|
| **安排** ānpái<br>동 ① (시간·스케줄을) 잡다<br> ② (일을) 처리하다 | **짝꿍** 安排**时间** 시간을 잡다<br>安排**工作** 일을 처리하다<br>**예문** 我们要重新安排时间。 우리는 다시 시간을 잡아야 한다.<br><br>◆重新 chóngxīn 부 다시, 재차 |
| **保证** bǎozhèng<br>동 ① 보장하다<br> ② (어떤 행동에 책임을 지겠<br> 다고) 약속하다 | **짝꿍** 保证**时间** 시간을 보장하다<br>保证**安全** 안전을 보장하다<br>**예문** 我们保证在一个月内完成任务。<br>저희는 한 달 안에 임무를 완수할 것을 약속 드립니다.<br><br>◆安全 ānquán 명 안전 \| 完成任务 wánchéng rènwu 임무를 완수<br>하다 |

# 공략법 03

독해 | 제1부분

# 정도부사 뒤에는 형용사나 심리동사가 온다

중국어는 형용사를 쓸 때 습관적으로 앞에 정도부사를 붙여 사용하는 경우가 아주 많습니다. 심리동사는 감정을 나타내는 동사이며, 정도부사 뒤에 쓸 수 있습니다. 심리동사는 형용사와 달리 뒤에 목적어를 가질 수 있습니다. 빈칸 앞에 정도부사가 있다면, '정도부사+형용사/심리동사'를 기억해 주세요!

 **① 문제가 보이는 시간**

🌥 0-05

**예제 1**

| A 难过 | B 按时 | C 稍微 | D 坚持 | E 详细 | F 身体 |

他的父亲生病住院了，他非常（　　　），每天都希望父亲快点好起来。

**해설**  가장 먼저 빈칸의 위치를 파악합니다. 빈칸 앞에는 정도부사가 있으므로, 빈칸 자리는 형용사나 심리동사가 와야 합니다. 제시어 중 형용사는 A 难过(슬프다), E 详细 (상세하다)이고, '他的父亲生病住院了(그의 아버지가 병이 나서 입원했다)'의 내용을 보고 '难过(슬프다)'를 정답으로 골라 줍니다.

**정답 및 해석**

| 他的父亲生病住院了，他非常（A 难过），每天都希望父亲快点好起来。 | 그의 아버지가 병으로 입원해서 그는 매우 (A 슬프다). 매일 아버지가 빨리 나으시길 바란다. |

**단어**  难过 nánguò 휑 괴롭다, 슬프다 | 按时 ànshí 뵹 제때에, 제시간에 | 稍微 shāowēi 뵹 조금, 약간 | 详细 xiángxì 휑 상세하다, 자세하다 | 身体 shēntǐ 뎽 신체, 건강 | 生病 shēngbìng 동 병이 나다 | 住院 zhùyuàn 동 입원하다 | 希望 xīwàng 동 희망하다, 바라다.

### 🔮 难过 vs 难受

두 단어 모두 '괴롭다, 힘들다'라는 뜻을 가지고 있습니다. 하지만 쓰임에서 약간의 차이가 있습니다. '难过'는 주로 심리적으로 힘들 때 사용하고, '难受'는 심리적·신체적으로 힘들 때 두 가지의 의미로 사용합니다.

□ 难过 nánguò 휑 괴롭다, 슬프다
　他没有通过HSK考试，心里很难过。
　그는 HSK 시험에 합격하지 못해서, 마음이 괴롭다.

□ 难受 nánshòu 휑 괴롭다, 견딜 수 없다
　我心里很难受。 마음이 너무 괴롭다.
　今天热得很难受。 오늘은 너무 더워서 견딜 수 없다.

◆通过考试 tōngguò kǎoshì 시험에 합격하다　*通过 동 통과하다, 합격하다

🌥 0-06

**예제 2**

| A 熟悉 | B 只要 | C 光 | D 坚持 | E 严重 | F 道歉 |

今天路上堵车十分（　　　），我比平时多花了半个小时才到公司。

**해설**  가장 먼저 빈칸의 위치를 파악합니다. 빈칸 앞은 정도부사 '十分(매우)'이므로 빈칸은 형용사나 심리동사 자리임을 파악할 수 있습니다. 제시어 중 형용사는 A 熟悉(잘 알다), C 光(하나도 남지 않다), E 严重(심각하다)이 있는데, '堵车(차가 막히다)'와 호응할 수 있는 '严重(심각하다)'을 빈칸에 넣어 줍니다.

| 정답 및 해석 | 今天路上堵车十分（E 严重），我比平时多花了半个小时才到公司。 | 오늘 도로 교통 체증이 (E 심각해서) 나는 평소보다 30분 더 걸려서 회사에 도착했다. |
|---|---|---|

단어　**熟悉** shúxī 형 잘 알다. 익숙하다 ｜ **只要** zhǐyào 접 ~하기만 하면 ｜ **光** guāng 형 하나도 남지 않다, 전혀 없다 ｜ **严重** yánzhòng 형 (정도가) 심각하다 ｜ **道歉** dàoqiàn 동 사과하다 ｜ **堵车** dǔchē 동 차가 막히다. 교통이 체증되다 *堵 동 막다, 가로막다 ｜ **花** huā 동 (시간이) 걸리다

'光'은 명사로는 '빛', 부사로는 '단지, 다만', 형용사로는 '하나도 남지 않다, 전혀 없다'라는 뜻이 있습니다. 그런데 '光'이 형용사로 쓰일 때는 주로 결과보어로 쓰입니다.

* 吃光了 다 먹었다
* 喝光了 다 마셨다
* 花光了 (돈·시간을) 다 써버렸다

 **내공이 쌓이는 시간**

## 1 시험에 잘 나오는 정도부사 ✨★

정도부사는 일반 동작동사는 수식할 수 없고 형용사나 심리동사의 정도가 '얼만큼 ~한지'를 나타내 주는 역할을 한다.

### 1) 정도부사 공식

정도부사 + 형용사 / 심리동사

HSK 4급에서 기본적으로 알아야 할 **정도부사**

☐ **很** hěn 매우, 아주

☐ **十分** shífēn 매우, 아주, 대단히

☐ **最** zuì 가장, 제일

☐ **非常** fēicháng 매우, 아주

☐ **比较** bǐjiào 비교적

☐ **太** tài 너무

☐ **挺** tǐng 꽤, 제법, 아주

☐ **更** gèng 더욱

☐ **稍微/稍稍** shāowēi/shāoshāo 약간, 조금

☐ **越来越** yuèláiyuè 점점 ~하다, 갈수록 ~하다

## 2 시험에 잘 나오는 형용사 ✦✦

| | |
|---|---|
| **危险** wēixiǎn<br>형 위험하다 | 예문 这里很危险，请您不要站在这里。<br>이곳은 위험하니 여기에 서 있지 마세요.<br><br>✦ 站 zhàn 동 서다 |
| **严重** yánzhòng<br>형 (상황·정도가) 심각하다,<br>심하다 | 예문 情况十分严重，我们需要立即采取行动。<br>상황이 매우 심각해서 우리는 바로 행동을 취해야 한다.<br><br>✦ 情况 qíngkuàng 명 상황 ┃ 需要 xūyào 동 ~해야 한다 ┃ 立即<br>lìjí 부 즉시, 바로 ┃ 采取 cǎiqǔ 동 (조치·방법·행동을) 취하다, 채택하<br>다 ┃ 行动 xíngdòng 명 행동 |
| **难受** nánshòu<br>형 (마음이) 슬프다, 아프다,<br>괴롭다 | 예문 我现在心里很难受，你陪我坐一会儿吧。<br>전 지금 마음이 괴로워요. 잠시 앉아서 저와 함께 해 주세요.<br><br>✦ 陪 péi 동 함께 하다 ┃ 一会儿 yíhuìr 명 잠깐 동안, 잠시 |
| **优秀** yōuxiù<br>형 (사람 또는 작품 등이)<br>우수하다, 뛰어나다 | 예문 这所学校的六年级学生非常优秀。<br>이 학교의 6학년 학생들은 매우 뛰어나다.<br><br>✦ 所 suǒ 양 채, 동[집, 건물을 셀 때 쓰임] |
| **热闹** rènao<br>형 (광경·분위기가) 번화하다,<br>떠들썩하다, 시끌벅적하다 | 예문 小王很活泼，有她在的地方，总是很热闹。<br>샤오왕은 아주 활발해서 그녀가 있는 곳은 항상 떠들썩하다.<br><br>✦ 活泼 huópō 형 활발하다, 활기차다 ┃ 总是 zǒngshì 부 항상, 늘 |

# 숫자와 '这/那' 뒤, 명사 앞에는 양사가 온다

독해 | 제1부분

양사는 명사를 세는 단위로 단독으로 쓸 수 없고, 보통 '수사 또는 这/那+양사+명사' 형태를 유지합니다. 중국어 '一本书(책 한 권)', '这本书(이 책)', '那本书(저 책)'을 기억해 보세요. 양사의 위치를 잘 기억하며 문제를 풀어 봅니다.

## ① 문제가 보이는 시간

🔊 0-07

**예제 1**

A 羡慕　　B 篇　　C 一切　　D 坚持　　E 所　　F 专门

请把这（　　）文章翻译成中文。

**해설** 가장 먼저 빈칸의 위치를 파악합니다. 빈칸 앞에는 지시대명사 '这'가 있고, 뒤에는 명사인 '文章(글)'이 있으므로 양사 자리임을 파악합니다. 제시어 중 양사는 B 篇 과 E 所가 있지만 글을 세는 양사인 '篇'을 빈칸에 넣어 줍니다.

**정답 및 해석**

| 请把这 (B 篇) 文章翻译成中文。 | 이 글을 중국어로 번역해 주세요. |

**단어** 羡慕 xiànmù 동 흠모하다, 부러워하다 | 篇 piān 양 편[글·문장 등을 셀 때 쓰임] | 一切 yíqiè 명 일체, 모든 것 | 所 suǒ 양 채, 동[집·건물을 셀 때 쓰임] | 专门 zhuānmén 형 전문적인 | 翻译 fānyì 동 번역하다

🔊 0-08

**예제 2**

A 份　　B 区别　　C 温度　　D 帅　　E 然　　F 棵

A：我们差不多半年没见吧？听说你今年特别忙。

B：对，我换了一（　　）工作，事情比较多。

**해설** 빈칸 앞을 보니 숫자 '一'가 있고 뒤에는 명사인 '工作(직업)'가 나왔으므로 빈칸은 양사 자리임을 파악합니다. 제시어 중 양사는 A 份 와 F 棵 두 개가 있지만 직업을 세는 양사는 '份'이므로 A가 답입니다. 독해 제1부분에서 '坚持'나 '温度'가 보이면 바로 지워 줍니다.

**정답 및 해석**

| A：我们差不多半年没见吧？听说你今年特别忙。<br>B：对，我换了一 (A 份) 工作，事情比较多。 | A : 우리 거의 반년을 못 봤지? 듣자 하니 너 올해 엄청 바쁘다며.<br>B : 맞아. 나 올해 이직했는데 일이 비교적 많아. |

**단어** 份 fèn 양 일·업무·직업을 셀 때 쓰임 | 区别 qūbié 동 구별하다 | 帅 shuài 형 잘생기다, 멋지다 | 竟然 jìngrán 부 뜻밖에도, 의외로 | 棵 kē 양 그루, 포기[식물을 셀 때 쓰임] | 差不多 chàbuduō 부 거의, 대체로 | 听说 tīngshuō 동 듣자 하니 ~라고 한다 | 换工作 huàn gōngzuò 직업을 바꾸다, 이직하다 | 事情 shìqing 명 일

58

## 1 양사가 오는 자리

### 1) 这/那 + 양사 + 명사

- 这本书 이 책
- 那本书 저 책
- 每次听到这首歌曲，我都会想起妈妈。
  매번 이 노래를 들으면, 저는 어머니가 생각납니다.
  - 歌曲 gēqǔ 囲 노래

### 2) 수사 + 양사 + 명사

- 几个人 몇 명
- 一本书 책 한 권
- 我特别喜欢这一段话。 저는 특히 이 단락의 말을 좋아합니다.

### 3) 목적어 자리에서 숫자 '一'는 생략가능

- 我家附近新开了(一)家饭馆。 우리 집 근처에 식당이 오픈했다.
  - 附近 fùjìn 囲 부근, 근처 | 新开 xīn kāi 새로 열다, 오픈하다 | 饭馆 fànguǎn 囲 식당

## 2 동량사가 오는 자리

### 1) 동사 + 수사 + 동량사
동량보어

- 我去了一趟大使馆。 나는 대사관에 한 번 다녀왔다.
  동량보어
  - 趟 tàng 囲 차례, 번 [왕래한 횟수를 셀 때 쓰임] | 大使馆 dàshǐguǎn 囲 대사관

## 3 시험에 잘 나오는 양사 ✨

| 页 yè<br>囲 (책의) 쪽, 페이지 | 짝꿍 五十页 오십 페이지<br>一页稿子 원고 한 페이지<br>◆稿子 gǎozi 囲 원고 |
| --- | --- |
| 件 jiàn<br>囲 건[일·공문 등을 셀 때 쓰임] | 짝꿍 一件事 일 한 건<br>一件工作 업무 한 건<br>一件公文 공문 한 건<br>◆公文 gōngwén 囲 공문(서) |
| 棵 kē<br>囲 그루, 포기[식물을 셀 때 쓰임] | 짝꿍 一棵树 나무 한 그루<br>一棵草 풀 한 포기<br>◆树 shù 囲 나무 | 草 cǎo 囲 풀 |

선생님의 한마디

양사에는 명사를 세는 명량사와 동작의 양을 세는 동량사가 있습니다. 동량사는 보통 동사 술어 뒤에 붙어 동작의 횟수를 이야기할 때 사용합니다.

독해 阅读

제1부분

| | |
|---|---|
| 所 suǒ<br>양 채, 동[비영리 단체를 셀 때 쓰임] | 짝꿍 一所医院 병원 한 동<br>一所学校 학교 한 동<br><br>◆ 医院 yīyuàn 명 병원 │ 学校 xuéxiào 명 학교 |
| 台 tái<br>양 대, 편, 회[기계나 공연의 횟수를 셀 때 쓰임] | 짝꿍 一台电脑 컴퓨터 한 대<br>一台戏 연극 한 편<br><br>◆ 电脑 diànnǎo 명 컴퓨터 │ 戏 xì 명 연극 |
| 条 tiáo<br>양 ① 가늘고 긴 것, 혹은 가늘고 긴 느낌이 있는 유형·무형의 것<br>② 가지, 항목 | 짝꿍 一条鱼 물고기 한 마리<br>一条路 한 갈래의 길<br>一条裤子 바지 한 벌<br>一条新闻 한 가지 뉴스<br>一条消息 한 가지 소식<br><br>◆ 裤子 kùzi 명 바지 │ 新闻 xīnwén 명 뉴스 │ 消息 xiāoxi 명 소식 |
| 张 zhāng<br>양 장, 개[종이·책상·의자·침대 등 넓은 표면을 가진 것을 셀 때 쓰임] | 짝꿍 一张票 표 한 장<br>一张桌子 테이블 한 개<br>一张床 침대 한 개<br><br>◆ 票 piào 명 표 │ 桌子 zhuōzi 명 탁자, 테이블 │ 床 chuáng 명 침대 |
| 首 shǒu<br>양 수, 곡[시·노래 등을 셀 때 쓰임] | 짝꿍 一首诗 시 한 수<br>一首歌曲 노래 한 곡<br><br>◆ 诗 shī 명 시 │ 歌曲 gēqǔ 명 노래 |
| 种 zhǒng<br>양 부류, 종류[사람이나 물질의 종류를 구분할 때 쓰임] | 짝꿍 一种人 한 부류의 사람<br>一种水果 과일 한 종류<br><br>◆ 水果 shuǐguǒ 명 과일 |
| 朵 duǒ<br>양 송이, 점[꽃·구름 등을 셀 때 쓰임] | 짝꿍 一朵花 꽃 한 송이<br>一朵云 구름 한 점<br><br>◆ 云 yún 명 구름 |

영리 단체를 셀 때는 '家'를 이용해서 셉니다.
这家公司 이 회사
这家饭馆 이 식당

◆ 饭馆 fànguǎn 명 식당

'台'는 양사 외에 '무대'라는 명사 뜻도 가지고 있습니다.

我一次也没有上台过，我很紧张。
나는 한번도 무대에 오른 적이 없어서, 너무 긴장된다.

◆ 上台 shàngtái 통 무대에 오르다 │ 紧张 jǐnzhāng 형 긴장하다

상의를 셀 때는 '件'을 이용해서 셉니다.

一件衬衫 셔츠 한 벌
一件衣服 옷 한 벌

◆ 衬衫 chènshān 명 셔츠

# '동사+목적어' 짝꿍 어휘를 잘 외운다

독해 | 제1부분

중국어에는 습관적으로 또는 고정적으로 함께 쓰이는 짝꿍 어휘가 많습니다. 이러한 짝꿍 어휘를 많이 알수록 듣기나 독해, 쓰기 등 모든 영역에서 문제를 해결하는 데 큰 도움이 됩니다. 따라서 학습 중에 접하는 짝꿍 어휘는 반드시 외워 줍니다.

## 1 문제가 보이는 시간

🌥 0-09

**예제 1**

| A 积累 | B 符合 | C 缺少 | D 坚持 | E 页 | F 尊重 |

妈妈会 ( ) 你的选择，因为她不想让你失望。

**해설**    빈칸 앞을 보니 능원동사 '会'가 있으므로 빈칸은 동사 자리임을 알 수 있습니다. 제시어 중 동사는 A, B, C, F가 있으나, 목적어인 '选择(선택)'와 호응하는 '尊重(존중하다)'을 빈칸에 넣어 줍니다.

**정답 및 해석**

| 妈妈会 (F 尊重) 你的选择，因为她不想让你失望。 | 엄마는 네 선택을 (F 존중)할 거야. 널 실망하게 하고 싶지 않거든. |

**단어**    积累 jīlěi 동 (조금씩) 쌓다, 축적하다 | 符合 fúhé 동 부합하다, (들어)맞다 | 缺少 quēshǎo 동 부족하다, 모자라다 | 页 yè 양 쪽, 페이지 | 尊重 zūnzhòng 동 존중하다 | 选择 xuǎnzé 명 선택 | 失望 shīwàng 동 실망하다

🌥 0-10

**예제 2**

| A 收拾 | B 标准 | C 温度 | D 果汁 | E 演出 | F 随便 |

A: 我 ( ) 行李的时候没把衬衫放进去。
B: 我帮你放在最小的行李箱里了，和裤子放在一起，你打开就能看见。

**해설**    빈칸 앞을 보면 대명사 '我', 뒤를 보면 명사 '行李'가 나옵니다. 명사와 명사 사이에는 동사가 옵니다. A 收拾(정리하다), E 演出(공연하다) 둘 다 빈칸에 올 수 있는 품사이지만, '收拾行李'는 자주 쓰이는 호응 관계이므로 정답은 A입니다.

**정답 및 해석**

| A: 我 (A 收拾) 行李的时候没把衬衫放进去。<br>B: 我帮你放在最小的行李箱里了，和裤子放在一起，你打开就能看见。 | A : 내가 짐을 (A 정리) 할 때 셔츠를 넣지 않았어.<br>B : 내가 제일 작은 캐리어에 넣어줬어. 바지랑 같이 뒀으니까 열면 바로 보일 거야. |

**단어**    收拾 shōushi 동 정리하다, 치우다 | 标准 biāozhǔn 명 표준, 기준 | 果汁 guǒzhī 명 과일 주스 | 演出 yǎnchū 동 공연하다 | 随便 suíbiàn 부 마음대로, 함부로 | 行李 xíngli 명 (여행) 짐 | 衬衫 chènshān 명 셔츠 | 行李箱 xínglǐxiāng 명 캐리어 | 裤子 kùzi 명 바지 | 打开 dǎkāi 동 (가방을) 열다

## 1 동사 목적어 짝꿍 어휘 ✦★

### 引起 yǐnqǐ
图 (주의를) 끌다, 불러일으키다

**짝꿍** 引起注意 주의를 끌다
引起误会 오해를 불러일으키다
引起怀疑 의심을 불러일으키다
引起重视 중시를 불러일으키다, 주목을 끌다

**예문** 最近几年这个城市经济增长很快，引起了很多人的关注。
최근 몇 년간 이 도시는 경제 성장이 빨랐고, 많은 사람들의 관심을 끌었다.

◆ 误会 wùhuì 명 오해 통 오해하다 | 怀疑 huáiyí 통 의심하다 | 重视 zhòngshì 통 중시하다 | 城市 chéngshì 명 도시 | 经济增长 jīngjì zēngzhǎng 경제 성장 | 关注 guānzhù 통 관심을 가지다

### 缺少 quēshǎo
图 부족하다, 모자라다

**짝꿍** 缺少经验 경험이 부족하다
缺少人手 일손이 부족하다

**예문** 她刚来不久，所以缺少经验。
그녀는 온 지 얼마 안 돼서, 경험이 부족하다.

◆ 经验 jīngyàn 명 경험

 선생님의 한마디

'缺少'의 목적어는 우리말로 '~이/가'로 해석되는 점에 유의합니다.

### 积累 jīlěi
图 (조금씩) 쌓다, 축적하다

**짝꿍** 积累经验 경험을 쌓다

**예문** 在这次工作中，他积累了很多经验。
이번 일에서, 그는 많은 경험을 쌓았다.

### 符合 fúhé
图 부합하다, (들어)맞다

**짝꿍** 符合标准 기준에 부합하다
符合要求 요구에 부합하다

**예문** 她写的作业不符合老师的要求。
그녀가 한 숙제는 선생님의 요구에 맞지 않는다.

◆ 标准 biāozhǔn 명 표준, 기준 | 要求 yāoqiú 명 요구 | 作业 zuòyè 명 숙제

### 参加 cānjiā
图 참가하다

**짝꿍** 参加比赛 시합에 참가하다
参加考试 시험에 참가하다, 시험을 보다

**예문** 我们参加了反对乱扔垃圾的运动。
우리는 쓰레기를 함부로 버리는 것에 반대하는 운동에 참가했다.

◆ 比赛 bǐsài 명 경기, 시합 | 考试 kǎoshì 명 시험 | 反对 fǎnduì 통 반대하다 | 乱 luàn 부 함부로 | 扔垃圾 rēng lājī 쓰레기를 버리다

### 获得 huòdé
图 획득하다, 얻다, 거두다

**짝꿍** 获得成绩 성과를 거두다
获得成功 성공을 거두다

**예문** 乐观面对生活的人，往往更容易获得幸福。
삶을 낙관적으로 대하는 사람은 종종 더 쉽게 행복을 얻는다.

◆ 成绩 chéngjì 명 성적, 성과 | 乐观 lèguān 형 낙관적이다 | 面对 miànduì 통 마주하다, 대하다 | 幸福 xìngfú 명 행복

### 擦 cā
图 (천·수건 등으로) 닦다

**짝꿍** 擦汗 땀을 닦다
擦窗户 창문을 닦다

**예문** 你来把窗户擦一下。 네가 창문을 좀 닦아라.

◆ 汗 hàn 명 땀 | 窗户 chuānghu 명 창문

 선생님의 한마디

예문에서 '来'는 주어의 행위를 강조하는 조사로 사용됩니다.

| | |
|---|---|
| **保持** bǎochí<br>동 (지속적으로) 유지하다 | **짝꿍** 保持**联系** 연락을 유지하다<br>保持**安静** 조용함(정숙)을 유지하다<br>保持**冷静** 침착함을 유지하다<br>**예문** 我们要继续保持冷静。<br>우리는 계속해서 침착함을 유지해야 한다.<br><br>◆**联系** liánxì 동 연락하다 ǀ **安静** ānjìng 형 조용하다 ǀ **冷静**<br>lěngjìng 형 냉철하다, 침착하다 ǀ **继续** jìxù 동 계속하다 |
| **害怕** hàipà<br>동 두려워하다 | **짝꿍** 害怕**考试** 시험을 두려워하다<br>害怕**失败** 실패를 두려워하다<br>**예문** 不要过于害怕风险。 위험을 지나치게 두려워하지 마라.<br><br>◆**考试** kǎoshì 명 시험 ǀ **失败** shībài 명 실패 ǀ **过于** guòyú 부 지<br>나치게, 너무 ǀ **风险** fēngxiǎn 명 위험 |
| **放弃** fàngqì<br>동 포기하다 | **짝꿍** 放弃**机会** 기회를 포기하다<br>放弃**梦想** 꿈을 포기하다<br>**예문** 她不得不放弃梦想。 그녀는 어쩔 수 없이 꿈을 포기했다.<br><br>◆**梦想** mèngxiǎng 명 꿈 ǀ **不得不** bùdébù 부 어쩔 수 없이 |

빈칸에 들어갈 알맞은 단어를 보기에서 골라 넣으세요. 🔊 0-11

A 热闹　　B 顺序　　C 及时　　D 坚持　　E 接受　　F 社会

**1**　咱们按照从左到右的（　　　　）参观吧。

**2**　真正爱一个人的话，喜欢他优点的同时也要（　　　　）他的缺点。

**3**　别看这条街平时人不多，到周末却（　　　　）极了。

**4**　A：请给我一张秋季运动会申请表。

　　　B：好的，填完后请（　　　　）交回。

**5**　A：李教授，对于这件事您有什么看法呢？

　　　B：我没想到这件事会有这么大的（　　　　）影响。

A 态度　　B 流利　　C 温度　　D 占线　　E 烤鸭　　F 好像

**6** 我带的现金（　　　　）不够，能刷卡吗？

**7** 这家店的（　　　　）特别好吃，每天都有很多人排队来买。

**8** 他来中国才半年时间，汉语就已经非常（　　　　）了。

**9** A：老高对这件事情是什么（　　　　）？

B：没反对，但他说要好好考虑一下。

**10** A：小王的电话一直（　　　　）。

B：直接给他发短信吧，告诉他见面的时间、地点就行了。

정답 및 해설 ▶ 179쪽

# 듣기 听力

## 제2, 3부분 - 대화형

### 📖 문제 유형과 전략

듣기 제2, 3부분 대화형에서 제2부분(11~25번)과 제3부분(26~35번)은 각각 15문제, 10문제가 출제됩니다. 두 부분 모두 남녀 대화를 듣고 4개의 선택지(A, B, C, D) 중에서 맞는 답을 고르면 됩니다. 제2부분은 남녀가 한 차례 대화 후 질문이 나오고, 제3부분은 남녀가 두 차례대화 후 질문이 나옵니다. 이 유형은 듣기 제1부분이나 제3부분 서술형 문제보다 난이도가 낮고, 많은 경우 답이 그대로 제시됩니다. 따라서 녹음이 시작되기 전에 선택지를 정확하게 읽어보는 것이 중요합니다. 문제 간 전환 시 주어지는 약 15초의 시간을 활용해 다음 문제의 선택지를 미리 읽는 연습을 해야 합니다.

이렇게 **풀어 봐요**

1. 녹음이 나오기 전에 먼저 선택지를 중국어 발음으로 읽어본다. 선택지를 더 쉽게 구별하고, 답을 빠르게 선택할 수 있다.

2. 선택지를 보며 인물, 시간, 장소, 동작 같은 중요한 키워드를 체크한 후, 녹음을 들을 때 집중한다.

3. PBT는 들리는 단어를 선택지 옆에 체크한 후, 남자나 여자가 말했는지를 표시하면 답을 찾기 쉽다. IBT는 메모를 할 수 없으니, 중요한 내용을 바로 기억하는 연습이 필요하다.

4. 마지막 질문이 남녀 중 누구의 말을 묻는 것인지를 주의해서 들은 후, 체크한 선택지 중에서 올바른 답을 고른다.

# 장소와 시간을 묻는다

듣기 제2·3부분 대화형

장소나 시간 관련 문제는 선택지가 장소나 시간으로 이루어져 있으므로 유형을 파악하기 쉽습니다. 장소를 묻는 문제는 장소를 그대로 불러주기도 하지만, 간혹 그 장소에서 할 수 있는 특정 행위·동작을 통해 유추해야 하는 문제도 있으니, 선택지에 장소가 보인다면 그 장소에서 어떤 행위가 이루어 지는지 관련 단어들을 미리 생각해 봅니다. 시간을 묻는 문제는 간단한 계산 문제가 나올 수 있으니 녹음에서 시간이 나오면 간단히 메모해 둡니다.

 **문제가 보이는 시간**

🔊 1-01

**예제 1**　　A 眼镜店　　B 邮局　　C 手机店　　D 警察局

| 정답 및 해석 | | |
|---|---|---|
| 男：要不要考虑换个手机，这种样式现在很流行也适合您。<br>女：不用了，我还是喜欢原来的手机。 | | 남: 핸드폰을 바꾸는 걸 고려해 봐. 이런 디자인이 지금 아주 유행하고 너한테도 잘 어울려.<br>여: 괜찮아요. 저는 여전히 원래의 핸드폰이 좋아요. |
| 问：他们最可能在哪儿？<br>　A 眼镜店　　　　B 邮局<br>　C 手机店 (✓)　D 警察局 | | 질문: 그들은 어디에 있을 가능성이 가장 높은가?<br>　A 안경점　　　　B 우체국<br>　C 핸드폰 가게 (✓)　D 경찰서 |

해설　선택지를 보고 장소를 묻는 문제라는 걸 파악합니다. 녹음에서 '手机'가 계속 언급되고 있으므로, 이 대화는 핸드폰 가게(手机店)에서 이뤄지고 있음을 알 수 있습니다. 따라서 정답은 C입니다.

단어　眼镜店 yǎnjìngdiàn 몡 안경점 | 邮局 yóujú 몡 우체국 | 手机店 shǒujīdiàn 몡 핸드폰 가게 | 警察局 jǐngchájú 몡 경찰서 | 考虑 kǎolǜ 동 고려하다, 생각하다 | 换 huàn 동 교환하다, 바꾸다 | 样式 yàngshì 몡 양식, 스타일, 디자인 | 流行 liúxíng 동 유행하다 | 适合 shìhé 동 적합하다, 어울리다 | 不用了 búyòng le 됐다, 괜찮다 | 原来 yuánlái 혱 원래의

🔊 1-02

**예제 2**　　A 今天下午　　B 下个星期二　　C 明天下午　　D 这周末

| 정답 및 해석 | | |
|---|---|---|
| 男：这次春节你回家吗？<br>女：当然回！可是火车票很难买，我打算下午去看看。你呢？<br>男：我已经买好票了，明天下午的。<br>女：真羡慕你啊！ | | 남: 이번 춘제에 너 집에 가니？<br>여: 당연히 가! 그런데 기차표 사기가 어려워서 난 오후에 가 보려고 해. 넌？<br>남: 난 이미 표 샀어. 내일 오후 걸로.<br>여: 정말 부럽다! |

| 问: 男的什么时候回家? | 질문: 남자는 언제 집에 가는가? |
|---|---|
| A 今天下午 | A 오늘 오후 |
| B 下个星期二 | B 다음주 화요일 |
| C 明天下午 (✔) | C 내일 오후 (✔) |
| D 这周末 | D 이번 주말 |

해설    요일과 관련된 시간을 묻는 문제입니다. 대화 중간에 남자가 '我已经买好票了, 明天下午的'라고 했고, 남자는 언제 집에 가는지 물어봤으므로 C가 정답입니다. 여자가 '我打算下午去看看'이라고 한 것을 듣고, A 今天下午 에는 '여'라고 메모를 해 둡니다. IBT는 메모할 수 없으므로 머릿속으로 남녀를 구분해서 선택지를 잘 기억해야 합 니다. 선택지에 정답 후보가 2개 이상이면 질문까지 녹음을 잘 들어야 합니다. 오답으로 A를 고르지 않도록 유의 합니다.

단어    星期二 xīngqī'èr 명 화요일 | 周末 zhōumò 명 주말 | 春节 Chūnjié 고유 춘제, 음력 1월 1일 | 当然 dāngrán 부 당연히, 물론 | 火车票 huǒchēpiào 명 기차표 | 打算 dǎsuàn 동 ~하려고 하다 | 羡慕 xiànmù 동 흠모하다, 부러워하다

## 2 내공이 쌓이는 시간

### 1 장소·시간 관련 문제의 빈출 질문    🔊 1-03

#### 1) 장소

- 对话最可能发生在哪里? 대화는 어디에서 이뤄질 가능성이 높은가?
- 他们最可能在哪里谈话? 그들은 어디에서 대화할 가능성이 높은가?
- 男的要去哪儿? 남자는 어디에 가려고 하는가?
- 女的打算去哪儿? 여자는 어디에 가려고 하는가?
- 他们在哪儿见面? 그들은 어디에서 만나는가?

#### 2) 시간

- 会议几点开始? 회의는 몇 시에 시작하는가?
- 飞机几点出发? 비행기는 몇 시에 출발하는가?
- 电影什么时候开始? 영화는 언제 시작하는가?
- 他们什么时候出发? 그들은 언제 출발하는가?

### 2 시험에 잘 나오는 장소 관련 표현 ✦✦    🔊 1-04

| 장소 | 관련 표현 |
|---|---|
| 餐厅 cāntīng 일반 식당<br>(= 饭馆 fànguǎn)<br>饭店 fàndiàn (고급) 식당<br>食堂 shítáng 구내식당 | 汤 tāng 국, 탕 \| 饺子 jiǎozi 교자, 만두 \| 味道 wèidao 맛, 냄새 \| 酸 suān 시다 \| 甜 tián 달다 \| 苦 kǔ 쓰다 \| 辣 là 맵다 \| 咸 xián 짜다 |

| | |
|---|---|
| 汽车站 qìchēzhàn<br>버스 정류장, 터미널<br><br>火车站 huǒchēzhàn<br>기차역 | 公共汽车 gōnggòng qìchē(＝公交车 gōngjiāochē) 버스 ｜ 司机 sījī<br>(운전)기사 ｜ 乘客 chéngkè 승객 ｜ 上车 shàng chē 차를 타다 ｜ 下车 xià<br>chē 차에서 내리다 ｜ 买票 mǎi piào 표를 사다 ｜ 售票员 shòupiàoyuán<br>매표원 |
| 机场 jīchǎng 공항 | 飞机 fēijī 비행기 ｜ 航班 hángbān 항공편 ｜ 广播 guǎngbō (안내) 방송하<br>다 ｜ 行李箱 xínglǐxiāng(＝旅行箱 lǚxíngxiāng) 캐리어 ｜ 导游 dǎoyóu<br>가이드 ｜ 护照 hùzhào 여권 ｜ 签证 qiānzhèng 비자 ｜ 机票 jīpiào 비행<br>기표 ｜ 起飞 qǐfēi 이륙하다 ｜ 出国旅游 chūguó lǚyóu 해외여행을 하다 ｜<br>房卡 fángkǎ 카드키 ｜ 钥匙 yàoshi 열쇠 ｜ 行李 xíngli (여행) 짐 ｜ 宾馆<br>bīnguǎn(＝饭店 fàndiàn/酒店 jiǔdiàn) 호텔 |
| 银行 yínháng 은행 | 信用卡 xìnyòngkǎ 신용카드 ｜ 密码 mìmǎ 비밀번호, 패스워드 ｜ 存钱<br>cúnqián 저금하다, 예금하다 ｜ 取钱 qǔqián 돈을 찾다, 인출하다 ｜ 自动存<br>取款机 zìdòng cúnqǔkuǎnjī 자동입출금기(ATM) |
| 邮局 yóujú 우체국 | 寄信 jì xìn 편지를 부치다 ｜ 邮寄 yóujì 우편으로 부치다 |
| 公司 gōngsī 회사 | 加班 jiābān 초과 근무를 하다, 야근하다 ｜ 开会 kāihuì 회의를 열다 ｜ 出<br>差 chūchāi 출장 가다 ｜ 发传真 fā chuánzhēn 팩스를 보내다 ｜ 收到传<br>真 shōudào chuánzhēn 팩스를 받다 |

'宾馆', '饭店', '酒店'은 다 같은 호텔이지만 조금 차이가 있습니다. '宾馆'은 소규모 호텔이나 모텔급의 숙소를 뜻하고, '饭店'은 4성급에 준하는 호텔이란 의미 외에 식당을 의미하기도 합니다. '酒店'은 5성급 이상 특급호텔을 의미합니다. 특급호텔에는 BAR가 갖추어 있으니 '酒'가 들어간다고 생각하시면 더 이해하기 쉽습니다.

## 受到 vs 收到

'受到 shòudao'와 '收到 shōudào'는 둘 다 '받다'의 의미를 가지고 있지만, '受到' 뒤에는 추상적인 대상이 오고, '收<br>到' 뒤에는 눈으로 볼 수 있거나 만질 수 있는 구체적인 대상이 옵니다.

〈짝꿍단어 외우기〉

| | |
|---|---|
| 受到欢迎 환영을 받다 | 收到礼物 선물을 받다 |
| 受到批评 비난을 받다 | 收到短信 문자를 받다 |
| 受到帮助 도움을 받다 | 收到传真 팩스를 받다 |
| 受到表扬 칭찬을 받다 | 收到工资 월급을 받다 |

◆ 欢迎 huānyíng 동 환영하다 ｜ 批评 pīpíng 동 비난하다, 질책하다 ｜ 帮助 bāngzhù 동 돕다 ｜ 表扬<br>biǎoyáng 동 칭찬하다 ｜ 礼物 lǐwù 명 선물 ｜ 短信 duǎnxìn 명 문자 ｜ 传真 chuánzhēn 명 팩스 ｜ 工资<br>gōngzī 명 월급

## 3 시험에 잘 나오는 시간 관련 표현 🌥 1-05

| 시간 | 관련 표현 |
|---|---|
| 년 | 前年 qiánnián 재작년 ｜ 去年 qùnián 작년 ｜ 今年 jīnnián 올해, 금년 ｜ 明年<br>míngnián 내년 ｜ 后年 hòunián 내후년 ｜ 年底 niándǐ(＝年末 niánmò) 연말 |
| 월 | 上个月 shàng ge yuè 지난 달 ｜ 这个月 zhè ge yuè 이번 달 ｜ 下个月 xià ge yuè<br>다음 달 ｜ 月底 yuèdǐ(＝月末 yuèmò) 월말 |
| 주 | 上星期 shàng xīngqī(＝上周 shàng zhōu / 上个礼拜 shàng ge lǐbài) 지난 주<br>这星期 zhè xīngqī(＝这周 zhè zhōu / 这个礼拜 zhè ge lǐbài) 이번 주<br>下星期 xià xīngqī(＝下周 xià zhōu / 下个礼拜 xià ge lǐbài) 다음 주 |

## 星期 vs 周 vs 礼拜

'星期 xīngqī', '周 zhōu', '礼拜<br>lǐbài'는 모두 '주', '요일'의 의미가 있<br>지만, '礼拜'는 구어 표현이라는 차<br>이점이 있습니다.

| | |
|---|---|
| 요일 | 星期一 xīngqīyī (＝周一 zhōuyī / 礼拜一 lǐbàiyī) 월요일 |
| | 星期二 xīngqī'èr (＝周二 zhōuèr / 礼拜二 lǐbàièr) 화요일 |
| | 星期三 xīngqīsān (＝周三 zhōusān / 礼拜三 lǐbàisān) 수요일 |
| | 星期四 xīngqīsì (＝周四 zhōusì / 礼拜四 lǐbàisì) 목요일 |
| | 星期五 xīngqīwǔ (＝周五 zhōuwǔ / 礼拜五 lǐbàiwǔ) 금요일 |
| | 星期六 xīngqīliù (＝周六 zhōuliù / 礼拜六 lǐbàiliù) 토요일 |
| | 星期天 xīngqītiān (＝星期日 xīngqīrì / 周日 zhōurì / 礼拜天 lǐbàitiān) 일요일 |
| 시간 | 点 diǎn 시 ∣ 分 fēn 분 ∣ 秒 miǎo 초 |
| | 刻 kè 15분 ∣ 半 bàn 30분 ∣ 差 chà 부족하다, 모자라다 |
| | 早上 zǎoshang (동이 튼 후) 아침 ∣ 早晨 zǎochén (새벽 이른) 아침 ∣ 上午 shàngwǔ 오전 ∣ 中午 zhōngwǔ 점심 ∣ 下午 xiàwǔ 오후 ∣ 一晚上 yìwǎnshang 저녁 내내, 밤새 |

주말에 쉬고 난 다음 다시 평일로 돌아갈 생각을 하면 정신적, 육체적으로 피로를 느끼는 '월요병'이 옵니다. 이 '월요병'이란 말은 중국에도 있습니다. 중국어로는 '周一综合症 zhōuyī zōnghézhèng(월요증후군)'이라 합니다.

우리가 알고 있는 숫자 '一'는 '전부', '모두'라는 뜻을 가지고 있습니다. 가끔 듣기에서 '一晚上', '一早上'이라는 표현이 나오면 '저녁 내내', '아침 내내'라고 해석해주면 됩니다.

요즘에 중국에서 '一无所知 yīwúsuǒzhī'라는 말을 사용하는데 여기서도 '一'는 '전부'라는 뜻으로 '아무것도(전부) 모르다'라는 의미입니다. 우리나라에서 유행한 말인 '1도 모르겠어'라는 느낌으로 쓸 수 있습니다.

듣기 听力

제 2·3 부분 대화형

# 직업과 남녀의 관계를 묻는다

듣기 | 제2·3부분 대화형

선택지에서 직업이나 '爸爸', '妈妈' 같은 신분 또는 '父母与子女', '老师和学生', '顾客和售货员' 같은 관계를 뜻하는 어휘가 나오면 그 문제는 직업, 신분, 관계를 묻는 문제입니다. 이 유형의 문제는 대화 속에 나온 장소와 활동을 듣고 정답을 유추하거나, 단어 그대로 답이 들리기도 해 난이도가 비교적 낮은 편에 속합니다.

 ① 문제가 보이는 시간

🌥 1-06

**예제 1**    A 记者    B 司机    C 老师    D 服务员

정답 및 해석

| 女: <u>李老师</u>，这次考试的成绩什么时候出来？<br>男: 下午我上课的时候就拿给你们。 | 여: <u>리 선생님</u>, 이번 시험 성적은 언제쯤 나오나요?<br>남: 오후에 내 수업 때 너희에게 가져다줄게. |
| --- | --- |
| 问: 男的最可能是什么职业？<br>　A 记者　　　　B 司机<br>　C 老师 ( ✓ )　D 服务员 | 질문: 남자는 어떤 직업일 가능성이 높은가?<br>　A 기자　　　　B 기사<br>　C 선생님 ( ✓ )　D 종업원 |

해설　선택지를 보면 직업을 묻는 문제임을 알 수 있습니다. 여자가 남자를 부르는 호칭 '李老师'에서 첫 번째 힌트를 얻을 수 있습니다. 또한 '成绩'와 '上课'라는 단어를 통해 남자가 선생님임을 알 수 있습니다. 따라서 정답은 C 입니다.

단어　记者 jìzhě 몡 기자 ｜ 司机 sījī 몡 기사 ｜ 老师 lǎoshī 몡 선생님 ｜ 服务员 fúwùyuán 몡 종업원 ｜ 考试 kǎoshì 몡 시험 ｜ 成绩 chéngjì 몡 성적 ｜ 上课 shàngkè 동 수업하다 ｜ 拿 ná 동 (손에) 쥐다, 가지다 *拿给 ~에게 가져다 주다 ｜ 职业 zhíyè 몡 직업

🌥 1-07

**예제 2**    A 同学    B 父女    C 师生    D 顾客和售货员

정답 및 해석

| 女: <u>下星期同学聚会</u>，你来吗？<br>男: 我还不知道呢，这次能来多少人？<br>女: 应该不少吧，听说这次老师也会来呢。<br>男: 是吗？毕业都十几年了，好想念大家啊。 | 여: <u>다음 주에 동창 모임이 있는데</u>, 너 올 거야?<br>남: 난 아직 모르겠어. 이번에는 몇 명이나 올 수 있을까?<br>여: 분명히 많을 거야. 듣자니 이번에는 선생님도 오신대.<br>남: 그래? 졸업한 지도 벌써 10여 년이 되어서 다들 정말 그립다. |
| --- | --- |

| 问: 他们最可能是什么关系? | 질문: 그들은 어떤 관계일 가능성이 높은가? |
|---|---|
| A 同学 ( ✓ )　　　B 父女<br>C 师生　　　　　D 顾客和售货员 | A 동창 ( ✓ )　　　B 부녀<br>C 선생과 학생　　D 손님과 판매원 |

**해설**　선택지를 보고 남녀 사이의 관계를 묻는 문제라는 걸 파악합니다. 여자의 말에서 '同学聚会'가 들렸기 때문에 두 사람이 '同学(동창)' 사이임을 유추할 수 있습니다. 그리고 마지막에 남자가 '毕业都十几年了，好想念大家啊' 라고 했으므로 확실하게 A를 정답으로 골라줍니다.

**단어**　同学 tóngxué 명 동창, (학교) 친구 | 师生 shīshēng 명 선생과 학생, 스승과 제자 | 顾客 gùkè 명 고객, 손님 | 售货员 shòuhuòyuán 명 판매원 | 聚会 jùhuì 명 모임 | 应该 yīnggāi 부 분명히 ~일 것이다(추측) | 听说 tīngshuō 동 듣자니 ~라고 한다 | 毕业 bìyè 동 졸업하다 | 想念 xiǎngniàn 동 그리워하다 | 关系 guānxi 명 관계

'都…了'에서 '都'는 '벌써', '이미'라는 뜻으로, '已经'과 같은 의미입니다.

 **내공이 쌓이는 시간**

### 1 직업·관계 관련 문제의 빈출 질문　🔊 1-08

- 女的原来的职业是什么? 여자의 원래 직업은 무엇인가?
- 男的是做什么的? 남자는 무슨 일을 하는가?
- 他们俩最可能是什么关系? 그들 둘은 어떤 관계일 가능성이 높은가?
- 小李是做什么的? 샤오리는 무슨 일을 하는가?
- 说话人是做什么的? 화자는 무슨 일을 하는가?
- 他们在等谁? 그들은 누구를 기다리고 있는가?

### 2 시험에 잘 나오는 직업·관계 관련 표현 ✦✦　🔊 1-09

| 직업·관계 | 관련 표현 |
|---|---|
| 理发师 lǐfàshī<br>헤어 디자이너 | 理发店 lǐfàdiàn 미용실 \| 理发 lǐfà 머리를 자르다, 커트하다 \| 洗头 xǐtóu 머리를 감다 \| 烫发 tàngfà 파마하다 |
| 医生 yīshēng / 大夫 dàifu<br>의사<br>护士 hùshi 간호사<br>病人 bìngrén /<br>患者 huànzhě 환자 | 医院 yīyuàn 병원 \| 急诊室 jízhěnshì 응급실 \| 病房 bìngfáng 병실 \| 发烧 fāshāo 열이 나다 \| 咳嗽 késou 기침하다 \| 看病 kànbìng 진찰하다, 진찰받다 \| 打针 dǎzhēn 주사를 놓다(맞다) \| 开药 kāiyào 약을 처방하다 |

| | |
|---|---|
| **老师** lǎoshī / **教师** jiàoshī 선생님<br><br>**校长** xiàozhǎng 교장<br>**学生** xuésheng 학생<br>**教授** jiàoshòu 교수 | **学校** xuéxiào 학교 \| **学院** xuéyuàn (단과) 대학 \| **研究生** yánjiū shēng 연구생, 대학원생 \| **硕士** shuòshì 석사 \| **博士** bóshì 박사 \| **暑假** shǔjià 여름 방학 \| **寒假** hánjià 겨울 방학 \| **宿舍** sùshè 기숙사 \| **放假** fàngjià 방학하다 \| **预习** yùxí 예습하다 \| **复习** fùxí 복습하다 \| **考试** kǎoshì 시험을 치다 \| **专业** zhuānyè 전공 \| **学费** xuéfèi 학비 |
| **售货员** shòuhuòyuán 판매원<br>**顾客** gùkè / **客人** kèrén 고객, 손님 | **商店** shāngdiàn 상점 \| **超市** chāoshì 마트 \| **百货商店** bǎihuò shāngdiàn 백화점 \| **西装** xīzhuāng 양복 \| **衬衫** chènshān 셔츠 \| **式样** shìyàng 스타일(=样式) \| **玩具** wánjù 완구, 장난감 \| **零钱** língqián 잔돈 \| **发票** fāpiào 영수증 \| **打折** dǎzhé 할인하다, 가격을 깎다 \| **打七折** dǎ qī zhé 30% 할인하다 \| **找钱** zhǎoqián 돈을 거슬러주다 \| **流行** liúxíng 유행하다 \| **换** huàn 교환하다 \| **退还** tuìhuán (구입한 물건을) 반품하다, 돌려주다 ***还** huán 돌려주다, 반납하다 \| **买二送一** mǎi èr sòng yī 투 플러스 원(2+1) |

'专业'는 '전공'이란 의미도 있지만, 형용사로 '전문적이다'라는 의미로도 많이 사용합니다.

74

# 남녀의 행동·상태·상황을 묻는다

듣기 | 제2·3부분 대화형

선택지가 동사나 동사구인 경우에는 남녀의 행동을 주로 물어보며, 선택지가 형용사나 동사구인 경우에는 남녀의 상태·상황을 묻는 문제가 많이 출제됩니다. 이는 대화형 듣기 문제 중에서 출제 빈도가 가장 높은 유형입니다. 이런 문제들은 화자가 어떤 행동을 했었는지, 하고 있는지 또는 어떤 행동을 할 것인지를 묻거나, 화자가 어떤 상태이며 어떤 상황에 처해 있는지를 묻는 문제이므로 선택지에 나온 키워드를 잘 체크해야 합니다.

 **문제가 보이는 시간**

🌥 1-10

**예제 1**   A 失望   B 着急   C 得意   D 感动

**정답 및 해석**

| | |
|---|---|
| 女：医生，我孩子的情况怎么样？<br><br>男：你先别紧张，人已经没有生命危险了，暂时在急诊室休息一下，就可以去病房了。 | 여：의사 선생님, 제 아이의 상태는 어떻습니까?<br><br>남：우선 긴장하지 마세요. 아이는 이미 생명에 지장은 없으며, 잠시 응급실에서 좀 쉬면 일반 병실로 갈 수 있어요. |
| 问：女的现在心情怎么样？<br>　A 失望　　　　B 着急 (✓)<br>　C 得意　　　　D 感动 | 질문：여자는 현재 기분이 어떠한가?<br>　A 실망하다　　　B 조급해하다 (✓)<br>　C 만족스럽다　　D 감동하다 |

**해설**

여자의 말에서 '医生，我孩子的情况怎么样？'이 들렸고, 남자가 '你先别紧张'이라 했으므로 여자는 지금 아픈 아이 때문에 매우 '조급해한다(着急)'는 것을 알 수 있습니다. 따라서 정답은 B입니다.

**단어**

失望 shīwàng 동 실망하다 │ 着急 zháojí 동 조급해하다 │ 得意 déyì 형 득의하다, 만족스럽다 │ 感动 gǎndòng 동 감동하다 │ 情况 qíngkuàng 명 상황, 상태 │ 紧张 jǐnzhāng 형 긴장하다 │ 危险 wēixiǎn 명 위험 │ 暂时 zànshí 명 잠시 │ 急诊室 jízhěnshì 명 응급실 │ 休息 xiūxi 동 휴식하다, 쉬다 │ 病房 bìngfáng 명 병실

🌥 1-11

**예제 2**   A 多运动   B 多喝酒   C 多喝水   D 去打针

**정답 및 해석**

| | |
|---|---|
| 女：你的感冒不是很严重，我给你开点药，回去好好休息。<br><br>男：好，还有其他要注意的吗？<br><br>女：最近不要抽烟喝酒，多喝水，注意休息。<br><br>男：好的，谢谢大夫。 | 여：환자분 감기는 심하진 않습니다. 제가 약을 좀 처방해드릴 테니까 가셔서 푹 쉬세요.<br><br>남：네. 또 다른 주의할 점 있나요?<br><br>여：당분간 흡연과 음주를 하시지 말고, 물을 많이 드시고 휴식에 신경 쓰세요.<br><br>남：알겠습니다. 의사 선생님 감사합니다. |

75

<table>
<tr><td>

问：医生建议男的怎么做？

   A　多运动

   B　多喝酒

   C　多喝水 (✔)

   D　去打针

</td><td>

질문: 의사는 남자에게 어떻게 하라고 제안했는가?

   A　많이 운동한다

   B　술을 많이 마신다

   C　물을 많이 마신다 (✔)

   D　주사 맞으러 간다

</td></tr>
</table>

해설　　첫 번째 여자의 말을 통해서 두 사람의 관계가 의사와 환자라는 것을 파악합니다. 두 번째 여자의 말에서 '多喝水
注意休息'가 들렸기 때문에 정답이 C임을 바로 알 수 있습니다.

단어　　喝酒 hē jiǔ 술을 마시다, 음주하다 | 打针 dǎzhēn 통 주사를 놓다(맞다) | 感冒 gǎnmào 명 감기 | 严重 yánzhòng 형 (정도가)
심하다 | 开药 kāiyào 통 약을 처방하다 | 好好(儿) hǎohāo(r) 부 푹, 마음껏 | 休息 xiūxi 통 휴식하다, 쉬다 | 注意 zhùyì 통
주의하다, 신경을 쓰다 | 最近 zuìjìn 명 최근, 요즘, 당분간 | 抽烟 chōuyān 통 흡연하다, 담배를 피우다 | 谢谢 xièxie 통 감사합니
다 | 大夫 dàifu 명 의사 | 建议 jiànyì 통 건의하다, 제안하다

# ② 내공이 쌓이는 시간

## 1 행동·상태·상황 관련 문제의 빈출 질문　　🔊 1-12

- **男的正在做什么？** 남자는 무엇을 하고 있는가?

- **女的怎么了？** 여자는 어떻게 되었는가?

- **女的最可能在做什么？** 여자는 무엇을 하고 있을 가능성이 높은가?

- **男的在帮女的做什么？** 남자는 여자를 도와 무엇을 하고 있는가?

- **女的刚才在做什么？** 여자는 방금 무엇을 하고 있었는가?

- **女的心情怎么样？** 여자의 기분은 어떠한가?

- **女的是什么意思？** 여자의 말은 무슨 뜻인가?

- **关于男的，可以知道什么？** 남자에 관해서 무엇을 알 수 있는가?

## 2 행동·상태·상황 관련 빈출 문제　　🔊 1-13

행동·상태·상황 관련 문제는 어떤 식으로 출제되는지 빈출 문제를 통해 확인해 봅시다.

문제 ❶　A 没起床　　B 在做题　　C 戴着眼镜　　D 在跑步

정답 및 해석

<table>
<tr><td>

女：两地之间的距离是多少公里，
　　你算出来了吗？

男：没有，<u>我还是不明白这道题应
　　该怎么做。</u>

女：别着急，我再给你讲一遍。

男：谢谢您。

</td><td>

여: 두 곳 사이의 거리가 몇 km인지 계산해 냈니?

남: 아니요. <u>전 아직도 이 문제를 어떻게 풀어야
　　할지 모르겠어요.</u>

여: 조급해하지 말고, 내가 다시 한 번 너한테 설
　　명해줄게.

남: 감사합니다.

</td></tr>
</table>

76

问：关于男的，下列哪项正确？ | 질문: 남자에 관해서 다음 중 정확한 것은?
---|---
  A 没起床 |   A 일어나지 않았다
  B 在做题 ( ✓ ) |   B 문제를 풀고 있다 ( ✓ )
  C 戴着眼镜 |   C 안경을 쓰고 있다
  D 在跑步 |   D 달리기를 하고 있다

**단어** 起床 qǐchuáng 图(잠자리에서) 일어나다 | 做题 zuòtí 图문제를 풀다 | 戴眼镜 dài yǎnjìng 안경을 쓰다 | 跑步 pǎobù 图달리다 | 距离 jùlí 图거리 | 公里 gōnglǐ 图킬로미터(km) | 算 suàn 图계산하다 | 道 dào 图명령이나 문제 등을 셀 때 쓰임 | 着急 zháojí 图조급해하다 | 讲 jiǎng 图이야기하다, 설명하다 | 遍 biàn 图번, 차례, 회 [한 동작의 처음부터 끝까지의 전 과정을 셀 때 쓰임] | 谢谢 xièxie 图감사합니다 | 正确 zhèngquè 图정확하다

**문제 2**   A 街道不干净   B 很热闹   C 污染严重   D 人很少

**정답 및 해석**

男：我虽然在这儿出生，但是7岁就搬走了。 | 남: 전 비록 여기서 태어났지만, 7살에 이사를 갔습니다.
---|---
女：你觉得这儿变化大吗？ | 여: 이곳의 변화가 크다고 생각하세요?
男：挺大的，以前这条街道特别破，交通也不方便，<u>你看现在多热闹</u>。 | 남: 꽤 크죠. 이전에 이 거리는 아주 엉망이고, 교통도 불편했는데, <u>지금은 얼마나 변화한지 보세요</u>.
女：那你还记得当年住在哪里吗？ | 여: 그럼 아직도 그 당시에 어디에 살았는지 기억이 나세요?
男：当然记得啊，就在前面不远的地方。 | 남: 당연히 기억하지요. 바로 앞에서 멀지 않은 곳에 있었거든요.

问：男的觉得那儿现在怎么样？ | 질문: 남자는 그곳이 지금 어떻다고 생각하는가?
---|---
  A 街道不干净 |   A 거리가 깨끗하지 않다
  B 很热闹 ( ✓ ) |   B 변화하다 ( ✓ )
  C 污染严重 |   C 오염이 심각하다
  D 人很少 |   D 사람이 매우 적다

**단어** 街道 jiēdào 图거리 | 干净 gānjìng 图깨끗하다 | 热闹 rènao 图(광경·분위기가) 번화하다, 떠들썩하다 | 污染严重 wūrǎn yánzhòng 오염이 심각하다 | 虽然 suīrán 图비록 ~지만 | 搬走 bānzǒu 图이사를 가다 | 挺 tǐng 图꽤, 제법, 상당히 | 特别 tèbié 图매우, 아주 | 破 pò 图형편없다, 엉망이다 | 交通不方便 jiāotōng bù fāngbiàn 교통이 불편하다 | 记得 jìde 图기억이 나다, 기억하다

**문제 3** A 没吃饱　　B 太累了　　C 忘带钱包了　　D 又乱花钱了

정답 및 해석

| | |
|---|---|
| 女：我不是让你去超市买鸡蛋吗？怎么空着手回来了？ | 여：내가 마트에 가서 계란을 사오라고 하지 않았나요? 왜 빈손으로 온 거죠? |
| 男：刚才走得急，忘带钱包了。买的东西还留在那儿呢。 | 남：방금 급히 가느라 지갑을 챙기는 걸 깜박했어요. 산 물건은 아직 그곳에 뒀어요. |
| 女：正好，你回去付钱时顺便再帮我买瓶酱油吧！ | 여：마침 잘됐네요. 돈을 내러 돌아가는 김에 간장 한 병을 더 사다 주세요! |
| 男：好。 | 남：그래요. |

**선생님의 한마디**

'忘带+사물'은 어떤 사물을 챙기는 것을 깜박했다는 의미입니다. 가령, 핸드폰을 챙겨가지 않았을 때는 '我忘带手机了'라고 하면 됩니다.

| | |
|---|---|
| 问：男的怎么了？<br>　A 没吃饱<br>　B 太累了<br>　C 忘带钱包了 (✓)<br>　D 又乱花钱了 | 질문：남자는 어떻게 되었는가?<br>　A 배불리 먹지 못했다<br>　B 너무 피곤하다<br>　C 지갑을 챙기는 걸 깜박했다 (✓)<br>　D 또 돈을 마구 썼다 |

단어　吃饱 chībǎo 통 배불리 먹다 ｜ 累 lèi 형 지치다, 피곤하다 ｜ 忘 wàng 통 잊다, 깜박하다 ｜ 带 dài 통 (몸에) 지니다, 챙기다 ｜ 钱包 qiánbāo 명 지갑 ｜ 乱 luàn 부 함부로, 마구 ｜ 花钱 huāqián 통 돈을 쓰다 ｜ 超市 chāoshì 명 마트 ｜ 鸡蛋 jīdàn 명 계란 ｜ 空着手 kōngzhe shǒu 손이 비어 있다, 빈손으로 ｜ 刚才 gāngcái 부 방금 ｜ 走得急 zǒu de jí 급히 가다 ｜ 留 liú 통 남기다, (남겨) 두다 ｜ 付钱 fùqián 통 돈을 지불하다(내다) ｜ 顺便 shùnbiàn 부 ~하는 김에, 겸사겸사 ｜ 瓶 píng 양 병 ｜ 酱油 jiàngyóu 명 간장

---

**문제 4** A 手机坏了　　B 不想回复　　C 当时很忙　　D 心情不好

정답 및 해석

| | |
|---|---|
| 男：我昨天给你发了信息，你怎么没回我？ | 남：내가 어제 너한테 문자를 보냈는데 어째서 내게 답장하지 않았니? |
| 女：对不起，我的手机掉到水里了，一直开不了机，所以没看到。 | 여：미안해. 내 핸드폰이 물에 빠졌는데, 계속 켜지질 않아서 못 봤어. |
| 男：啊！有没有送去修理？ | 남：아! 수리 보냈어? |
| 女：拿到店里去了，但还没修好。 | 여：수리점에 가져다 줬는데 아직 덜 고쳐졌어. |

| | |
|---|---|
| 问：女的为什么没回信息？<br>　A 手机坏了 (✓)<br>　B 不想回复<br>　C 当时很忙<br>　D 心情不好 | 질문：여자는 왜 문자에 답장하지 않았는가?<br>　A 핸드폰이 고장 났다 (✓)<br>　B 답장하고 싶지 않았다<br>　C 당시에 바빴다<br>　D 기분이 나빴다 |

단어　手机 shǒujī 명 핸드폰 ｜ 坏了 huài le 고장 났다 ｜ 回复 huífù 통 답장하다 ｜ 心情不好 xīnqíng bùhǎo 기분이 나쁘다 ｜ 信息 xìnxī 명 문자 *发信息 문자를 보내다 *回信息 문자에 답장하다, 문자를 받다 ｜ 掉 diào 통 빠지다, 떨어지다 ｜ 一直 yìzhí 부 계속, 줄곧 ｜ 开机 kāijī 통 기계를 켜다 ｜ 送 sòng 통 보내다 ｜ 修理 xiūlǐ 통 수리하다 *修 통 수리하다, 고치다 ｜ 拿 ná 통 가져다 주다 ｜ 店 diàn 명 상점, 가게 (여기선 수리점을 가리킴)

## 3  시험에 잘 나오는 상황별 핵심 동작 표현 ✨★    🔊 1-14

| 상황 | 핵심 동작 표현 |
|---|---|
| 취미생활 | 打篮球 dǎ lánqiú 농구를 하다<br>打排球 dǎ páiqiú 배구를 하다<br>打羽毛球 dǎ yǔmáoqiú 배드민턴을 치다<br>打网球 dǎ wǎngqiú 테니스를 치다<br>打乒乓球 dǎ pīngpāngqiú 탁구를 치다<br>踢足球 tī zúqiú 축구를 하다<br>爬山 páshān 등산하다<br>弹钢琴 tán gāngqín 피아노를 치다 |
| 교통수단 | **다리 벌려 타기: 骑**<br>骑马 qí mǎ 말을 타다<br>骑摩托车 qí mótuōchē 오토바이를 타다<br>骑自行车 qí zìxíngchē 자전거를 타다<br>骑车 qí chē 자전거를 타다<br><br>**좌석에 타기: (乘)坐**<br>(乘)坐飞机 (chéng)zuò fēijī 비행기를 타다<br>(乘)坐火车 (chéng)zuò huǒchē 기차를 타다<br>坐公共汽车 zuò gōnggòng qìchē /<br>坐公交车 zuò gōngjiāochē 버스를 타다<br>坐出租车 zuò chūzūchē / 打车 dǎchē 택시를 타다<br>坐船 zuò chuán 배를 타다<br>坐地铁 zuò dìtiě 지하철을 타다 |
| 일상생활 | 看杂志 kàn zázhì 잡지를 보다<br>洗衣服 xǐ yīfu 옷을 빨다, 세탁하다<br>洗脸 xǐliǎn 얼굴을 씻다, 세수하다<br>洗澡 xǐzǎo 목욕하다<br>刷牙 shuāyá 이를 닦다<br>扔垃圾 rēng lājī 쓰레기를 버리다 |
| 쇼핑 | 购物 gòuwù 물건을 사다, 쇼핑하다<br>逛街 guàngjiē 거리를 구경하다, 아이쇼핑하다<br>刷卡 shuākǎ 카드로 결제하다<br>付款 fùkuǎn 돈을 지불하다, 돈을 내다<br>付现金 fù xiànjīn 현금을 내다 |
| 학업 | 上学 shàngxué 등교하다, 학교에 다니다<br>放学 fàngxué 하교하다, 수업이 끝나다<br>做作业 zuò zuòyè 숙제를 하다(＝写作业 xiě zuòyè)<br>准备考试 zhǔnbèi kǎoshì 시험을 준비하다<br>毕业 bìyè 졸업하다<br>留学 liúxué 유학하다 |

선생님의 **한마디**

'骑车'는 '차를 타다'가 아닌 '자전거를 타다'입니다.

# 동의어와 반의어를 미리 생각한다

듣기 | 제2·3부분
대화형

듣기 제2, 3부분은 보통 답을 그대로 들려주는 경우가 많습니다. 하지만 난이도가 높아지면 답이 되는 핵심 단어를 비슷한 단어로 바꾸거나, 반대의 의미로 바꿔서 나오므로 선택지를 보면서 동의어나 반의어를 미리 생각해 봅니다.

 **문제가 보이는 시간**

🔊 1-15

**예제 1**

A 长得帅　　B 很聪明　　C 表现很好　　D 很辛苦

**정답 및 해석**

| | |
|---|---|
| 女: 今天看的京剧太精彩了，没想到演员都是在校大学生。<br>男: 他们的表现确实棒，看得我都快要流眼泪了！ | 여: 오늘 본 경극은 너무 훌륭해서 배우들이 모두 재학 중인 대학생일 줄은 생각지 못했어요.<br>남: 그들의 (연기) 실력이 정말로 뛰어나서, 보다가 저도 눈물이 날 뻔했어요! |
| 问: 男的觉得那些演员怎么样？<br>　A 长得帅<br>　B 很聪明<br>　C 表现很好 (✓)<br>　D 很辛苦 | 질문: 남자는 그 배우들이 어떻다고 생각하는가?<br>　A 잘생겼다<br>　B 똑똑하다<br>　C (연기) 실력이 좋다 (✓)<br>　D 고되다 |

**해설**
선택지가 형용사구로 되어 있으므로 사람에 대한 평가를 묻는 문제라는 걸 파악합니다. 선택지에 나온 형용사의 동의어나 반의어를 생각해 봅니다. 남자의 말 '他们的表现确实棒'을 듣고, 비슷한 의미를 가진 선택지 '表现很好'를 골라 줍니다.

**단어**
帅 shuài 휑 잘생기다 | 聪明 cōngming 휑 똑똑하다 | 表现 biǎoxiàn 몡 (보여주는) 실력, 태도, 행동 | 辛苦 xīnkǔ 휑 고생스럽다, 고되다 | 京剧 jīngjù 몡 경극 | 精彩 jīngcǎi 휑 뛰어나다, 훌륭하다 | 没想到 méixiǎngdào 생각지 못하다, 뜻밖에도 | 演员 yǎnyuán 몡 배우 | 在校 zàixiào 동 재학 중이다 | 确实 quèshí 튀 확실히, 정말로 | 快要…了 kuàiyào……le 곧 ~하다, ~할 뻔하다 | 流眼泪 liú yǎnlèi 눈물이 나다

🔊 1-16

**예제 2**

A 感冒了　　B 发烧了　　C 口渴了　　D 肚子难受

**정답 및 해석**

| | |
|---|---|
| 女: 你怎么了，怎么这么没精神？<br>男: 没什么，我肚子有点不舒服。 | 여: 왜 그러세요. 왜 이렇게 기운이 없어요?<br>남: 아무것도 아니에요. 전 배가 조금 아프네요. |

| | |
|---|---|
| 女：是不是没吃早饭？我那儿有面包和牛奶，你吃吗？<br><br>男：不用了，我不想吃。 | 여: 아침을 못 드신 것 아닌가요? 저한테 빵과 우유가 있는데, 드실래요?<br><br>남: 괜찮습니다. 먹고 싶지 않아요. |
| 问：男的怎么了？<br>　A 感冒了<br>　B 发烧了<br>　C 口渴了<br>　D 肚子难受 ( ✓ ) | 질문: 남자는 어떻게 되었는가?<br>　A 감기에 걸렸다<br>　B 열이 났다<br>　C 목이 말랐다<br>　D 배가 아팠다 ( ✓ ) |

**해설** 선택지를 보면 사람이 어떤 상태인지를 나타내는 단어이므로 남녀의 상태가 현재 어떠한 지 주의 깊게 듣습니다. 남자가 '我肚子有点不舒服'라며 배가 조금 아프다고 말했기 때문에 '肚子'가 포함되어 있고, '不舒服'의 동의어 '难受'가 쓰인 선택지 D 肚子难受를 찾아주면 됩니다.

**단어** 感冒 gǎnmào 图 감기에 걸리다 | 发烧 fāshāo 图 열이 나다 | 口渴 kǒukě 휑 목이 마르다 | 肚子 dùzi 명 (사람·동물의) 복부, 배 | 难受 nánshòu 휑 (몸이) 불편하다, 아프다 | 没精神 méi jīngshén 기운이 없다 | 没什么 méi shénme 아무것도 아니다 | 不舒服 bù shūfu 휑 (몸이) 아프다, 불편하다 | 早饭 zǎofàn 명 아침(밥) | 面包 miànbāo 명 빵 | 牛奶 niúnǎi 명 우유 | 不用了 búyòng le 됐습니다, 괜찮습니다

## ② 내공이 쌓이는 시간

### 1  시험에 잘 나오는 동의어 ✦✦   🔊 1-17

| | | |
|---|---|---|
| 经验 jīngyàn 경험, 노하우 | = | 经历 jīnglì 경험 |
| 大夫 dàifu 의사 | = | 医生 yīshēng 의사 |
| 重点 zhòngdiǎn 중점 | = | 关键 guānjiàn 관건, 열쇠, 키포인트 |
| 坚持 jiānchí (포기하지 않고) 계속하다, 꾸준히 하다 | = | 不放弃 bú fàngqì 포기하지 않다 |
| 禁止 jìnzhǐ 금지하다 | = | 不允许 bù yǔnxǔ 허락하지 않다 |
| 告诉 gàosu 말하다, 알리다 | = | 通知 tōngzhī 통지하다, 알리다 |
| 道歉 dàoqiàn 사과하다 | = | 抱歉 bàoqiàn 미안해하다 |
| 支持 zhīchí 지지하다 | = | 同意 tóngyì 동의하다 |
| 适应 shìyìng 적응하다 | = | 习惯 xíguàn 습관이 되다, 익숙해지다 |
| 马虎 mǎhu 대충하다, 건성건성하다 | = | 粗心 cūxīn 세심하지 못하다, 부주의하다, 덜렁대다 |
| 难过 nánguò 괴롭다, 슬프다 | = | 伤心 shāngxīn 상심하다, 슬퍼하다 |
| 难受 nánshòu (몸이) 불편하다, 괴롭다, 견디기 어렵다 | = | 不舒服 bù shūfu (몸이) 아프다, 불편하다 |
| 简单 jiǎndān 간단하다 | = | 容易 róngyì 쉽다 |
| 兴奋 xīngfèn (기뻐서) 흥분하다 | = | 激动 jīdòng (감정이) 격해지다, 흥분하다 |
| 严重 yánzhòng (정도가) 심(각)하다 | = | 厉害 lìhai (정도가) 심하다 |

듣기 听力

제 2·3 부분 · 대화형

## 2 시험에 잘 나오는 반의어 ✨★

🔊 1-18

| | | |
|---|---|---|
| 过去 guòqù 과거 | ↔ | 将来 jiānglái 장래, 미래 |
| 优点 yōudiǎn 장점 | ↔ | 缺点 quēdiǎn 결점, 단점 |
| 担心 dānxīn 걱정하다 | ↔ | 放心 fàngxīn 마음을 놓다, 안심하다 |
| 相信 xiāngxìn 믿다 | ↔ | 怀疑 huáiyí 의심하다 |
| 推 tuī 밀다 | ↔ | 拉 lā 끌다, 당기다 |
| 发 fā 보내다 | ↔ | 收 shōu 받다 |
| 复习 fùxí 복습하다 | ↔ | 预习 yùxí 예습하다 |
| 失败 shībài 실패하다 | ↔ | 成功 chénggōng 성공하다 |
| 提前 tíqián (예정된 시간·위치를) 앞당기다 | ↔ | 推迟 tuīchí 미루다, 연기되다 |
| 输 shū 지다 | ↔ | 赢 yíng 이기다 |
| 喜欢 xǐhuan 좋아하다 | ↔ | 讨厌 tǎoyàn 싫어하다, 미워하다 |
| 节约 jiéyuē 절약하다, 아끼다 | ↔ | 浪费 làngfèi 낭비하다 |
| 表扬 biǎoyáng 칭찬하다 | ↔ | 批评 pīpíng 질책하다, 꾸짖다 |
| 相同 xiāngtóng 서로 같다, 똑같다 | ↔ | 相反 xiāngfǎn 상반되다, 반대되다 |
| 紧张 jǐnzhāng 긴장하다 | ↔ | 轻松 qīngsōng<br>(일 따위가) 수월하다, 가볍다 |
| 脏 zāng 더럽다 | ↔ | 干净 gānjìng 깨끗하다 |
| 胖 pàng 뚱뚱하다, 살찌다 | ↔ | 瘦 shòu 마르다, 여위다 |
| 聪明 cōngming 똑똑하다 | ↔ | 笨 bèn 어리석다, 멍청하다 |
| 重 zhòng 무겁다 | ↔ | 轻 qīng 가볍다 |
| 穷 qióng 빈곤하다, 가난하다 | ↔ | 富 fù 재산이 많다, 부유하다 |
| 饱 bǎo 배부르다 | ↔ | 饿 è 배고프다 |
| 复杂 fùzá 복잡하다 | ↔ | 简单 jiǎndān 간단하다 |
| 细心 xìxīn<br>(일처리·생각이) 세심하다, 꼼꼼하다 | ↔ | 粗心 cūxīn<br>세심하지 못하다, 부주의하다, 덜렁대다 |
| 便宜 piányi 싸다 | ↔ | 贵 guì 귀하다, 비싸다 |
| 容易 róngyì 쉽다 | ↔ | 难 nán 어렵다 |
| 安全 ānquán 안전하다 | ↔ | 危险 wēixiǎn 위험하다 |
| 有趣 yǒuqù / 有意思 yǒuyìsi 재미있다 | ↔ | 无聊 wúliáo (말·행동이) 시시하다, 재미없다 |
| 高 gāo 크다, 높다 | ↔ | 矮 ǎi 작다 / 低 dī 낮다 |
| 准时 zhǔnshí 정시에, 제때에 | ↔ | 迟到 chídào 지각하다, 늦다 |

두 사람의 대화 녹음을 듣고, 녹음 속 질문에 알맞은 답을 보기에서 고르세요. ☁ 1-19

**듣기 제2부분 대화형**

| | | | | | | | |
|---|---|---|---|---|---|---|---|
| 1 | A 结婚了 | | B 毕业了 | | C 出国了 | | D 工作了 |
| 2 | A 黑屏了 | | B 没电了 | | C 进水了 | | D 中病毒了 |
| 3 | A 课后复习 | | B 课前预习 | | C 认真听讲 | | D 和老师交流 |
| 4 | A 很干净 | | B 刚开不久 | | C 距离很远 | | D 有很多特色菜 |
| 5 | A 照相 | | B 照顾父母 | | C 开窗户 | | D 扔垃圾 |
| 6 | A 太正式 | | B 不好看 | | C 没有特点 | | D 一般 |
| 7 | A 主题 | | B 数字 | | C 形容词 | | D 例子 |

**듣기 제3부분 대화형**

| | | | | | | | |
|---|---|---|---|---|---|---|---|
| 8 | A 很伤心 | | B 激动 | | C 很失望 | | D 愤怒 |
| 9 | A 洗碗 | | B 擦桌子 | | C 倒垃圾 | | D 打扫房间 |
| 10 | A 市中心 | | B 外地 | | C 郊区 | | D 国外 |
| 11 | A 在打折 | | B 不受欢迎 | | C 价格很高 | | D 最近没货 |
| 12 | A 音乐家 | | B 记者 | | C 运动员 | | D 作家 |

정답 및 해설 ▶ 182쪽

# 독해 阅读

## 📖 문제 유형과 전략

독해 제3부분은 66번부터 85번까지 총 20문제가 출제됩니다. 66번부터 79번까지는 짧은 단문 하나에 한 문제씩 출제되고, 80번부터 85번까지는 조금 더 긴 단문 하나에 두 문제씩 출제됩니다. 지문 자체가 길지 않아 문제를 푸는 것은 어렵지 않습니다. 하지만 독해에 주어진 시간이 짧으므로 모르는 단어로 고민하는 시간이 길어지면 안 됩니다. 문제를 풀 때 아래 전략에 따라 풀어 봅니다.

✔ 먼저, 문제를 읽고 나서 지문을 끊어 읽으며 문제의 정답을 찾습니다. 정답을 찾으면 더 이상 지문을 읽지 말고 바로 다음 문제로 넘어가는 연습을 해 봅니다. 시간 관리가 매우 중요하므로, 모르는 단어가 있으면 빠르게 판단한 후 넘어가야 합니다. 두 문제가 나오는 긴 지문은 대부분 문제 순서대로 답이 보이므로, 첫 번째 문제를 먼저 푼 후에 두 번째 문제의 정답을 찾아봅니다.

✔ 독해의 기본은 어휘력입니다. 빈출 어휘를 집중적으로 외워 두어야 문제를 풀 때 자신감이 생깁니다.

✔ 효율적인 시간 관리가 매우 중요합니다. 문제를 먼저 읽은 후, 정답을 찾으면 빠르게 다음 문제로 넘어갑니다.

이렇게 **풀어 봐요**

1. ★ 뒤의 문제를 먼저 읽고, 문제의 요지를 미리 파악한다.

2. 쉼표나 마침표 단위로 지문을 끊어 읽으며 선택지를 확인한다. 답을 찾으면 지문을 끝까지 읽지 말고 다음 문제로 넘어가 시간을 절약한다.

3. 질문이 지문에 그대로 나올 경우, 그 뒤에 답이 나온다.

4. 선택지를 미리 읽고 '답이 될 가능성이 높은 것'과 '낮은 것'을 분류한다. 예를 들어, 다이어트와 관련된 질문이면 '多运动'과 '多喝水' 같은 선택지가 유력하므로 이를 중심으로 답을 찾는다.

5. 독해는 40문제를 40분 안에 풀어야 하므로, 해석이 어려운 문장은 10초 이상 고민하지 말고 과감히 넘긴다.

 선생님의 **TIP**

독해 영역을 복습할 때는 ①문제의 지문을 '주+술+목'으로 끊어 읽고, ②모르는 단어를 정리합니다. 이후에 지문의 내용이 이해됐으면 ③10회 정도 소리 내어 읽는 습관을 들입니다. 그러면 나중에는 긴 지문이 나와도 속독할 수 있는 능력이 생깁니다.

# 선택지의 답을 그대로 출제한다

독해 | 제3부분

독해 제3부분은 지문에 선택지 답이 그대로 들어가 있는 문제가 무려 평균 6~9문제나 출제됩니다. 따라서, 먼저 ★ 뒤의 문제를 기억한 후, 지문에서 해당 문제가 나오는 부분을 찾아야 합니다. 그리고 답이 될 만한 선택지를 파악한 후, 지문에서 선택지에 나온 단어를 찾습니다. 중요한 점은, 정답이 앞 문장에서 나왔을 때는 더 이상 지문을 읽지 말고 즉시 다음 문제로 넘어가는 것입니다. 나머지 선택지들이 왜 답이 아닌지를 증명하면 절대 안 됩니다. 시간을 효율적으로 관리하며 문제를 푸는 것이 핵심입니다.

 **문제가 보이는 시간**

🔊 2-01

**예제 1**

我们明天必须在七点半前到达动物园熊猫馆，因为那时是它们的吃饭时间，大熊猫吃饭时最活泼可爱，吃完饭它们就要睡觉了。

★ 大熊猫吃饭时：

A 很生气　　　B 没精神　　　C 更活泼　　　D 不可爱

**해설**

★ 뒤의 문제는 판다가 밥 먹을 때 어떠한지를 묻는 내용입니다. 일단 선택지는 보지 말고, 지문에서 '大熊猫吃饭时' 부분을 빠르게 찾습니다. 지문의 '大熊猫吃饭时最活泼可爱' 부분을 보면 '大熊猫吃饭时(질문 부분)+最活泼可爱(정답 부분)'로 나누어져 있습니다. 정답은 C 更活泼로 선택지 답을 지문에 그대로 출제한 문제입니다.

**정답 및 해석**

| | |
|---|---|
| 我们明天必须在七点半前到达动物园熊猫馆，因为那时是它们的吃饭时间，大熊猫吃饭时最活泼可爱，吃完饭它们就要睡觉了。 | 우리는 내일 반드시 7시 30분 전에 동물원 판다관에 도착해야 합니다. 왜냐하면 그때가 그들의 밥 먹는 시간이고 판다는 밥 먹을 때 가장 활발하고 귀여우며, 밥을 다 먹으면 그들은 곧 잠을 자기 때문입니다. |
| ★ 大熊猫吃饭时：<br>A 很生气　　B 没精神<br>C 更活泼 (✓)　　D 不可爱 | ★ 판다가 밥 먹을 때：<br>A 화를 낸다　　B 기운이 없다<br>C 더 활발하다 (✓)　　D 귀엽지 않다 |

**단어**

必须 bìxū 🕮 반드시 ~해야 한다 | 到达 dàodá 🕮 도달하다, 도착하다 | 动物园 dòngwùyuán 🕮 동물원 | 熊猫馆 xióngmāoguǎn 🕮 판다관 | 大熊猫 dàxióngmāo 🕮 (자이언트) 판다 | 睡觉 shuìjiào 🕮 (잠을) 자다 | 没精神 méi jīngshén 기운이 없다 | 活泼 huópō 🕮 활발하다 | 可爱 kě'ài 🕮 귀엽다

**예제 2**

桌游是一种面对面的游戏，非常强调交流。因此，桌面游戏是家庭休闲、朋友聚会，甚至商务闲暇等多种场合的最佳沟通方式，如果你不知道该怎么和朋友增进感情，交流顺畅，那就来这儿试试玩桌游吧。

★ 通过这段话，可以知道桌游能：

　A 消除障碍　　　B 让人兴奋　　　C 增进感情　　　D 赚很多钱

★ 这段话更可能是：

　A 广告　　　　　B 短文　　　　　C 游戏　　　　　D 信息

**해설**

1　첫 번째 문제의 핵심 단어 '桌游'는 필수 단어가 아니지만 '桌上游戏(탁자 위의 게임)'라고 유추하면 좋습니다. 물론 이 단어를 모를 경우엔 해석하지 말고 단어 자체를 지문에서 찾아주면 됩니다. 마침표나 쉼표 단위로 지문을 읽으면서 A, B, C, D 선택지의 정답이 있는지 체크합니다. 지문의 마지막 부분 '如果你不知道该怎么和朋友增进感情'을 읽고 선택지를 보면 정답 C 增进感情이 똑같이 보입니다.

2　두 번째 문제는 이 글이 어떤 종류의 글인지를 묻고 있습니다. 마지막 문장 '那就来这儿试试玩桌游吧.(이곳에 와서 '桌游'를 해 보라)'고 했으므로 이 글이 광고임을 알 수 있습니다. 따라서 정답은 A입니다.

**정답 및 해석**

| | |
|---|---|
| 桌游是一种面对面的游戏，非常强调交流。因此，桌面游戏是家庭休闲、朋友聚会，甚至商务闲暇等多种场合的最佳沟通方式，¹如果你不知道该怎么和朋友增进感情，交流顺畅，²那就来这儿试试玩桌游吧。 | 보드게임은 대면 게임으로, 교류를 매우 강조한다. 따라서 보드게임은 가정 여가, 친구 모임, 심지어 비즈니스 여가 등 여러 상황에서의 최적의 소통 방식이다. ¹만약 네가 어떻게 친구와 감정을 돈독히 하고 원활하게 소통해야 할지 모르겠다면, ²그럼 여기 와서 보드게임을 한 번 해 봐라. |
| ★ 通过这段话，可以知道桌游： <br> 　A 消除障碍 <br> 　B 让人兴奋 <br> 　C 增进感情 (✓) <br> 　D 赚很多钱 | ★ 이 이야기를 통해서, 보드게임에 대해 알 수 있는 것은: <br> 　A 장애를 제거한다 <br> 　B 흥분시킨다 <br> 　C 감정을 돈독히 한다 (✓) <br> 　D 많은 돈을 번다 |
| ★ 这段话更可能是： <br> 　A 广告 (✓)　　B 短文 <br> 　C 游戏　　　　D 信息 | ★ 이 글은 아마 어떤 글일 확률이 높은가: <br> 　A 광고 (✓)　　B 단문 <br> 　C 게임　　　　D 정보 |

**단어**

桌游 zhuōyóu 명 보드게임(=桌上游戏 zhuōshàng yóuxì) | 面对面 miànduìmiàn 통 얼굴을 맞대다, 대면하다 | 游戏 yóuxì 명 게임 | 强调 qiángdiào 통 강조하다 | 交流 jiāoliú 통 교류하다, 소통하다 | 因此 yīncǐ 접 이 때문에, 따라서 | 家庭 jiātíng 명 가정 | 休闲 xiūxián 통 여가를 보내다 | 聚会 jùhuì 명 모임 | 甚至 shènzhì 접 심지어 | 商务 shāngwù 명 비즈니스 | 闲暇 xiánxiá 명 틈, 짬, 여가 | 场合 chǎnghé 명 (특정한) 장소, 상황 | 最佳 zuìjiā 형 가장 좋다, 최적이다 | 沟通 gōutōng 통 소통하다 | 如果 rúguǒ 접 만약, 만일 | 增进感情 zēngjìn gǎnqíng 감정을 증진하다, 감정을 돈독히 하다 | 顺畅 shùnchàng 형 순조롭다, 원활하다 | 试试 shìshi 한번 해보다 | 玩 wán 통 놀다, (게임을) 하다 | 通过 tōngguò 전 ~을 통해서 | 消除障碍 xiāochú zhàng'ài 장애를 제거하다 *消除 통 없애다, 제거하다 | 兴奋 xīngfèn 형 흥분하다, 감격하다 | 赚钱 zhuànqián 통 돈을 벌다 | 广告 guǎnggào 명 광고 | 短文 duǎnwén 명 단문 | 信息 xìnxī 명 정보

독해 제3부분에서 답을 찾을 때, 선택지와 지문 내용이 완전히 똑같이 나올 때도 있고, 정도부사를 바꾸거나 지문의 핵심 단어를 유사한 뜻으로 바꾸어 선택지에 넣기도 합니다. 아래 빈출 문제를 통해 선택지 내용과 지문에 있는 단어를 어떤 식으로 바꾸는지 확인해 봅니다.

## 1 독해 제3부분 빈출 문제

### 문제 1

赛车是一种受人欢迎的运动，但是却很危险。因为它不仅速度很快，对技术的要求也很高，所以车里的人稍微不注意，就可能发生危险。

★ 根据这段话，赛车：
  A 谁都可以开
  B 特别浪漫
  C 十分危险 ( ✓ )
  D 不受重视

레이싱은 사람들에게 인기 있는 운동이지만, 위험하다. 그것은 속도가 빠를 뿐만 아니라 기술에 대한 요구도 높아서, 차 안의 사람이 조금만 부주의하면 위험이 발생할지도 모른다.

★ 이 이야기에 따르면, 레이싱은:
  A 누구나 운전할 수 있다
  B 아주 로맨틱하다
  C 매우 위험하다 ( ✓ )
  D 중시를 받지 않는다

선생님의 **한마디**

독해할 때 접속사 '但是' 뒤의 내용이 답으로 많이 출제되니 유심히 보도록 합니다.

**단어** 赛车 sàichē 몡레이싱 | 受欢迎 shòu huānyíng 환영을 받다, 인기 있다 | 危险 wēixiǎn 휑위험하다 몡위험 | 不仅 bùjǐn 쩹~뿐만 아니라 | 速度 sùdù 몡속도 | 技术 jìshù 몡기술 | 要求 yāoqiú 몡요구 | 稍微 shāowēi 띰조금, 약간 | 不注意 búzhùyì 부주의하다 | 发生 fāshēng 동(위험 등이) 발생하다, 일어나다 | 根据 gēnjù 쩐~에 근거하여, ~에 따르면 | 开 kāi 동(자동차 등을) 운전하다 | 浪漫 làngmàn 휑낭만적이다, 로맨틱하다 | 受重视 shòu zhòngshì 중시를 받다

### 문제 2

"外号"是根据一个人的特点给他起的不太正式的名字，一般是家人或者朋友等熟悉的人之间互相叫的，但是现在人们也会给喜爱的明星起一些可爱的外号。

★ 关于"外号"，可以知道：
  A 让人感动
  B 表示反对
  C 不太正式 ( ✓ )
  D 非常简单

'별명'은 사람의 특징에 따라 그에게 지어준 그다지 공식적이지 않은 이름으로, 일반적으로 가족 혹은 친구 등의 잘 아는 사람 간에 서로 부르지만, 지금은 사람들이 좋아하는 스타에게 귀여운 별명을 조금 지어 주기도 한다.

★ '별명'에 관해서, 알 수 있는 것은:
  A 사람을 감동시킨다
  B 반대를 표시한다
  C 그다지 공식적이지 않다 ( ✓ )
  D 매우 간단하다

선생님의 **한마디**

마침표를 기준으로 한 문장이 길 때는 쉼표를 기준으로 끊어서 읽으면서 선택지 답을 찾도록 합니다.

**단어** 外号 wàihào 몡별명 | 根据 gēnjù 쩐~에 근거하여, ~에 따라 | 特点 tèdiǎn 몡특징 | 起 qǐ 동(이름·별명을) 짓다 | 正式 zhèngshì 휑정식의, 공식적인 | 一般 yìbān 휑일반적이다 | 或者 huòzhě 쩹~(이)나, 혹은 | 熟悉 shúxī 휑잘 알다 | 互相 hùxiāng 띰서로 | 叫 jiào 동부르다 | 喜爱 xǐ'ài 동좋아하다 | 明星 míngxīng 몡스타 | 可爱 kě'ài 휑귀엽다 | 感动 gǎndòng 동감동하다 | 表示反对 biǎoshì fǎnduì 반대를 표시하다 | 简单 jiǎndān 휑간단하다

## 문제 3

老人总是喜欢往回看，回忆总结自己过去的经历。但是年轻人却相反，他们更喜欢往前看，也更容易接受新鲜的事物。这就是为什么年轻人往往更喜欢流行的原因。

노인은 늘 되돌아 보고 자신의 과거 경험을 추억하여 총정리하는 것을 좋아한다. 하지만 젊은이는 반대로, 그들은 앞을 보길 더 좋아하고, 새로운 사물도 더 쉽게 받아들인다. 이것이 바로 젊은이가 대부분 유행을 더 좋아하는 이유이다.

★ 和老人相比，年轻人：
　A 比较懒
　B 不爱流行
　C 喜欢往前看(✓)
　D 很忙

★ 노인과 비교해서, 젊은이는:
　A 비교적 게으르다
　B 유행을 싫어한다
　C 앞을 보길 좋아한다 (✓)
　D 바쁘다

단어　总是 zǒngshì 툇항상, 늘 ┃ 往回看 wǎng huí kàn 되돌아 보다 ┃ 回忆 huíyì 동회상하다, 추억하다 ┃ 总结 zǒngjié 동총정리하다 ┃ 经历 jīnglì 명경험 ┃ 年轻人 niánqīngrén 명젊은이 ┃ 相反 xiāngfǎn 형상반되다, 반대되다 ┃ 往前看 wǎng qián kàn 앞을 보다 ┃ 容易 róngyì 형쉽다 ┃ 接受 jiēshòu 동받아들이다 ┃ 新鲜 xīnxiān 형새롭다, 참신하다 ┃ 事物 shìwù 명사물 ┃ 这就是为什么……的原因 zhè jiù shì wèishénme……de yuányīn 이것이 바로 ~하는 이유이다 ┃ 往往 wǎngwǎng 튇종종, 주로, 대부분 ┃ 和……相比 hé……xiāngbǐ ~와 비교해서 ┃ 懒 lǎn 형게으르다

## 문제 4

很多人在做自己不喜欢做的事情时，总是因为不愿意去做，所以浪费很多时间。其实在做自己不喜欢的事情时，最好的办法是快点把它做完，越快完成就能越快结束烦恼。

많은 사람들이 자신이 하기 싫어하는 일을 할 때, 자꾸 하기 싫어서 많은 시간을 낭비한다. 사실 자신이 싫어하는 일을 할 때, 가장 좋은 방법은 조금 빨리 그것을 끝내는 것으로, 빨리 끝낼수록 빨리 고민을 끝낼 수 있다.

★ 做不喜欢的事情时，应该：
　A 让别人做
　B 做其它的事
　C 选择放弃
　D 快点儿完成 (✓)

★ 싫어하는 일을 할 때, 마땅히:
　A 다른 사람이 하게 한다
　B 다른 일을 한다
　C 포기하는 것을 선택한다
　D 조금 빨리 끝낸다 (✓)

단어　事情 shìqing 명일, 사건 ┃ 总是 zǒngshì 툇항상, 늘, 자꾸 ┃ 不愿意 bú yuànyì 원하지 않다, 싫다 ┃ 浪费时间 làngfèi shíjiān 시간을 낭비하다 ┃ 其实 qíshí 튇사실 ┃ 办法 bànfǎ 명방법 ┃ 越 A 越 B yuè A yuè B A할수록 B하다 ┃ 完成 wánchéng 동완성하다, (예정대로) 끝내다 ┃ 结束烦恼 jiéshù fánnǎo 고민을 끝나다 ┃ 选择 xuǎnzé 동선택하다, 고르다 ┃ 放弃 fàngqì 동포기하다

선생님의 한마디

부사 '其实'는 글쓴이가 하고 싶은 말을 할 때 쓰는 말로 '其实' 뒤에 정답이 많이 출제됩니다. '其实'가 보이면 꼼꼼히 체크하도록 합니다.

## 문제 5

有一句话叫做"阳光总在风雨后"，这句话告诉我们遇到困难时，只要你坚持正确的方向一直努力，总有一天会获得成功。

'햇빛은 언제나 비바람이 온 후에 있다'라는 말이 있는데, 이 말은 우리에게 어려움을 만났을 때, 당신이 올바른 방향을 고수하여 계속 노력하기만 하면 언젠가 성공을 거두게 될 거라는 것을 알려 준다.

★ 遇到困难时：

    A 坚持努力 (✓)
    B 马上放弃
    C 找别人帮忙
    D 多晒太阳

★ 어려움을 만났을 때는：

    A 꾸준히 노력한다 (✓)
    B 바로 포기한다
    C 다른 사람에게 도움을 청한다
    D 햇볕을 많이 쬔다

단어 句 jù 양 구, 마디[시나 말을 셀 때 쓰임] | 叫做 jiàozuò 통 ~라고 부르다(하다) | 阳光总在风雨后 yángguāng zǒng zài fēngyǔ hòu 햇빛은 언제나 바람과 비가 온 후에 있다 | 告诉 gàosu 통 알리다, 말하다 | 遇到困难 yùdào kùnnan 어려움을 만나다 | 只要 zhǐyào 접 ~하기만 하면 | 坚持 jiānchí 통 ① (원칙·방향을) 고수하다 ② (하고 있던 것을) 계속하다, 꾸준히 하다 | 正确 zhèngquè 형 정확하다, 올바르다 | 方向 fāngxiàng 명 방향 | 一直 yìzhí 부 계속, 줄곧 | 努力 nǔlì 통 노력하다 | 总有一天 zǒng yǒu yìtiān 언젠가 | 获得成功 huòdé chénggōng 성공을 거두다 | 放弃 fàngqì 통 포기하다 | 找…帮忙 zhǎo……bāngmáng ~에게 도움을 청하다 | 晒太阳 shài tàiyáng 햇볕을 쬐다, 일광욕하다

---

### 문제 6

这个公司专门制造各种各样的筷子。他们的筷子用不同的材料做成，颜色很多，质量也很好。买来不仅可以自己用，还可以当礼物送给别人，顾客们都很喜欢。

이 회사는 갖가지 젓가락을 전문적으로 만든다. 그들의 젓가락은 다른 재료로 만들어서 색깔도 많고 품질도 좋다. 구입하면 자신이 쓸 수 있을 뿐만 아니라 선물로 다른 사람한테 줄 수도 있어, 손님들이 모두 좋아한다.

★ 这个公司制造的筷子：

    A 质量不好
    B 非常贵
    C 有很多颜色 (✓)
    D 数量很少

★ 이 회사가 만든 젓가락은：

    A 품질이 나쁘다
    B 매우 비싸다
    C 많은 색깔이 있다 (✓)
    D 수량이 적다

선생님의 한마디

독해 지문에서는 접속사 '不仅 A, (而且)+还B' 구문이 많이 보입니다. 'A뿐만 아니라, (게다가) B이기도 하다'라는 의미이며, B를 강조하는 구문입니다.

단어 专门 zhuānmén 부 전문적으로 | 制造 zhìzào 통 제조하다, 만들다 | 各种各样 gèzhǒng-gèyàng 성 각양각색, 갖가지 | 筷子 kuàizi 명 젓가락 | 材料 cáiliào 명 재료 | 颜色 yánsè 명 색깔 | 质量 zhìliàng 명 품질 | 不仅 bùjǐn 접 ~뿐만 아니라 | 当 dàng 통 ~로 삼다 | 礼物 lǐwù 명 선물 | 送 sòng 통 주다, 선물하다 | 顾客 gùkè 명 고객, 손님 | 贵 guì 형 비싸다 | 数量 shùliàng 명 수량

---

### 문제 7

茶是中国人最喜欢的饮料，几乎90%的中国人都爱喝茶。茶在中国已经有数千年的历史了，中国人喜欢茶的那种自然的香味，所以很少向茶中加入牛奶或者糖。

차는 중국인이 가장 좋아하는 음료로, 거의 90%의 중국인이 모두 차를 즐겨 마신다. 차는 중국에서 이미 수천 년의 역사가 있으며, 중국인은 차의 그런 자연스러운 향을 좋아해서, 차 안에 우유나 설탕을 거의 넣지 않는다.

★ 中国人喝茶：

    A 很普遍 (✓)
    B 不爱喝
    C 历史不长
    D 爱加牛奶

★ 중국인이 차를 마시는 것은：

    A 보편적이다 (✓)
    B 즐겨 마시지 않는다
    C 역사가 길지 않다
    D 우유를 즐겨 넣는다

선생님의 한마디

지문에서는 90%의 중국인이 차 마시는 것을 좋아한다고 했으며, 정답으로는 '很普遍'을 출제한 문제입니다. 지문에 있는 단어를 그대로 출제하지 않고, 내용을 이해해서 정답을 고르는 문제입니다.

단어 茶 chá 명 차 | 饮料 yǐnliào 명 음료 | 几乎 jīhū 부 거의 | 爱 ài 통 좋아하다, 즐기다 | 数千年 shù qiān nián 수천 년 | 历史 lìshǐ 명 역사 | 自然 zìran 형 자연스럽다 | 香味 xiāngwèi 명 향, 향기 | 很少 hěn shǎo 거의 ~하지 않다 | 加入 jiārù 통 (집어) 넣다 *加 통 넣다, 첨가하다 | 牛奶 niúnǎi 명 우유 | 或者 huòzhě 접 ~(이)나, 혹은 | 糖 táng 명 설탕 | 普遍 pǔbiàn 형 보편적인, 일반적인

# 주제는 문장의 앞부분과 뒷부분에 있다

공략법 02

독해 | 제3부분

독해 阅读

제3부분

주제를 묻는 질문은 문장 전체 내용을 이해해야 하므로 난이도가 비교적 높게 느껴집니다. 하지만 시간이 부족하다고 무작정 답을 선택하기보다는 글의 종류를 파악해 주제를 찾아보는 것이 중요합니다. 예를 들어, 설명문의 주제는 보통 첫 문장에 나오고, 논설문은 작가의 주장이 담긴 주제가 주로 마지막 문장에 나옵니다. 이처럼 글의 유형에 따른 주제 문장의 위치를 유념하면 빠르게 정답을 선택할 수 있습니다.

## 1 문제가 보이는 시간

 2-03

**예제 1**

减压的方法有很多，比如运动、购物、打游戏等不管哪一种方法，只要能让你放松、远离烦恼就是好的减压方法。

★ 这段话主要是关于什么的？

A 减压方法　　B 锻炼方法　　C 节日特点　　D 寒假任务

**해설**

★ 뒤의 질문을 보면 주제를 묻는 문제임을 알 수 있습니다. 첫 번째 쉼표 '减压的方法有很多'까지 읽고 선택지를 보면 A에 '减压方法'가 나오므로 정답은 A입니다. 이렇게 주제를 맨 앞에 던지는 문제는 뒷부분을 읽지 않고 다음 문제로 넘어가야 합니다.

**정답 및 해석**

减压的方法有很多，比如运动、购物、打游戏等不管哪一种方法，只要能让你放松、远离烦恼就是好的减压方法。

스트레스 해소법은 아주 많다. 예를 들면 운동, 쇼핑, 게임 등 어떤 방법이든 간에, 당신이 긴장을 풀고 고민에서 벗어날 수 있게만 하면 바로 좋은 스트레스 해소법이다.

| | |
|---|---|
| ★ 这段话主要是关于什么的？<br>A 减压方法 (✓)<br>B 锻炼方法<br>C 节日特点<br>D 寒假任务 | ★ 이 이야기는 주로 무엇에 관한 것인가?<br>A 스트레스 해소법 (✓)<br>B 운동 방법<br>C 기념일 특징<br>D 겨울 방학 과제 |

**단어**

减压 jiǎnyā 동 스트레스를 줄이다(해소하다) *减 동 덜다, 줄이다 | 方法 fāngfǎ 명 방법 | 比如 bǐrú 접 예를 들면, 예컨대 | 购物 gòuwù 동 물건을 사다, 쇼핑하다 | 打游戏 dǎ yóuxì 게임을 하다 | 不管 bùguǎn 접 ~에 관계없이 | 只要 zhǐyào 접 ~하기만 하면 | 放松 fàngsōng 동 편안하게 하다 | 远离烦恼 yuǎnlí fánnǎo 고민에서 벗어나다 *远离 동 멀어지다, 벗어나다 | 锻炼 duànliàn 동 (몸을) 단련하다, 운동하다 | 节日 jiérì 명 기념일, 명절 | 特点 tèdiǎn 명 특징 | 寒假 hánjià 명 겨울 방학 | 任务 rènwu 명 임무, 과제

### 只要A，就B

□ 只要A，就B : A하기만 하면, B하다

只要明天不下雨，我们就可以去爬山。 내일 비가 안 오기만 하면, 우리는 등산을 갈 수 있어.

只要努力学习，你的中文就会越来越好。 열심히 공부하기만 하면, 너의 중국어는 점점 좋아질 거야.

◆爬山 páshān 동 산을 오르다, 등산하다

**예제 2** 随着科技水平的提高和互联网的发展，出门在外，即使方向感差或是在不熟悉的地方也不用担心迷路。只要打开手机地图，选好目的地，按照查到的路线走，就能顺利找到想去的地方。

★ 这段话主要讲的是：

A 怎么适应环境　　B 怎样区别词语　　C 手机地图的好处　　D 开车必备知识

**해설**　질문을 보고 주제를 찾는 문제라는 것을 파악합니다. 쉼표 단위로 문장을 끊어 읽으면서 선택지를 확인합니다. '随着'는 '~함에 따라(서)'라는 의미로 주제가 나오지 않습니다. 지문의 두 번째 문장 '只要打开手机地图'를 읽고 선택지를 보면 C에 '手机地图'라는 키워드가 그대로 언급되어 있고, '就能顺利找到想去的地方'은 '好处(이점)'를 말하고 있으므로 정답은 C입니다.

**정답 및 해석**

| | |
|---|---|
| 随着科技水平的提高和互联网的发展，出门在外，即使方向感差或是在不熟悉的地方也不用担心迷路。只要打开手机地图，选好目的地，按照查到的路线走，就能顺利找到想去的地方。 | 과학 기술 수준이 향상되고 인터넷이 발전함에 따라, 밖에 나가면 설령 방향 감각이 부족하거나 잘 모르는 곳에 있어도 길을 잃는 것을 걱정할 필요 없다. 핸드폰 지도를 열어, 목적지를 잘 고르고, 검색한 코스대로 가기만 하면, 가고 싶은 곳을 순조롭게 찾을 수 있다. |
| ★ 这段话主要讲的是：<br>A 怎么适应环境<br>B 怎样区别词语<br>C 手机地图的好处 (✓)<br>D 开车必备知识 | ★ 이 이야기에서 주로 말하는 것은 :<br>A 어떻게 환경에 적응하는가<br>B 어떻게 글자를 구별하는가<br>C 핸드폰 지도의 장점 (✓)<br>D 운전시 필수 지식 |

**단어**　随着 suízhe 쩐 ~함에 따라(서) | 科技水平 kējì shuǐpíng 과학 기술 수준 | 提高 tígāo 통 향상되다 | 互联网 hùliánwǎng 몡 인터넷 | 发展 fāzhǎn 통 발전하다 | 出门在外 chūmén zàiwài 외출하다, 밖에 나가다 | 即使 jíshǐ 젭 설령 ~하더라도 | 方向感 fāngxiànggǎn 몡 방향 감각 | 差 chà 통 부족하다 | 或是 huòshi 젭 혹은, ~이나 | 不熟悉 bù shúxī 잘 모르다 | 担心 dānxīn 통 걱정하다 | 迷路 mílù 통 길을 잃다 | 只要 zhǐyào 젭 ~하기만 하면 | 打开地图 dǎkāi dìtú 지도를 열다(펼치다) | 手机 shǒujī 몡 핸드폰 | 选 xuǎn 통 고르다 | 目的地 mùdìdì 몡 목적지 | 按照 ànzhào 쩐 ~에 따라, ~대로 | 查 chá 통 찾아보다, 검색하다 | 路线 lùxiàn 몡 노선, 코스 | 顺利 shùnlì 혱 순조롭다 | 讲 jiǎng 통 이야기하다, 말하다 | 适应环境 shìyìng huánjìng 환경에 적응하다 | 区别词语 qūbié cíyǔ 글자를 구별하다 | 好处 hǎochù 몡 좋은 점, 장점 | 开车 kāichē 통 차를 운전하다 | 必备知识 bìbèi zhīshi 필수 지식 *必备 통 반드시 갖추다 몡 필수

## 1 주제 파악하기 문제의 빈출 질문

- 作者的意思是: 작가의 의미는 무엇인가?
- 这段话主要讲: 이 글은 주로 무엇을 말하는가?
- 这段话告诉我们什么: 이 글은 우리에게 무엇을 알려주고 싶은가?
- 根据这段话，可以知道我: 이 글에 따르면, 내가 무엇을 해야 하는지 알 수 있는가?
- 根据这段话，我们应该: 이 글에 따르면, 우리는 마땅히 무엇을 해야 하는가?
- 这段话告诉我们要: 이 이야기는 우리가 무엇을 하라고 알려주는가?

## 2 주제 파악하기 빈출 문제

주제를 묻는 문제가 나오면 본문에서 어떤 식으로 주제를 말해주는지 아래 빈출 문제를 분석해 봅시다.

### 문제 1

浪费是一种不好的习惯，对别人、对自己都不好。无论是浪费水、电，还是浪费食物、时间，都是不应该的。

낭비는 좋지 않은 습관으로, 다른 사람과 자신에게 모두 좋지 않다. 물과 전기를 낭비하든 아니면 음식과 시간을 낭비하든 모두 해서는 안 된다.

★ 这段话主要想告诉我们：
  A 要适应社会
  B 要多交朋友
  C 要懂得节约 ( ✓ )
  D 要多读书

★ 이 글이 우리에게 주로 말하려는 것은:
  A 사회에 적응해야 한다
  B 친구를 많이 사귀어야 한다
  C 절약할 줄 알아야 한다 ( ✓ )
  D 책을 많이 읽어야 한다

선생님의 **한마디**

접속사 '无论A还是B, 都C'는 'A이건 아니면 B이건 상관없이, 항상 C(결과)는 같다'는 의미입니다. 지문에서는 '무엇이 되었건 간에 낭비해서는 안 된다'고 했고, 정답을 '要懂得节约'로 바꿔서 출제했습니다.

단어 浪费 làngfèi 통 낭비하다 | 种 zhǒng 양 종류, 부류, 가지 | 习惯 xíguàn 명 습관 | 无论 wúlùn 접 ~에 관계없이 | 电 diàn 명 전기 | 还是 háishi 접 또는, 아니면 | 食物 shíwù 명 음식(물) | 时间 shíjiān 명 시간 | 适应社会 shìyìng shèhuì 사회에 적응하다 | 交 jiāo 통 사귀다 | 懂得 dǒngde 통 알다 | 节约 jiéyuē 통 절약하다, 아끼다 | 读书 dúshū 통 책을 읽다, 독서하다

### 문제 2

很多时候我们只忙着往前走，却忘了停下来休息。其实，休息是为了回头看看走过的路，想想自己一路上做的事情是不是完美，这样才能走得更远。因此，感到累的时候就停下脚步休息会儿吧。

많은 경우 우리는 단지 앞으로 가는 것에만 바쁘고, 오히려 멈춰서 쉬는 것을 잊는다. 사실, 휴식은 지나온 길을 돌아보고 자신이 도중에 한 일이 완벽한지 여부를 좀 생각해 보기 위해서이며, 이래야만 더 멀리 갈 수 있다. 따라서 힘들다고 느낄 때는 발걸음을 멈추고 잠시 쉬자.

★ 这段话告诉我们要：
  A 学会休息 ( ✓ )
  B 回头再说
  C 不怕失败
  D 经常锻炼

★ 이 이야기가 우리에게 하라고 알려주는 것은:
  A 쉬는 법을 배운다 ( ✓ )
  B 나중에 다시 이야기하다
  C 실패를 두려워하지 않는다
  D 자주 운동한다

선생님의 **한마디**

마지막에 '因此'를 이용해서 최종 결론을 내리는 문장이 주제일 때가 많습니다.

93

**단어** 时候 shíhou 몡 때, 경우 ｜ 只 zhǐ 뷔 단지, 다만 ｜ 忙着 mángzhe ~하느라 바쁘다 ｜ 往前走 wǎng qián zǒu 앞으로 가다 ｜ 忘 wàng 동 (지난 일을) 잊다 ｜ 停 tíng 동 정지하다, 멈추다 ｜ 休息 xiūxi 동 휴식하다, 쉬다 ｜ 其实 qíshí 뷔 사실 ｜ 是为了 shì wèile ~하기 위해서이다 ｜ 回头看看 huítóu kànkan 돌아보다 *回头 동 고개를 돌리다 뷔 조금 있다가, 나중에 ｜ 一路 yílù 몡 도중(에) ｜ 完美 wánměi 형 완벽하다 ｜ 因此 yīncǐ 접 이 때문에, 따라서 ｜ 累 lèi 형 힘들다, 피곤하다 ｜ 脚步 jiǎobù (발)걸음 ｜ 会儿 huìr 몡 잠시, 잠깐 ｜ 告诉 gàosu 동 알리다, 말하다 ｜ 学会 xuéhuì 동 습득하다, ~하는 법을 배우다 ｜ 不怕 bú pà 두려워하지 않다 ｜ 失败 shībài 동 실패하다 ｜ 锻炼 duànliàn 동 단련하다, 운동하다

---

### 문제 **3**

"笑到最后的才是笑得最好的"这句话告诉我们，当你取得一些成绩的时候，不要过早地放松下来，更不要骄傲，因为不到最后的时候，谁也不知道结果会是怎么样的。

★ 这段话告诉我们：

  A 要学会放弃

  B 不要骄傲 ( ✓ )

  C 要对人友好

  D 要诚实

'마지막에 웃는 자야말로 가장 잘 웃는 자이다'라는 말은 우리에게 당신이 몇몇 성과를 거둘 때, 너무 일찍 긴장을 풀지 말고, 더욱이 거만하지 말라는 것을 알려 준다. 왜냐하면 마지막이 될 때까지 결과가 어떻게 될지는 아무도 모르기 때문이다.

★ 이 글이 우리에게 주로 말하려는 것은:

  A 포기할 줄 알아야 한다

  B 거만하지 마라 ( ✓ )

  C 사람들에게 우호적이어야 한다

  D 솔직해야 한다

따옴표("")안의 속담, 격언, 성어 등이 인용될 때는 그 부분을 직접 해석할 필요는 없으며, 따옴표 다음 문장에서 내용을 풀이해 줍니다. 따라서 '这句话告诉我们' 같은 표현을 빠르게 찾고 그 뒤에서 정답을 찾도록 합니다.

**단어** 笑到最后的才是笑得最好的 xiào dào zuìhòu de cái shì xiào de zuìhǎo de 마지막에 웃는 자야말로 가장 잘 웃는 자이다 ｜ 告诉 gàosu 동 알리다, 말하다 ｜ 取得成绩 qǔdé chéngjì 성과를 거두다 ｜ 过早 guòzǎo 형 너무 이르다 ｜ 放松 fàngsōng 동 긴장을 풀다 ｜ 骄傲 jiāo'ào 형 거만하다, 교만하다 ｜ 结果 jiéguǒ 몡 결과 ｜ 学会 xuéhuì 동 ~할 줄 알다 ｜ 放弃 fàngqì 동 포기하다 ｜ 友好 yǒuhǎo 형 우호적이다 ｜ 诚实 chéngshí 형 진실하다, 솔직하다

---

### 문제 **4**

人们都习惯根据过去的经验做事，但有时候也不能完全相信经验。有很多事情完全按照经验去做，反而没有好结果。所以应该根据不同的情况选择不同的方法，这样才不容易出错。

★ 这段话告诉我们：

  A 不能完全相信经验 ( ✓ )

  B 要多和别人对话

  C 要多积累经验

  D 要原谅别人

사람들은 모두 과거의 경험에 따라 일을 처리하는 데 익숙하지만, 어떤 때는 또 경험을 완전히 믿어서는 안 된다. 많은 일들은 완전히 경험에 따라 처리하지만, 오히려 좋지 않은 결과가 나온다. 그래서 (서로 다른) 상황에 따라 서로 다른 방법을 선택해야 하며, 그래야 쉽게 실수하지 않는다.

★ 이 글이 우리에게 주로 말하려는 것은:

  A 경험을 완전히 믿어서는 안 된다 ( ✓ )

  B 다른 사람과 많이 대화해야 한다

  C 경험을 많이 쌓아야 한다

  D 다른 사람을 용서해야 한다

'习惯'은 명사로 많이 사용하지만, 지문처럼 동사로 사용하기도 합니다. 동사로 사용할 때는 '~하는 것이 익숙하다'라고 해석합니다.

**단어** 习惯 xíguàn 동 습관이 되다, 익숙해지다 ｜ 根据 gēnjù 전 ~에 근거하여, ~에 따라 ｜ 经验 jīngyàn 몡 경험 ｜ 完全 wánquán 뷔 완전히, 전적으로 ｜ 相信 xiāngxìn 동 믿다 ｜ 情况 qíngkuàng 몡 상황 ｜ 按照 ànzhào 전 ~에 따라, ~대로 ｜ 反而 fǎn'ér 접 도리어, 오히려 ｜ 结果 jiéguǒ 몡 결과 ｜ 选择 xuǎnzé 동 선택하다, 고르다 ｜ 方法 fāngfǎ 몡 방법 ｜ 出错 chūcuò 동 실수를 하다 ｜ 积累 jīlěi 동 (경험을) 쌓다 ｜ 原谅 yuánliàng 동 용서하다

# 정답을 알려 주는 단어를 기억하자

독해 | 제3부분

'关键是(핵심은~이다)', '主要是(주로~이다)', '最重要的是(가장 중요한 것은 ~이다)', '应该(반드시~해야 한다)', '其实(사실)', '但是(하지만)', '所以(그래서)' 등의 단어가 나오면 보통 뒤에 정답이 나올 확률이 높습니다. 따라서 위의 단어가 나오면 뒤에 오는 문장을 잘 읽어 줍니다.

 **문제가 보이는 시간**

🔊 2-05

**예제 1**

那家中餐厅就在我家附近，那儿不但东西很好吃，服务态度也特别好，所以人非常多，尤其是节假日的时候，会排很长的队。

★ 关于那家餐厅，可以知道：

A 生意很好　　B 东西很便宜　　C 缺少服务员　　D 节假日休息

**해설**

그 식당에 관해서 알 수 있는 것을 묻고 있습니다. 키워드 '所以' 뒤의 내용을 잘 읽어줍니다. 지문의 '所以人非常多'에서 '장사가 잘된다'는 것을 유추할 수 있기 때문에 정답은 A입니다. 그리고 '尤其是节假日的时候，会排很长的队'를 통해 D는 오답임을 알 수 있습니다.

**정답 및 해석**

| | |
|---|---|
| 那家中餐厅就在我家附近，那儿不但东西很好吃，服务态度也特别好，<u>所以人非常多，尤其是节假日的时候，会排很长的队。</u> | 그 중식당은 우리 집 근처에 있는데, 그곳은 음식이 맛있을 뿐만 아니라, 서비스 태도도 아주 좋다. <u>그래서 사람이 매우 많고, 특히 명절과 휴일 때에는 기다란 줄을 선다.</u> |
| ★ 关于那家餐厅，可以知道：<br>A 生意很好 (✓)<br>B 东西很便宜<br>C 缺少服务员<br>D 节假日休息 | ★ 그 식당에 관해서, 알 수 있는 것은:<br>A 장사가 잘된다 (✓)<br>B 음식이 싸다<br>C 종업원이 부족하다<br>D 명절과 휴일에 쉰다 |

**단어**

中餐厅 zhōngcāntīng 몡 중식당 | 附近 fùjìn 몡 부근, 근처 | 不但 búdàn 접 ~뿐만 아니라 | 东西 dōngxi 몡 물건, 음식 | 服务态度 fúwù tàidu 서비스 태도 | 尤其(是) yóuqí (shì) 뷔 (그중에서) 특히 | 节假日 jiéjiàrì 몡 명절과 휴일 | 排队 páiduì 동 줄을 서다 | 生意 shēngyi 몡 장사 | 便宜 piányi 혱 (값이) 싸다 | 缺少 quēshǎo 동 부족하다, 모자라다 | 服务员 fúwùyuán 몡 종업원 | 休息 xiūxi 동 휴식하다, 쉬다

95

예제 **2**  如果你想减肥，必须做到两点：一是少吃东西，二是多运动。少吃不代表不吃，而是要吃健康的食物，而且要吃得科学。关键是要多运动，但也不需要每天都运动。一个星期可以运动两到三次，一次运动一个小时左右。跑步、游泳、骑车等都是非常好的减肥运动。想减肥成功，就一定要坚持，不能怕累。

★ 关于减肥，最重要的是：

　A 注意休息　　　B 多运动　　　C 每天喝牛奶　　　D 多睡觉

★ 想减肥成功，一定要：

　A 休息　　　　B 快乐　　　　C 多说话　　　　　D 坚持

해설

1 첫 번째 문제는 다이어트에 관해 가장 중요한 것(最重要的)이 무엇인지 묻고 있습니다. 지문에서 '最重要的' 혹은 비슷한 키워드를 찾습니다. 지문을 보니 '最重要的' 대신 '关键(관건)'이 나왔으므로 뒤의 내용을 유의해서 봅니다. '关键是要多运动'을 통해 정답이 B라는 것을 알 수 있습니다.

2 두 번째 문제는 마지막 문장에서 문제와 동일한 '想减肥成功'을 찾을 수 있습니다. 그리고 다음 문장에서 '一定要坚持'라고 했기 때문에 정답은 D입니다.

정답 및 해석

如果你想减肥，必须做到两点：一是少吃东西，二是多运动。少吃不代表不吃，而是要吃健康的食物，而且要吃得科学。¹ 关键是要多运动，但也不需要每天都运动。一个星期可以运动两到三次，一次运动一个小时左右。跑步、游泳、骑车等都是非常好的减肥运动。² 想减肥成功，就一定要坚持，不能怕累。

만약 당신이 다이어트하고 싶다면, 반드시 두 가지를 해야 한다. 첫째는 음식을 적게 먹는 것이고, 둘째는 많이 운동하는 것이다. 적게 먹는다는 것은 안 먹는다는 것이 아니라 건강한 음식을 먹어야 하고, 게다가 과학적으로 먹어야 한다는 것을 의미한다. ¹ 관건은 많이 운동해야 한다는 것이지만, 매일 운동할 필요도 없다. 한 주에 두세 번 운동하고, 한 번 운동할 때 1시간 정도 하면 된다. 달리기, 수영, 자전거 타기 등은 모두 매우 좋은 다이어트 운동이다. ² 다이어트에 성공하려면, 반드시 꾸준히 해야 하고, 피로를 두려워해선 안 된다.

★ 关于减肥，最重要的是：

　A 注意休息　　　B 多运动 (✓)
　C 每天喝牛奶　　D 多睡觉

★ 想减肥成功，一定要：

　A 休息　　　　　B 快乐
　C 多说话　　　　D 坚持 (✓)

★ 다이어트에 관해서, 가장 중요한 것은：

　A 휴식에 주의한다　B 많이 운동한다 (✓)
　C 매일 우유를 마신다 D 많이 잔다

★ 다이어트에 성공하려면, 반드시 해야 하는 것은：

　A 휴식한다　　　B 즐겁다
　C 말을 많이 한다　D 꾸준히 한다 (✓)

단어

如果 rúguǒ 젭 만약, 만일 | 减肥 jiǎnféi 동 살을 빼다, 다이어트하다 | 必须 bìxū 부 반드시 ~해야 한다 | 点 diǎn 양 (사항 등의) 가지 | 代表 dàibiǎo 동 나타내다, 의미하다 | 健康 jiànkāng 형 건강하다 | 食物 shíwù 명 음식(물) | 而且 érqiě 젭 게다가, 뿐만 아니라 | 科学 kēxué 형 과학적이다 | 关键 guānjiàn 명 관건, 열쇠, 키포인트 | 不需要 bù xūyào ~할 필요 없다 | 左右 zuǒyòu 명 정도, 쯤 | 跑步 pǎobù 동 달리다 | 游泳 yóuyǒng 동 수영하다 | 骑车 qíchē 동 자전거를 타다 | 等 děng 조 등, 따위 | 坚持 jiānchí 동 (하고 있는 것을) 계속하다, 꾸준히 하다 | 怕累 pàlèi 동 피로를 두려워하다 | 重要 zhòngyào 형 중요하다 | 注意 zhùyì 동 주의하다 | 休息 xiūxi 동 휴식하다, 쉬다 | 喝牛奶 hē niúnǎi 우유를 마시다 | 睡觉 shuìjiào 동 (잠을) 자다 | 快乐 kuàilè 형 즐겁다

## 내공이 쌓이는 시간

아래 단어들이 나오면 보통 그 뒤에 답이 나오므로 집중해서 봐야 합니다. 이 단어들은 꼭 암기해 주세요.

### 1 독해 제3부분에 잘 나오는 정답 표현 ✦★

**1) 关键是** guānjiàn shì 관건은 ~이다

- 失败并不可怕，**关键是**要看这个失败是不是成功的母亲。
  실패는 결코 두렵지 않다. 관건은 이 실패가 성공의 어머니인지 아닌지를 봐야 한다는 것이다.

  ✦ 失败 shībài 통 실패하다 │ 不可怕 bù kěpà 두렵지 않다

**2) 主要是** zhǔyào shì 주로 ~이다

- 他的失败**主要是**由骄傲导致的。 그의 실패는 주로 교만에서 초래되었다.

  ✦ 由…导致 yóu……dǎozhì ~에서 초래되다 │ 骄傲 jiāo'ào 형 거만하다, 교만하다

**3) 最重要的是** zuì zhòngyào de shì 가장 중요한 것은 ~이다

- 预防眼疾**最重要的是**要讲卫生。 눈병 예방에 가장 중요한 것은 위생을 중시하는 것이다.

  ✦ 预防眼疾 yùfáng yǎnjí 눈병을 예방하다 │ 讲卫生 jiǎng wèishēng 위생을 중시하다

**4) 应该** yīnggāi (마땅히) ~해야 한다

- 我们**应该**提前计划好。 우리는 미리 잘 계획해야 한다.

  ✦ 提前 tíqián 통 (예정된 시간을) 앞당기다, 미리 ~하다 │ 计划 jìhuà 통 계획하다

**5) 其实** qíshí 사실

- 这个问题看起来很复杂，**其实**很简单。 이 문제는 복잡해 보이지만, 사실 간단하다.

  ✦ 问题 wèntí 명 문제 │ 看起来 kàn qǐlái 보기에 ~하다 , ~하게 보이다 │ 复杂 fùzá 형 복잡하다 │ 简单 jiǎndān 형 간단하다

**6) 但是** dànshì 그러나, 하지만(＝不过 búguò / 然而 rán'ér)

- 虽然我们见过面，**但是不**熟。 비록 우리는 만난 적은 있지만, 친하지는 않다.

  ✦ 虽然 suīrán 접 비록 ~지만 │ 熟 shú 형 익숙하다, 친하다

'关键'은 주로 명사로 쓰이지만, '最关键'처럼 정도부사 뒤에 쓰이면 형용사 '重要'와 같은 의미를 갖습니다. 따라서 3)의 '最重要的是'는 '最关键的是'로 바꿔 쓸 수 있습니다.

'其实'는 주로 뒤 절에 사용하며, 앞 절에는 '看起来, 以为 (~인 줄 알다)' 등의 단어와 주로 호응합니다.

문장을 읽고, 제시된 1~2개의 질문에 알맞은 답을 고르세요. 🎧 2-07

**1**   人生最重要的是开心，将来会发生什么，谁也不知道，不要太担心以后的事情，最重要的是过好现在的生活，让每天都开心快乐。

★ 根据这段话，我们应该：

A 坚持锻炼　　　B 学会放弃　　　C 忘记过去　　　D 过好现在的生活

**2**   "跳进黄河也洗不清"原来指的是无法用黄河水洗干净东西，但现在用来指被别人误会时怎么也说不清。

★ "跳进黄河也洗不清"，什么时候用：

A 没有办法时　　B 表扬别人时　　C 被误会时　　　D 洗东西时

**3**   我的妈妈是动物园饲养员，她特别喜欢小动物，有一次小老虎生病了，她哭得厉害，我怀疑我是不是她的孩子。

★ 妈妈为什么哭：

A 小老虎死了　　B 被辞退了　　　C 动物生病了　　D 我病了

**4**   从高速公路回家时，错过了回家的路口，又往前开了十多分钟，到下一个路口才下去。所以本来九点多可以到家，但今天到家时已经是十一点多了。

★ 他们晚到家的原因是：

A 没有及时下路口　　　　　　　　B 看错了时间
C 路上堵车了　　　　　　　　　　D 车突然坏了

**5**   谁也不知道下一刻会发生什么，所以我们应该珍惜今天，过好每分每秒，用心对待身边的人。

★ 说话人的意思是：

A 马上会出事　　B 要努力生活　　C 过好今天　　　D 随意生活

**6**  现在很多人乱扔塑料垃圾，塑料袋等，对环境造成不好的影响。为了引起大家对"白色污染"的重视，学校决定推行"一天无塑日"。

★ 学校举办这个活动的目的是：

A 让大家重视白色污染　　　　B 改善学生生活

C 招更多的学生　　　　　　　D 不让大家每天用塑料袋

**7-8**

爬山虎长得很快，没有阳光也能生长，如果墙壁外长了爬山虎，在短短一两个月时间内它就会覆盖住整面墙，看上去一片绿油油的。

★ 爬山虎的特点：

A 五颜六色　　　B 需要阳光　　　C 长得很快　　　D 花很漂亮

★ 这段话最可能出自下列哪里：

A 《环游世界》　　B 《新闻联播》　　C 《动物世界》　　D 《植物世界》

**9-10**

终点也许只有一个，可是通往终点的路也许不止一条。有的时候一条路走不通，我们可以选择另外一条路。做事情也是一样的，要成功不一定只有一种方法。当你遇到困难的时候，有时候变换一种方法就解决了。

★ 一条路走不通时：

A 选择放弃　　　B 找人问路　　　C 换一条路　　　D 看看地图

★ 这段话主要告诉我们什么：

A 做事不能放弃　　　　　　　B 要学会变换方法

C 人要有目标　　　　　　　　D 不能只走一条路

# 듣기 听力

## 제1부분

### 📖 문제 유형과 전략

듣기 제1부분은 1번부터 10번까지 총 10문제가 출제됩니다. 이 부분은 지문 내용을 듣고, 제시문과 내용이 일치하면 ✔, 틀리면 ✘를 고르는 방식입니다. 제시문의 문장이 해석되어야 내용이 제시문과 일치하는지 아닌지를 알 수 있기 때문에 듣기 제2부분보다 난이도가 비교적 높은 편입니다.

제시문을 먼저 보고 지문 내용을 미리 유추해 보는 것이 중요합니다. 특히, 제시문에서 술어와 목적어가 바뀌는 문제가 자주 출제되므로, 제시문을 볼 때 주어, 술어, 목적어를 명확히 구분하고, 지문 내용과 일치하는지 체크하면서 듣는 것이 핵심 전략입니다. 이를 통해 정확한 답을 찾고, 난이도 높은 문제에서도 실수를 줄일 수 있습니다.

이렇게 **풀어 봐요**

1. 제시문을 먼저 읽고 미리 내용을 파악한다.

2. 가끔은 '失败是成功之母(실패는 성공의 어머니이다)', '有准备的人才能获得机会(준비된 사람만이 기회를 얻을 수 있다)' 처럼 지문 내용을 안 들어도 답을 알 수 있는 문제가 나오면 과감히 정답을 체크한 후 다음 문제의 제시문을 미리 파악한다.

3. 듣기 영역은 음원 종료 후에 따로 답안 작성 시간(5분)을 준다. 따라서 문제와 문제 사이의 남는 시간에는 무조건 다음 문제의 제시문이나 선택지를 파악해야 한다. 답안 마킹은 마지막 답안 작성 시간에 한다. IBT도 마찬가지이니, 문제를 풀 때 답이 헷갈리는 문제는 일단 체크 표시를 한 후, 마지막 답안 작성 시간 5분 동안 다시 살펴본다.

듣기 | 제1부분

# 동의어 반의어를 판단한다

듣기 제1부분은 제시문의 술어가 녹음 지문 내용과 일치하는지 아닌지를 판단하는 문제가 가장 많이 출제됩니다. 제시문의 술어를 그대로 들려주지 않고 유사한 의미로 바꾸거나 아예 제시문과 녹음 지문의 술어가 일치하지 않아 답을 유추해야 하는 문제도 출제되고 있으니, 단어를 외울 때 유의어와 반의어를 함께 정리하는 것이 좋습니다.

 **문제가 보이는 시간**

☁ 3-01

| 예제 1 | ★ 去长城的外国人很多。（      ） |
|---|---|

| 정답 및 해석 | 每年一到"十一"的时候，来北京旅游的人就会很多。长城、天安门往往会吸引大量的国内外游客前来参观。 | 매년 '10월 1일'이 되면, 베이징으로 여행 오는 사람들이 많다. 만리장성과 천안문은 종종 많은 국내외 여행객을 끌어들여 참관하러 오게 한다. |
|---|---|---|
| | ★ 去长城的外国人很多。（ ✓ ） | ★ 만리장성에 가는 외국인은 많다. （ ✓ ） |

해설      제시문의 주어와 술어인 '外国人很多'를 확인합니다. 녹음 뒷부분의 '长城、天安门往往会吸引大量的国内外游客前来参观'에서 만리장성에 국내외 여행객이 많이 참관한다고 했으니 제시문 내용과 일치합니다. 정답은 ✓입니다.

단어      长城 Chángchéng 고유 만리장성 | 一A就B yī A jiù B A하자마자 B하다, A했다 하면 B하다 | 十一 Shí Yī 고유 10월 1일[중국의 건국 기념일] | 旅游 lǚyóu 동 여행하다, 관광하다 | 天安门 Tiān'ānmén 고유 천안문 | 往往 wǎngwǎng 부 주로, 대부분, 종종 | 吸引 xīyǐn 동 끌어들이다, 매료시키다 | 大量 dàliàng 형 대량의, 많은 양의 | 游客 yóukè 명 여행객, 관광객 | 前来 qiánlái 동 (다가)오다 | 参观 cānguān 동 참관하다, 견학하다

선생님의
**한마디**

'十一 Shí Yī'는 1949년 10월 1일, 중화인민공화국 성립을 기념하기 위한 건국 기념일입니다. 정식 명칭은 '国庆节 Guóqìngjié'인데, 기념일 날짜인 10월 1일을 부르는 '十一'라고 말하기도 합니다. 이때는 약 1~2주간의 연휴가 주어집니다. 요즘 많이 알려진 '双十一 shuāngshíyī'는 11월 11일로, 중국의 '블랙 프라이데이'라 불리는 쇼핑 시즌입니다.

<table>
<tr><td>예제 2</td><td colspan="2">★ 活动推迟到下午了。(　　　)</td></tr>
<tr>
<td>정답 및 해석</td>
<td>刚接到通知，<u>科技交流活动推迟到下午五点举行了</u>，我们先去别的地方逛逛吧。一会儿再来。</td>
<td>방금 연락을 받았는데 <u>과학 기술 교류 행사가 오후 5시로 연기되어 열린다고 합니다.</u> 우리 먼저 다른 곳에 가서 구경 좀 하죠. 잠시 후에 다시 옵시다.</td>
</tr>
<tr>
<td></td>
<td>★ 活动推迟到下午了。( ✓ )</td>
<td>★ 행사가 오후로 연기되었다. ( ✓ )</td>
</tr>
</table>

해설 | 행사(活动)가 오후로 미뤄졌는지 물어보는 문제입니다. 녹음에서 '活动推迟到下午五点举行了'라는 문장이 들립니다. 제시문과 녹음의 내용이 일치하므로, 정답은 ✓입니다.

단어 | 活动 huódòng 몡 활동, 행사 | 推迟 tuīchí 통 미루다, 연기하다 | 刚 gāng 뷔 방금, 막 | 接到通知 jiēdào tōngzhī 통지를 받다, 연락을 받다 | 科技 kēji 몡 과학 기술(＝科学技术 kēxué jìshù) | 交流 jiāoliú 통 교류하다 | 举行 jǔxíng 통 거행하다, 열리다 | 逛 guàng 통 돌아다니다, 구경하다 | 一会儿 yíhuìr 몡 잠시 후에

## 2 내공이 쌓이는 시간

실제 시험에 자주 출제되는 듣기 제1부분 핵심 단어를 정리해 두었습니다. 듣기 연습을 할 때는 눈으로만 읽어보지 마시고 꼭 정확한 성조와 발음으로 반복하여 읽으면서 외웁니다.

### 1 듣기 제1부분에 잘 나오는 핵심 표현 ✨

🌐 3-03

容易 róngyì
혱 쉽다

⟷

难 nán
혱 어렵다

 研究结果发现，经常笑的人更容易得到幸福感，而且更不容易生病。
연구 결과에 따르면 자주 웃는 사람은 더 쉽게 행복감을 얻을 뿐만 아니라 쉽게 병에 걸리지 않는다고 한다.

✦研究结果 yánjiū jiéguǒ 연구 결과 | 发现 fāxiàn 통 발견하다, 알아차리다 | 笑 xiào 통 웃다 | 得到幸福感 dédào xìngfúgǎn 행복감을 얻다 | 而且 érqiě 쩝 게다가, 뿐만 아니라 | 生病 shēngbìng 통 병이 나다, 병에 걸리다

相反 xiāngfǎn
혱 상반되다, 반대되다

⟷

相同 xiāngtóng
혱 서로 같다, 똑같다

＊ 正好相反 zhènghǎo xiāngfǎn 정반대이다

 小李在工作上非常认真，对待同事也很热情；而小明则正好相反。你看，经理又叫他去谈话了。
샤오리는 업무에 매우 열심이고 동료를 대하는 것도 친절해요. 그런데 샤오밍은 정반대예요. 보세요. 팀장님이 또 샤오밍을 불러서 이야기하러 갔잖아요.

✦认真 rènzhēn 혱 진지하다, 열심히 하다 | 对待 duìdài 통 (상)대하다 | 同事 tóngshì 몡 동료 | 热情 rèqíng 혱 열정적이다, 친절하다 | 经理 jīnglǐ 몡 사장, 팀장, 매니저 | 谈话 tánhuà 통 이야기하다

선생님의 한마디

시험에 잘 나오는 구문이니 꼭 외워둡니다.

☐ A 跟/和/与 B 相反
A는 B와 반대이다
我的意见跟你相反。
나의 의견은 너와 반대이다.

☐ A 跟/和/与 B 相同
A는 B와 같다
我的意见跟你相同。
나의 의견은 너와 같다.

<table>
<tr><td align="center">粗心 cūxīn<br>[형] 소홀하다, 부주의하다, 덜렁대다</td><td align="center">⟷</td><td align="center">细心 xìxīn<br>[형] 세심하다, 꼼꼼하다</td></tr>
</table>

= 马虎 mǎhu 정반대이다

＊ **粗心大意** cūxīn dàyì [성] 세심하지 못하다, 꼼꼼하지 않다, 덜렁대다

- 你看你总是这么粗心大意，又把手机丢了。下次一定要小心一点，不要再犯同样的错误。

  이것 봐. 넌 항상 이렇게 덜렁대더니 핸드폰을 또 잃어버렸잖아. 다음엔 꼭 좀 주의해서 같은 실수를 또 하지 않도록 해.

◆ **总是** zǒngshì [부] 항상, 늘 ｜ **丢** diū [동] 잃어버리다, 분실하다 ｜ **犯错误** fàn cuòwù 잘못을 저지르다, 실수를 하다 ｜ **同样** tóngyàng [형] 같다, 마찬가지이다

'粗心'의 '粗'는 '굵다'라는 의미입니다. '粗心'의 반의어 '细心'의 '细'는 '가늘다'라는 뜻임을 짐작할 수 있습니다.

## 공략법 02

**듣기 | 제1부분**

# 핵심 단어와 세부 내용을 판단한다

듣기 제1부분은 내용 전체의 흐름을 파악해 정답을 고르는 문제가 아니라는 것을 주의해야 합니다. 제시문에서는 주어가 '我'였는데 듣기 지문에서는 '他'로 바뀐다든지, '동사+목적어' 구조인 '打篮球'가 '打羽毛球'로 목적어만 바꿔서 출제하기도 합니다. 보통 문장을 볼 때 술어에 집중하다 보니 이런 세부적인 사항이 바뀌면 쉬운 지문임에도 답을 놓치게 되는 상황이 발생합니다. 따라서 항상 제시문을 볼 때는 주어, 술어, 목적어를 끊어서 정확하게 파악해 놓는 것이 중요합니다.

**듣기** 听力

**제1부분**

---

### ⏱ ① 문제가 보이는 시간

☁ 3-04

**예제 1** ★ 小叶不清楚在哪里比赛。（        ）

| 정답 및 해석 | 这次比赛是小叶安排的。比赛的地点和时间他没有通知我，你直接问他吧。 | 이번 시합은 샤오예가 준비했어요. 시합 장소와 시간은 그가 나한테 알리지 않았으니, 직접 그에게 물어보세요. |
|---|---|---|
| | ★ 小叶不清楚在哪里比赛。（ ✘ ） | ★ 샤오예는 어디서 시합하는지 잘 모른다. （ ✘ ） |

**해설** 먼저 제시문의 주어(小叶), 술어(不清楚)를 파악합니다. 녹음 지문 첫 부분에 '这次比赛是小叶安排的'가 나왔습니다. 따라서 시합을 준비한 주체인 '小叶'가 시합 장소를 모를 리 없습니다. 함정은 '他没有通知我'입니다. 즉, 시합 장소를 모르는 사람은 '小叶'가 아니라 '我'이므로 정답은 ✘입니다.

**단어** 小叶 Xiǎo Yè [고유] 샤오예[인명] | 不清楚 bù qīngchu 잘 모르다 | 比赛 bǐsài [통] 시합하다 [명] 시합 | 安排 ānpái [통] 안배하다, 준비하다 | 地点 dìdiǎn [명] 지점, 장소 | 通知 tōngzhī [통] 통지하다, 알리다 | 直接 zhíjiē [부] 직접

**선생님의 한마디**

'安排'는 사전에 '안배하다'라고 나와 있지만, 이는 우리가 평소에 자주 쓰는 말이 아니라 이대로 외우면 문제를 풀 때 해석이 잘 안 될 수 있습니다. 이제 시험에서 '安排'가 나오면, '분배하다', '배치하다', '계획하다', '준비하다', '처리하다'와 같이 자연스럽게 해석하세요.

安排工作 업무를 분배하다 | 安排人员 인원을 배치하다 | 安排时间 시간을 정하다

**예제 2** ★ 我们班的同学都喜欢唱歌。（　　　）

정답 및 해석

| 我们班的同学都很喜欢跳舞，而且跳得非常好。所以，每当有演出的时候，我们都会积极参加。 | 우리 반 친구들은 모두 춤추길 좋아할 뿐만 아니라, 아주 잘 춥니다. 그래서 공연이 있을 때마다 우리는 모두 적극적으로 참가합니다. |
|---|---|
| ★ 我们班的同学都喜欢唱歌。（ ✘ ） | ★ 우리 반 친구들은 모두 노래 부르길 좋아한다. （ ✘ ） |

해설 먼저 제시문의 주어(同学), 술어(喜欢), 목적어(唱歌)를 파악합니다. 녹음 지문에서 '我们班的同学都很喜欢'까지는 제시문과 똑같이 나왔지만, '唱歌'가 아닌 '跳舞'가 들립니다. 따라서 녹음과 제시문의 내용이 일치하지 않으므로 정답은 ✘입니다.

단어 班 bān 명 반 | 同学 tóngxué 명 (학교) 친구 | 唱歌 chànggē 동 노래를 부르다 | 跳舞 tiàowǔ 동 춤을 추다 | 而且 érqiě 접 게다가, 뿐만 아니라 | 演出 yǎnchū 명 공연 | 积极 jījí 형 적극적이다 | 参加 cānjiā 동 참가하다

## ✦ ② 내공이 쌓이는 시간

듣기 제1부분은 녹음 지문의 세부 사항과 핵심 단어를 제시문에서 어떤 식으로 바꾸는지 빈출 문제를 통해 확인해 봅시다.

### 1 세부 사항 바꾸기 빈출 문제

**문제 1**

★ 他读了介绍长江的文章。（ ✘ ）　그는 창장을 소개한 글을 읽었다.

녹음 지문

| 我最近阅读过两篇跟中国有关的文章，一篇介绍的是万里长城，另外一篇介绍的是熊猫。两篇文章都很有意思，我读了好几遍。 | 저는 최근에 중국과 관련된 글 두 편을 읽어봤습니다. 한 편의 소개 글은 만리장성이고, 다른 편의 소개 글은 판다입니다. 두 편의 글 모두 아주 재미있어서 전 여러 번 읽었습니다. |
|---|---|

선생님의 **한마디**

녹음에서는 '万里长城'과 '熊猫'만 들리고, 선택지에서 제시한 '长江'은 들리지 않으므로 정답은 ✘입니다.

단어 读 dú 동 읽다 | 介绍 jièshào 동 소개하다 | 长江 Chángjiāng 고유 창장, 양쯔강 | 文章 wénzhāng 명 (독립된 한 편의) 글 | 最近 zuìjìn 명 최근 | 阅读 yuèdú 동 읽다 | 篇 piān 양 편(글이나 문장을 셀 때 쓰임) | 跟…有关 gēn……yǒuguān ~와 관련되다 | 万里长城 Wànlǐ Chángchéng 고유 만리장성 | 另外 lìngwài 대 다른 | 熊猫 xióngmāo 명 판다 | 有意思 yǒuyìsi 형 재미있다

문제 **2**

★ 说话人得了<u>皮肤病</u>。　　( ✗ )　　화자는 피부병에 걸렸다.

녹음 지문

| | |
|---|---|
| 大夫，我最近总是做梦，而且一晚上醒好几次，早上起床经常感到全身无力，<u>您看看究竟是什么原因</u>。 | 의사 선생님, 제가 요즘 항상 꿈을 꿔요. 게다가 밤새 몇 번씩 깨고 아침에 일어나면 온몸에 힘이 없는 것 같은 느낌을 자주 느껴요. <u>도대체 무슨 원인 때문인지 좀 봐주세요.</u> |

단어　得皮肤病 dé pífūbìng 피부병에 걸리다 | 大夫 dàifu 몡 의사(＝医生 yīshēng) | 最近 zuìjìn 몡 최근 | 总是 zǒngshì 틧 항상, 늘 | 做梦 zuòmèng 통 꿈을 꾸다 | 而且 érqiě 젭 게다가, 뿐만 아니라 | 一晚上 yìwǎnshang 몡 저녁 내내, 밤새 | 醒 xǐng 통 (잠에서) 깨다 | 起床 qǐchuáng 통 (잠자리에서) 일어나다 | 全身无力 quánshēn wúlì 온몸에 힘이 없다 | 究竟 jiūjìng 틧 도대체(＝到底 dàodǐ) | 原因 yuányīn 몡 원인

선생님의 **한마디**

녹음에서는 '皮肤病'이란 단어 자체가 들리지 않으며, 무슨 병에 걸렸는지 몰라서 의사에게 물어보고 있는 중입니다. 따라서 정답은 ✗입니다.

---

문제 **3**

★ 说话人要去<u>北京</u>。　　( ✗ )　　화자는 베이징에 가야 한다.

녹음 지문

| | |
|---|---|
| 小马，公司通知我明天上午去<u>上海</u>出差，星期五才能回来，明晚不能和你一起吃饭了，咱们改天再聚吧。 | 샤오마, 회사에서 나한테 내일 오전에 <u>상하이</u>로 출장 가라고 (통지)했어. 금요일이 되어야 돌아올 수 있어. 내일 저녁에 너와 같이 식사할 수 없으니까 우리 다음에 다시 모이자. |

단어　通知 tōngzhī 통 통지하다, 알리다 | 出差 chūchāi 통 (외지로) 출장 가다 | 改天 gǎitiān 몡 다른 날, 다음에 | 聚 jù 통 모이다

선생님의 **한마디**

녹음에서는 '上海'가 들리고, 선택지에는 '北京'이 제시되었으므로 정답은 ✗입니다.

---

문제 **4**

★ 说话人在介绍<u>篮球比赛</u>。( ✗ )　　화자는 농구 경기를 소개하고 있다.

녹음 지문

| | |
|---|---|
| 大家好，今年夏天将举办<u>世界杯足球赛</u>，世界杯历史上有很多精彩进球，其中哪一次进球最让你难忘呢？欢迎收看《天下足球》。 | 안녕하세요. 올해 여름에는 <u>월드컵</u>이 개최될 것입니다. 월드컵은 역사상 멋진 골들이 많습니다. 그 중 어떤 골이 가장 기억에 남나요? 〈천하축구〉를 시청해 주시기 바랍니다. |

단어　介绍 jièshào 통 소개하다 | 篮球比赛 lánqiú bǐsài 농구 경기 | 夏天 xiàtiān 몡 여름 | 举办 jǔbàn 통 개최하다 | 世界杯足球赛 shìjièbēi zúqiúsài 월드컵 축구 경기 | 历史 lìshǐ 몡 역사 | 精彩 jīngcǎi 혱 뛰어나다, 훌륭하다, 멋지다 | 进球 jìnqiú 몡 골 통 골을 넣다 | 难忘 nánwàng 통 잊기 어렵다, 기억에 남다 | 欢迎 huānyíng 통 환영하다 | 收看 shōukàn 통 시청하다 | 天下足球 Tiānxià Zúqiú 고유 천하축구

선생님의 **한마디**

녹음은 TV프로그램을 소개하는 글이며, '世界杯足球赛'가 언급되고, 선택지에는 '篮球比赛'가 제시되었으므로 정답은 ✗입니다.

## 문제 5

★ 调查结果缺少数字。( ✘ )　조사 결과에 숫자가 부족하다.

### 녹음 지문

调查结果已经交给张校长了，我写了十多页，大约有七千字，除了详细数字外，还加上了表格，希望他能满意。

조사 결과는 이미 장 교장 선생님께 제출했습니다. 전 10여 페이지를 썼고, 대략 7,000자쯤 됩니다. 상세한 숫자를 제외하고 표도 추가했으니 만족하셨으면 좋겠네요.

단어　调查结果 diàochá jiéguǒ 조사 결과 | 缺少 quēshǎo 통부족하다 | 数字 shùzì 명숫자 | 交 jiāo 통건네다, 제출하다 | 校长 xiàozhǎng 명교장 | 页 yè 양쪽, 페이지 | 大约 dàyuē 부대략 | 除了 chúle 전~을 제외하고, ~외에 | 详细 xiángxì 형상세하다 | 加上 jiāshàng 통더하다, 추가하다 | 表格 biǎogé 명표 | 希望 xīwàng 통희망하다, 바라다, ~하면 좋겠다 | 满意 mǎnyì 형만족하다

 선생님의 **한마디**

'除了A以外，还B'는 'A를 제외하고, 또 B도 있다'라는 의미로 시험에 자주 출제됩니다. 쉽게 말하면 'A+B'의 의미이며, B를 강조하는 구문입니다. 녹음에서 '除了详细数字外'는 '详细数字(상세한 숫자)'를 배제한다는 것이 아니고 포함한다는 의미입니다. 따라서 선택지에서 제시한 '缺少数字'는 틀린 표현이 됩니다.

## 문제 6

★ 那个活动已经结束了。( ✘ )　그 행사는 이미 끝났다.

### 녹음 지문

这次《走进厨房》活动由我们街道办公室负责举办，主要内容是学习包饺子和做面条，如果您感兴趣，可以通过我们的网站报名参加。

이번 〈부엌 속으로〉 행사는 우리 주민센터가 개최합니다. 주요 내용은 만두를 빚는 것과 국수를 만드는 것입니다. 만약 관심이 있다면, 저희 웹사이트를 통해서 참가 신청을 할 수 있습니다.

단어　活动 huódòng 명활동, 행사 | 结束 jiéshù 통끝나다 | 走进厨房 Zǒujìn Chúfáng 고유부엌 속으로 | 由 yóu 전~이/가 | 街道办公室 jiēdào bàngōngshì 동사무소, 주민센터 | 负责 fùzé 통책임지다 | 举办 jǔbàn 통개최하다, 열다 | 内容 nèiróng 명내용 | 包饺子 bāo jiǎozi 만두를 빚다 | 做面条 zuò miàntiáo 국수를 만들다 | 感兴趣 gǎn xìngqù 관심이 있다 *兴趣 명흥미, 관심 | 通过 tōngguò 전~을 통해서 | 网站 wǎngzhàn 명(인터넷) 웹사이트 | 报名参加 bàomíng cānjiā 참가 신청을 하다

 선생님의 **한마디**

녹음 마지막 문장인 '如果您感兴趣，可以通过我们的网站报名参加.' 부분을 통해 이 행사가 끝난 것이 아니고 아직 개최한 것도 아니라는 것을 알 수 있습니다. 따라서 정답은 ✗입니다.

녹음을 듣고 녹음의 내용과 제시문이 일치하면 ✔, 일치하지 않으면 ✖를 적으세요. 🔊 3-07

**1** ★ 王律师没有工作经验。　　　　　　　　　(　　　)

**2** ★ 广播正在找人。　　　　　　　　　　　　(　　　)

**3** ★ 小张很粗心。　　　　　　　　　　　　　(　　　)

**4** ★ 说话人在考虑换个房子住。　　　　　　　(　　　)

**5** ★ 明天会降温。　　　　　　　　　　　　　(　　　)

정답 및 해설 ▶ 190쪽

# 독해 阅读

제2부분

📖 **문제 유형과 전략**

독해 제2부분은 56번부터 65번까지 총 10문제가 출제됩니다. 이 부분은 주어진 A, B, C 3개의 문장을 읽고 올바른 순서로 배열해야 합니다. 독해 영역에서 가장 헷갈리고 시간이 오래 걸리는 부분이 바로 제2부분입니다.

글의 흐름을 잘 파악하는 것이 관건이므로, 평소에 독해 제3부분의 지문을 많이 읽어 보는 것이 도움이 됩니다. 특히 문장의 연결과 전개 방식을 잘 이해하기 위해, 시작과 마무리 부분에서 단어들이 어떻게 쓰였고, 내용이 어떻게 전개되는지를 생각하며 읽어야 합니다.

이렇게 **풀어 봐요**

1. 문제를 풀 때 A, B, C 순서대로 모두 읽으려 하면 오히려 헷갈린다. 효율적인 시간 분배를 위해, 각 제시문의 앞부분을 살핀 후에 첫 번째로 올 가능성이 높은 문장을 먼저 읽는다.

2. 정독이 아닌 속독을 하며 문제에 나온 힌트를 파악한다.

3. 지시대명사와 인칭대명사가 있으면, 그 대상을 찾아 먼저 위치시킨다.

4. 접속사가 힌트가 된다. 문장에서 접속사가 보이면, 그 짝꿍을 찾아준다. 예를 들어, '虽然 A，但是 B' 구조에서 접속사 '虽然'이 보이면, 재빨리 '但是'를 찾아본다. 접속사는 문장 간의 관계를 이해하고 올바른 순서를 파악하는 데 도움이 된다.

# 제시문의 앞 단어를 먼저 본다

독해 | 제2부분

제시문 A, B, C의 앞부분만 보고 첫 번째 문장에 들어갈 확률이 높은 문장부터 고릅니다. 문장 첫 단어가 부사어(부사, 능원동사, 전치사구)라면 첫 번째 문장에 오지 못합니다. 주어가 있는 문장부터 보는 습관을 길러서 첫 번째 문장을 잘 찾아내면 시간을 절약할 수 있습니다.

 **문제가 보이는 시간**

🔊 4-01

**예제 1**

A 我们互相帮助，共同努力

B 小雪，别哭了，伤心也没有用

C 一定能在这段时间内把成绩提高上去

내가 풀어본 답

해설　각 문장의 앞부분을 빠르게 읽은 후, 주어가 있는 A 我们 과 B 小雪를 빠르게 첫 번째 문장의 후보로 찾습니다. '小雪'처럼 직접 이름을 거론하면 대부분 첫 번째 문장입니다. 의미상 A는 C에 대한 조건이기 때문에 A를 중간에 넣어준 후 뒤에 C를 위치해야 합니다. C의 '一定'은 결과절에 쓰이는 단어로 단호한 의지나 확실한 추측을 할 때 사용합니다.

정답 및 해석

| B　小雪，别哭了，伤心也没有用。 | B　샤오쉐, 울지 마. 슬퍼해도 소용없어. |
|---|---|
| A　我们互相帮助，共同努力， | A　우리가 서로 돕고 함께 노력한다면, |
| C　一定能在这段时间内把成绩提高上去。 | C　반드시 이 기간에 성적을 올릴 수 있을 거야. |

단어　伤心 shāngxīn 통 슬퍼하다 | 没有用 méiyǒu yòng 소용이 없다 | 互相 hùxiāng 부 서로 | 共同 gòngtóng 부 함께 | 段 duàn 양 (한)동안, 얼마간 [시간이나 공간의 일정한 거리를 나타냄] | 成绩 chéngjì 명 성적 | 提高 tígāo 통 높이다, 올리다

🔊 4-02

**예제 2**

A 我们刚才出来的时候，天气还很好

B 并且越下越大，一点儿要停的意思都没有

C 没想到刚走了一会儿，就突然下雨了

내가 풀어본 답

| 해설 | B는 '并且(게다가)'라는 접속사로 시작되고, C는 '没想到(뜻밖에도)'라는 단어로 시작되기 때문에 B와 C 모두 문장 맨 앞에 올 수 없습니다. 따라서 A를 문장 맨 앞에 위치해야 합니다. 게다가 A같이 시간이나 때를 나타내는 문장은 첫 번째 문장이 될 확률이 높습니다. '날씨가 좋다가 갑자기 비가 왔고 갈수록 많이 온다'와 같이 A-C-B로 이어져야 의미상 연결이 자연스럽습니다. |
|---|---|

**독해** 阅读

| 정답 및 해석 | A 我们刚才出来的时候，天气还很好。 | A 우리가 막 나왔을 땐, 날씨가 그런대로 좋았다. |
|---|---|---|
| | C 没想到刚走了一会儿，就突然下雨了， | C 막 잠시 걸었는데 갑자기 비가 올 줄은 생각하지 못했고, |
| | B 并且越下越大，一点儿要停的意思都没有。 | B 게다가 갈수록 많이 오는데, 멈추려는 기미가 조금도 없었다. |

| 단어 | 刚才 gāngcái 명방금, 막 | 没想到 méixiǎngdào 생각지 못하다, 뜻밖이다 | 一会儿 yíhuìr 명잠시, 잠깐 | 突然 tūrán 부갑자기 | 并且 bìngqiě 접게다가 | 停 tíng 동멈추다, 맞다 | 意思 yìsi 명기색, 기미 |
|---|---|

 **내공이 쌓이는 시간**

1 **사람 이름이 있으면 90% 이상 첫 번째 문장이다.**

> A 即使现在你再解释她也听不进去
>
> B 等过段时间，她就能明白你的苦心了
>
> C 小月现在这么激动

**정답 및 해석**

| C 小月现在这么激动， | C 샤오위에가 지금 이렇게 흥분해 있으니까, |
|---|---|
| A 即使现在你再解释她也听不进去。 | A 설령 지금 네가 아무리 해명해도 그녀는 귀에 들어오지 않을 거야. |
| B 等过段时间，她就能明白你的苦心了。 | B 시간이 조금 지나면 그녀가 너의 고심을 알 수 있을 거야. |

A에 사용된 '即使A, 也B(설령 A한다 할지라도, B한다)'도 꼭 알아두어야 하는 접속사입니다. B의 '就能'도 결과를 이끌어 내는 단어입니다.

단어 激动 jīdòng 동(감정이) 격해지다, 흥분하다 | 即使 jíshǐ 접설령 ~하더라도 | 解释 jiěshì 동설명하다, 해명하다 | 听不进去 tīng bu jìnqù (말이) 귀에 들어오지 않다 | 段 duàn 양(한)동안, 얼마간 [시간이나 공간의 일정한 거리를 나타냄] | 苦心 kǔxīn 명고심

2 **부사, 능원동사, 일부 접속사는 문장 맨 앞에 올 수 없다.**

> A 然后再继续工作
>
> B 长时间坐在电脑前面工作，眼睛很容易疲劳
>
> C 最好是经常站起来活动活动

| B | 长时间坐在电脑前面工作，眼睛很容易疲劳。 | B | 장시간 컴퓨터 앞에 앉아서 일하면 눈이 쉽게 피로해진다. |
|---|---|---|---|
| C | <u>最好</u>是经常站起来活动活动， | C | <u>제일 좋기는</u> 자주 일어나 좀 움직이고, |
| A | <u>然后</u>再继续工作。 | A | <u>그런 후에</u> 다시 계속해서 일하는 것이다. |

단어　电脑 diànnǎo 몡 컴퓨터 ｜ 眼睛 yǎnjing 몡 눈 ｜ 容易 róngyì 혱 쉽다 ｜ 疲劳 píláo 혱 피로하다 ｜ 最好 zuìhǎo 뮈 제일 좋기는 ｜ 活动 huódòng 동 (몸을) 움직이다 ｜ 然后 ránhòu 젭 그런 후에 ｜ 继续 jìxù 동 계속하다

'最好+제안(C+A)'하는 구문이며, '~하는 것이 가장 좋다'라고 해석하면 됩니다. '然后'는 순서를 나타낼 때 뒤에 하는 동작에 쓰는 접속사 입니다.

**3 '주어+술어+목적어' 형태의 완벽한 문장이 첫 번째 문장이 된다.**

　A　春节的时候，大部分中国人都赶回家
　B　和家人们聚在一起包饺子吃年夜饭
　C　春节是中国最重要的节日之一

| C | <u>春节是</u>中国最重要的节日<u>之一</u>。 | C | <u>춘제는</u> 중국의 가장 중요한 명절 <u>중의 하나이다</u>. |
|---|---|---|---|
| A | 春节的时候，大部分中国人都赶回家， | A | 춘제 때, 대부분의 중국인은 모두 서둘러 집으로 돌아가서, |
| B | 和家人们聚在一起包饺子吃年夜饭。 | B | 가족들과 한데 모여서 만두를 빚고 제야 음식을 먹는다. |

단어　春节 Chūnjié 고유 춘제, 음력 1월 1일 ｜ 重要 zhòngyào 혱 중요하다 ｜ 节日 jiérì 몡 명절 ｜ 赶 gǎn 동 서두르다 ｜ 聚 jù 동 모이다 ｜ 包饺子 bāo jiǎozi 만두를 빚다 ｜ 年夜饭 niányèfàn 몡 제야 음식

'A是B' 구문은 'A는 B이다'라는 정의를 내리는 문장으로 첫 문장으로 많이 사용합니다. 내용상 '赶回家 ➡ 和家人们聚在一起' 순서로 이루어져야 합니다.

공략법 02

독해 | 제2부분

# 인칭대명사가 가리키는 대상 먼저 찾는다

보통 인칭대명사(他/她/它)가 있으면 그 대명사가 가리키는 대상이 있는 문장을 먼저 배열합니다. 물론 '他/她/它'가 포함된 문장이 무조건 뒤에 오는 것은 아니며, 간혹 맨 앞에 오기도 합니다. 따라서 먼저 대명사가 가리키는 명사가 다른 문장에 있는지 확인해야 합니다.

 **문제가 보이는 시간**

🌥 4-03

**예제 1**　A　这些文章都是他写的

　　　　　B　其实很有才

　　　　　C　别看小张平时不爱说话

**내가 풀어본 답**

**해설**　A에는 '这些文章'과 대명사 '他'가 있기 때문에 첫 번째 문장으로 올 수 없습니다. B, C의 앞부분만 보고 '别看…, 其实…' 구문을 파악합니다. C에는 사람 이름이 있으므로 첫 번째 문장이 됩니다.

**정답 및 해석**

| C　别看小张平时不爱说话, | C　샤오장은 비록 평소에 말하기 싫어하지만, |
| B　其实很有才。 | B　사실 재주가 많다. |
| A　这些文章都是他写的。 | A　이 글들은 모두 그가 쓴 것이다. |

**단어**　**别看** biékàn 젭 비록 ~하지만 ｜ **小张** Xiǎo Zhāng 고유 샤오장[인명] ｜ **平时** píngshí 몡 평소, 평상시 ｜ **不爱说话** bú ài shuōhuà 말하기 싫어하다 ｜ **其实** qíshí 뷔 사실 ｜ **才** cái 몡 재능, 재주 ｜ **文章** wénzhāng 몡 (독립된 한 편의) 글

🌥 4-04

**예제 2**　A　这种植物很有趣

　　　　　B　因此而得名"跳舞草"

　　　　　C　它的叶子会在日光下舞动

**내가 풀어본 답**

**해설**　B의 '因此(이 때문에, 따라서)'는 앞 문장을 총정리해주는 접속사이기 때문에, 문맥상 문장 맨 끝에 오는 것이 자연스럽습니다. 여기서는 '因+此+而得名' 구조로 '이(此) 때문에 이름을 얻었다'고 해석하면 됩니다. C에는 '它'가 있으므로 A가 첫 번째 문장이 됩니다. 참고로 A에서 '这种植物'의 '这'는 지시대명사이지만 첫 문장에 올 수 있습니다.

115

| 정답 및 해석 | A 这种植物很有趣。 | A 이런 식물은 재미있다. |
| | C <u>它</u>的叶子会在日光下舞动， | C <u>그것</u>의 잎이 햇빛 아래서 흔들리고, |
| | B 因此而得名"跳舞草"。 | B 이 때문에 '무초'라는 이름을 얻었다. |

단어　　植物 zhíwù 명 식물 | 有趣 yǒuqù 형 재미있다 | 叶子 yèzi 명 잎 | 日光 rìguāng 명 햇빛 | 舞动 wǔdòng 동 흔들리다 |
　　　　因此 yīncǐ 접 이 때문에, 따라서 | 得名 démíng 동 이름을 얻다 | 跳舞草 Tiàowǔcǎo 고유 무초(춤추는 식물)

 **내공이 쌓이는 시간**

지사대명사 '这'는 문장 맨 앞에 쓰는 경우도 많지만, 인칭대명사(他/她/它/他们 등)가 나오면 앞에 이 대명사가 가리키는 대상을 찾아봅니다.

## 1 일반 명사를 가리키는 대명사는 뒤에 온다.

A 要记得和父母商量一下
B 做这个决定之前
C 多听听他们的意见没有坏处

### 해설
B는 문장의 전체적인 시간을 나타내는 부사어이므로 맨 처음에 씁니다. 나머지 A와 C 문장을 보면, A의 일반명사 '父母'를 C의 인칭대명사 '他们'으로 받고 있으므로, 대명사 '他们'이 있는 C가 뒤에 옵니다. 따라서 순서는 B-A-C가 됩니다.

### 정답 및 해석
| B 做这个决定之前 | B 이 결정을 하기 전에 |
| A 要记得和<u>父母</u>商量一下 | A 잊지 말고 <u>부모님</u>과 상의를 좀 해 보렴. |
| C 多听听<u>他们</u>的意见没有坏处 | C <u>그들</u>의 의견을 많이 듣는 것은 나쁠 게 없어. |

단어　　决定 juédìng 동 결정하다 | 记得 jìde 동 기억하고 있다. 잊지 않다 | 商量 shāngliang 동 상의하다
| 意见 yìjiàn 명 의견 | 坏处 huàichù 명 나쁜 점. 해로운 점

'之前'은 '以前'과 같은 말이며, 시간을 나타내는 부사어로, 주로 문장 앞에 쓰입니다.

## 2 동물이 등장하면, 그 뒤에 동물을 가리키는 대명사 '它'가 온다.

A 这只黑猫和爷爷在一起五年了
B 它和爷爷的感情很深，有一天它突然跑丢了
C 爷爷很伤心

### 해설
문장 앞에 '这只黑猫和爷爷'와 '它和爷爷的'가 보입니다. '它'가 있는 B 보다 A가 먼저 나오는 문장임을 알 수 있습니다. 마지막 C 문장은 A와 B의 결과이므로 맨 마지막에 와야 합니다.

116

정답 및 해석

| A | 这只黑猫和爷爷在一起五年了 | A | 검은 고양이와 할아버지는 5년 동안 같이 살았다. |
|---|---|---|---|
| B | 它和爷爷的感情很深，有一天它突然跑丢了 | B | 고양이와 할아버지의 애정은 매우 깊었는데, 어느 날 고양이는 갑자기 사라졌다. |
| C | 爷爷很伤心 | C | 할아버지는 매우 슬퍼했다. |

단어 感情 gǎnqíng 몡 감정, 애정 | 深 shēn 혱 깊다 | 有一天 yǒuyìtiān 어느 날 | 突然 tūrán 뷔 갑자기 | 跑丢了 pǎo diū le (밖에 나갔다) 사라지다, 실종되다 | 伤心 shāngxīn 동 슬퍼하다

**3** '小李'처럼 사람 이름이 나오면 바로 대명사 '他'를 확인한다.

   A  后来就打电话说不能来了
   B  由于他母亲突然生病了
   C  这次聚会小李本来说要来参加的

해설

문장 앞을 빠르게 보면 A의 '后来(나중에)'는 시간이 지난 과거를 말할 때 쓰입니다. 따라서 문장 맨 앞에는 올 수 없고, C를 보면 '小李'라는 사람 이름이 나오므로 첫 번째 문장이 됩니다. B에는 '小李'를 받는 '他'가 보이고, 접속사 '由于A，就B'(A 때문에 B하다) 구문을 이용해 답을 C-B-A로 골라줍니다.

정답 및 해석

| C | 这次聚会小李本来说要来参加的 | C | 이번 모임에 샤오리는 원래 참가하겠다고 했는데 |
|---|---|---|---|
| B | 由于他母亲突然生病了 | B | 그의 엄마가 갑자기 병이 나서 |
| A | 后来就打电话说不能来了 | A | 나중에 전화해서 올 수 없다고 했다. |

단어 聚会 jùhuì 몡 모임 | 本来 běnlái 뷔 본래, 원래 | 参加 cānjiā 동 참가하다 | 突然 tūrán 뷔 갑자기 | 生病 shēngbìng 동 병이 나다 | 打电话 dǎ diànhuà 전화를 걸다, 전화하다

선생님의 한마디

이 문제에서는 대명사 힌트(小李-他)와 접속사 힌트(由于A，就B)가 모두 등장합니다. 이런 유형의 문제는 해석하지 말고 힌트를 이용해 과감히 답을 정해줍니다.

# 접속사를 이용해 빠르게 순서를 정한다

접속사는 보통 앞 절에 접속사를 쓰고, 뒤 절에 접속사나 접속부사(就, 才, 也, 都 등)를 써서 문장을 연결합니다. 제시문에 접속사가 보이면 접속사 호응을 파악해 10초 안에 문제를 풀어봅니다. 호응 관계만 잘 알고 있어도 문제 푸는 시간을 확 단축할 수 있습니다.

 **문제가 보이는 시간**

☁ 4-05

| 예제 1 | A | 店里也有大约一半儿的桌子都是空的 |
|---|---|---|
| | B | 最近来我们饭店的客人少了许多 |
| | C | 即使是平时人最多的晚饭时间 |

내가 풀어본 답

해설　　　문장의 앞부분을 빨리 파악합니다. C의 '即使'와 호응하는 A의 '也'를 찾아서 C-A 순서를 맞춰줍니다. B는 대전제 문장이므로 문장 맨 앞에 위치해야 합니다.

정답 및 해석

| B | 最近来我们饭店的客人少了许多。 | B | 요즘 우리 식당에 오는 손님이 훨씬 줄었다. |
|---|---|---|---|
| C | 即使是平时人最多的晚饭时间, | C | 설령 평소에 사람이 가장 많은 저녁 시간에도, |
| A | 店里也有大约一半儿的桌子都是空的。 | A | 가게 안에는 대략 절반의 테이블이 비어 있다. |

단어　　　最近 zuìjìn 몡 최근, 요즘 │ 饭店 fàndiàn 몡 식당 *店 몡 가게 │ 客人 kèrén 몡 손님 │ 少了 shǎo le 줄다 │ 许多 xǔduō 혱 매우 많다 │ 即使 jíshǐ 젭 설령 ~하더라도 │ 晚饭时间 wǎnfàn shíjiān 저녁(식사) 시간 │ 大约 dàyuē 閉 대략 │ 桌子 zhuōzi 몡 탁자, 테이블 │ 空 kōng 혱 비다

☁ 4-06

| 예제 2 | A | 虽然爸爸妈妈不同意 |
|---|---|---|
| | B | 要跟喜欢的人结婚 |
| | C | 但是哥哥仍然决定 |

내가 풀어본 답

| 해설 | 문장의 앞부분을 빨리 파악합니다. A의 '虽然'과 호응하는 C의 '但是'를 찾아서 A–C 순서를 맞춰줍니다. C의 '决定' 뒤로 이어지는 내용이 B이므로 B는 마지막에 위치합니다. |

**정답 및 해석**

| A | 虽然爸爸妈妈不同意， | A | 비록 아버지와 어머니는 동의하지 않지만, |
|---|---|---|---|
| C | 但是哥哥仍然决定， | C | 형은 여전히 결정했다, |
| B | 要跟喜欢的人结婚。 | B | 좋아하는 사람과 결혼하기로. |

**단어** 虽然 suīrán 접 비록 ~지만 | 仍然 réngrán 부 여전히 | 决定 juédìng 동 결정하다 | 结婚 jiéhūn 동 결혼하다

## 내공이 쌓이는 시간

### 1 접속사의 종류 ✦✦

| 인과 관계 | □ **因为/由于 A，所以 B** A 때문에, 그래서 B하다 |
|---|---|
| | 예문 **因**为堵车很严重，**所以**我来晚了。 |
| | 교통 체증이 심해서 내가 늦었다. |
| | ◆ 堵车 dǔchē 동 차가 막히다, 교통이 체증되다 \| 严重 yánzhòng 형 심각하다, (정도가) 심하다 |
| | □ **既然 A，就 B** 이미 A했으니까(A한 이상), B해라 |
| | 예문 **既然**大家都觉得小高合适，这次的招聘会**就**由他来负责。 |
| | 이미 모든 사람이 샤오까오가 적합하다고 여긴 이상, 이번 채용박람회는 그가 책임진다. |
| | ◆ 合适 héshì 형 적합하다 \| 招聘会 zhāopìnhuì 명 채용박람회 *招聘 동 (직원을) 모집하다, 채용하다 \| 由 yóu 전 ~이(가) \| 负责 fùzé 동 책임지다 |
| 역접 관계 | □ **不是 A，而是 B** A가 아니라, B이다 |
| | 예문 人生重要的**不是**你从哪里来，**而是**你要到哪里去。 |
| | 인생에서 중요한 것은 당신이 어디에서 왔느냐가 아니라, 당신이 어디로 가려고 하느냐이다. |
| | □ **虽然 A，但(是)/可(是)/然而 B** 비록 A이지만, B하다 |
| | 예문 钱**虽然**能买到很多东西，**但**世界上还有很多东西是用钱买不到的。 |
| | 돈은 비록 많은 것들을 살 수 있지만, 세상에는 돈으로 살 수 없는 것들도 많다. |

선생님의 **한마디**

'不是A, 就是B'는 'A 아니면, B이다'의 의미로 둘 중에 하나라는 의미입니다. '虽然'의 동의어로 '尽管(jǐnguǎn)'도 종종 출제됩니다.

| | |
|---|---|
| **점층 관계** | □ **不但/不仅 A，而且+也/还 B**　A일 뿐만 아니라, B이기도 하다 |

예문 **抽烟不仅对自己的身体不好，还会污染空气，影响周围人的健康。**

흡연은 자신의 몸에 좋지 않을 뿐만 아니라, 공기를 오염시키고 주변 사람의 건강에도 영향을 끼친다.

◆ **抽烟** chōuyān 동 담배를 피우다, 흡연하다 | **污染空气** wūrǎn kōngqì 공기를 오염시키다 | **影响** yǐngxiǎng 동 영향을 끼치다 | **周围人** zhōuwéirén 명 주변 사람 | **健康** jiànkāng 명 건강

□ **除了 A(以外)，还/也 B**　A 외에, 또 B하다

예문 **他除了唱歌(以外)，也会跳舞。**

그는 노래 부르는 것 외에, 또 춤을 출 줄 안다.

◆ **唱歌** chànggē 동 노래를 부르다 | **跳舞** tiàowǔ 동 춤을 추다

| | |
|---|---|
| **가정 관계** | □ **如果/要是 A，就 B**　만약 A한다면, B일 것이다 |

예문 **如果连放五天假，我就去中国旅游。**

만약 5일간 연달아 휴가를 낸다면, 나는 중국으로 여행을 갈 것이다.

◆ **连** lián 부 계속하여, 연달아 | **放假** fàngjià 동 휴가를 내다 | **旅游** lǚyóu 동 여행하다

□ **即使 A，也/都 B**　설령 A할지라도, (변함없이) B하다

예문 **做自己喜欢的事，即使再困难，也不会觉得辛苦。**

자신이 좋아하는 일을 하게 되면, 설령 아무리 어렵더라도 고생스럽다고 느끼지 않는다.

◆ **困难** kùnnan 형 어렵다 | **辛苦** xīnkǔ 형 고생스럽다

| | |
|---|---|
| **조건 관계** | □ **只有 A，才(能) B**　반드시 A해야만, 비로소 B할 수 있다 |

예문 **只有面试通过了，才能成为正式的职员。**

반드시 면접에 통과해야만, 비로서 정식 직원이 될 수 있다.

◆ **面试** miànshì 명 면접(시험) | **通过** tōngguò 동 통과하다 | **正式** zhèngshì 형 정식의 | **职员** zhíyuán 명 직원

□ **只要 A，就(一定) B**　A하기만 하면, B하다

예문 **只要你努力，就一定能把工作完成好。**

당신이 노력하기만 하면, 반드시 일을 잘 끝낼 수 있다.

◆ **努力** nǔlì 동 노력하다 | **完成** wánchéng 동 완성하다, (예정대로) 끝내다

□ **不管 A，都/也 B**　A(2가지 이상 조건)에 관계없이, (변함없이) B하다

예문 **不管做什么事情，他都非常认真。**

어떤 일을 하든 관계없이, 그는 매우 열심히 한다.

◆ **认真** rènzhēn 형 진지하다, 열심히 하다

**선생님의 한마디**

접속사 '而且'와 부사 '也/还'는 같은 의미이며, '而且还/而且也'처럼 두 단어를 같이 쓰거나 하나만 써도 됩니다.
'除了'는 전치사이지만 접속사처럼 사용합니다. '除了 A (以外), 还/也 B' 구문은 'A 외에, 또 B하다(A+B)'는 말로 B를 강조합니다.

**선생님의 한마디**

부사 '才'는 결과가 힘들게 만들어질 때 사용합니다. '才'의 성조가 2성이므로 오르막길을 연상하면 힘들다는 것을 연상할 수 있습니다.
부사 '就'는 결과가 쉽게 만들어질 때 사용합니다. '就'의 성조가 4성이므로 내리막길을 연상하면 쉽다는 것을 연상할 수 있습니다.

# 공략법 04

**일이 일어난 순서대로 배열한다**

독해 | 제2부분

접속사나 대명사, 부사어를 통해 빠르게 답을 찾는 문제 외에 전체 글의 흐름을 파악해서 답을 찾아야 하는 문제들이 있습니다. 이런 문제들은 글의 흐름을 잘 파악해야 합니다. 또한 시간이 나오면 보통 '과거-현재-미래' 순서로 위치합니다.

 **문제가 보이는 시간**

🔊 4-07

**예제 1**
A 因此一到周末妈妈就带我去爬山
B 我小时候非常怕高，一到高的地方就哭
C 后来我慢慢地变得不那么怕高了

**내가 풀어본 답**

**해설**
A의 '因此'는 앞에 원인이 와야 하기 때문에 문장 맨 앞에 올 수 없고, C의 '后来(후에)'도 의미상 문장 맨 앞에 올 수 없습니다. 따라서 B가 문장 맨 앞에 놓이게 됩니다. 아울러 B의 '小时候'와 C의 '后来'를 보면 시간의 흐름상 B-C 순으로 배열하게 됩니다. 그리고 A의 '因此'는 원인 뒤에서 결과를 이끌기 때문에 B의 뒤에 위치해야 합니다.

**정답 및 해석**

| | |
|---|---|
| B 我小时候非常怕高，一到高的地方就哭。 | B 나는 어렸을 때 높은 것을 매우 무서워해서 높은 곳에 가기만 하면 울었다. |
| A 因此一到周末妈妈就带我去爬山 | A 이 때문에 주말이 되면 엄마가 날 데리고 등산하러 가서, |
| C 后来我慢慢地变得不那么怕高了 | C 나중에 난 천천히 높은 것이 그리 무섭지 않게 되었다. |

**단어**
怕 pà 동 무서워하다 | 一A就B yī A jiù B A하자마자 B하다. A했다 하면 B하다 | 哭 kū 동 (소리 내어) 울다 | 因此 yīncǐ 접 이 때문에, 따라서 | 周末 zhōumò 명 주말 | 带 dài 동 이끌다, 데리다 | 爬山 páshān 동 산을 오르다, 등산하다 | 慢慢 mànmàn 부 천천히

🔊 4-08

**예제 2**
A 他一直都不接
B 我给小李打了好几个电话
C 你跟他联系一下试试，我挺担心他的

**내가 풀어본 답**

121

| 해설 | 문장 A와 C 모두 인칭대명사 '他'가 포함되어 있으므로 맨 앞에 올 수 없습니다. 따라서 B가 문장 맨 앞에 와야 합니다. '전화를 걸었는데 안 받으니까 연락 좀 해봐'와 같이 B-A-C로 이어져야 시간의 흐름상 연결이 자연스럽습니다. |
|---|---|

| 정답 및 해석 | B | 我给小李打了好几个电话， | B | 내가 샤오리에게 여러 번 전화를 걸었는데, |
|---|---|---|---|---|
| | A | 他一直都不接。 | A | 그가 계속 안 받네. |
| | C | 你跟他联系一下试试，我挺担心他的。 | C | 네가 그한테 연락 좀 해 봐. 난 그가 아주 걱정돼. |

단어    **打电话** dǎ diànhuà 전화를 걸다 | **好几** hǎojǐ 수 여러, 몇 | **一直** yìzhí 부 계속, 줄곧 | **接** jiē 동 (전화를) 받다 | **联系** liánxì 동 연락하다 | **试试** shìshi 한번 해보다 | **挺** tǐng 부 꽤, 제법, 아주 | **担心** dānxīn 동 걱정하다

## 2 내공이 쌓이는 시간

일이 일어나는 순서나 시간 흐름 파악에 도움이 되는 단어들이 있는지 먼저 파악합니다. 가령, 사건의 순서를 나타내는 '以前(이전, 과거)-后来(후에, 나중에)-现在(현재, 지금)', '小时候(과거)-长大后(미래)'같은 단어나, 선후 관계를 나타내는 '先(먼저)-然后(그다음)' 또는 '首先(먼저)-其次(그다음)' 등의 힌트 단어들을 잘 찾아 눈에 띄게 동그라미를 해준 후 동작이나 사건이 발생한 순서대로 나열합니다.

### 1 일이 일어난 순서대로 나열한다.

   A 不像现在这么热闹
   B 我家以前住在这儿附近
   C 这里本来很安静

#### 해설

각 문장의 맨 앞을 살펴보면 A는 '不像'으로 시작해서 첫 번째 문장에는 올 수 없음을 파악합니다. 그러면 B와 C가 첫 번째 문장 후보가 되는데, B에는 '以前'이라는 과거 시간을 알려주는 시간 힌트가 있기 때문에 B를 첫 번째 문장으로 골라줍니다. 아울러 A를 보면 '现在'가 나오니까 시간 흐름상 B-A 순서로 생각하고, 정확한 순서를 파악하기 위해 다시 C를 읽습니다. C의 '本来(원래)'는 전후 사정이 달라져야 하므로, 보통 뒤에 또 다른 상황을 끌고 오는 단어입니다. 따라서 C를 문장 중간에 넣어주어 B-C-A 순서로 배열합니다.

#### 정답 및 해석

| B | 我家以前住在这儿附近， | B | 우리 집은 이전에 이 근처에 살았는데, |
|---|---|---|---|
| C | 这里本来很安静， | C | 여기는 원래 조용했고, |
| A | 不像现在这么热闹。 | A | 지금처럼 이렇게 떠들썩하지 않았다. |

부사 '本来(원래에는)'는 '나중에 상황이 바뀌었다'는 의미를 포함하고 있어서, 뒤에는 '但是' 같은 접속사가 함께 옵니다.

단어    **住** zhù 동 살다, 거주하다 | **附近** fùjìn 명 부근, 근처 | **本来** běnlái 부 본래, 원래 | **安静** ānjìng 형 조용하다 | **热闹** rènao 형 (광경·분위기가) 번화하다, 떠들썩하다

## 2 과거와 미래를 나타내는 표현을 파악한다.

A 一到医院就哭

B 他没想到我长大后竟然成为一名护士

C 爸爸说我小时候非常害怕去医院

### 해설

문장 맨 앞을 보면 A는 주어가 없고, B에는 '他', C에는 '爸爸'가 나오기 때문에 대명사가 있는 B보다 정확한 대상을 가리키는 C가 첫 번째 문장이 될 확률이 높습니다. 마침 C에는 과거를 나타내는 '小时候(어렸을 때)'가, B에는 미래를 나타내는 '长大后(어른이 된 후에)'가 있으니, C-B 순서로 배열합니다. 그다음 A를 읽으면 '一到医院就哭(병원에 가기만 하면 울었는데)'로, 뒤에 '어떻게 되었다'라는 상황이 와줘야 하므로 답은 C-A-B입니다.

### 정답 및 해석

| C | 爸爸说我小时候非常害怕去医院, | C | 아버지가 말하길 내가 어렸을 때 병원에 가는 것을 아주 무서워해서 |
|---|---|---|---|
| A | 一到医院就哭, | A | 병원에 가기만 하면 울었는데, |
| B | 他没想到我长大后竟然成为一名护士。 | B | 내가 자라서 뜻밖에도 간호사가 될 줄은 생각지 못했다고 하셨다. |

**단어** 害怕 hàipà 통 두려워하다, 무서워하다 | 医院 yīyuàn 명 병원 | 一A就B yī A jiù B A하자마자 B하다, A했다 하면 B하다 | 哭 kū 통 (소리 내어) 울다 | 没想到 méixiǎngdào 생각지 못하다, 뜻밖이다 | 竟然 jìngrán 분 뜻밖에도 | 护士 hùshi 명 간호사

선생님의 **한마디**

'没想到+주어+竟然+동사' 구조에서 '没想到(동사)'와 '竟然(부사)'의 의미는 같은데 품사가 달라서 위치가 다릅니다. 해석은 두 단어 중 1개만 해도 무방합니다.

## 3 미래를 나타내는 단어 '日后(훗날, 나중)'를 기억한다.

A 我在这里经历了很多

B 4年的留学生活很快就要结束了

C 相信这些都会成为我日后的美好回忆

### 해설

문장 맨 앞을 보면 C는 주어가 없으므로 A와 B를 먼저 읽어 봅니다. A에 나오는 '这里'는 B의 '4年的留学生活很快就要结束了。(4년간의 유학 생활이 곧 끝난다.)'에 나온 유학 장소를 대신하여 말하므로 B-A로 순서가 이어집니다. C에 미래를 나타내는 '日后'가 보이므로 흐름상 B-A-C로 배열합니다.

### 정답 및 해석

| B | 4年的留学生活很快就要结束了。 | B | 4년간의 유학 생활이 곧 끝난다. |
|---|---|---|---|
| A | 我在这里经历了很多, | A | 난 여기서 많이 경험했는데, |
| C | 相信这些都会成为我日后的美好回忆。 | C | 이것들이 모두 내 훗날의 아름다운 추억이 될 거라고 믿는다. |

**단어** 留学生活 liúxué shēnghuó 유학 생활 | 就要…了 jiùyào……le 곧 ~할 것이다 | 结束 jiéshù 통 끝나다 | 经历 jīnglì 통 몸소 겪다, 경험하다 | 相信 xiāngxìn 통 믿다 | 美好 měihǎo 형 아름답다 | 回忆 huíyì 명 회상, 추억

선생님의 **한마디**

C의 '相信' 앞에 주어는 '我'인데 앞 절에서 이미 주어 '我'가 있기 때문에 생략한 형태입니다. '相信' 뒤에 목적어는 절이 나와서 '주어1+相信+주어2+술어2' 구조로 자주 쓰입니다.

123

주어진 3개의 문장을 순서에 맞게 배열하세요. 🔊 4-09

**1**    A 最好先用毛巾擦擦汗

B 然后坐在沙发上休息一会儿

C 满头大汗时千万别脱衣服


**2**    A "只买对的，不买贵的"这句话提醒我们

B 最重要是看是否适合自己

C 买东西时关键不是看价格


**3**    A 所以，千万不要因为害怕而放弃机会

B 如果出现问题的时候害怕面对

C 就永远没有可能获得成功


**4**    A 最近街舞非常流行

B 电视里还有专门的街舞节目

C 不仅在很多地方可以看到街舞教室


**5**    A 明天就能正常上班了

B 他咳嗽咳得太厉害了

C 所以不得不请假休息一天

**6**　A 爷爷很爱听京剧

　　　B 偶尔还会跟着音乐唱上几句

　　　C 每天早上他都会听几段


**7**　A 小李工作起来特别认真

　　　B 他从来都不叫苦叫累

　　　C 不管遇到什么样的困难


**8**　A 上学后，他常常跟同学去打篮球

　　　B 弟弟小时候很矮，当时家里人都担心他长不高

　　　C 现在身高差不多有一米八了


**9**　A 恐怕是迷路了

　　　B 结果还是没有找到出口

　　　C 我们已经在森林里走了一个多小时了


**10**　A 我希望他以后能像老虎一样勇敢

　　　B 遇到任何困难都不害怕

　　　C 儿子是虎年出生的

정답 및 해설 ▶ 192쪽

# 듣기 听力

## 제3부분 - 서술형

### 📖 문제 유형과 전략

듣기 제3부분 서술형 문제는 36번부터 45번까지 총 5개의 지문, 총 10문제가 출제됩니다. 각 지문을 듣고 2개의 문제를 풀어야 하며, 한 사람이 이야기를 들려주는 방식으로 진행됩니다. 내용이 듣기 제2, 3부분의 대화문보다 길어 학생들이 다소 어려워하는 문제 유형입니다. 하지만 듣기 제3부분의 서술형 문제에서도 녹음에서 정답을 그대로 읽어 주거나, 녹음 내용이 선택지 순서대로 풀리는 경우가 많습니다. 그러니 미리 겁먹지 말고 문제를 풀기 전에 꼭 선택지를 읽어 봅시다. 지문 내용은 화자가 일상생활에서 겪은 일, 유머, 인생철학, 일반 지식, 중국의 문화와 풍속, 습관, 문화유산을 소개하는 글, 유명인에 관한 이야기 등이 나옵니다. 이러한 다양한 주제를 미리 파악해 두면 문제 해결에 도움이 됩니다.

이렇게 **풀어 봐요**

1. 한 문제씩 푸는 1~35번이 지나면, 36번 문제부터는 헷갈리지 않도록 문제 풀기 전 두 문제씩 묶어 놓는다.

2. 녹음을 듣기 전, 두 문제의 선택지를 미리 중국어 발음으로 읽어 본 후 핵심 어휘를 체크하면서 어떤 내용이 나올지 예측해 본다.

3. 녹음을 들으면서 선택지 내용이 들리면 1차로 체크하고, 마지막에 문제가 나올 때 미리 체크해 둔 곳부터 확인한 후 정답을 선택한다.

4. 다음 문제로 넘어가기 전 약 15초의 시간이 주어지는데, 이때는 OMR에 답을 체크하는 것이 아니라 다음 문제의 선택지를 미리 파악하는 연습을 해야 한다.

5. OMR카드 표시는 듣기 문제가 모두 끝난 후 답안 작성 시간 5분을 활용해 마킹한다.

 선생님의 **TIP**

IBT는 필기구와 메모지를 사용할 수 없으므로 따로 메모나 표시를 할 수 없습니다. IBT를 응시했다면, 듣기 제3부분의 마지막 36~45번은 두 문제씩 풀어야 한다는 것을 꼭 기억합니다. 문제의 녹음이 나오기 전 36~37, 38~39…이런 식으로 해당 문제의 선택지를 미리 보는 연습을 합니다. 또한 IBT는 답을 바로 체크하면 되는데, 답이 어렵거나 헷갈린다면 별표 표시를 사용해 답안 작성 시간에 다시 고민하여 답을 골라 줍니다.

# 이야기의 내용을 파악한다

듣기 | 제3부분 서술형

이야기의 내용을 파악하는 문제는 화자가 겪은 일이나 유머 관련 문제가 출제됩니다. 보통 녹음의 첫 부분에서 '我(나)', '爷爷(할아버지)', '小李(샤오리)' 등과 같은 특정 인물이 나오면서 화자가 겪은 경험이나 느낌을 말해 줍니다. 문제를 풀 때 '谁(누가)', '什么时候(언제)', '哪儿(어디서)', '怎么(어떻게)', '什么(무엇을)', '为什么(왜)'와 같이 육하원칙에 따라 이야기의 흐름을 파악하며 듣습니다.

 ## 1 문제가 보이는 시간

🔊 5-01

**예제 1**

**1** A 篮球　　　　B 网球　　　　C 围棋　　　　D 排球
**2** A 对自己很满意　B 她很骄傲　　C 要退休了　　D 要继续努力

**정답 및 해석**

¹小李第一次参加网球比赛就取得了全市第一的好成绩，此后各种大大小小的奖她几乎拿了个遍，即使这样，她也从来没骄傲过，她常说："山外有山，人上有人，比我优秀的人多着呢，²我还得继续努力。"

¹샤오리는 테니스 시합에 처음 참가하여 시 전체 1등의 좋은 성적을 거두었다. 그 후 각종 크고 작은 상을 그녀는 거의 다 탔지만, 그래도 그녀는 지금껏 교만한 적이 없다. 그녀는 늘 "산 밖에 산이 있고 사람 위에 사람 있듯, 나보다 우수한 사람이 많으니 ²나는 계속 더 노력해야 한다."고 말한다.

**1** 小李在什么比赛中获得了第一？
A 篮球　　　　B 网球 (✓)
C 围棋　　　　D 排球

**1** 샤오리는 어떤 시합에서 1등을 차지했는가？
A 농구　　　　B 테니스 (✓)
C 바둑　　　　D 배구

**2** 根据小李说的话，可以知道什么？
A 对自己很满意
B 她很骄傲
C 要退休了
D 要继续努力 (✓)

**2** 샤오리가 한 말에 근거하여 무엇을 알 수 있는가？
A 자신에게 만족한다
B 그녀는 교만하다
C 곧 퇴직한다
D 계속 노력해야 한다 (✓)

**해설**

1 선택지가 모두 스포츠와 관련된 단어임을 확인한 후, 녹음에서 스포츠와 관련된 단어가 들리면 선택지에 체크해 줍니다. 녹음 첫 문장에서 '参加网球比赛'가 들렸고, 다른 스포츠는 언급되지 않았으므로 정답은 B 网球입니다.

2 선택지를 보면 특정 대상의 상태나 상황을 고르는 문제임을 알 수 있습니다. 이런 문제는 녹음에 언급되는 대상의 세부적인 특징을 주의 깊게 들어야 합니다. 녹음 마지막에 '我还得继续努力。'라고 들렸으므로 정답은 D 要继续努力입니다.

**단어**

篮球 lánqiú 몡 농구 | 网球 wǎngqiú 몡 테니스 | 围棋 wéiqí 몡 바둑 | 排球 páiqiú 몡 배구 | 骄傲 jiāo'ào 혱 거만하다, 교만하다 | 退休 tuìxiū 통 퇴직하다 | 继续 jìxù 통 계속하다 | 参加 cānjiā 통 참가하다 | 比赛 bǐsài 몡 경기, 시합 | 取得成绩 qǔdé chéngjì 성적을 거두다 | 全市 quán shì 시 전체 | 奖 jiǎng 몡 상 | 几乎 jīhū 뷔 거의 | 拿 ná 통 (상을) 받다, 타다 | 遍 biàn 양 번, 차례, 회[한 동작의 처음부터 끝까지의 전 과정을 셀 때 쓰임] | 即使 jíshǐ 젭 설령 ~하더라도 | 从来没 cónglái méi 지금껏 ~한 적이 없다 | 山外有山，人上有人 shān wài yǒu shān, rén shàng yǒu rén 산 밖에 산이 있고 사람 위에 사람 있다. 뛰는 놈 위에 나는 놈 있다 [비유]매사에 겸손해야 된다 | 优秀 yōuxiù 혱 우수하다 | 获得 huòdé 통 획득하다, 차지하다 | 根据 gēnjù 젠 ~에 근거하여

128

**예제 2**

3 A 男朋友　　B 妈妈　　C 邻居　　D 李主任
4 A 身体不舒服　　B 去跑步了　　C 认错人了　　D 遇到老师了

정답 및 해석

| | |
|---|---|
| 今天发生了一件特别可笑的事情。刚才中午出去吃饭的时候，³ 我看见李主任走在我前面，就想过去跟他打个招呼。我一边快走，一边喊他的名字，可是他不理我。于是我跑过去一拉他，⁴ 才发现我认错人了。 | 오늘 무척 우스운 일이 하나 벌어졌다. 방금 점심에 밥을 먹으러 나갔을 때, ³나는 리 주임이 내 앞을 지나가는 것을 보고 다가가서 그에게 인사하고 싶었다. 나는 빨리 걸으면서 그의 이름을 불렀지만, 리 주임은 나를 아랑곳하지 않았다. 그래서 내가 달려가 그를 잡아당기자, ⁴그제야 내가 사람을 잘못 봤다는 것을 알아차렸다. |

| 3 说话人认为自己看见了谁？ | 3 화자는 자신이 누굴 봤다고 생각했는가? |
|---|---|
| A 男朋友　　B 妈妈<br>C 邻居　　D 李主任 (✔) | A 남자친구(애인)　　B 엄마<br>C 이웃　　D 리 주임 (✔) |

| 4 说话人今天怎么了？ | 4 화자는 오늘 어떻게 되었는가? |
|---|---|
| A 身体不舒服<br>B 去跑步了<br>C 认错人了 (✔)<br>D 遇到老师了 | A 몸이 불편하다<br>B 조깅하러 갔다<br>C 사람을 잘못 봤다 (✔)<br>D 선생님을 만났다 |

해설

3 선택지를 보면 등장인물을 체크하면서 들어야 하는 문제임을 알 수 있습니다. 녹음에서 '我看见李主任走在我前面'을 듣고 우선 선택지 D 李主任에 체크해 둡니다. 이후 녹음에서 다른 선택지의 단어들은 들리지 않았으므로 정답은 D입니다.

4 선택지를 보면 등장인물의 행동과 관련된 문제임을 알 수 있습니다. 녹음 마지막 문장 '才发现我认错人了'를 놓치지 않고 들었다면 선택지 C 认错人了가 서로 일치한다는 것을 알 수 있습니다. 정답은 C입니다.

단어

邻居 línjū 명 이웃(집) | 主任 zhǔrèn 명 주임 | 不舒服 bù shūfu 형 (몸이) 불편하다 | 跑步 pǎobù 동 조깅하다 | 认错 rèncuò 동 잘못 보다 | 遇到 yùdào 동 만나다, 마주치다 | 发生 fāshēng 동 발생하다, (일이) 벌어지다 | 可笑 kěxiào 형 우습다 | 刚才 gāngcái 명 방금 | 打招呼 dǎ zhāohu 동 (말·행동으로) 인사하다 | 一边A一边B yìbiān A yìbiān B A하면서 B하다 | 喊 hǎn 동 (사람을) 부르다 | 不理 bùlǐ 동 상대하지 않다, 아랑곳하지 않다 | 拉 lā 동 잡아당기다 | 发现 fāxiàn 동 발견하다, 알아차리다

## 내공이 쌓이는 시간

서술형 듣기는 전체적인 난이도가 높으므로 평소에 아는 단어가 나와도 잘 안 들리고 내용 파악이 안 되는 경우가 많습니다. 이럴 때 듣기 핵심 단어의 도움을 받으면 앞뒤 문맥과 전체 흐름을 비교적 수월하게 파악할 수 있습니다.

### 1 전체 흐름을 듣기 위한 구문 연습

🔊 5-03

1) **本来/刚开始** 원래는, 처음에　▶ **后来** 나중에, 후에　▶ **现在** 지금은

刚开始认识小李时，我觉得他一定是个很难相处的人，后来我发现他不但对人热情，也很爱帮助人，现在我们是很好的朋友。

처음에 샤오리를 알았을 때, 나는 그가 분명히 함께 지내기 어려운 사람이라고 생각했다. 나중에 나는 그가 사람들에게 친절할 뿐만 아니라, 사람들을 돕는 것을 매우 좋아한다는 것을 알아차렸고, 지금 우리는 좋은 친구이다.

선생님의 한마디

'本来'는 '원래는'이란 뜻을 가진 부사로, '지금은 아니다'라는 의미가 있습니다. 따라서 '本来'가 들리면 뒤에는 반드시 바뀐 상황이 나와야 합니다.

듣기 听力

제3부분 - 서술형

◆ 认识 rènshi 图 인식하다, 알다 ｜ 相处 xiāngchǔ 图 함께 지내다 ｜ 发现 fāxiàn 图 발견하다, 알아차리다 ｜ 热情 rèqíng 혱 열정적이다, 친절하다

2) | 以为 ~인 줄 알았는데 ▶ 其实 사실 |

大家都以为他还在韩国，其实他早就已经回国了。要不是前几天看到他的照片，我们还不知道呢。

모두들 그가 아직 한국에 있는 줄 알았는데, 사실 그는 진작에 귀국했더군요. 만약 며칠 전에 그의 사진을 보지 않았더라면 저희들은 아직도 몰랐을 겁니다.

◆ 韩国 Hánguó 고유 한국 ｜ 其实 qíshí 閉 사실 ｜ 早就 zǎojiù 閉 이미, 벌써, 진작에 ｜ 要不是 yàobúshì 젭 만약 ~가 아니었다면 ｜ 照片 zhàopiàn 몡 사진

3) | 不仅 A，还/也 B A할 뿐만 아니라, 게다가 B하다 |

音乐不仅是一门艺术，也是一种语言。通过音乐，不同国家的人可以交流感情，增进了解。

음악은 하나의 예술일 뿐만 아니라 언어이기도 하다. 음악을 통해서 서로 다른 나라의 사람들이 감정을 교류하고 이해를 증진시킬 수 있다.

◆ 音乐 yīnyuè 몡 음악 ｜ 不仅 bùjǐn 젭 ~뿐만 아니라 ｜ 种 zhǒng 얭 종류, 가지 ｜ 语言 yǔyán 몡 언어 ｜ 通过 tōngguò 젠 ~을 통해서 ｜ 交流感情 jiāoliú gǎnqíng 감정을 교류하다 ｜ 增进了解 zēngjìn liǎojiě 이해를 증진시키다

4) | 不是 A 吗？怎么还没 B? A하지 않았어? 왜 아직 안 B했어? |

你不是准备参加普通话考试吗？明天报名就结束了，你怎么还没交材料？

표준어 시험을 보려고 하지 않았어? 내일 접수가 끝나는데 왜 아직 자료를 안 냈어?

◆ 准备 zhǔnbèi 图 준비하다, ~하려고 하다 ｜ 参加考试 cānjiā kǎoshì 시험에 참가하다, 시험을 보다 ｜ 普通话 pǔtōnghuà 몡 (현대 중국어의) 표준어 ｜ 报名 bàomíng 图 신청하다, 접수하다 ｜ 结束 jiéshù 图 끝나다 ｜ 交材料 jiāo cáiliào 자료를 내다 *交 图 내다, 제출하다

5) | 无论(=不管) A，都 B A에 상관없이, 모두 B하다 |

您放心，只要是在我店购买的家具，无论您家离这儿多远，我们都将为您提供免费送货上门服务。

안심하세요. 저희 가게에서 구매한 가구라면, 손님 댁이 여기서 얼마나 멀든 상관없이 저희는 모두 손님에게 무료배송 서비스를 제공할 것입니다.

◆ 放心 fàngxīn 图 마음을 놓다, 안심하다 ｜ 只要 zhǐyào 젭 ~하기만 하면 ｜ 店 diàn 몡 상점, 가게 ｜ 购买 gòumǎi 图 구매하다, 사다 ｜ 家具 jiājù 몡 가구 ｜ 将 jiāng 閉 ~할 것이다 ｜ 提供服务 tígōng fúwù 서비스를 제공하다 ｜ 免费送货上门 miǎnfèi sònghuò shàngmén 무료배송 *免费 图 무료로 하다 *送货上门 상품을 집까지 배송해주다

 선생님의 한마디

'无论(=不管)' 뒤에는 2가지 이상의 조건이 오며, 이 조건에 상관없이 뒤 절의 결과는 항상 똑같다는 의미입니다. 결과가 항상 똑같다고 할 때 부사 '都'나 '也'를 사용할 수 있습니다.

无论哪种方式，他都能轻松地完成任务。
어떤 방식이건 간에, 그는 항상 수월하게 임무를 완성한다.

不管你的决定是什么，我都会支持你。
너의 결정이 무엇이건 상관없이, 나는 항상 너를 지지할 거야.

◆ 轻松 qīngsōng 혱 (일 따위가) 수월하다, 가볍다 ｜ 完成任务 wánchéng rènwu 임무를 완수하다 ｜ 决定 juédìng 图 결정하다 ｜ 支持 zhīchí 图 지지하다

 以为 vs 认为

'以为'와 '认为'는 둘 다 '여기다, 생각하다'라는 뜻이 있지만, 다음과 같은 차이가 있습니다. '以为'는 '(잘못) 여기다', '~인 줄 알았다'라는 착각의 뉘앙스가 있고, '认为'는 개인의 주관적인 생각이나 느낌이 담겨있습니다. '以为'는 '~라고 여겼는데 사실 아니었다'는 뉘앙스를 가지고 있기 때문에, 듣기에서 화자가 하고자 하는 말을 유추할 수 있습니다. 중요한 힌트 역할을 하는 단어이므로 꼭 기억해 둡니다.

我以为她很漂亮。
나는 그녀가 예쁜 줄 알았다.
(사실 '예쁘지 않다'라는 의미)

我认为她很漂亮。
나는 그녀가 예쁘다고 생각한다.

선생님의 한마디

'无论' 뒤에 오는 2가지 이상의 조건이란 '의문사, A不A, A还是B' 형식을 말합니다.

# 논설문의 내용을 파악한다

논설문은 화자의 견해와 의견을 어필하는 문장입니다. 녹음을 들을 때 화자가 무엇을 말하는지에 귀를 기울여야 합니다. 우리가 알고 있는 기본적인 상식에 얽매이지 말고 들려주는 내용에 근거해서 정답을 찾습니다. 견해를 나타내는 표현이나 전환, 강조를 나타내는 어휘에 집중해서 잘 들어 줍니다.

##  1 문제가 보이는 시간

🔊 5-04

**예제 1**

1 A 时间　　　B 态度　　　C 环境　　　D 心情
2 A 坚持下去　B 立即放弃　C 不要伤心　D 顺其自然

**정답 및 해석**

许多人都听过21天就能养成一个习惯的说法，然而最新研究发现，习惯的养成并没有一个准确的时间，[1]而是与环境和习惯是否复杂有关。[2]要是坚持了21天还没养成习惯也别失望，应再多点耐心。

많은 사람들이 모두 21일이면 습관을 기를 수 있다는 말을 들어봤겠지만, 최신 연구에 따르면 습관의 형성은 결코 정확한 시간이 없고, [1]환경과 습관이 복잡한지 여부와 관련이 있는 것으로 나타났다. [2]만약 21일을 버티고 여전히 습관을 기르지 못해도 실망하지 말고 좀 더 인내심을 가져야 한다.

1 根据这段话，习惯的养成跟什么有关?
　A 时间　　　B 态度
　C 环境 ( ✓ )　D 心情

1 이 이야기에 따르면, 습관의 형성은 무엇과 관련이 있는가?
　A 시간　　　B 태도
　C 환경 ( ✓ )　D 마음

2 说话人建议人们怎么做?
　A 坚持下去 ( ✓ )
　B 立即放弃
　C 不要伤心
　D 顺其自然

2 화자는 사람들에게 어떻게 하라고 제안했는가?
　A 계속해 나간다 ( ✓ )
　B 즉시 포기한다
　C 슬퍼하지 마라
　D 흘러가는 대로 둬라

**해설**

1 명사로 된 선택지가 나오면 대부분 녹음에서 그 명사를 그대로 들려줍니다. 따라서 선택지를 잘 보면서 녹음에서 들리는 단어를 체크합니다. 녹음 중간 부분에서 '与环境和习惯是否复杂有关'이라며 '环境'을 그대로 언급했으므로 정답은 C 环境입니다.

2 선택지를 보고 화자의 주관적인 견해를 묻는 문제임을 알 수 있으므로 녹음의 처음과 마지막 부분을 집중해서 들어 줍니다. 답을 그대로 들려 주지 않아 듣고 이해해서 풀어야 하는 문제로, 조금 어려울 수 있습니다. 녹음 마지막 부분 '要是坚持了21天还没养成习惯也别失望，应再多点耐心'에서 실망하지 말고 인내심을 가지라고 했으므로 정답은 A 坚持下去입니다.

**단어**

态度 tàidu 몡 태도 | 环境 huánjìng 몡 환경 | 坚持 jiānchí 통 (하고 있던 것을) 계속하다, 꾸준히 하다, 버티다 | 立即 lìjí 튄 즉시, 바로 | 放弃 fàngqì 통 포기하다 | 伤心 shāngxīn 통 상심하다, 슬퍼하다 | 顺其自然 shùnqízìrán 셩 흘러가는 대로 두다, 순리를 따르다 | 许多 xǔduō 혱 매우 많다 | 养成习惯 yǎngchéng xíguàn 습관을 기르다 *养成 통 기르다, 형성되다 | 说法 shuōfǎ 몡 의견, 견해, 말 | 然而 rán'ér 젭 그러나, 하지만 | 研究发现 yánjiū fāxiàn 연구에 따르면 ~라고 한다 | 准确 zhǔnquè 혱 정확하다 | 与⋯⋯有关 yǔ⋯⋯yǒuguān ~와 관련이 있다 | 是否 shìfǒu ~인지 아닌지, ~인지 여부 | 复杂 fùzá 혱 복잡하다 | 要是 yàoshi 젭 만약 ~라면 | 失望 shīwàng 통 실망하다 | 耐心 nàixīn 몡 인내심 | 根据 gēnjù 젠 ~에 근거하여, ~에 따르면 | 建议 jiànyì 통 건의하다, 제안하다

**예제 2**

**3** A 浪费时间　　B 引起误会　　C 增加压力　　D 影响判断
**4** A 要有理想　　B 能力最重要　　C 遇事要冷静　　D 要学会放弃

**정답 및 해석**

| | |
|---|---|
| 做到坚持很不容易，但如果我们坚持的东西是无用的，甚至是错误的，³那我们坚持到底的结果只能是浪费时间。⁴只有放弃那些不实际的理想、那些错误的东西，我们才能找到真正应该坚持的东西。 | 꾸준히 한다는 것은 쉽지 않지만, 만약 우리가 꾸준히 하는 것이 쓸모없는 것이고, 심지어 잘못된 것이라면 ³그럼 우리가 끝까지 버틴 결과는 시간 낭비일 수밖에 없다. ⁴반드시 현실적이지 않은 꿈들과 잘못된 것들을 포기해야만 우리는 비로소 진정으로 꾸준히 해야 하는 것(东西)을 찾아낼 수 있다. |
| **3** 坚持错误的东西会怎么样？<br>　A 浪费时间 ( ✓ )<br>　B 引起误会<br>　C 增加压力<br>　D 影响判断 | **3** 잘못된 것을 꾸준히 하면 어떻게 되는가?<br>　A 시간을 낭비한다 ( ✓ )<br>　B 오해를 불러일으킨다<br>　C 스트레스를 늘린다<br>　D 판단에 영향을 준다 |
| **4** 这段话告诉我们什么？<br>　A 要有理想<br>　B 能力最重要<br>　C 遇事要冷静<br>　D 要学会放弃 ( ✓ ) | **4** 이 이야기는 우리에게 무엇을 알려주는가?<br>　A 꿈이 있어야 한다<br>　B 능력이 가장 중요하다<br>　C 일을 생겼을 때 침착해야 한다<br>　D 포기할 줄 알아야 한다 ( ✓ ) |

**해설**

3 선택지가 동사구로 이루어져 있으며, 모두 부정적인 결과라는 걸 체크하고 듣습니다. 첫 문장은 '如果+가정, 那+결과' 구문입니다. 중요한 부분은 결과이므로 결과 부분을 집중해서 듣습니다. 녹음 '那我们坚持到底的 결과只能是浪费时间'에서 선택지 A 浪费时间이 그대로 들렸으므로 정답은 A입니다.

4 선택지를 보면 인생철학과 관련한 주제를 묻는 문제입니다. 녹음의 마지막 문장에서 들린 '只有+유일한 조건, 才能+결과' 구문에서는 '只有' 뒤의 조건이 중요합니다. '只有放弃那些不实际的理想、那些错误的东西'에서 '放弃'만 제대로 듣는다면 선택지 D 要学会放弃를 주제로 찾아낼 수 있습니다.

**단어**

浪费时间 làngfèi shíjiān 시간을 낭비하다 | 引起误会 yǐnqǐ wùhuì 오해를 불러일으키다 | 增加压力 zēngjiā yālì 스트레스를 늘리다 | 影响判断 yǐngxiǎng pànduàn 판단에 영향을 주다 | 能力 nénglì 명 능력 | 遇事 yùshì 통 일이 생기다 | 冷静 lěngjìng 형 냉철하다, 침착하다 | 学会 xuéhuì 통 습득하다, ~할 줄 알다 | 放弃 fàngqì 통 포기하다 | 坚持 jiānchí 통 (하고 있던 것을) 계속하다, 꾸준히 하다, 버티다 | 容易 róngyì 형 쉽다 | 如果 rúguǒ 접 만약, 만일 | 无用 wúyòng 형 쓸모 없다, 소용 없다 | 甚至 shènzhì 접 심지어 | 错误 cuòwù 형 잘못되다 | 坚持到底 jiānchí dào dǐ 끝까지 버티다 | 结果 jiéguǒ 명 결과 | 只能 zhǐnéng 통 ~할 수밖에 없다 | 只有 zhǐyǒu 접 (반드시) ~해야만 | 实际 shíjì 형 실제(현실)적이다 | 真正 zhēnzhèng 부 진정으로, 정말로

선생님의 **한마디**

인생철학과 관련된 주제로 '坚持就是胜利(꾸준히 하는 것이 승리하는 것이다)'가 자주 출제됩니다. 반대로 '坚持'가 무조건 좋은 것이 아니고, 잘못된 선택은 얼른 포기(放弃)하는 것이 좋다는 내용도 간혹 출제되니 꼭 알아두세요.

중국어 문장은 주로 화자가 하고 싶은 말과 주제는 맨 처음에 나오고, 그런 다음 주제에 대해서 세부적인 내용을 부연 설명하여 풀어가는 특징을 가집니다. 맨 처음 문장은 항상 주의 깊게 들어야 하며 마지막에 화자가 내용을 전환하거나 의견을 강조할 때 쓰는 표현들로 자기 의견을 알려주며 마무리되므로 처음부터 끝까지 긴장의 끈을 놓아서는 안 됩니다.

## 1 전환(역접)을 나타내는 표현 ☁ 5-06

- 不过 búguò /但是 dànshì 그러나

- 其实 qíshí (그러나) 사실은

- 不是 A，而是 B búshì A, érshì B A가 아니라, B이다

## 2 주장이나 견해를 나타내는 강조 표현 ☁ 5-07

- 应该 yīnggāi ~해야 한다

- 一定要 yídìng yào 반드시 ~해야 한다

- 一定要知道 yídìng yào zhīdao 반드시 ~을 알아야 한다

- 关键是 guānjiàn shì 관건은 ~이다

- 主要是 zhǔyào shì 주로 ~이다

- 特别是 tèbié shì /尤其是 yóuqí shì (그중에서) 특히

- 必须要 bìxū yào 반드시 ~해야 한다

## 3 논설문 문제에 자주 나오는 주제 ☁ 5-08

- 世界上没有完全相同的叶子，世界上也没有完全一样的人。
  세상에 완전히 똑같은 잎은 없고, 세상에 완전히 같은 사람도 없다.

  ◆ 相同 xiāngtóng 〔형〕 서로 같다. 똑같다 | 叶子 yèzi 〔명〕 잎 | 一样 yíyàng 〔형〕 같다

- 很多时候，比起自己说，认真听对方的话，更能交到好朋友。
  많은 경우에, 자신이 말하는 것보다 상대방의 말을 진지하게 들어주면, 좋은 친구를 더 사귈 수 있다.

  ◆ 比起 A，更 B bǐ qǐ A, gèng B A보다, 더 B하다 *比 〔동〕 비교하다 | 认真 rènzhēn 〔형〕 진지하다. 열심히 하다 | 交朋友 jiāo péngyou 친구를 사귀다

- 面对失败和困难，不要难过，要积极地面对，才能更快地获得成功。
  실패와 어려움에 직면했을 때, 괴로워하지 말고 적극적으로 맞서야 비로소 더 빠르게 성공을 거둘 수 있다.

  ◆ 面对 miànduì 〔동〕 직면하다. 맞서다 | 失败 shībài 〔명〕 실패 | 困难 kùnnan 〔명〕 어려움 | 难过 nánguò 〔형〕 괴로워하다. 슬퍼하다 | 积极 jījí 〔형〕 적극적이다 | 获得成功 huòdé chénggōng 성공을 거두다

선생님의 한마디

'但是'는 단독으로 사용하지만, 앞 절에 '虽然'이 함께 들리기도 합니다. '虽然'을 들으면 '但是'를 기다렸다가 정답을 찾도록 합니다. 또한 '但是'와 같은 의미의 접속부사 '却'도 '오히려'가 아닌 '그러나'로 외웁니다.

듣기 听力

제3부분 · 서술형

133

- 世界上没有免费的午餐，这句话是说，任何事情都要通过努力才能得到。

  세상에 공짜 점심은 없다. 이 말은 어떤 일이든 모두 노력을 통해야만 비로소 얻을 수 있다는 것이다.

  ◆ 免费 miǎnfèi 통 무료(공짜)로 하다 | 午餐 wǔcān 명 점심(밥) | 要/只有 A 才 B yào/zhǐyǒu A cái
  B A 해야만 비로소 B하다 | 通过 tōngguò 통 통하다, 거치다

---

- 享受你的生活，不要与别人比较。

  당신의 삶을 누리십시오. 다른 사람과 비교하지 마십시오.

  ◆ 享受 xiǎngshòu 통 누리다, 즐기다 | 比较 bǐjiào 통 비교하다

---

- 教育孩子时，要多给孩子自由，这样做对孩子的身心健康很有帮助。

  아이를 교육할 때에는 아이들에게 자유를 많이 주어야 한다. 그렇게 하면 아이들의 심신 건강에 많은 도움이 된다.

  ◆ 教育 jiàoyù 통 교육하다 | 健康 jiànkāng 명 건강 | 帮助 bāngzhù 명 도움

# 설명문의 내용을 파악한다

## 공략법 03

듣기 | 제3부분 서술형

설명문은 주로 일반 상식, 과학지식, 사물, 동물, 환경 보호, 중국의 명절·문화·풍속, 중국에서 자주 쓰는 앱 소개, 최신 이슈 등 다양한 소재의 지문이 나옵니다. 설명문은 보통 세부 내용을 묻는 문제가 많이 출제됩니다. 따라서 선택지를 미리 꼼꼼히 파악한 후에 언급되는 핵심 단어나 시간, 날짜, 숫자 표현을 체크해 둡니다.

## 1 문제가 보이는 시간

🔊 5-09

**예제 1**

1 A 500米　　B 2000多米　　C 1000多米　　D 200米
2 A 世界最长桥　　B 离江面很远　　C 在山里　　D 上面有飞机

**정답 및 해석**

北盘江大桥是世界第一高桥，它在云南和贵州两省之间，于2016年建成，¹全长1340多米。²因为桥面距江面高度超过500米，大约有两百层楼那么高，所以开车通过大桥就好像在空中飞行一样。

베이판장 대교는 세계에서 가장 높은 다리로, 그것은 윈난과 구이저우 두 성 사이에 2016년에 완공되었으며, ¹전체 길이는 1,340여 미터이다. ²교량 바닥이 강 위에서 높이가 500m 넘게 떨어져 있고, 대략 200층 건물만큼 높아서, 차를 몰고 대교를 지나가는 것은 마치 하늘을 나는 듯하다.

1 北盘江大桥有多长?
A 500米
B 2000多米
C 1000多米 (✔)
D 200米

1 베이판장 대교는 길이가 얼마나 되는가?
A 500미터
B 2,000여 미터
C 1,000여 미터 (✔)
D 200미터

2 关于北盘江大桥，可以知道什么?
A 世界最长桥
B 离江面很远 (✔)
C 在山里
D 上面有飞机

2 베이판장 대교에 관해서 무엇을 알 수 있는가?
A 세계에서 가장 긴 다리
B 강 위에서 멀리 떨어져 있다 (✔)
C 산에 있다
D 위에 비행기가 있다

**해설**

1 선택지를 보고 길이나 높이를 묻는 문제임을 알 수 있습니다. 녹음에서 '全长1340多米'와 '高度超过500米'가 들리므로, '全长(전체 길이)'과 '高度(높이)'를 구분할 줄 알아야 합니다. 질문에서 '北盘江大桥有多长?'이라며 길이를 물었으므로 정답은 C 1000多米입니다.

2 녹음에서 '北盘江大桥是世界第一高桥'와 '大约有两百层楼那么高'가 들리므로, '北盘江大桥'는 엄청 높은 다리이고 '江面(강 위)'과 '大桥(대교)'사이가 멀리 떨어져 있음을 알 수 있습니다. 따라서 정답은 B 离江面很远입니다.

**단어**

桥 qiáo 뗑다리, 교량 | 江面 jiāngmiàn 뗑강 위 | 北盘江大桥 Běipánjiāng Dàqiáo 고유베이판장 대교 | 云南 Yúnnán 고유운남, 윈난[지명] | 贵州 Guìzhōu 고유귀주, 구이저우[지명] | 省 shěng 뗑성[중국의 최상급 지방 행정 단위] | 建成 jiànchéng 동(건축물을) 완성하다, 준공하다 | 桥面 qiáomiàn 뗑교량 바닥 | 距 jù 동떨어지다, 사이를 두다 | 高度 gāodù 뗑고도, 높이 | 超过 chāoguò 동초과하다, 넘다 | 大约 dàyuē 뿐대략 | 层 céng 양층[중첩된 것을 셀 때 쓰임] | 楼 lóu 뗑(다층)건물 | 通过 tōngguò 동통과하다, 지나가다 | 好像⋯⋯一样 hǎoxiàng⋯⋯yíyàng 마치 ～인 듯하다 | 空中 kōngzhōng 뗑공중, 하늘 | 飞行 fēixíng 동비행하다, 날다

**예제 2**

**3** A 拿上阳伞　　B 多喝水　　C 晒太阳　　D 穿短裤
**4** A 怎么戴帽子　　B 夏天和冬天　　C 要保护皮肤　　D 刷牙的好处

**정답 및 해석**

长时间在阳光下对皮肤不好，尤其是在夏季。<sup>4</sup> <u>医生提醒大家夏季要特别注意保护皮肤</u>，要经常洗脸，保证皮肤干净，别让汗水留在脸上。另外白天要减少户外活动，<sup>3</sup> <u>出门时最好带上阳伞</u>，或者戴上帽子。

장시간 햇빛 아래 있으면 피부에 좋지 않은데, 특히 여름이 그렇다. <sup>4</sup> <u>의사는 사람들에게 여름에 특히 피부 보호에 주의해야 하고</u>, 자주 얼굴을 씻어야 하고, 피부 청결을 보장하고, 땀이 얼굴에 남아있게 하지 말라고 알려주었다. 이 밖에 낮에는 야외 활동을 줄여야 하고, <sup>3</sup> <u>외출할 때는 양산을 챙기거나</u> 모자를 쓰는 것이 가장 좋다.

**3** 根据这段话，夏天出门时应该怎么做？
　A 拿上阳伞 (✓)
　B 多喝水
　C 晒太阳
　D 穿短裤

**4** 这段话主要谈什么？
　A 怎么戴帽子
　B 夏天和冬天
　C 要保护皮肤 (✓)
　D 刷牙的好处

**3** 이 이야기에 따르면 여름에 외출할 때에는 어떻게 해야 하는가?
　A 양산을 챙긴다 (✓)
　B 물을 많이 마신다
　C 햇볕을 쬔다
　D 반바지를 입는다

**4** 이 이야기는 주로 무엇을 말하는가?
　A 어떻게 모자를 쓰는가
　B 여름과 겨울
　C 피부를 보호해야 한다 (✓)
　D 양치질의 장점

**해설**

3 녹음 마지막 부분에서 '出门时最好带上阳伞'이라 했으므로, '带上阳伞'과 비슷한 뜻을 가진 선택지를 고릅니다. 따라서 정답은 A 拿上阳伞입니다.

4 선택지를 보면 주제를 묻고 있는 설명문 문제임을 알 수 있습니다. 따라서 녹음의 앞부분을 주의 깊게 듣습니다. 녹음에서 '医生提醒大家夏季要特别注意保护皮肤'라고 했으므로, '피부 보호에 주의하라'는 의사의 제안이 주제임을 알 수 있습니다. 따라서 정답은 C 要保护皮肤입니다.

**단어**

拿 ná 통(손에) 들다, 챙기다 | 阳伞 yángsǎn 명 양산 | 晒太阳 shài tàiyáng 햇볕을 쬐다 | 穿短裤 chuān duǎnkù 반바지를 입다 | 戴帽子 dài màozi 모자를 쓰다 *戴 통 착용하다, 쓰다 | 保护皮肤 bǎohù pífū 피부를 보호하다 | 刷牙 shuāyá 통 이를 닦다, 양치질하다 | 好处 hǎochù 명 좋은 점, 장점 | 阳光 yángguāng 명 햇빛 | 尤其(是) yóuqí (shì) 부 (그중에서) 특히 | 医生 yīshēng 명 의사 | 提醒 tíxǐng 통 (상대방이 모를만한 일을) 알려주다 | 特别 tèbié 부 특히, 각별히 | 注意 zhùyì 통 주의하다 | 洗脸 xǐliǎn 통 얼굴을 씻다, 세수하다 *脸 명 얼굴 | 保证 bǎozhèng 통 보증하다, 보장하다 | 干净 gānjìng 형 깨끗하다, 청결하다 | 汗水 hànshuǐ 명 땀 | 留 liú 통 남다, 남기다 | 另外 lìngwài 접 이 외에, 이 밖에 | 减少 jiǎnshǎo 통 감소하다, 줄이다 | 户外活动 hùwài huódòng 야외 활동 | 最好 zuìhǎo 부 ~하는 것이 가장 좋다 | 带 dài 통 (몸에) 지니다, 챙기다 | 或者 huòzhě 접 ~이(거)나, 혹은 | 根据 gēnjù 전 ~에 근거하여, ~에 따르면 | 谈 tán 통 말하다, 이야기하다

**선생님의 한마디** 서술형 듣기 문제는 미리 선택지를 보는 것이 중요합니다. 설명문의 주제는 대부분 녹음 앞부분에 나오지만, 문제는 두 번째 문제로 나옵니다. 따라서 두 번째 문제의 선택지를 함께 보면서 문제를 풀어야 합니다.

## ② 내공이 쌓이는 시간

중국 문화나 명절, 풍속과 관련된 설명문이 출제된다면 생소한 단어가 있더라도 내용을 유추해 문제를 쉽게 풀 수 있습니다. 평소에 중국과 관련된 여러 이야기를 접하는 것도 도움이 됩니다.

### 1 시험에 잘 나오는 중국 문화와 배경지식 ✨ ★

**선생님의 한마디**

왼쪽의 지문들은 5급 수준의 지문이므로 내공이 약한 학생들은 한국어로만 읽어도 괜찮습니다.

#### 1) 창장(长江)

| |
|---|
| 长江是中国也是亚洲最长的河，也是世界第三长河，全长6397公里，它与黄河共同被看作是中国的"母亲河"。它由西向东，流经十几个省市，最后由上海市流入东海。长江中生活着上千种水生动植物，其中还有不少是受国家重点保护的。 |

창장은 중국과 아시아에서 가장 긴 강이자 세계에서 3번째 긴 강으로, 전체 길이는 6,397km이고, 그것은 황허와 함께 중국의 '민족의 젖줄'로 간주한다. 그것은 서쪽에서 동쪽으로 10여 개의 성과 시를 거쳐 마지막에 상하이시에서 동해로 유입된다. 창장에는 수천 종의 수생 동식물이 살고 있으며, 그 중 또 상당수가 국가의 핵심 보호를 받는다.

◆ **长江** Chángjiāng 고유 창장, 양쯔강[지명] | **亚洲** Yàzhōu 고유 아시아 | **全长** quáncháng 명 전체 길이 | **公里** gōnglǐ 양 킬로미터(km) | **黄河** Huánghé 고유 황허, 황허[지명] | **共同** gòngtóng 부 공동으로, 함께 | **看作** kànzuò 동 ~으로 보다, ~으로 간주하다 | **母亲河** mǔqīnhé 명 민족의 젖줄[민족과 운명을 함께해온 하천에 대한 친근한 호칭] | **流经** liújīng 동 (물길이) 지나다, 거치다 | **省市** shěngshì 명 성과 시 *省 명 성[중국의 최상급 지방 행정 단위] | **流入** liúrù 동 유입하다, 흘러 들어가다 | **上千** shàngqiān 동 수천이나 되다 | **水生动植物** shuǐshēng dòngzhíwù 수생 동식물 | **受保护** shòu bǎohù 보호를 받다 | **重点** zhòngdiǎn 명 중점, 핵심

#### 2) 판다(大熊猫)

| |
|---|
| 大熊猫的样子活泼可爱，受到全世界人民的喜爱。但实际上大熊猫的数量非常少，全世界一共才有一千多只。大熊猫的故乡是中国四川省，为了表示友好，从1957年开始，中国把大熊猫租给其它一些国家。现在，很多国家都能看到大熊猫了。 |

판다의 모습은 활발하고 귀여워서 전 세계인의 사랑을 받는다. 하지만 실제로 판다의 수는 매우 적어서, 전 세계에 전부 1,000여 마리밖에 안 된다. 판다의 고향은 중국의 쓰촨성으로, 호의적인 태도를 보이기 위해서 1957년부터 중국은 판다를 다른 몇몇 나라에 빌려 주었다. 현재는 많은 나라에서 판다를 볼 수 있다.

◆ **大熊猫** dàxióngmāo 명 판다 | **样子** yàngzi 명 모양, 모습 | **活泼可爱** huópō kě'ài 활발하고 귀엽다 | **受到…的喜爱** shòudào……de xǐ'ài ~의 사랑을 받다 | **实际上** shíjìshàng 부 실제로, 사실상 | **数量** shùliàng 명 수(량) | **一共** yígòng 부 모두, 전부 | **故乡** gùxiāng 명 고향 | **四川省** Sìchuān Shěng 고유 사천성, 쓰촨성[지명] | **表示友好** biǎoshì yǒuhǎo 호의적인 태도를 보이다 | **从…开始** cóng……kāishǐ ~부터

#### 3) 차(茶)

| |
|---|
| 茶在中国有数千年的历史，是中国最常见的饮料之一。古代的时候，茶只是被当作一种药，而不是饮料。后来，随着人们对茶的认识慢慢加深，开始将它作为解渴的饮料，这才逐渐有了中国的茶文化。 |

차는 중국에서 수천 년의 역사를 가지고 있으며, 중국에서 가장 자주 볼 수 있는 음료 중의 하나이다. 고대에 차는 단지 약으로 여겨졌지, 음료가 아니었다. 나중에 차에 대한 사람들의 인식이 차츰 깊어짐에 따라 그것을 갈증을 푸는 음료로 여기기 시작했고, 그제야 점차 중국의 차 문화가 생겨났다.

◆ 茶 chá 명 차 | 数千年 shù qiān nián 수천 년 | 历史 lìshǐ 명 역사 | 饮料 yǐnliào 명 음료 | 当作 dàngzuò 통 ~로 여기다(=作为 zuòwéi) | 药 yào 명 약 | 随着 suízhe 전 ~함에 따라(서) | 慢慢 mànmàn 부 천천히, 차츰 | 加深 jiāshēn 통 깊어지다 | 解渴 jiěkě 통 갈증을 풀다 | 逐渐 zhújiàn 부 점점, 점차

### 4) 술 권하기(敬酒)

中国人敬酒有很多规矩，从古代的时候就逐渐形成了。比如说，喝酒时要先敬领导或者长辈；敬酒时如果互相碰了杯子，自己就要先把酒喝光，但不要要求对方都喝光。这些规矩一直持续到今天，体现着中国酒文化的精神。

중국인이 술을 권하는 데에는 많은 규칙들이 있고, 고대로부터 점차 형성되었다. 예를 들어, 술을 마실 때에는 윗사람이나 연장자에게 먼저 권해야 하고, 술을 권할 때 만약 서로 잔을 부딪치면 자신이 먼저 술을 다 마셔야 한다. 하지만 상대방에게 술을 다 마시라고 요구해선 안 된다. 이런 규칙들은 오늘날까지 계속 지속되어 중국 술 문화의 정신을 드러내고 있다.

◆ 敬酒 jìngjiǔ 통 술을 권하다 | 规矩 guīju 명 규칙, 법칙(법적 제제 없음) | 逐渐 zhújiàn 부 점점, 점차 | 形成 xíngchéng 통 형성되다 | 比如说 bǐrú shuō 예를 들어 | 领导 lǐngdǎo 명 윗사람 | 或者 huòzhě 접 ~이(거)나, 혹은 | 长辈 zhǎngbèi 연장자 | 互相 hùxiāng 부 상호, 서로 | 碰杯子 pèng bēizi 잔을 부딪치다 | 光 guāng 형 하나도 남지 않다 | 一直 yìzhí 부 계속, 줄곧 | 持续 chíxù 통 지속하다 | 体现 tǐxiàn 통 구현하다, (구체적으로) 드러내다 | 精神 jīngshén 명 정신

### 5) 경극(京剧)

京剧走遍世界各地，成为介绍、传播中国传统艺术文化的重要方式。京剧主要活动在中国的首都北京，但也遍及全中国。2010年11月16日，京剧被列入"人类非物质文化遗产代表作名录"。京剧表演的四种艺术手法：唱、念、做、打，也是京剧表演的四项基本功。

경극은 세계 각지를 다니며, 중국의 전통 예술 문화를 소개하고 전파하는 중요한 방식이 되었다. 경극은 주로 중국의 수도 베이징에서 활동하지만, 중국 전역에 퍼져 있기도 하다. 2010년 11월 16일, 경극은 '인류무형문화유산 대표 명부'에 등재되었다. 경극 공연의 4가지 예술 기법인 노래, 대사, 동작, 무술은 경극 공연의 4가지 기본기이기도 하다.

선생님의 한마디

'京剧大师(경극의 대가)'중에 시험에 가장 많이 출제된 인물은 '梅兰芳(메이란팡)'입니다. 상식으로 꼭 알아두길 바랍니다.

◆ 京剧 jīngjù 명 경극 | 走遍 zǒubiàn 통 (두루) 다니다 | 传播 chuánbō 통 전파하다, 널리 퍼뜨리다 | 传统艺术文化 chuántǒng yìshù wénhuà 전통 예술 문화 | 首都 shǒudū 명 수도 | 遍及 biànjí 통 (두루) 미치다, 퍼져 있다 | 被列入 bèi lièrù ~에 등재되다 *列入 liè 통 (집어) 넣다, 들어가다 | 人类非物质文化遗产代表作名录 rénlèi fēiwùzhì wénhuà yíchǎn dàibiǎozuò mínglù 인류 무형 문화유산 대표 명부 | 表演 biǎoyǎn 명 공연 | 手法 shǒufǎ 명 (예술 작품의) 기법 | 唱、念、做、打 chàng、niàn、zuò、dǎ 노래, 대사, 동작, 무술 | 项 xiàng 양 가지, 항목, 조항 | 基本功 jīběngōng 명 기본기, 기초적인 지식과 기능

### 6) 춘제(春节)

春节是中国最重要的节日之一。春节的时候，大部分中国人都赶回家，和家人们聚在一起包饺子吃年夜饭。

춘제는 중국의 가장 중요한 명절 중의 하나이다. 춘제 때, 대부분의 중국인은 모두 서둘러 집으로 돌아가서, 가족들과 한데 모여서 만두를 빚고 제야 음식을 먹는다.

◆ 春节 Chūnjié 고유 춘제, 음력 1월 1일 | 节日 jiérì 명 명절 | 赶 gǎn 통 서두르다 | 聚在一起 jù zài yìqǐ 한데 모이다 | 包饺子 bāo jiǎozi 만두를 빚다 | 年夜饭 niányèfàn 명 제야 음식

**녹음을 듣고 녹음 속 질문에 알맞은 답을 고르세요.** 🔊 5-12

*1*  A 周六        B 下周一        C 下周五        D 周三

*2*  A 是选修课      B 没有老师      C 必须参加      D 每天有课

*3*  A 发脾气        B 帮孩子做      C 说孩子懒      D 批评孩子

*4*  A 找人帮忙      B 预习          C 多阅读        D 会安排时间

*5*  A 很害怕        B 很困难        C 非常简单      D 很有意思

*6*  A 坚持          B 多练习        C 边听边写      D 交外国朋友

정답 및 해설 ▶ 194쪽

# 쓰기 书写

제2부분

## 📖 문제 유형과 전략

쓰기 제2부분은 주어진 사진과 제시어를 이용하여 단문을 완성하는 문제입니다. 쓰기 제2부분은 96번에서 100번까지 총 5문제가 출제됩니다. 제시어는 동사, 형용사, 명사 위주로 출제되며 가끔 양사 문제가 출제되기도 합니다. 제시어는 대부분 HSK 3급, 4급 빈출 어휘입니다. 따라서 평소 빈출 어휘를 암기할 때 단어의 정확한 뜻과 품사를 함께 암기해야 합니다. 아울러 독해 지문을 정독할 때 문장의 기본 구조인 '주어+술어+목적어'를 생각하며 문장 구조를 보는 연습을 하면 문장을 쉽게 만들 수 있습니다.

이렇게 **풀어 봐요**

1. 제시어의 정확한 뜻과 품사를 파악한다.

2. 제시어를 주어, 술어, 목적어 중 어떤 성분으로 사용할지 결정한다.

3. 제시어와 호응하는 단어를 이용하여 '주어+술어+목적어' 형태로 문장의 기본적인 뼈대부터 완성한다.

4. 수식어(관형어, 부사어, 보어)를 기본 문장에 추가한다.

5. 주어나 목적어가 명사라면 해당 명사에 어울리는 양사를 쓴다.

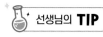 선생님의 **TIP**

사진에 사람이 등장하면 성별에 따라 남자는 '他', 여자는 '她'를 주어로 써줍니다. 주어의 글자 수를 좀 더 늘리고 싶다면 사진에 등장하는 인물의 나이를 고려해 '我哥哥', '我爸爸', '我爷爷', '我姐姐', '我妈妈', '我奶奶', '我的孩子', '我的朋友'로 바꿔 써 주면 됩니다.

# 공략법 01

**기본 문장 성분으로 뼈대를 만든다**

쓰기 | 제2부분

제시어와 호응하는 단어를 이용하여 '주어+술어+목적어' 형태로 문장의 기본적인 뼈대부터 완성합니다. 뼈대를 완성한 다음, 기본 문장에 수식어를 추가하면 됩니다.

## ① 문제가 보이는 시간

**예제 1**

抱

**내가 풀어본 답**

해설
STEP 1 제시어가 동사이므로 술어로 사용한다.
STEP 2 사진에 엄마와 아이가 나오므로 주어는 '她', 목적어는 '孩子'로 써 준다.
STEP 3 '她抱孩子'와 같이 문장의 기본적인 뼈대를 완성한 후에 기본 문장에 추가할 수식어를 생각한다.
STEP 4 동사 '抱' 뒤에 '着'를 넣어 동작이 지속되고 있음을 나타낸다.

답안 및 해석
她抱着孩子。 그녀는 아이를 안고 있다.
我很喜欢抱我的孩子。 나는 내 아이를 안는 것을 매우 좋아한다.

단어
抱 bào 동 안다, 포옹하다

**예제 2**

日记

**내가 풀어본 답**

해설
STEP 1 제시어가 명사이므로 주어나 목적어로 사용한다.
STEP 2 사진에 사람이 나오므로 주어는 '我', 목적어는 '日记'로 써 준다.
STEP 3 '日记'가 목적어이므로 호응하는 동사 '写'를 떠올려서 '我写日记'와 같이 문장의 기본적인 뼈대를 완성한다.
STEP 4 일기는 보통 매일 밤에 쓰므로 부사어 성분인 '每天晚上都'를 술어 '写' 앞에 써 준다.
STEP 5 마지막으로 명사 '日记' 앞에 '一篇[수사+양사]'을 넣는다.

답안 및 해석
我每天晚上都写一篇日记。 나는 매일 밤 일기를 쓴다.
我正在写日记。 나는 일기를 쓰고 있다.

단어
日记 rìjì 명 일기 | 篇 piān 양 편[완결된 글을 셀 때 쓰임]

## 2 내공이 쌓이는 시간

### 1 제시어가 동사면 술어로 사용한다

1)

醒

**답안 및 해석**  他已经醒了。 그는 이미 잠에서 깼다.
他每天都醒得很早。 그는 매일 일찍 잠에서 깬다.

**단어**  醒 xǐng 동 (잠에서) 깨다

2)

伤心

**답안 및 해석**  她看起来很伤心。 그녀는 매우 슬퍼 보인다.
妈妈听说这件事后，伤心极了。 엄마는 이 일을 듣고 나서 몹시 슬퍼했다.

**단어**  伤心 shāngxīn 동 상심하다, 슬퍼하다 ㅣ 极了 jíle 형용사 뒤에 위치해 뜻을 매우 강조할
때 쓰임

 선생님의 **한마디**

'伤心'은 심리동사이므로 앞에
정도부사의 수식을 받을 수 있
습니다. 또한 이합동사라서 뒤에
따로 목적어가 오지 않습니다.

3)

商量

**답안 및 해석**  我们要商量一下。 우리는 한 번 상의해야 한다.
我和老师商量上大学的问题。 나는 선생님과 대학 진학 문제를 상의했다.

**단어**  商量 shāngliang 동 상의하다 ㅣ 上大学 shàng dàxué 대학에 진학하다 ㅣ 问题
wèntí 명 문제

 선생님의 **한마디**

아래 구문을 외워두면 문장을 쉽
게 만들 수 있습니다.

☐ 和+대상+商量 ~와 상의하다
☐ 和+대상+讨论 ~와 토론하다
☐ 和+대상+联系 ~와 연락하다

♦ 讨论 tǎolùn 동 토론하다 ㅣ 联
系 liánxì 동 연락하다

4)

躺

**답안 및 해석** 他躺着听歌呢。 그는 누워서 노래를 듣고 있다.
     他躺在沙发上听音乐呢。 그는 소파에 누워 음악을 듣는다.

**단어** 躺 tǎng 통 눕다 | 沙发 shāfā 명 소파

선생님의 **한마디**

'躺'처럼 짧은 동작 뒤에 '在+장
소'가 쓰이면 그 동작이 어떤 장
소에서 끝난 후에 지속되는 상
태를 나타냅니다. 가령, '放在桌
子上'은 '책상 위에 놓여있다'입
니다.

5)

打折

**답안 및 해석** 这家商店正在打折。 이 상점은 할인하고 있다.
     这个东西很贵，给我打折吧。 이 물건은 비싸네요. 할인해 주세요.

**단어** 打折 dǎzhé 통 할인하다 | 商店 shāngdiàn 명 상점

선생님의 **한마디**

'打折'는 이합동사이므로, 표기
법은 '打+숫자+折(숫자%만큼
지불하다)'가 됩니다. 즉, '打7折'
라고 하면 '70%의 금액을 지불하
고 30%의 금액을 할인 받는다'는
의미입니다.

进行打折活动
할인 행사를 진행하다
打8折 20% 할인하다

## 2 제시어가 형용사면 관형어 또는 술어로 사용한다

1)

凉快

**답안 및 해석** 我喜欢凉快的天气。 나는 시원한 날씨를 좋아한다.
     房间里很凉快。 방 안이 시원하다.

**단어** 凉快 liángkuai 형 시원하다 | 房间 fángjiān 명 방

선생님의 **한마디**

'凉快'는 보통 여름이나 더운 날씨
에서 사용되므로, 겨울과 함께 사용
하면 어색합니다.

我在冬天觉得很凉快。(×)
나는 겨울에 시원하다고 느낀다.

→ 我在冬天觉得很冷。(○)
 나는 겨울에 춥다고 느낀다.

2)

### 活泼

**답안 및 해석**  我妹妹是一个性格活泼的孩子。 내 여동생은 성격이 활발한 아이이다.
这只小狗特别活泼可爱。 이 강아지는 아주 활발하고 귀엽다.

**단어**  活泼 huópō 형 활발하다 | 妹妹 mèimei 명 여동생 | 性格 xìnggé 명 성격 | 小狗 xiǎogǒu 명 강아지 | 特别 tèbié 부 아주, 특별히

3)

### 可怜

**답안 및 해석**  我在路上看到了一只很可怜的小猫。
나는 길에서 불쌍한 새끼 고양이 한 마리를 보았다.

这只小猫看起来很可怜。 이 새끼 고양이는 불쌍해 보인다.

**단어**  可怜 kělián 형 가련하다, 불쌍하다 | 小猫 xiǎomāo 명 새끼 고양이

4)

### 精彩

**답안 및 해석**  今晚的演出十分精彩。 오늘 밤 공연은 매우 훌륭하다.
这场演出很精彩，观众都很兴奋。
이 공연이 훌륭해서 관중들이 모두 흥분했다.

**단어**  精彩 jīngcǎi 형 뛰어나다. 훌륭하다 | 演出 yǎnchū 명 공연 | 兴奋 xīngfèn 형 (기뻐서) 흥분하다 | 观众 guānzhòng 명 관중

선생님의 한마디

중국인은 공연을 '精彩'라고 긍정적으로 평가하면서, '나는 싫다'고 말하지 않으므로 '精彩'를 '不喜欢'과 함께 사용하면 어색하게 들립니다.

这场演出很精彩，但我不喜欢。(×)
이 공연은 훌륭하지만. 나는 싫어한다.

→这场演出很精彩，我很喜欢。(○)
이 공연은 훌륭해서, 나는 좋아한다

5)

脏

**답안 및 해석** 他的脸很脏。 그의 얼굴은 더럽다.

他把自己的衣服弄脏了。 그는 자신의 옷을 더럽혔다.

**단어** 脏 zāng 형 더럽다 | 脸 liǎn 명 얼굴 | 衣服 yīfu 명 옷 | 弄 nòng 동 하다, 만들다

## 3 제시어가 <u>명사</u>면 주어 또는 목적어로 사용한다

1)

速度

**답안 및 해석** 他骑车的速度非常快。 그는 자전거를 타는 속도가 매우 빠르다.

他的速度比别的选手更快。 그는 다른 선수보다 더 빠르다.

**단어** 速度 sùdù 명 속도 | 骑车 qí chē 자전거를 타다 | 选手 xuǎnshǒu 명 선수

2)

京剧

**답안 및 해석** 我父亲是著名的京剧演员。 우리 아버지는 유명한 경극 배우이다.

小时候，我最喜欢看京剧。 어렸을 때 나는 경극 보는 것을 가장 좋아했다.

**단어** 京剧 jīngjù 명 경극 | 著名 zhùmíng 형 저명하다, 유명하다 | 演员 yǎnyuán 명 배우, 연기자

선생님의 **한마디**

'~하다', '~만들다'라는 뜻인 동사 '弄' 뒤에 형용사 '脏'이 붙으면 '더럽게 만들다', '더럽히다'라는 뜻의 동사가 되어, 문장 속 술어 자리에 위치합니다. 따라서 '他弄脏了自己的衣服' 혹은 '他把自己的衣服弄脏了'라고 작문할 수 있습니다.

선생님의 **한마디**

'京剧'는 중국의 전통 오페라로, 동사 '보다(看)'를 더해 '看京剧(경극을 보다)'로 자주 사용됩니다. 또한 '京剧' 앞에 수량사 '一场'을 더하면 '一场京剧(한 편의 경극)'을 의미합니다.

**공략법 02**

쓰기 | 제2부분

# 만능 문장 패턴으로 문장을 만든다

제시어에 알맞는 만능 문장 패턴을 적용하여 문장 만들기 연습을 해 봅니다.

## ① 문제가 보이는 시간

예제 **1**

律师

**내가 풀어본 답**

해설 | STEP 1 제시어가 명사면 주어나 목적어로 사용한다.
STEP 2 '律师'는 직업 관련 단어이므로 '我+想成为+一名很优秀的+A(직업)' 패턴을 적용하여 문장을 만든다.

답안 및 해석 | 我想成为一名很优秀的律师。 나는 우수한 변호사가 되고 싶다.
这名律师在美国特别有名。 이 변호사는 미국에서 아주 유명하다.

단어 | 律师 lǜshī 몡 변호사 | 优秀 yōuxiù 휑 우수하다 | 特别 tèbié 뮈 아주, 특별히

예제 **2**

复杂

**내가 풀어본 답**

해설 | STEP 1 제시어가 형용사면 술어로 사용한다.
STEP 2 아이가 문제를 어려워하는 모습이므로 주어는 '这个题', 술어는 '复杂'로 써 준다.
STEP 3 '太+A(형용사)+了' 패턴을 적용한다.
STEP 4 '题'의 양사를 '道'로 바꿔주면 더 높은 점수를 받을 수 있다.

답안 및 해석 | 这道题太复杂了。 이 문제는 너무 복잡하다.
这道数学题很复杂，我没做出来。 이 수학 문제는 복잡해서 나는 풀지 못했다.

단어 | 复杂 fùzá 휑 복잡하다 | 道 dào 양 명령이나 문제 등을 셀 때 쓰임 | 题 tí 몡 문제 | 数学 shùxué 몡 수학

## 1 만능 문장 패턴 동사편

**1)**

A(주어) + (正)在 + B(동사) + (목적어) + (呢) : A는 B하고 있다

杂志

**답안 및 해석** 她正在看杂志。 그녀는 잡지를 보고 있다.

妈妈给我这本杂志。 엄마가 나에게 이 잡지를 주었다.

**단어** 杂志 zázhì 명 잡지

**선생님의 한마디**

'A(주어)+给+B(사람)+C(사물)'는 'A가 B에게 C를 주다'라는 의미로 기본적인 상용 패턴이니 알아두기 바랍니다.

**2)**

A(주어) + B(동사1) + 着 + (목적어) + C(동사2) + (목적어) + (呢) : A는 B한 채로 C하다

抬

**답안 및 해석** 爸爸正在抬着沙发打扫房间。 아빠는 소파를 든 채로 방을 청소하고 있다.

爸爸把沙发抬起来了。 아빠는 소파를 들어올렸다.

**단어** 抬 tái 통 들다, 들어올리다 | 沙发 shāfā 명 소파 | 打扫房间 dǎsǎo fángjiān 방을 청소하다

**선생님의 한마디**

'抬'는 '들다'라는 뜻의 동사로, 보통 무언가를 위로 올리거나 들어올리는 동작을 표현할 때 사용됩니다. 주로 신체 부위나 무거운 물건과 함께 쓰입니다.

抬头 머리를 들다
抬手 손을 들다

**3)**

我们一起+A(동사)+목적어+怎么样？ : 우리 같이 A하는 거 어때?

羽毛球

**선생님의 한마디**

배드민턴 경기나 활동을 설명할 때는 '打' 뿐만 아니라 '练习(연습하다)', '参加(참가하다)' 등의 동사도 활용할 수 있습니다.

他每天练习羽毛球。
그는 매일 배드민턴을 연습한다.

**답안 및 해석**　我们一起打羽毛球怎么样? 우리 같이 배드민턴 치는 거 어때?

　　　　　周末我在家观看羽毛球比赛。 주말에 나는 집에서 배드민턴 경기를 봤다.

**단어**　　羽毛球 yǔmáoqiú 명 배드민턴 | 周末 zhōumò 명 주말 | 观看 guānkàn 동 보다,
관람하다 | 比赛 bǐsài 명 경기, 시합

**4)** 　　　　　一次也没(有)+A(동사) : 한 번도 A해본 적이 없다

抽烟

**답안 및 해석**　我到现在一次也没有抽过烟。 나는 지금까지 한 번도 담배를 피워 본 적이 없다.

　　　　　抽烟对身体一点好处也没有。 흡연은 몸에 좋은 점이 조금도 없다.

**단어**　　抽烟 chōuyān 동 흡연하다, 담배를 피우다 | 好处 hǎochù 명 좋은 점, 장점

> **선생님의 한마디**
>
> '一点(儿)' 뒤에 '也'나 '都'가 오는 경우에는 '조금도'라는 의미를 나타냅니다.

**5)** 　　　　　我的爱好是跟 + A(대상) + B(동사) : 나의 취미는 A와 B하는 것이다

逛街

**답안 및 해석**　我的爱好是跟朋友逛街。 나의 취미는 친구와 쇼핑하는 것이다.

　　　　　昨天逛街的时候, 我买了一双鞋。 어제 쇼핑할 때, 나는 신발 한 켤레를 샀다.

**단어**　　逛街 guàngjiē 동 거리 구경을 하다, (아이)쇼핑하다 *逛 동 거닐다, 돌아다니다 | 双
shuāng 양 짝, 켤레, 쌍 | 鞋 xié 명 신발

> **선생님의 한마디**
>
> '逛街'는 '쇼핑하다' 또는 '거리를 거닐다'라는 뜻으로, 주로 '여가 시간'에 거리를 돌아다니며 상점 구경을 할 때 사용됩니다. '逛街'는 '买东西(물건을 사다)'와 다르게 실제 구매 행위보다 쇼핑을 즐기는 활동 자체에 초점을 맞춥니다.

**6)** 　　　　　A(동사) + 得 + 很厉害 : 심하게 A하다

咳嗽

> **선생님의 한마디**
>
> '咳嗽'의 품사는 동사라서, 앞에 '有'를 붙이면 부자연스럽습니다. 또한, '咳嗽'는 동작을 나타내므로, 기침이 지속되는 상태를 표현할 때 부사 '一直(계속)'와 함께 쓸 수 있습니다.
>
> 他有咳嗽。(×)
> → 他一直咳嗽。(O)
> 　 그는 계속 기침하고 있다.

| 답안 및 해석 | 爷爷咳嗽得很厉害。 할아버지는 심하게 기침한다. |
|---|---|
| | 我感冒了，所以一直在咳嗽。 나는 감기에 걸려서, 계속 기침하고 있다. |
| 단어 | 咳嗽 késou 동 기침하다 ｜ 厉害 lìhai 형 (정도가) 심하다 ｜ 感冒 gǎnmào 동 감기에 |
| | 걸리다 ｜ 一直 yìzhí 부 계속, 줄곧 |

## 7)

怎么这么 + A(동사) + 呢 : 왜 이렇게 A합니까?

堵车

| 답안 및 해석 | 今天怎么这么堵车呢? 오늘 왜 이렇게 차가 막힙니까? |
|---|---|
| | 上下班时，这条路经常堵车。 출퇴근할 때, 이 길은 자주 막힌다. |
| 단어 | 堵车 dǔchē 동 차가 막히다, 교통이 체증되다 ｜ 上下班 shàngxiàbān 동 출퇴근하다 |
| | ｜ 条 tiáo 양 가늘고 긴 것을 셀 때 쓰임 ｜ 经常 jīngcháng 부 자주, 항상 |

선생님의 한마디

'堵车'는 '차가 막히다' 또는 '교통이 체증되다'라는 뜻으로, 주로 교통 상황을 설명할 때 사용됩니다. 그런데 '堵车'는 자동사이므로 '차'나 '교통'이 아닌 '사람'이 주어가 되어서는 안 됩니다.

我堵车了。(×)
나는 차가 막혔다.
→ 路上堵车了。(○)
길에서 차가 막혔다.
→ 今天早上路上堵车很严重。(○)
오늘 아침에 길에서 차가 심하게 막혔다.

## 2 만능 문장 패턴 형용사편

## 1)

A(1음절 형용사) + 得 + 受不了 : 견딜 수 없을 만큼 A하다

酸

| 답안 및 해석 | 这道菜酸得受不了。 이 요리는 견딜 수 없을 만큼 시다. |
|---|---|
| | 我喜欢吃酸味的东西。 나는 신맛이 나는 음식을 좋아한다. |
| 단어 | 酸 suān 형 (맛이) 시다 ｜ 道 dào 양 요리를 셀 때 쓰임 ｜ 菜 cài 명 요리 ｜ 受不了 |
| | shòu bu liǎo 견딜 수 없다 ｜ 味 wèi 명 맛 ｜ 东西 dōngxi 명 물건, 음식 |

선생님의 한마디

'酸'은 '신' 또는 '시다'라는 뜻의 형용사로, 주로 맛을 표현할 때 사용됩니다. 그런데 '酸'은 감정 표현할 때 '不喜欢'과 함께 쓰면 어색합니다. '酸'을 사용할 때는 좀 더 구체적으로 표현해 줍니다.

我不喜欢酸。(×)
나는 신 것을 싫어한다.
→ 我觉得这个水果有点酸。(○)
나는 이 과일이 조금 신 것 같다.

**2)**

一点也不 + A(형용사) : 조금도 A하지 않다

重

**답안 및 해석** 这个行李箱一点儿也不重。 이 캐리어는 조금도 무겁지 않다.

这个行李箱看起来很轻，其实非常重。
이 캐리어는 가벼워 보이는데, 사실 매우 무겁다.

**단어** 重 zhòng 톙 무겁다 | 行李箱 xínglǐxiāng 몡 여행용 가방, 캐리어 | 看起来 kàn qǐlái 동 ~하게 보이다 | 轻 qīng 톙 가볍다 | 其实 qíshí 閉 사실

**3)**

太 + A(형용사) + 了 : 너무 A하다

乱

**답안 및 해석** 你的房间太乱了，快整理一下吧。 네 방이 너무 어지러우니, 얼른 좀 정리해라.

这个房间显得非常乱。 이 방은 매우 이지러워 보인다.

**단어** 乱 luàn 톙 어지럽다 | 房间 fángjiān 몡 방 | 整理 zhěnglǐ 동 정리하다 | 显得 xiǎnde 동 ~하게 보이다

**4)**

又 + A(형용사) + 又 + B(형용사) : A하고 B하다

辣

**답안 및 해석** 这道菜又酸又辣。 이 요리는 시고 맵다.

我最喜欢吃辣的菜。 나는 매운 요리를 가장 좋아한다.

**단어** 辣 là 톙 맵다 | 道 dào 얭 요리를 셀 때 쓰임 | 菜 cài 몡 요리 | 酸 suān 톙 (맛이) 시다

**선생님의 한마디**

'乱'은 '어지럽다' 또는 '혼란스럽다'라는 뜻의 형용사로, 주로 상황이 정리되지 않았거나 혼란스러운 상태를 설명할 때 사용됩니다. '乱'은 주로 상태를 나타내는 형용사이므로, '有'와 함께 사용하면 어색합니다.

房间有乱。(×)
방에 어지러운 것이 있다.

→ 房间很乱。(○)
방이 어지럽다.

**5)** A(주어) + 看起来/看样子 + 很 + B(형용사) : A는 B해 보인다

激动

답안 및 해석    你现在看起来很激动。 너는 지금 설레 보인다.

因为是第一次出国旅游，她十分激动。
첫 해외여행이라 그녀는 매우 감격했다.

단어    激动 jīdòng 통 (감정이) 격해지다, 감격하다, 설레다 | 出国旅游 chūguó lǚyóu 해외여행(을 가다)

선생님의 **한마디**

'激动'은 '(설레어) 흥분하다' 또는 '감격하다'라는 뜻으로, 주로 긍정적인 감정을 나타냅니다. 따라서 부정적인 표현과 함께 쓰면 어색할 수 있습니다. 참고로 '激动'은 화가 나서 감정이 격해지거나 흥분할 때도 사용합니다.

我很激动，但是我不喜欢这件事。(×) 나는 흥분되지만, 이 일을 좋아하지 않는다.

→ 我很激动，因为我得到了好消息。(○)
나는 흥분된다. 왜냐하면 좋은 소식을 들었기 때문이다.

**6)** 这条消息 + 让 + A(사람) +很 + B(심리동사/형용사) : 이 소식은 A를 B하게 만들었다

伤心

답안 및 해석    这条消息让妈妈很伤心。 이 소식은 엄마를 슬프게 만들었다.

我和男朋友分手了，伤心得不得了。 나는 남자친구와 헤어져서 엄청 상심했다.

단어    伤心 shāngxīn 통 상심하다, 슬퍼하다 | 消息 xiāoxi 명 소식 | 分手 fēnshǒu 통 헤어지다 | 不得了 bùdéliǎo 형 (정도가) 심하다

**7)** A + 比 + B + 更/还 + C(형용사) : A가 B보다 더 C하다

标准

답안 및 해석    他的普通话比我的更标准。 그의 표준어는 나보다 더 정확하다.

他的发音还挺标准的。 그의 발음은 그런대로 꽤 정확하다.

단어    标准 biāozhǔn 형 표준적인, (발음이) 정확하다 | 普通话 pǔtōnghuà 명 (현대 중국어의) 표준어 | 发音 fāyīn 명 발음 | 挺 tǐng 부 꽤, 제법

## 3  만능 문장 패턴 명사편

**1)**            我 + 想成为 + 一名很优秀的 + A(직업) : 나는 우수한 A가 되고 싶다

### 导游

**답안 및 해석**  我想成为一名很优秀的导游。나는 우수한 가이드가 되고 싶다.
导游给我们讲得非常清楚。가이드가 우리에게 아주 명확하게 설명해 주었다.

**단어**  导游 dǎoyóu 명 관광 안내원, 가이드 | 优秀 yōuxiù 형 우수하다 | 讲 jiǎng 동 말하다, 설명하다 | 清楚 qīngchu 형 분명하다, 명확하다

**2)**            我 + 一醒就 + A(동사) + B(명사) : 나는 일어나자마자 B를 A한다

### 果汁

**답안 및 해석**  我一醒就喝果汁。나는 일어나자마자 주스를 마신다.
果汁里有丰富的营养。주스에는 풍부한 영양이 있다.

**단어**  果汁 guǒzhī 명 (과일) 주스 | 一A就B yī A jiù B A하자마자 B하다 | 醒 xǐng 동 (잠에서) 깨다, 일어나다 | 丰富 fēngfù 형 풍부하다 | 营养 yíngyǎng 명 영양

## 4 문장을 길게 만들어주는 '喜欢'

'喜欢'은 명사 목적어 외에 동사구 목적어도 가질 수 있어서, 제시어가 명사나 동사일 때 자주 활용할 수 있는 단어이다.

1)

巧克力

**답안 및 해석**   我的孩子很喜欢吃巧克力。 우리 아이는 초콜릿을 매우 좋아한다.

每次吃完巧克力，我的心情都会变得很好。
초콜릿을 다 먹을 때마다 내 기분은 좋아진다.

**단어**   巧克力 qiǎokèlì 몡 초콜릿 | 心情 xīnqíng 몡 마음, 기분

2)

聊天

**답안 및 해석**   我妈妈喜欢跟朋友聊天。 우리 엄마는 친구와 수다 떠는 것을 좋아한다.

我跟朋友聊天聊了两个小时。 나는 친구와 두 시간 동안 수다를 떨었다.

**단어**   聊天 liáotiān 동 이야기를 나누다, 수다 떨다

선생님의 한마디

'聊天'은 이합사이므로 뒤에 '两个小时'라는 보어를 직접 쓰지 못하고 '聊天聊了两个小时'처럼 써야 합니다.

# 실력 확인하기 쓰기 | 제2부분

⏱ 6분 ☀ Day 27

주어진 사진을 보고, 단어를 사용해 단문을 만드세요.

**1**

传真

**2**

购物

**3**

咸

정답 및 해설 ▶ 197쪽

# HSK 4급
# 실전 모의고사

📖 **영역별 소요 시간 및 채점표**

| 영역 | 문항 수 / 소요 시간 | 맞은 문항 수 x 배점(예상) | |
|---|---|---|---|
| **듣기** 听力 | 45문항 / 약 30분<br>(답안 작성 5분) | _____ × 2.2점 | |
| **독해** 阅读 | 40문항 / 40분 | _____ × 2.5점 | |
| **쓰기** 书写 | 15문항 / 25분 | 제1부분<br>_____ × 6점 | 제2부분<br>_____ × 8점 |

* 듣기 음원이 종료되면 5분 동안 답안지에 답을 적습니다.
* 모든 시험 시간은 약 105분입니다. (개인 정보 작성 시간 5분 포함)
* 총 점수가 180점 이상이면 합격입니다.

이렇게 **풀어 봐요**

1. 실제 시험처럼 각 영역별 시간을 정확하게 체크하며 푼다.

2. HSK는 한 영역에서 문제 순서를 임의로 풀 수 있지만, 듣기 시간에 독해나 쓰기 문제를 미리 보거나, 독해 시간에 듣기 문제를 재확인할 수 없다.

3. PBT를 보는 학생 중에 간혹 너무 긴장하여 답안지를 밀려 쓰는 경우가 있다. 따라서 한 영역을 다 풀고 난 후 한꺼번에 OMR을 체크하는 것이 아니라, 10문제씩 나누어 10문제를 풀자마자 OMR에 정답을 작성하도록 한다.

4. 모르는 문제나 고민되는 문제가 있으면 고민되는 문제에 시간을 버리지 말고, 과감하게 아는 문제부터 풀어낸 후 모르는 문제는 마지막에 고민한다.

# 一、听力

## 第一部分

**第1-10题：判断对错。**

例如：我想去办个信用卡，今天下午你有时间吗？陪我去一趟银行？

★ 他打算下午去银行。 （ ✓ ）

现在我很少看电视，其中一个原因是，广告太多了，不管什么时间，也不管什么节目，只要你打开电视，总能看到那么多的广告，浪费我的时间。

★ 他喜欢看电视广告。 （ ✗ ）

1. ★ 说话人从来不复习。 （ ）

2. ★ 老李准备去打网球。 （ ）

3. ★ 那趟航班将在大兴国际机场起飞。 （ ）

4. ★ 那位男演员总是发脾气。 （ ）

5. ★ 公园距离医院不远。 （ ）

6. ★ 奶奶的做法很安全。 （ ）

7. ★ 丽丽腿部动作不标准。 （ ）

8. ★ 油纸伞历史久远。 （ ）

9. ★ 说话人要去上海。 （ ）

10. ★ 说话人很熟悉那家咖啡店。 （ ）

# 第 二 部 分

第11−25题：请选出正确答案。

例如： 女： 该加油了，去机场的路上有加油站吗？

男： 有，你放心吧。

问： 男的主要是什么意思？

A 去机场　　　　B 快到了　　　　C 油是满的　　　✔ 有加油站

11. A 翻译材料　　　B 发传真　　　　C 开会　　　　　D 打电话

12. A 学校　　　　　B 公司　　　　　C 医院　　　　　D 电影院

13. A 很热　　　　　B 比较凉快　　　C 很冷　　　　　D 温暖舒适

14. A 恋人　　　　　B 大学同学　　　C 同事　　　　　D 朋友

15. A 经常做梦　　　B 心情很紧张　　C 打算爬山　　　D 生病了

16. A 没有问题　　　B 考试没通过　　C 不能上学　　　D 没参加考试

17. A 一般　　　　　B 非常精彩　　　C 观众很少　　　D 演员不好看

18. A 烤鸭店　　　　B 电影院　　　　C 洗衣店　　　　D 邮局

19. A 支持　　　　　B 批评　　　　　C 帮助　　　　　D 不关心

20. A 床　　　　　　B 椅子　　　　　C 沙发　　　　　D 电视

21. 　　A 肚子疼　　　　B 有急事　　　　C 不喜欢咖啡　　　D 见朋友

22. 　　A 勇敢　　　　　B 聪明　　　　　C 活泼　　　　　　D 漂亮

23. 　　A 来不及打扮　　B 会堵车　　　　C 没有车　　　　　D 会迟到

24. 　　A 别喝酒　　　　B 锻炼身体　　　C 多休息　　　　　D 住院治疗

25. 　　A 不仔细　　　　B 很认真　　　　C 不刷牙　　　　　D 每天刷牙

# 第三部分

**第26－45题：请选出正确答案。**

例如：男：把这个材料复印5份，一会儿拿到会议室发给大家。

女：好的。会议是下午三点吗？

男：改了。三点半，推迟了半个小时。

女：好，602会议室没变吧？

男：对，没变。

问：会议几点开始？

A 两点      B 3点      ✔15：30      D 18：00

26. A 寒假      B 这月底      C 下个星期      D 明天

27. A 邮局      B 火车站      C 烤鸭店      D 机场

28. A 联系银行      B 问儿子      C 问朋友      D 再试试

29. A 质量很好      B 有点小      C 是爷爷做的      D 不便宜

30. A 打车      B 坐公共汽车      C 开车      D 乘地铁

31. A 项链      B 戒指      C 车钥匙      D 钱包

32. A 得去面试      B 要见朋友      C 有工作      D 和家人吃饭

33. A 很爱笑      B 比较胖      C 不爱收拾      D 很爱干净

34. A 很值得      B 不太好吃      C 又酸又辣      D 比较一般

35. A 材料不够　　　B 时间不够　　　C 人手太少　　　D 没有空间

36. A 写小说　　　　B 考研究生　　　C 看京剧　　　　D 研究普通话

37. A 当老师了　　　B 获得了成功　　C 考上博士了　　D 成为一名导游

38. A 浪费时间　　　B 字写得好看　　C 心情好　　　　D 提高语言水平

39. A 不表态　　　　B 中立　　　　　C 反对　　　　　D 支持

40. A 不开心　　　　B 激动　　　　　C 伤心　　　　　D 忧郁

41. A 放弃跳舞　　　B 批评女孩　　　C 自己来上课　　D 重新开始学习

42. A 金钱　　　　　B 健康　　　　　C 外貌　　　　　D 年龄

43. A 工资高　　　　B 身体健康　　　C 存款　　　　　D 家人平安

44. A 增强记忆　　　B 增进友谊　　　C 加深理解　　　D 提高成绩

45. A 记下所有内容　B 把字写漂亮　　C 不要写得太满　D 要经常换本子

# 二、阅 读

## 第一部分

**第46－50题：选词填空。**

A 世纪　　　B 遍　　　　C 无论　　　D 坚持　　　E 羡慕　　　F 开心

例如：她每天都（　D　）走路上下班，所以身体一直很不错。

46.　　你问题都回答完以后再检查一（　　　）。

47.　　今天是母亲节，儿子用自己的零花钱给我买了礼物，我非常（　　　）。

48.　　上个（　　　）末，世界人口已经超过了60亿。

49.　　（　　　）我们之间的距离是远还是近，我们的友谊都不会改变。

50.　　他爸爸总是带他出去旅游，真让人（　　　）。

**第51－55题：选词填空。**

A 另外    B 进行    C 温度    D 顺便    E 部分    F 光

例如： A：今天真冷啊，好像白天最高（ C ）才2℃。

B：刚才电视里说明天更冷。

51. A：中文水平考试现在有7到9级了？

B：对啊，听老师说新增了翻译和口试（    ）。

52. A：过马路别（    ）看手机，太危险了。

B：知道了，谢谢提醒。

53. A：做调查时要注意什么？

B：在（    ）调查研究时，只有从实际出发才能得到正确的结果。

54. A：师傅，我们不是去机场吗？你是不是走错了？

B：前面有点儿堵车，我们走（    ）一条路。

55. A：你一会儿去超市的时候，（    ）帮我买点儿啤酒回来。

B：你早点儿说就好了，我刚刚才回来。

# 第 二 部 分

## 第56－65题：排列顺序。

例如： A 可是今天起晚了

　　　 B 平时我骑自行上下班

　　　 C 所以就打车来公司　　　　　　　　　　 <u>B　A　C</u>

56. A 一个是店员态度特别好

　　 B 这家咖啡店最吸引我的地方有两个

　　 C 另外一个是店里有很多可爱的小猫　　　　 <u>　　　　　　　</u>

57. A 姐姐都只留出自己的生活费

　　 B 然后把剩下的钱全部存进银行

　　 C 每个月发了工资　　　　　　　　　　　　 <u>　　　　　　　</u>

58. A 今天才听说原来是他奶奶生病住院了

　　 B 昨天吃饭时小李没打招呼就着急走了

　　 C 当时我们稍微有些不高兴　　　　　　　　 <u>　　　　　　　</u>

59. A 所以不用带那么多衣服，拿两件换洗的就行

　　 B 估计两三天就回来了

　　 C 我这次出差，要是一切顺利　　　　　　　 <u>　　　　　　　</u>

165

60. A 来不及考虑太多

   B 就勇敢地跳下了水

   C 这个警察在上班的路上看到有个孩子遇到了危险 _____


61. A 大家请看黑板上的这两句对话

   B 找到的同学请举手回答

   C 里面有一处语法错误 _____


62. A 例如自己脱衣服，洗袜子等

   B 可以让他们从生活中的小事做起

   C 孩子的生活能力应从小开始锻炼 _____


63. A 也愿意一直相信我，支持我

   B 我很感谢我的妻子，她无论何时都很尊重我的选择

   C 即使是在我生意失败的时候 _____


64. A 可是不建议空腹喝

   B 每天早晨喝一杯黑咖啡对身体有很多好处

   C 因为肚子会很难受 _____


65. A 这只小狗很聪明，常常帮助主人

   B 它喜欢玩球，但是不喜欢洗澡

   C 每次洗澡时，主人都很烦恼 _____

# 第 三 部 分

**第66－85题：请选出正确答案。**

例如： 她很活泼，说话很有趣，总能给我们带来快乐，我们都很喜欢和她在一起。

    ★ 她是个什么样的人？

       ✔ 幽默        B 马虎        C 骄傲        D 害羞

66. 云南有很多少数民族，在一次聚会时，在座的六个云南人分别来自不同的民族，让我们很惊讶。

    ★ 从话里可以知道云南：

       A 地方大        B 人很多        C 少数民族多    D 喜欢聚会

67. 要保护孩子的眼睛，就要注意他们的用眼距离和环境，周末的时候带他们出去走走，看看绿树红花，蓝天白云。

    ★ 这段话说的是：

       A 怎么保护眼睛   B 养成好习惯   C 动作要标准   D 对刷牙感兴趣

68. 雪的颜色是白的看上去很干净，其实并不是这样，因为下雪会带走各种污染物。空气污染越严重，雪可能就越脏，这也是下雪后周围空气质量更好的原因。

    ★ 根据这段话，下雪会：

       A 使空气更干净   B 让云变多    C 改变心情    D 引起咳嗽

69. 我们这次篮球比赛虽然输了，但是赢得了友谊，赢得了尊重，现在我们回去后要总结经验，制订计划，下次一定要取得胜利。

    ★ 说话人的态度：

       A 脾气很好    B 态度积极    C 不高兴    D 有点儿生气

**70.** 爸爸可以让你玩游戏，但你要按照爸爸的要求，每天玩三十分钟，到时间我会提醒你，那时你就得关掉游戏，做得到的话，我可以让你每天玩会儿游戏，你能做到吗？

★ 爸爸要求孩子怎么做？

A 按规定玩游戏　　B 早点睡觉　　　C 好好学习　　　D 增加自信

**71.** 我们门店的果汁都是用新鲜水果做的，而且没有任何添加物，特别是我们的葡萄汁，很受欢迎，你要来一杯吗？

★ 店里的葡萄汁：

A 不太新鲜　　　B 很受欢迎　　　C 卖光了　　　　D 不再做了

**72.** 对一个人来说，聪不聪明无法选择，然而态度可以由自己决定，所以，我更重视一个人做事的态度，更愿意把机会给那些对工作非常认真负责的人。

★ 说话人更重视什么样的人？

A 有能力的　　　B 技术好的　　　C 态度认真的　　D 从不迟到的

**73.** 如果你对亚洲经济会议有兴趣，请填写申请表，然后递交，我们会给符合要求的人发邮件。

★ 想参加亚洲经济会议的人需要做什么？

A 会说英语　　　B 交申请表　　　C 上网开会　　　D 交费用

**74.** 请问你看到过我的孙子吗？他身高一米一，穿蓝衬衫，戴黑帽子，我带他来超市买水果，但一转眼他就不见了。

★ 这个老人在做什么？

A 在找孙子　　　B 在买水果　　　C 在打电话　　　D 在买衣服

**75.** 关于这两个词语我昨天就说明过了，但今天交上来的作业里很多同学还是做错了，所以我今天就再说一遍。

★ 接下来这位老师要做什么？

A 批评学生　　　B 说明课文　　　C 让学生考试　　D 解释词语

**76.** 我一直觉得导游是个很厉害的职业，不仅要知识丰富，还要语言幽默，这样才能使人觉得旅游生动有趣。

★ 说话人觉得导游怎么样？

    A 很危险　　　　B 很辛苦　　　　C 很厉害　　　　D 很有趣

**77.** 如果可能，就不要批评别人，不得不批评的时候，也要友好地说出你的意见，不要把话说得太过分，这样才能让被批评的人知道你是想帮助他，而不是光想着批评他。

★ 根据这段话，批评的目的是：

    A 获得经验　　　B 帮助别人　　　C 回忆过去　　　D 表示祝贺

**78.** 汉语中，"找不着北"这句话本来的意思是找不到哪边是北，后来用于指一个人做事时，找不到方向或者不清楚自己的目的是什么。

★ "找不着北"后来指：

    A 说话没重点　　B 迷路了　　　　C 没信心　　　　D 做事没方向

**79.** 这学期的计算机课挺难的，那么多复杂的内容，要全部记住实在不容易，只好课后多下点儿功夫，好好复习了。

★ 为了学好这门课，他需要：

    A 记笔记　　　　B 积极讨论　　　C 课后多花时间　D 提前预习

**80-81.**

人的体温会跟心情有关系，在高兴或生气时，血压升高，血流量加速，体温会有升高的现象，在心情低落、思念过多时，体温有偏低的现象，所以在测量体温时要处于相对平静的状态，在大喜大怒后测量体温应在半小时以后测量。

★ 从文中可以看出，体温跟下列哪个有关：

A 年龄 　　　　B 时间 　　　　C 心情 　　　　D 地点

★ 这段话最可能出自哪里？

A《国家地理》 　　B《生命科学》 　　C《每日周刊》 　　D《天下大事》

**82-83.**

我们都听过很多关于海洋的童话故事，其实真正的海底世界比故事里写的还要有趣。科学研究发现，海洋里面并不是我们想象中的那么安静，海底的动物们都会发出声音，只不过人的耳朵听不到这些声音。另外，海底也不完全是黑的，许多鱼会发出各种颜色的光，它们通过这些光来吸引其他的鱼靠近。

★ 说话人认为海底世界怎么样？

A 很有趣 　　　B 没有水草 　　　C 有美人鱼 　　　D 什么都看不见

★ 研究发现，许多生活在海底的鱼：

A 喜欢热闹 　　B 会发光 　　　C 有耳朵 　　　D 非常冷静

**84-85.**

"养成一种习惯需要21天"的说法一直很流行，但并不准确。这样的观点最早其实来自一位医生，他发现病人需要21天才能适应生病带来的身体变化，后来有人做了专门的研究，发现有人18天就能养成一个简单的习惯，有人则需要66天，最长要254天，不同的人情况也不一样，因此，不要太关注时间的长短，坚持才是关键。

★ 关于"养成一种习惯需要21天"的说法，可以知道：

A 不太准确 　　B 不够正式 　　C 不流行了 　　　D 来自杂志

★ 根据这段话，养成习惯的关键是什么？

A 不怕失败 　　B 坚持 　　　C 制定好计划 　　　D 打好基础

# 三、书写

## 第一部分

**第86–95题：完成句子。**

例如：那座桥　　800年的　　历史　　有　　了

那座桥有800年的历史了。

86. 镜子　　挂在　　我们　　哪儿　　把

87. 详细地址　　写着我的　　这张　　纸上

88. 千万　　放弃这个　　别　　你　　机会

89. 冷静　　是个　　周博士　　的人

90. 事情发生的　　解释了　　耐心地　　他　　经过

91. 讨论会　　那场　　很多人　　吸引了　　参加

92. 收拾得　　客厅　　被　　很干净　　妈妈

93. 长存　　我们的　　希望　　友谊

94. 任何　　这样的　　解决不了　　态度　　问题

95. 从来　　难道你　　吗　　失败过　　没有

# 第二部分

**第96−100题：看图，用词造句。**

例如： 乒乓球 ~~她很喜欢打乒乓球。~~

**96.** 盒子

**97.** 朵

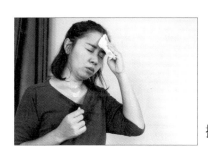

**98.** 擦

**99.** 仔细

**100.** 味道

정답 및 해설 ▶ 199쪽

## 1 응시자 정보 작성 방법

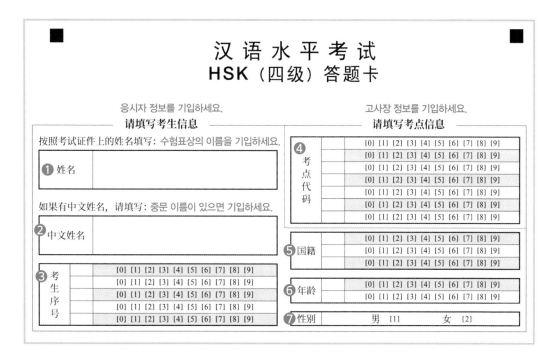

❶ 수험표상의 이름을 기입합니다.

❷ 수험표상의 중문 이름을 기입합니다.

❸ 수험 번호를 기입하고 마킹합니다.

❹ 고사장 번호를 기입하고 마킹합니다.

❺ 국적 번호를 기입하고 마킹합니다. (한국인은 523)

❻ 만 나이를 기입하고 마킹합니다.

❼ 성별에 마킹합니다.

■ : 모든 답안은 네모 칸이 꽉 차도록 진하게 칠하세요.

## *2* 답안지 작성 유의 사항

### PBT 답안지

- 답안지를 작성할 때는 반드시 2B연필을 사용합니다.
  (쓰기 주관식의 경우에는 샤프 연필을 사용해도 됩니다.)
- 답안은 네모 칸을 꽉 채워서 진하게 마킹합니다.
- 답안지는 교체되지 않으므로 답안을 정정할 때는 지우개로 깨끗하게 지우고 답안을 새로 마킹하거나 적으면 됩니다.
- 듣기 영역은 마킹 시간이 따로 주어지지만, 독해나 쓰기 영역은 시험시간 안에 답안 마킹까지 끝내야 하므로 마킹하면서 문제를 풀어야 합니다.

### IBT 답안지

- IBT는 답안을 마우스로 클릭하기만 하면 됩니다.
- 정답이 헷갈리는 문제는 해당 문제에 별표(★)를 클릭한 후에 다른 문제를 풀고 재검토합니다.
- 듣기 영역은 시험이 끝난 후 5분 동안 답안 점검 시간이 있고, 독해와 쓰기 영역은 해당 시간내에 정답 표시를 끝내야 합니다.
- 쓰기 제1부분은 해당 단어를 마우스로 드래그해서 문장을 만들어 줍니다.
- 쓰기 제2부분은 중국어 입력기를 이용해서 타자하면 됩니다. 모르는 한자는 필기 인식도 가능합니다.
- 답안지 화면 오른쪽 답안지 제출 을 클릭하면 즉시 시험이 종료됩니다. 시험이 끝날 때까지 절대 답안지 제출을 클릭하면 안 됩니다.

# 汉 语 水 平 考 试
## HSK（四级）答题卡

## 一、听力

1. [√] [×]    6. [√] [×]    11. [A] [B] [C] [D]    16. [A] [B] [C] [D]    21. [A] [B] [C] [D]
2. [√] [×]    7. [√] [×]    12. [A] [B] [C] [D]    17. [A] [B] [C] [D]    22. [A] [B] [C] [D]
3. [√] [×]    8. [√] [×]    13. [A] [B] [C] [D]    18. [A] [B] [C] [D]    23. [A] [B] [C] [D]
4. [√] [×]    9. [√] [×]    14. [A] [B] [C] [D]    19. [A] [B] [C] [D]    24. [A] [B] [C] [D]
5. [√] [×]    10. [√] [×]   15. [A] [B] [C] [D]    20. [A] [B] [C] [D]    25. [A] [B] [C] [D]

26. [A] [B] [C] [D]    31. [A] [B] [C] [D]    36. [A] [B] [C] [D]    41. [A] [B] [C] [D]
27. [A] [B] [C] [D]    32. [A] [B] [C] [D]    37. [A] [B] [C] [D]    42. [A] [B] [C] [D]
28. [A] [B] [C] [D]    33. [A] [B] [C] [D]    38. [A] [B] [C] [D]    43. [A] [B] [C] [D]
29. [A] [B] [C] [D]    34. [A] [B] [C] [D]    39. [A] [B] [C] [D]    44. [A] [B] [C] [D]
30. [A] [B] [C] [D]    35. [A] [B] [C] [D]    40. [A] [B] [C] [D]    45. [A] [B] [C] [D]

## 二、阅读

46. [A] [B] [C] [D] [E] [F]    51. [A] [B] [C] [D] [E] [F]
47. [A] [B] [C] [D] [E] [F]    52. [A] [B] [C] [D] [E] [F]
48. [A] [B] [C] [D] [E] [F]    53. [A] [B] [C] [D] [E] [F]
49. [A] [B] [C] [D] [E] [F]    54. [A] [B] [C] [D] [E] [F]
50. [A] [B] [C] [D] [E] [F]    55. [A] [B] [C] [D] [E] [F]

56. ___    58. ___    60. ___    62. ___    64. ___

57. ___    59. ___    61. ___    63. ___    65. ___

66. [A] [B] [C] [D]    71. [A] [B] [C] [D]    76. [A] [B] [C] [D]    81. [A] [B] [C] [D]
67. [A] [B] [C] [D]    72. [A] [B] [C] [D]    77. [A] [B] [C] [D]    82. [A] [B] [C] [D]
68. [A] [B] [C] [D]    73. [A] [B] [C] [D]    78. [A] [B] [C] [D]    83. [A] [B] [C] [D]
69. [A] [B] [C] [D]    74. [A] [B] [C] [D]    79. [A] [B] [C] [D]    84. [A] [B] [C] [D]
70. [A] [B] [C] [D]    75. [A] [B] [C] [D]    80. [A] [B] [C] [D]    85. [A] [B] [C] [D]

86–100题 →

## 三、书写

86. _____

87. _____

88. _____

89. _____

90. _____

91. _____

92. _____

93. _____

94. _____

95. _____

96. _____

97. _____

98. _____

99. _____

100. _____

请不要写到框线以外!

# 정답 및 해설

정답
1 洗手间里挂着一面镜子。
2 多吃西红柿对皮肤有不少好处。
3 空调的使用说明书就在那儿。
4 他的收入增加了两倍。
5 叔叔不小心把镜子打破了。

---

**1**　挂着　　镜子　　一面　　洗手间里

해설　STEP 1 결합할 수 있는 단어는 먼저 결합한다. → 수사+양사 '一面'+명사 '镜子'
　　　STEP 2 술어 '挂着'를 먼저 배열한다.
　　　STEP 3 장소를 나타내는 '洗手间里'가 있는데 전치사가 없으므로, '洗手间里'는 주어 자리에 놓고 '挂着'의 대상
　　　　　　인 '一面镜子'를 목적어 자리에 놓는다.

| 洗手间里 | 挂 | 着 | 一面 | 镜子 | → 존현문 |
|---|---|---|---|---|---|
| 주어 | 술어 | 조사 | 관형어 | 목적어 | |

**정답 및 해석**　洗手间里挂着一面镜子。 화장실에 거울 하나가 걸려 있다.

**단어**　洗手间 xǐshǒujiān 명 화장실 | 挂 guà 동 (고리·못 등에) 걸다 | 面 miàn 양 개[편평한 물건을 셀 때 쓰임] | 镜子 jìngzi 명 거울

---

**2**　多吃　　皮肤　　对　　有不少好处　　西红柿

해설　STEP 1 고정 격식 '对…有好处(~에 좋은 점이 있다)'를 떠올려 '有不少好处'를 술어 자리에 위치한다. 제시어 중
　　　　　　동사는 '多吃'와 '有'가 있는데 술어 동사는 대부분 '有'가 된다.
　　　STEP 2 제시어 중 '多吃' 뒤에 올 수 있는 단어는 '西红柿' 밖에 없으므로 결합하여 동사구 형태로 주어 자리에 놓는다.
　　　STEP 3 마지막 남은 제시어 '皮肤'를 '对' 뒤에 놓고 문장을 완성한다.

| 多吃西红柿 | 对皮肤 | 有 | 不少 | 好处 |
|---|---|---|---|---|
| 주어 | 부사어 | 술어 | 관형어 | 목적어 |

**정답 및 해석**　多吃西红柿对皮肤有不少好处。 토마토를 많이 먹으면 피부에 좋은 점이 많다.

**단어**　西红柿 xīhóngshì 명 토마토 | 皮肤 pífū 명 피부 | 好处 hǎochù 명 좋은 점, 장점

---

**3**　在那儿　　使用说明书　　空调的　　就

해설　STEP 1 '在那儿'은 '在(동사 술어)+那儿(목적어)' 구조이므로 '술어+목적어' 자리에 위치시킨다.
　　　STEP 2 '在'의 주어는 '使用说明书'이므로 주어 자리에 놓는다.
　　　STEP 3 '空调的'는 관형어로 의미상 명사인 '使用说明书' 앞에 놓는다.
　　　STEP 4 부사 '就'는 주어 뒤, 술어 앞에 놓고 문장을 완성한다.

| 空调的 | 使用说明书 | 就 | 在 | 那儿 |
|---|---|---|---|---|
| 관형어 | 주어 | 부사어 | 술어 | 목적어 |

**정답 및 해석**　空调的使用说明书就在那儿。 에어컨의 사용설명서는 바로 거기에 있다.

**단어**　空调 kōngtiáo 명 에어컨 | 使用说明书 shǐyòng shuōmíngshū 사용 설명서

| 4 | 增加了 | 他的 | 两倍 | 收入 |
|---|---|---|---|---|

해설  STEP 1  '增加了'를 술어 자리에 위치시킨다.
STEP 2  '增加'의 주어는 '收入'이므로 주어 자리에 놓고, '他的'는 관형어로 명사인 '收入' 앞에 놓는다.
STEP 3  마지막 남은 '两倍'는 수량보어이므로 술어 뒤에 놓고 문장을 완성한다.

| 他的 | 收入 | 增加 | 了 | 两倍 |
|---|---|---|---|---|
| 관형어 | 주어 | 술어 | 조사 | 보어 |

정답 및 해석  他的收入增加了两倍。그의 수입이 두 배로 늘었다.

단어  收入 shōurù 몡 수입 | 增加 zēngjiā 동 증가하다, 늘다 | 倍 bèi 양 배, 곱절

| 5 | 不小心 | 叔叔 | 打破了 | 把 | 镜子 |
|---|---|---|---|---|---|

해설  STEP 1  '把'와 술어 '打破了'를 먼저 배열한다.
STEP 2  '打破了'의 행위자인 '叔叔'를 주어 자리에 놓고, 나머지 명사 '镜子'를 '把' 뒤의 목적어 자리에 놓는다.
STEP 3  마지막 남은 '不小心'은 부사어이므로 전치사 '把' 앞에 놓고 문장을 완성한다.

| 叔叔 | 不小心 | 把镜子 | 打 | 破 | 了 |
|---|---|---|---|---|---|
| 주어 | 부사어 | 把+목적어 | 술어 | 보어 | 결과 |

→ 把자문

정답 및 해석  叔叔不小心把镜子打破了。삼촌이 부주의로 거울을 깨뜨렸다.

단어  叔叔 shūshu 몡 삼촌, 아저씨 | 镜子 jìngzi 몡 거울 | 打破 dǎpò 동 깨다, 깨뜨리다

## 실력 확인하기  〈독해 | 제1부분〉  🔊 0-11

정답  **1** B  **2** E  **3** A  **4** C  **5** F  **6** F  **7** E
**8** B  **9** A  **10** D

A 热闹    B 顺序    C 及时    D 坚持    E 接受    F 社会

### 1

정답 및 해석  咱们按照从左到右的（**B** 顺序）参观吧。 | 우리 왼쪽에서 오른쪽（**B** 순서）대로 둘러보지.

해설  빈칸 앞에는 구조조사 '的'가 있으므로, 빈칸에는 명사가 와야 됩니다. 제시어 중 명사는 B 顺序, F 社会가 있으며 문맥상 가장 적절한 것은 '顺序(순서)'입니다. 따라서 정답은 B입니다.

단어  顺序 shùnxù 몡 순서 | 按照 ànzhào 전 ~에 따라, ~대로 | 参观 cānguān 동 참관하다, 둘러보다

### 2

정답 및 해석  真正爱一个人的话，喜欢他优点的同时也要（**E** 接受）他的缺点。 | 한 사람을 진정으로 사랑한다면, 그 사람의 장점을 좋아하는 동시에 또한 그 사람의 단점을（**E** 받아들여）야 한다.

해설  빈칸 앞에는 부사어 '也要'가 있고 뒤에는 목적어 '缺点'이 있으므로, 빈칸은 동사 자리임을 알 수 있습니다. 제시어 중 동사는 '接受' 밖에 없습니다. 따라서 정답은 E입니다. 독해 제1부분에서 '坚持'가 보이면 바로 지워줍니다.

| 단어 | 接受 jiēshòu 图 받아들이다 ┃ 真正 zhēnzhèng 图 진정으로, 정말로 ┃ 优点 yōudiǎn 몜 장점 ┃ 缺点 quēdiǎn 몜 결점, 단점 |
| --- | --- |

### 3

| 정답 및 해석 | 别看这条街平时人不多，到周末却（ A 热闹 ）极了。 | 비록 이 거리는 평소에는 사람이 많지 않지만, 주말이 되면 매우 （ **A** 시끌벅적하다 ）. |
| --- | --- | --- |
| 해설 | 빈칸 뒤에는 정도보어 '极了'가 있으므로, 빈칸에는 형용사가 와야 됩니다. 제시어 중 형용사는 '热闹' 밖에 없습니다. 따라서 정답은 A입니다. | |
| 단어 | 热闹 rènao 혱 떠들썩하다, 시끌벅적하다 ┃ 别看 biékàn 젭 비록 ～지만 ┃ 条 tiáo 얭 가늘고 긴 것을 셀 때 쓰임 ┃ 街 jiē 몜 (비교적 넓고 큰) 길, 거리 ┃ 平时 píngshí 몜 평소 ┃ 周末 zhōumò 몜 주말 ┃ 却 què 图 ～지만 | |

정도보어 '极了 jíle'는 형용사 뒤에 쓰이며 '매우 ～하다'라는 의미입니다.

热极了 매우 덥다 ┃ 高兴极了 매우 기쁘다 ┃ 漂亮极了 매우 예쁘다

### 4

| 정답 및 해석 | A 请给我一张秋季运动会申请表。<br>B 好的，填完后请（ C 及时 ）交回。 | A 가을 운동회 신청서 한 장 주세요.<br>B 네. 다 작성하신 후에（ **C** 바로 ）제출해 주세요. |
| --- | --- | --- |
| 해설 | 빈칸 뒤에는 동사 '交'가 있으므로, 빈칸은 부사나 능원동사가 들어갈 수 있는 부사어 자리임을 알 수 있습니다. 제시어 중 부사는 '及时' 밖에 없습니다. 따라서 정답은 C입니다. | |
| 단어 | 及时 jíshí 图 즉시, (곧)바로 ┃ 张 zhāng 얭 장[종이나 가죽 등을 셀 때 쓰임] ┃ 秋季运动会 qiūjì yùndònghuì 가을 운동회 ┃ 申请表 shēnqǐngbiǎo 몜 신청서 ┃ 填 tián 图 기입하다, 작성하다 ┃ 交 jiāo 图 내다, 제출하다 | |

### 5

| 정답 및 해석 | A 李教授，对于这件事您有什么看法呢？<br>B 我没想到这件事会有这么大的（ F 社会 ）影响。 | A 리 교수님, 이 일에 대해 어떤 견해를 가지고 계시나요？<br>B 전 이 일이 이렇게 큰（ **F** 사회적 ）영향이 있을 줄은 생각지 못했어요. |
| --- | --- | --- |
| 해설 | 빈칸 앞에는 구조조사 '的'가 있으므로, 빈칸에는 명사가 와야 됩니다. 제시어 중 명사는 B 顺序, F 社会가 있으며, 빈칸 뒤의 '影响'과 의미상 가장 어울리는 것은 '社会(사회)'입니다. 따라서 정답은 F입니다. | |
| 단어 | 社会 shèhuì 몜 사회 ┃ 教授 jiàoshòu 몜 교수 ┃ 看法 kànfǎ 몜 견해 ┃ 没想到 méixiǎngdào 생각지 못하다, 뜻밖에도 ┃ 影响 yǐngxiǎng 몜 영향 | |

---

A 态度　　B 流利　　C 温度　　D 占线　　E 烤鸭　　F 好像

### 6

| 정답 및 해석 | 我带的现金（ F 好像 ）不够，能刷卡吗？ | 제가 가지고 있는 현금이 부족（ **F** 한 것 같은데 ）카드 결제 되나요？ |
| --- | --- | --- |
| 해설 | 주어 '现金' 뒤에 빈칸이 있고 빈칸 뒤에는 형용사 술어가 있으므로 빈칸은 부사가 들어갈 수 있는 부사어 자리임을 알 수 있습니다. 제시어 중 부사는 '好像' 밖에 없습니다. 따라서 정답은 F입니다. | |
| 단어 | 好像 hǎoxiàng 图 마치 ～와 같다, ～인 것 같다 ┃ 带 dài 图 (몸에) 가지고 있다, 지니다 ┃ 现金 xiànjīn 몜 현금 ┃ 不够 búgòu 혱 부족하다 ┃ 刷卡 shuākǎ 图 카드를 긁다, 카드로 결제하다 | |

| | |
|---|---|
| 정답 및 해석 | 这家店的 ( E 烤鸭 ) 特别好吃，每天都有很多人排队来买。 | 이 가게의 ( E 오리구이 )는 아주 맛있어서, 매일 많은 사람들이 줄 서서 산다. |

**해설** 빈칸 앞에는 구조조사 '的'가 있으므로, 빈칸에는 명사가 와야 됩니다. 제시어 중 명사는 '态度'와 '烤鸭'가 있는데, 빈칸 뒤의 '好吃'와 의미상 가장 어울리는 것은 '烤鸭(오리구이)'입니다. 따라서 정답은 E입니다.

**단어** 烤鸭 kǎoyā 몡 오리구이 | 店 diàn 몡 상점, 가게 | 特别 tèbié 뮈 특히, 아주 | 排队 páiduì 동 줄을 서다

| | |
|---|---|
| 정답 및 해석 | 他来中国才半年时间，汉语就已经非常 ( B 流利 ) 了。 | 그는 중국에 온 지 겨우 반년밖에 안 되었는데, 중국어가 이미 매우 ( B 유창해졌다 ). |

**해설** 부사 '非常' 뒤의 빈칸에는 심리동사나 형용사가 올 수 있습니다. 제시어 중 심리동사는 없고 형용사 '流利'가 있습니다. 따라서 정답은 B입니다.

**단어** 流利 liúlì 혱 (말이) 유창하다 | 才 cái 뮈 겨우, 고작 | 半年 bànnián 몡 반년

🔊 **선생님의 한마디** '才'는 시간이나 수량을 나타내는 말 앞에 쓰여, 시간이 이르거나(早) 수량이 적음(少)을 나타냅니다. 이런 경우 '才'는 '겨우'라고 해석하면 됩니다.

他才睡了两个小时。 그는 겨우 두 시간 잤다.

| | |
|---|---|
| 정답 및 해석 | A 老高对这件事情是什么 ( A 态度 )？<br>B 没反对，但他说要好好考虑一下。 | A 라오까오는 이 일에 대해 어떤 ( A 태도 )를 보였나요?<br>B 반대하진 않았지만, 그는 잘 좀 생각해 보라고 했어요. |

**해설** 의문사 '什么' 뒤에 있는 빈칸은 명사 자리입니다. 제시어 중 명사는 '态度'와 '烤鸭'가 있는데, '어떤 태도를 보였는가(是什么态度)'라고 하는 것이 문맥상 자연스럽습니다. 또한 '烤鸭'는 이미 7번의 정답으로 쓰였습니다. 따라서 정답은 A입니다.

**단어** 态度 tàidu 몡 태도 | 事情 shìqing 몡 일, 사건 | 反对 fǎnduì 동 반대하다 | 好好(儿) hǎohāo(r) 뮈 잘, 충분히 | 考虑 kǎolǜ 동 고려하다, 생각하다

| | |
|---|---|
| 정답 및 해석 | A 小王的电话一直 ( D 占线 )。<br>B 直接给他发短信吧，告诉他见面的时间、地点就行了。 | A 샤오왕의 전화가 계속 ( D 통화 중이에요 ).<br>B 그에게 직접 문자를 보내세요. 만날 시간과 장소를 알려주면 됩니다. |

**해설** 빈칸 앞의 '一直'는 어떤 행동이나 상태가 지속되고 있음을 나타내는 부사로 뒤에는 동사나 동사구가 옵니다. 제시어 중 동사는 '占线' 밖에 없습니다. 따라서 정답은 D입니다.

**단어** 占线 zhànxiàn 동 (전화가) 통화 중이다 | 一直 yìzhí 뮈 계속, 줄곧 | 直接 zhíjiē 뮈 직접 | 发短信 fā duǎnxìn 문자를 보내다 | 告诉 gàosu 동 알리다 | 地点 dìdiǎn 몡 지점, 장소 | …就行了 ……jiù xíng le ~하면 된다

정답  **1** A  **2** C  **3** B  **4** D  **5** A  **6** A  **7** D
      **8** B  **9** A  **10** C  **11** A  **12** C

듣기 | 제2부분 대화형

**1**

정답 및 해석

| | |
|---|---|
| 男：老同学，<u>新婚快乐</u>，祝你们永远幸福。 | 남: 친구야, <u>결혼 축하해</u>. 영원히 행복하길 바라. |
| 女：谢谢，干杯。 | 여: 고마워. 건배하자. |

| | |
|---|---|
| 问: **关于女的，可以知道什么?** | 질문: 여자에 관해서 무엇을 알 수 있는가? |
| A 结婚了 (✓)　　B 毕业了 | A 결혼했다 (✓)　　B 졸업했다 |
| C 出国了　　D 工作了 | C 출국했다　　D 일했다 |

해설

선택지를 보고 누군가의 현재 상태를 묻는 문제라는 걸 파악합니다. 남자가 '新婚快乐'라고 했으므로 상대방이 결혼했음을 알 수 있습니다. 따라서 정답은 A입니다.

단어

结婚 jiéhūn 동 결혼하다 | 毕业 bìyè 동 졸업하다 | 同学 tóngxué 명 (학교) 친구 | 新婚快乐 xīnhūn kuàilè 결혼 축하합니다 | 祝 zhù 동 축복하다. 바라다 | 永远 yǒngyuǎn 부 영원히 | 幸福 xìngfú 형 행복하다

**2**

정답 및 해석

| | |
|---|---|
| 女：师傅，这台电脑还能修好吗? | 여: 기사님, 이 컴퓨터는 아직 고칠 수 있나요? |
| 男：能修好，<u>不过进水太严重了</u>，修理费会比较高。 | 남: 고칠 수 있어요. 하지만 물이 들어가서 너무 심하네요. 수리비가 비교적 많이 들 거예요. |

| | |
|---|---|
| 问: **那台电脑怎么了?** | 질문: 그 컴퓨터는 어떻게 되었는가? |
| A 黑屏了 | A 먹통이다 |
| B 没电了 | B 배터리가 없다 |
| C 进水了 (✓) | C 물이 들어갔다 (✓) |
| D 中病毒了 | D 바이러스에 걸렸다 |

해설

선택지를 보고 전자제품의 상태를 묻는 문제라는 걸 파악합니다. 선택지 A와 D는 조금 어려운 단어로 되어 있기 때문에 뜻을 모를 수 있습니다. 이런 경우에는 녹음에서 들리면 찍을 수 있도록 병음에 맞게 속으로 발음해 봅니다. 녹음에서 여자는 컴퓨터를 고칠 수 있는지 물어봤고, 남자는 '进水太严重了'라고 했기 때문에 C가 정답입니다.

단어

黑屏了 hēipíng le 먹통이다 *黑屏 먹통으로 켜지지 않다 | 没电了 méi diàn le 배터리가 없다 | 中病毒 zhòng bìngdú 바이러스에 걸리다 | 师傅 shīfu 명 기사님[기예·기능을 가진 사람에 대한 존칭] | 台 tái 양 대[가전제품을 셀 때 쓰임] | 电脑 diànnǎo 명 컴퓨터 | 修 xiū 동 수리하다. 고치다 | 严重 yánzhòng 형 (정도가) 심각하다 | 修理费 xiūlǐfèi 명 수리비 | 比较 bǐjiào 부 비교적

**3**

정답 및 해석

| | |
|---|---|
| 女：今天课上讲了这么多内容，你怎么全都能听明白啊? | 여: 오늘 수업시간에 이렇게 많은 내용을 설명했는데, 넌 어떻게 다 알아들을 수 있니? |
| 男：<u>课前预习很关键</u>，这样学起来才会轻松。 | 남: <u>수업 전 예습이 매우 중요해</u>. 그래야 배우기가 수월 하거든. |

| 问: 男的认为什么很关键? | 질문: 남자는 무엇이 매우 중요하다고 여기는가? |
|---|---|
| A 课后复习 | A 수업 후에 복습한다 |
| B 课前预习 ( ✓ ) | B 수업 전에 예습한다 ( ✓ ) |
| C 认真听讲 | C 열심히 강의를 듣는다 |
| D 和老师交流 | D 선생님과 교류한다 |

**해설**

선택지를 보고 동사구로 이루어진 행동과 관련된 문제임을 파악합니다. 남자가 '课前预习很关键'이라고 했으므로 B가 정답입니다. 녹음에서 '关键'이 들리면 정답인 경우가 많습니다. '关键'이 명사로 쓰이면 '关键在于(핵심은 ~에 달려있다)'가 많이 출제되고, '关键'이 형용사로 쓰이면 앞에 정도부사 '很'이 같이 쓰입니다. 따라서 '关键'이 들리면 집중해서 듣도록 합니다.

**단어**

课 kè 몡수업, (수업) 시간 | 复习 fùxí 통복습하다 | 预习 yùxí 통예습하다 | 认真 rènzhēn 휑진지하다, 열심히 하다 | 听讲 tīngjiǎng 통강의를 듣다 *讲 통①강의하다 ②설명하다 | 交流 jiāoliú 통교류하다 | 内容 nèiróng 몡내용 | 关键 guānjiàn 휑매우 중요하다 | 轻松 qīngsōng 휑수월하다

### 4

**정답 및 해석**

| 男 : 这附近有比较好的餐厅吗? | 남: 이 근처에 비교적 괜찮은 식당이 있나요? |
|---|---|
| 女 : 你知道公司附近的那家吗? 那家就不错, 有很多特色菜。 | 여: 회사 근처의 그 식당을 아세요? 그 식당이 괜찮아요. 특색 요리가 많거든요. |

| 问: 关于那家餐厅, 可以知道什么? | 질문: 그 식당에 관해서 무엇을 알 수 있는가? |
|---|---|
| A 很干净 | A 매우 깨끗하다 |
| B 刚开不久 | B 오픈한 지 얼마 안 됐다 |
| C 距离很远 | C 거리가 멀다 |
| D 有很多特色菜 ( ✓ ) | D 특색 요리가 많다 ( ✓ ) |

**해설**

선택지 D를 보고 식당과 관련된 것을 묻는 문제라는 걸 파악합니다. 여자의 말 중에서 '有很多特色菜'라고 녹음에서 그대로 들려줬기 때문에, 정답은 D입니다.

**단어**

干净 gānjìng 휑깨끗하다 | 刚开不久 gāng kāi bù jiǔ 오픈한 지 얼마 안 되다 | 距离 jùlí 몡거리 | 特色菜 tèsècài 몡특색 요리 | 比较 bǐjiào 뷔비교적 | 餐厅 cāntīng 몡식당 | 附近 fùjìn 몡부근, 근처 | 不错 búcuò 휑좋다, 괜찮다

### 5

**정답 및 해석**

| 女 : 不好意思, 能帮我照张相吗? | 여: 죄송한데 사진 한 장 찍어 주실 수 있나요? |
|---|---|
| 男 : 好的, 你稍微往前面站一点, 后面的背景 很好看。 | 남: 네. 조금 앞쪽으로 서 주세요. 뒤쪽의 배경이 보기 좋네요. |

| 问: 女的要男的做什么? | 질문: 여자는 남자에게 무엇을 해달라고 부탁했는가? |
|---|---|
| A 照相 ( ✓ ) | A 사진을 찍는다 ( ✓ ) |
| B 照顾父母 | B 부모님을 돌본다 |
| C 开窗户 | C 창문을 연다 |
| D 扔垃圾 | D 쓰레기를 버린다 |

**해설**

선택지가 동사(구)로 이루어져 있으므로 행동과 관련된 문제임을 알 수 있습니다. 이런 문제는 동사 위주로 녹음을 들어야 합니다. 여자가 '能帮我照张相吗?'라고 물었기 때문에 A가 정답입니다. '照相'은 이합동사이기 때문에 양사 '张'을 '照'와 '相' 사이에 넣어 '照张相'처럼 만들어 줄 수 있습니다. '照相'만 외우면 '照张相'이 잘 안 들릴 수 있으므로 주의하세요.

**단어**

照相 zhàoxiàng 통사진을 찍다 | 照顾 zhàogù 통돌보다, 보살피다 | 开窗户 kāi chuānghu 창문을 열다 | 扔垃圾 rēng lājī 쓰레기를 버리다 | 不好意思 bùhǎoyìsi 죄송합니다, 미안합니다 | 张 zhāng 양[종이·책상·의자·침대 등 넓은 표면을 가진 것을 셀 때 쓰임] | 稍微 shāowēi 뷔조금, 약간 | 站 zhàn 통서다 | 背景 bèijǐng 몡배경 | 要 yào 통부탁하다, 요구하다

## 6

**정답 및 해석**

女: 今晚的聚会我穿这条蓝色的裙子怎么样?

男: 晚上就是几个老朋友随便聚聚, <u>你不用打扮得这么正式。</u>

여: 오늘 저녁 모임에 내가 이 파란색 치마를 입는 건 어때요?

남: 저녁에 단지 옛 친구 몇 명이 편하게 좀 모이는 건데, <u>이렇게 정장 차림으로 꾸밀 필요는 없어요.</u>

问: 男的觉得女的穿那条蓝裙子怎么样?

A 太正式 (✓)
B 不好看
C 没有特点
D 一般

질문: 남자는 여자가 그 파란 치마를 입는 것이 어떻다고 생각하는가?

A 너무 정장차림이다 (✓)
B 예쁘지 않다
C 특징이 없다
D 일반적이다

**해설**

녹음에서 여자가 파란색 치마를 입는 건 어떤지 물어보자, 남자는 '你不用打扮得这么正式'라고 했습니다. 남자는 여자가 너무 정장 차림으로 옷을 입는다고 생각했음을 알 수 있습니다. 따라서 정답은 A가 됩니다. 옷과 관련해서 캐주얼하게 입는 것은 '穿得很休闲 xiūxián'이라 합니다.

**단어**

正式 zhèngshì 형 정식의, 정장차림의 | 特点 tèdiǎn 명 특징 | 聚会 jùhuì 명 모임 *聚 동 모이다 | 条 tiáo 양 가늘고 긴 것을 셀 때 쓰임 | 蓝色 lánsè 명 파란색 | 裙子 qúnzi 명 치마 | 就是 jiùshì 부 단지 ~하다 | 随便 suíbiàn 동 마음대로, 편하게 | 打扮 dǎban 동 단장하다, 꾸미다

## 7

**정답 및 해석**

男: 我写的那篇总结你看了吗? 给我提提意见吧。

女: 看了, 写得挺好, <u>要是最后能再举例说明一下就更好了。</u>

남: 제가 쓴 그 총결산서 봤어요? 저에게 의견 좀 제시해 주세요.

여: 봤어요. 아주 잘 썼어요. <u>만약 마지막에 다시 한번 예를 들어 설명했으면 더 좋았을 거예요.</u>

问: 女的建议那篇总结增加什么内容?

A 主题          B 数字
C 形容词        D 例子 (✓)

질문: 여자는 그 총결산서에 어떤 내용을 추가하자고 제안했는가?

A 주제          B 숫자
C 형용사        D 예시 (✓)

**해설**

여자의 마지막 말 '要是最后能再举例说明一下就更好了'에서 예를 들어 설명했으면 더 좋았을 거라고 제안했음을 알 수 있습니다. 질문은 여자가 어떤 걸 추가하자고 제안했는지 물었으므로, 정답은 D가 됩니다.

**단어**

主题 zhǔtí 명 주제 | 数字 shùzì 명 숫자 | 形容词 xíngróngcí 명 형용사 | 例子 lìzi 명 예, 예시 | 篇 piān 양 편[글이나 문장을 셀 때 쓰임] | 总结 zǒngjié 명 총결산(서) | 提意见 tí yìjiàn 의견을 제시하다 | 挺 tǐng 부 꽤, 제법, 아주 | 要是 yàoshì 접 만약 ~라면 | 举例 jǔlì 동 예를 들다 | 建议 jiànyì 동 건의하다, 제안하다 | 增加 zēngjiā 동 증가하다, 추가하다

**듣기** | 제3부분 대화형

## 8

**정답 및 해석**

女: <u>什么事让你这么激动</u>?

男: 前几天那个生意终于谈成了!

女: 这真是个好消息, 还好没有白辛苦。

男: 是啊, 终于不用加班了。

여: <u>무슨 일인데 이렇게 흥분했어</u>?

남: 며칠 전 그 사업이 마침내 성사됐어!

여: 이건 정말 좋은 소식이네. 다행히 헛고생하진 않았어.

남: 맞아. 드디어 야근 안 해도 돼.

问: 男的现在心情怎么样?

A 很伤心        B 激动 (✓)
C 很失望        D 愤怒

질문: 남자는 현재 기분이 어떠한가?

A 슬퍼하다        B 흥분하다 (✓)
C 실망하다        D 분노하다

**해설**

선택지를 보고 누군가의 심리상태를 묻고 있음을 파악합니다. 여자가 처음에 '什么事让你这么激动?'이라 했기 때문에, 남자가 지금 흥분 상태임을 알 수 있습니다. 질문에서 남자의 기분이 어떤지 물었으므로, 정답은 B가 됩니다. '激动'은 감정이 격해진 상태를 말하며, 화가 나서 흥분할 때 주로 쓰며 이 문제처럼 기분이 좋아서 흥분할 때도 사용합니다. 또한 이산가족 상봉처럼 감격했을 때도 사용합니다.

**단어**

伤心 shāngxīn 图 상심하다, 슬퍼하다 | 激动 jīdòng 图 (감정이) 격해지다, 흥분하다 | 失望 shīwàng 图 실망하다 | 愤怒 fènnù 图 분노하다 | 生意 shēngyi 图 장사, 사업 | 终于 zhōngyú 图 마침내, 드디어 | 谈成 tánchéng 성사되다 | 消息 xiāoxi 图 소식 | 白辛苦 bái xīnkǔ 헛고생하다 *白 图 헛되이, 쓸데없이 | 不用…了 búyòng……le ~안 해도 된다 | 加班 jiābān 图 야근하다, 초과근무하다

---

## 9

**정답 및 해석**

| | |
|---|---|
| 男：我实在不想吃外卖了，但自己还懒得做。<br>女：你可以试试最近很火的厨师上门服务。<br>男：怎么收费啊？<br>女：一次只要几十块，而且除了做饭，<u>还能帮忙买菜洗碗呢</u>。 | 남: 난 정말 배달음식을 먹고 싶지 않아요. 하지만 직접 요리하는 것이 또 귀찮아요.<br>여: 요즘 인기 많은 요리사 방문서비스를 한번 써 보세요.<br>남: 요금은 어떻게 되나요?<br>여: 한 번에 몇 십 위안이면 되고, 게다가 요리하는 것 외에, <u>장을 보고 설거지하는 것도 도와줄 수 있어요</u>. |
| **问: 厨师上门可以提供哪种服务?**<br>A 洗碗 (✓)<br>B 擦桌子<br>C 倒垃圾<br>D 打扫房间 | **질문: 요리사가 방문하면 어떤 서비스를 제공할 수 있는가?**<br>A 설거지한다 (✓)<br>B 탁자를 닦는다<br>C 쓰레기를 비운다<br>D 방을 청소한다 |

**해설**

녹음에서 선택지 일부가 그대로 들리는 경우에는 좀 더 집중해서 듣도록 합니다. 여자의 마지막 말 '还能帮忙买菜洗碗呢'에서 선택지 A가 그대로 들렸습니다. 질문에서 어떤 서비스를 제공할 수 있는지 물었으므로, 정답은 A가 됩니다.

**단어**

洗碗 xǐ wǎn 설거지하다 | 擦桌子 cā zhuōzi 탁자를 닦다 | 倒垃圾 dào lājī 쓰레기를 비우다 *倒 图 (거꾸로 들어서) 쏟다, 비우다 | 打扫房间 dǎsǎo fángjiān 방을 청소하다 | 实在 shízài 图 확실히, 정말 | 外卖 wàimài 图 배달음식 | 懒得 lǎnde 图 ~하는 것이 귀찮다 *懒 图 게으르다, 나태하다 | 试试 shìshi (시험 삼아) 한번 써보다 | 火 huǒ 图 인기가 많다, 핫하다 | 厨师上门服务 chúshī shàngmén fúwù 요리사 방문서비스 | 收费 shōufèi 图 요금을 받다 *费 图 비용, 요금 | 除了 chúle 전 ~을 제외하고, ~외에 | 买菜 mǎi cài 장을 보다 | 提供 tígōng 图 제공하다

---

## 10

**정답 및 해석**

| | |
|---|---|
| 女：小孙，最近怎么没见到你父母？<br>男：<u>他俩在郊区租了一个小院儿</u>，到那儿去住了。<br>女：真让人羡慕，这下你爸有地方养花儿了。<br>男：是啊，他还打算将来在院子里养只狗呢。 | 여: 샤오쑨, 요즘 왜 너희 부모님을 못 봤지?<br>남: <u>그 두 분은 교외에 작은 정원을 빌렸어요</u>. 그곳에 가서 살고 계세요.<br>여: 정말 부럽다. 이번에 너희 아버지한테 꽃을 가꿀 곳이 생겼네.<br>남: 맞아요. 아버지는 나중에 정원에서 개도 기를 계획이세요. |
| **问: 男的父母搬到哪儿去了?**<br>A 市中心 　B 外地<br>C 郊区 (✓) 　D 国外 | **질문: 남자의 부모는 어디로 이사 갔는가?**<br>A 시내 중심 　　B 외지, 타지<br>C 교외 (✓) 　　D 국외 |

**해설**

선택지를 보고 장소를 묻는 문제라는 걸 파악합니다. 남자의 말에서 '他俩在郊区租了一个小院儿'라며 직접 '郊区(교외)'를 언급했고, 다른 장소는 들리지 않았습니다. 질문에서 남자의 부모가 이사간 장소를 물었으므로, 정답은 C입니다.

**단어**

市中心 shìzhōngxīn 图 시내 중심, 도심 | 郊区 jiāoqū 图 교외 | 小孙 Xiǎo Sūn 고유 샤오쑨[인명] | 租 zū 图 (집 등을) 임차하다, 빌리다 | 院儿 yuànr 图 뜰, 정원(=院子) | 羡慕 xiànmù 图 흠모하다, 부러워하다 | 这下 zhè xià 이번에 | 养 yǎng 图 기르다, (꽃을) 가꾸다 | 打算 dǎsuàn 图 ~하려고 하다, ~할 계획이다 | 将来 jiānglái 图 장래, 나중 | 搬 bān 图 이사하다

## 11

정답 및 해석

| | |
|---|---|
| 女：你好，我想买个太阳镜。<br>男：好的，这些都是今年最流行的。<br>女：我想要个清凉的。<br>男：那您看看这个，<u>现在还有活动，打七折呢</u>。 | 여: 안녕하세요. 저는 선글라스를 사고 싶어요.<br>남: 알겠습니다. 이것들은 모두 올해 가장 유행하는 것입니다.<br>여: 시원한 걸로 주세요.<br>남: 그럼 이거 좀 보세요. <u>지금 이벤트도 있어서 30% 할인해요</u>. |
| **问: 关于那个太阳镜，可以知道什么？**<br>　　A 在打折（✔）<br>　　B 不受欢迎<br>　　C 价格很高<br>　　D 最近没货 | **질문: 그 선글라스에 관해서 무엇을 알 수 있는가?**<br>　　A 할인 중이다（✔）<br>　　B 인기가 없다<br>　　C 가격이 높다<br>　　D 요즘 상품이 없다 |

해설　선택지를 보고 어떤 상품에 대해 묻는 문제라는 걸 파악합니다. 선택지의 단어가 녹음에서 들리는 경우 놓치지 말고 집중해서 듣도록 합니다. 남자의 마지막 말 '现在还有活动，打七折呢'에서 이벤트로 할인한다고 했으므로, 정답은 A 입니다.

단어　打折 dǎzhé 동 할인하다 *打七折 30% 할인하다 ｜ 受欢迎 shòu huānyíng 환영을 받다. 인기 있다 ｜ 价格 jiàgé 명 가격 ｜ 货 huò 명 상품 ｜ 太阳镜 tàiyángjìng 명 선글라스 ｜ 清凉 qīngliáng 형 시원하다. 청량하다 ｜ 活动 huódòng 명 이벤트, 행사

## 12

정답 및 해석

| | |
|---|---|
| 男：马上就要比赛了，你现在紧张吗？<br>女：<u>我比赛前从来不紧张</u>，相反，我现在很放松。<br>男：能跟观众朋友们说说，你是怎么做到的吗？<br>女：我经常会在比赛前听一听音乐，让自己冷静下来。 | 남: 곧 시합인데, 당신은 지금 긴장되나요？<br>여: <u>저는 시합 전에 여태껏 긴장한 적이 없습니다</u>. 반대로, 전 지금 아주 편한 상태예요.<br>남: 시청자 여러분께 어떻게 (긴장을 안 하는 걸) 해낼 수 있었는지 말씀 좀 해주시겠어요？<br>여: 저는 늘 시합 전에 음악을 좀 들으면서, <u>스스로를 침착하게 합</u>니다. |
| **问: 女的最可能是什么职业？**<br>　A 音乐家　　　　B 记者<br>　C 运动员（✔）　D 作家 | **질문: 여자는 어떤 직업일 가능성이 높은가？**<br>　A 음악가　　　　B 기자<br>　C 운동선수（✔）　D 작가 |

해설　선택지를 보면 직업 관련 문제임을 알 수 있습니다. 직업 문제는 직접 답을 언급하는 유형과, 이 문제처럼 힌트가 되는 단어를 들려주고 답을 고르는 유형의 문제가 있습니다. 녹음에서 여자가 '我比赛前从来不紧张'라고 했기 때문에 힌트 단어인 '比赛'로 여자가 운동선수라는 걸 유추할 수 있습니다. 질문에서 여자의 직업을 물었으므로, 정답은 C입니다. '我经常会在比赛前听一听音乐'에서 '音乐'가 들렸다고 A 音乐家를 오답으로 쓰면 안 됩니다.

단어　音乐家 yīnyuèjiā 명 음악가 ｜ 记者 jìzhě 명 기자 ｜ 运动员 yùndòngyuán 명 운동선수 ｜ 就要…了 jiù yào……le 곧 ~하려고 한다 ｜ 比赛 bǐsài 명 시합 ｜ 紧张 jǐnzhāng 형 긴장하다 ｜ 从来不 cónglái bù 여태껏 ~한 적이 없다 ｜ 相反 xiāngfǎn 접 반대로 ｜ 放松 fàngsōng 동 긴장을 풀다 (긴장이 없어) 마음이 편하다 ｜ 观众 guānzhòng 명 관중, 시청자 ｜ 冷静 lěngjìng 동 침착하게 하다 ｜ 职业 zhíyè 명 직업

## 실력 확인하기 〈독해 | 제3부분〉　　　　　　🔊 2-07

정답
| 1 D | 2 C | 3 C | 4 A | 5 C |
| 6 A | 7 C | 8 D | 9 C | 10 B |

### 1

정답 및 해석

人生最重要的是开心，将来会发生什么，谁也不知道，不要太担心以后的事情，最重要的是过好现在的生活，让每天都开心快乐。

인생에서 가장 중요한 것은 즐거움이다. 미래에 무엇이 일어날지 아무도 모르니, 앞으로의 일을 너무 걱정하지 마라. 가장 중요한 것은 현재의 생활을 잘 보내서 매일을 즐겁고 행복하게 하는 것이다.

★ 根据这段话，我们应该:
A 坚持锻炼
B 学会放弃
C 忘记过去
D 过好现在的生活 (✓)

★ 이 이야기에 따르면, 우리는 마땅히 무엇을 해야 하는가:
A 꾸준히 운동한다
B 포기할 줄 안다
C 과거를 잊어버린다
D 현재의 생활을 잘 보낸다 (✓)

해설　★ 뒤의 문제를 먼저 보면 우리가 어떻게 해야 하는지를 묻고 있습니다. 그렇다면, 이 글에서 중요하게 생각하는 부분을 찾으면 됩니다. 이런 유형의 문제는 지문에서 '最'가 있는 문장이 정답으로 출제될 때가 많습니다. 지문 중 '最重要的是过好现在的生活'에 답이 그대로 나왔으므로 정답은 D입니다.

단어　开心 kāixīn 阌 즐겁다 | 将来 jiānglái 멩 장래, 미래 | 发生 fāshēng 통 발생하다, 일어나다 | 担心 dānxīn 통 걱정하다 | 过好生活 guò hǎo shēnghuó 생활을 잘 보내다 | 快乐 kuàilè 阌 즐겁다, 행복하다 | 根据 gēnjù 젠 ~에 근거하여, ~에 따르면 | 坚持 jiānchí 통 (하고 있던 것을) 계속하다, 꾸준히 하다 | 锻炼 duànliàn 통 단련하다, 운동하다 | 学会 xuéhuì 통 습득하다, ~할 줄 알다 | 放弃 fàngqì 통 포기하다 | 忘记过去 wàngjì guòqù 과거를 잊어버리다

### 2

정답 및 해석

"跳进黄河也洗不清"原来指的是无法用黄河水洗干净东西，但现在用来指被别人误会时怎么也说不清。

'황허에 뛰어들어도 깨끗하게 씻어버릴 수 없다'는 말이 원래 가리키는 것은 황허의 물로 물건을 깨끗이 씻을 수 없다는 것이지만, 지금은 남한테 오해를 받을 때 아무리 해도 명확하게 설명할 수 없는 것을 가리키는 데 사용된다.

★ "跳进黄河也洗不清"，什么时候用:
A 没有办法时
B 表扬别人时
C 被误会时 (✓)
D 洗东西时

★ '황허에 뛰어들어도 깨끗하게 씻어버릴 수 없다'는 언제 사용하는가:
A 방법이 없을 때
B 다른 사람을 칭찬할 때
C 오해를 받을 때 (✓)
D 물건을 씻을 때

해설　'跳进黄河也洗不清'의 뜻을 이해하는데 시간을 지체하지 말고, 뒤에 나오는 설명에 집중하도록 합니다. 설명 부분에서 '但' 뒤에 나오는 내용이 핵심입니다. 지문 뒤쪽을 보면 선택지와 거의 똑같은 '被别人误会时'가 있으므로 정답은 C입니다.

단어　跳进黄河也洗不清 tiàojìn Huánghé yě xǐ bu qīng [속담]황허에 뛰어들어도 깨끗하게 씻어버릴 수 없다, 아무리 해도 오명을 벗을 수 없다 | 原来 yuánlái 阋 원래에는 | 指 zhǐ 통 가리키다, 말하다 | 无法 wúfǎ 통 ~할 방법이 없다, ~할 수 없다 | 洗干净 xǐ gānjìng 깨끗이 씻다 | 用来 yònglái 통 ~에 쓰이다 | 误会 wùhuì 통 오해하다 | 说不清 shuō bu qīng 명확하게 설명할 수 없다 | 表扬 biǎoyáng 통 칭찬하다

TIP ✦ TIP

시험에 잘 나오는 황허(黄河)의 특징

1. 중국의 모체: 중국 문명의 발상지로 고대부터 중요한 농업과 문화의 중심지였다.
2. 교통 요충지: 교통이 발달해 있어 상업과 문화 교류가 활발하게 이루어졌다.
3. 농업 기반: 비옥한 토양 덕분에 쌀, 밀 등의 농작물이 풍부하게 재배된다.
4. 환경적 다양성: 주변의 다양한 생태계는 다양한 동식물이 서식할 수 있는 환경을 제공한다.

187

정답 및 해석

| | |
|---|---|
| 我的妈妈是动物园饲养员，她特别喜欢小动物，<u>有一次小老虎生病了，她哭得厉害</u>，我怀疑我是不是她的孩子。 | 우리 엄마는 동물원 사육사이고, 그녀는 작은 동물을 아주 좋아한다. <u>한번은 아기 호랑이가 병이 나서 그녀가 몹시 울었는데</u>, 나는 내가 그녀의 자식이 맞는지 의심스러웠다. |
| ★ 妈妈为什么哭: <br> A 小老虎死了 <br> B 被辞退了 <br> C 动物生病了 (✓) <br> D 我病了 | ★ 엄마는 왜 울었는가: <br> A 아기 호랑이가 죽었다 <br> B 해고당했다 <br> C 동물이 병이 났다 (✓) <br> D 내가 병이 났다 |

해설

질문을 먼저 보고 어떤 이유로 엄마가 울었다는 내용이 나올 것임을 판단합니다. 지문에서 '有一次小老虎生病了，她哭得厉害'라고 하였으므로 정답은 C입니다. '小老虎'만 보고 A를 오답으로 고르면 안 됩니다.

단어

动物园 dòngwùyuán 명 동물원 ㅣ 饲养员 sìyǎngyuán 명 사육사 *饲养 동 사육하다 ㅣ 特别 tèbié 부 특별히, 아주 ㅣ 小老虎 xiǎo lǎohǔ 아기 호랑이 ㅣ 哭 kū 동 (소리 내어) 울다 ㅣ 厉害 lìhai 형 (정도가) 심하다 ㅣ 怀疑 huáiyí 동 의심하다 ㅣ 辞退 cítuì 동 해고하다

## 4

정답 및 해석

| | |
|---|---|
| 从高速公路回家时，<u>错过了回家的路口</u>，又往前开了十多分钟，到下一个路口才下去。所以本来九点多可以到家，但今天到家时已经是十一点多了。 | 고속도로에서 집으로 돌아갈 때, <u>집으로 가는 길목을 놓쳐서</u> 다시 10분 넘게 직진하다가 다음 길목에 이르러서야 내려갔다. 그래서 원래는 9시 넘어서 집에 도착할 수 있었는데, 오늘 집에 도착했을 때는 이미 11시가 넘었다. |
| ★ 他们晚到家的原因是: <br> A 没有及时下路口 (✓) <br> B 看错了时间 <br> C 路上堵车了 <br> D 车突然坏了 | ★ 그들이 집에 늦게 도착한 원인은: <br> A 제때 길목에서 내려가지 못했다 (✓) <br> B 시간을 잘못 봤다 <br> C 길에 차가 막혔다 <br> D 차가 갑자기 고장 났다 |

해설

질문을 먼저 보면 집에 늦게 도착한 원인을 묻고 있는 문제입니다. 지문에서 '错过了回家的路口'라고 하였고, 뒤에 직진하다 다음 길목에 이르러서야 내려갔다는 내용이 나왔으므로 제때 길목에서 내려가지 못했음을 알 수 있습니다. 따라서 정답은 A입니다.

단어

高速公路 gāosù gōnglù 명 고속도로 ㅣ 错过路口 cuòguò lùkǒu 길목을 놓치다 ㅣ 往前开 wǎng qián kāi (운전해서) 앞으로 가다, 직진하다 ㅣ 本来 běnlái 부 본래, 원래 ㅣ 及时 jíshí 부 제때에 ㅣ 迷路 mílù 동 길을 잃다 ㅣ 堵车 dǔchē 동 차가 막히다 ㅣ 坏了 huài le 동 고장 나다

## 5

정답 및 해석

| | |
|---|---|
| 谁也不知道下一刻会发生什么，<u>所以我们应该珍惜今天，过好每分每秒</u>，用心对待身边的人。 | 다음 순간에 무슨 일이 일어날지 아무도 모르기 때문에 <u>우리는 오늘을 소중히 여기고, 1분 1초를 잘 보내며</u>, 마음을 다해 주변 사람을 대해야 한다. |
| ★ 说话人的意思是: <br> A 马上会出事 <br> B 要努力生活 <br> C 过好今天 (✓) <br> D 随意生活 | ★ 화자의 말뜻은: <br> A 곧 일이 생길 것이다 <br> B 열심히 살아야 한다 <br> C 오늘을 잘 보낸다 (✓) <br> D 마음대로 생활한다 |

해설

이 문제는 화자가 무엇을 말하고 있는지 글의 주제를 잘 파악해야 합니다. 지문에서 '所以我们应该珍惜今天，过好每分每秒'라고 하였으므로 정답은 C입니다.

| 단어 | 下一刻 xià yīkè 다음 순간 ┃ 发生 fāshēng 동 발생하다, 일어나다 ┃ 珍惜 zhēnxī 동 소중히 여기다 ┃ 过好每分每秒 guòhǎo měifēn-měimiǎo 1분 1초를 잘 보내다 ┃ 用心 yòngxīn 동 마음을 쓰다, 신경을 쓰다 ┃ 对待 duìdài 동(상)대하다 ┃ 身边的人 shēnbiān de rén 주변 사람 ┃ 出事 chūshì 동 일이 생기다, 사고가 나다 ┃ 努力 nǔlì 동 노력하다, 열심히 하다 ┃ 随意 suíyì 부 (자기) 마음대로 |

## 6

**정답 및 해석**

| 现在很多人乱扔塑料垃圾，塑料袋等，对环境造成不好的影响。<u>为了引起大家对"白色污染"的重视</u>，学校决定推行"一天无塑日"。 | 현재 많은 사람들이 플라스틱 쓰레기, 비닐봉지 등을 함부로 버려서 환경에 나쁜 영향을 끼친다. '<u>백색 오염'에 대한 모두의 관심을 불러일으키기 위해서</u>, 학교는 '1일 플라스틱 없는 날'을 시행하기로 결정했다. |
| --- | --- |
| ★ 学校举办这个活动的目的是：<br>A 让大家重视白色污染 (✔)<br>B 改善学生生活<br>C 招更多的学生<br>D 不让大家每天用塑料袋 | ★ 학교에서 이 행사를 여는 목적은:<br>A 모두에게 백색 오염을 중시하도록 하는 것 (✔)<br>B 학생의 생활을 개선하는 것<br>C 더 많은 학생을 모집하는 것<br>D 모두에게 매일 비닐봉지를 쓰지 않게 하는 것 |

**해설**

문제를 먼저 보면 '目的(목적)'를 물어 봤기 때문에 지문에서 전치사 '为了(~하기 위해서)'를 찾아주면 됩니다. 두 번째 문장에서 '为了引起大家对"白色污染"的重视'라고 하면서 행사를 여는 목적을 설명했으므로 정답은 A입니다. 학교에서 열기로 한 행사 '一天无塑日'의 '一天'과 선택지 D의 '每天'이 서로 상충하기 때문에 D는 답이 될 수 없습니다.

**단어**

乱 luàn 부 함부로 ┃ 扔 rēng 동 던지다, 버리다 ┃ 塑料垃圾 sùliào lājī 플라스틱 쓰레기 ┃ 塑料袋 sùliàodài 명 비닐봉지 ┃ 对…造成影响 duì…zàochéng yǐngxiǎng ~에 영향을 끼치다 *造成 동 (나쁜 결과를) 초래하다 ┃ 环境 huánjìng 명 환경 ┃ 引起重视 yǐnqǐ zhòngshì 중시를(관심을) 불러일으키다 *重视 동 중시하다 ┃ 白色污染 báisè wūrǎn 백색 오염 (플라스틱으로 인한 환경오염) ┃ 学校 xuéxiào 명 학교 ┃ 决定 juédìng 동 결정하다 ┃ 推行 tuīxíng 동 (방법 등을) 시행하다 ┃ 一天无塑日 yìtiān wú sù rì 1일 플라스틱 없는 날 ┃ 举办活动 jǔbàn huódòng 행사를 열다 *举办 동 개최하다, 열다 ┃ 改善生活 gǎishàn shēnghuó 생활을 개선하다 ┃ 招 zhāo 동 모집하다

## 7-8

**정답 및 해석**

| ⁷<u>爬山虎长得很快，没有阳光也能生长</u>，如果墙壁外长了爬山虎，在短短一两个月时间内它就会覆盖住整面墙，⁸<u>看上去一片绿油油的</u>。 | ⁷<u>담쟁이덩굴은 빨리 자라고, 햇빛 없이도 자랄 수 있다</u>. 만약 담 밖에 담쟁이덩굴이 자라면, 짧은 한두 달 만에 담 전체를 뒤덮어 ⁸<u>짙푸르게 보일 것이다</u>. |
| --- | --- |
| ★ 爬山虎的特点：<br>A 五颜六色　　B 需要阳光<br>C 长得很快 (✔)　　D 花很漂亮 | ★ 담쟁이덩굴의 특징은:<br>A 가지각색이다　　B 햇빛이 필요하다<br>C 빨리 자란다 (✔)　　D 꽃이 예쁘다 |
| ★ 这段话最可能出自下列哪里：<br>A《环游世界》　　B《新闻联播》<br>C《动物世界》　　D《植物世界》(✔) | ★ 이 이야기는 다음 중 어디에서 나올 가능성이 가장 높은가:<br>A〈세계일주〉　　B〈뉴스 연합 방영〉<br>C〈동물세계〉　　D〈식물세계〉(✔) |

**해설**

7 질문에서 담쟁이덩굴의 특징을 묻고 있습니다. 지문에서 '爬山虎长得很快'라고 하였으므로 정답은 C입니다. 뒤이어 '没有阳光也能生长'이라는 내용이 이어지기 때문에 B는 답이 될 수 없습니다.

8 '爬山虎'의 뜻을 모르더라도 지문 내용 중 '没有阳光也能生长'과 '看上去一片绿油油的'를 통해서 식물임을 유추할 수 있습니다. 따라서 정답은 D입니다.

**단어**

爬山虎 Páshānhǔ 고유 담쟁이덩굴[식물 이름] ┃ 阳光 yángguāng 명 햇빛 ┃ 生长 shēngzhǎng 동 생장하다, 자라다 ┃ 如果 rúguǒ 접 만약, 만일 ┃ 墙壁 qiángbì 명 벽, 담(=墙) ┃ 覆盖 fùgài 동 뒤덮다 ┃ 整 zhěng 형 전체의 ┃ 面 miàn 양 편평한 물건을 셀 때 쓰임 ┃ 看上去 kàn shàngqu ~해 보이다 ┃ 片 piàn 양 차지한 면적 또는 범위를 셀 때 쓰임 ┃ 绿油油 lǜyóuyóu 형 푸르고 싱싱하다, 짙푸르다 ┃ 特点 tèdiǎn 명 특징 ┃ 五颜六色 wǔyán-liùsè 성 여러 가지 빛깔, 가지각색 ┃ 需要 xūyào 동 필요하다 ┃ 漂亮 piàoliang 형 아름답다, 예쁘다 ┃ 环游世界 Huányóu Shìjiè 고유 세계일주 *环游 동 두루 돌아다니다, 일주하다 ┃ 新闻联播 Xīnwén Liánbō 고유 뉴스 연합 방영 *联播 동 연합하여 방영하다 ┃ 动物世界 Dòngwù Shìjiè 고유 동물 세계 ┃ 植物世界 Zhíwù Shìjiè 고유 식물세계

189

| | |
|---|---|
| 终点也许只有一个，可是通往终点的路也许不止一条。⁹有的时候一条路走不通，我们可以选择另外一条路。做事情也是一样的，要成功不一定只有一种方法。当你遇到困难的时候，¹⁰有时候变换一种方法就解决了。 | 결승점은 아마도 하나만 있겠지만, 결승점으로 통하는 길은 아마도 하나에 그치진 않을 것이다. ⁹어떤 때는 하나의 길이 통하지 않으면, 우리는 다른 길을 선택할 수 있다. 일을 하는 것도 같아서, 성공하려면 반드시 한 가지 방법만 있는 것은 아니다. 당신이 어려움을 만났을 때, ¹⁰때로는 방법을 바꾸면 해결된다. |
| ★ 一条路走不通时：<br>　A 选择放弃<br>　B 找人问路<br>　C 换一条路（✔）<br>　D 看看地图 | ★ 하나의 길이 통하지 않을 때：<br>　A 포기를 선택한다<br>　B 사람을 찾아 길을 묻는다<br>　C 길을 바꾼다（✔）<br>　D 지도를 좀 본다 |
| ★ 这段话主要告诉我们什么：<br>　A 做事不能放弃<br>　B 要学会变换方法（✔）<br>　C 人要有目标<br>　D 不能只走一条路 | ★ 이 이야기는 우리에게 주로 무엇을 말하는가：<br>　A 일을 할 때 포기해선 안 된다<br>　B 방법을 바꿀 줄 알아야 한다（✔）<br>　C 사람은 목표를 가져야 한다<br>　D 하나의 길로만 가서는 안 된다 |

해설

9　질문에서 길이 통하지 않을 때 어떻게 해야 하는지 묻고 있습니다. 지문에서 '有的时候一条路走不通' 부분이 질문과 거의 비슷한 것을 확인할 수 있습니다. 그 뒤에 '我们可以选择另外一条路'라는 내용이 이어지면서 답을 알려주고 있습니다. 정답은 직접 그대로 보여주지 않지만 비슷한 내용으로 C를 정답으로 고르면 됩니다.

10　글의 주제를 묻는 문제입니다. 마지막 문장 '有时候变换一种方法就解决了'에서 방법을 바꾸면 해결된다고 하였으므로 의미가 상통하는 B가 정답이 됩니다.

단어

终点 zhōngdiǎn 명 종점, 결승점 | 也许 yěxǔ 부 어쩌면, 아마도 | 只有 zhǐyǒu 동 ~만 있다 | 通往 tōngwǎng 동 ~로 통하다 | 不止 bùzhǐ 동 (일정한 수량이나 범위를 초과하여) ~에 그치지 않다 | 条 tiáo 양 가늘고 긴 것을 셀 때 쓰임 | 走不通 zǒu bu tōng 빠져나갈 수 없다, 통하지 않다 | 选择 xuǎnzé 동 선택하다, 고르다 | 另外 lìngwài 대 다른, 그 밖의 | 一样 yíyàng 형 같다, 동일하다 | 不一定 bùyídìng 부 반드시 ~한 것은 아니다 | 方法 fāngfǎ 명 방법 | 当…的时候 dāng……de shíhou ~할 때 | 遇到困难 yùdào kùnnan 어려움을 만나다 | 有时候 yǒushíhòu 부 가끔씩, 때로는 | 变换 biànhuàn 동 변환하다, 바꾸다 *换 동 교환하다, 바꾸다 | 解决 jiějué 동 해결하다, 해결되다 | 放弃 fàngqì 동 포기하다 | 问路 wènlù 동 길을 묻다 | 地图 dìtú 명 지도 | 学会 xuéhuì 동 습득하다, ~할 줄 알다 | 目标 mùbiāo 명 목표

---

 **실력 확인하기** 〈듣기 | 제1부분〉　　　　　　　　　　　　　　　　　　　🌥 3-07

정답　　　1 ✗　　2 ✔　　3 ✗　　4 ✔　　5 ✔

**1**

정답 및 해석

| | |
|---|---|
| ★ 王律师没有工作经验。（✗）<br>王律师是法律博士毕业，又有这方面的工作经历，完全符合我们的招聘条件。 | ★ 왕 변호사는 업무 경험이 없다. （✗）<br>왕 변호사는 법률 박사를 졸업했고 또한 이 방면의 업무 경험도 있어서 저희의 채용 조건에 완전히 부합됩니다. |

해설

제시문에서 핵심 단어는 '没有工作经验(업무 경험이 없다)'입니다. 하지만 녹음에서 '又有这方面的工作经历'라고 하였으므로, 제시문과 녹음 내용이 반대임을 알 수 있습니다. 따라서 정답은 ✗입니다.

단어

律师 lǜshī 명 변호사 | 经验 jīngyàn 명 경험(=经历 jīnglì), 노하우 *工作经验 업무 경험 | 法律 fǎlǜ 명 법률 | 博士 bóshì 명 박사 | 毕业 bìyè 동 졸업하다 | 符合条件 fúhé tiáojiàn 조건에 부합하다 | 招聘 zhāopìn 동 모집하다, 채용하다

## 2

정답 및 해석

★ 广播正在找人。 （ ✓ ）
闵宏岳小朋友的家长请听到广播后马上到公园西门管理处，您的孩子正在那里等您。

★ 안내방송에서 사람을 찾고 있다. （ ✓ ）
민홍위에 어린이의 보호자는 안내방송을 들은 후에 바로 공원 서문 관리소로 와 주세요. 당신의 아이가 그곳에서 기다리고 있습니다.

해설

듣기 제1부분은 단어만 듣고 맞는지를 판단하면 안 되고, 문장 전체의 의미가 맞는지 봐야 합니다. 제시문에서 '广播(안내방송)'와 '找人(사람을 찾다)'을 이해한 상태에서 녹음을 듣습니다. 녹음 첫 문장 '闵宏岳小朋友的家长请听到广播后马上到公园西门管理处'에서 '广播'를 듣고 공원 관리소로 와달라고 했으므로, 안내방송에서 아이의 보호자를 찾고 있음을 알 수 있습니다. 따라서 정답은 ✓입니다.

단어

广播 guǎngbō 동 (안내)방송하다 ｜ 闵宏岳 Mǐn Hóngyuè 고유 민홍위에[인명] ｜ 家长 jiāzhǎng 명 학부모, 보호자 ｜ 管理处 guǎnlǐchù 명 관리소

## 3

정답 및 해석

★ 小张很粗心。（ ✗ ）
小张不仅性格活泼，人也优秀，做事还很有耐心，同事们都特别喜欢她。

★ 샤오장은 덜렁댄다. （ ✗ ）
샤오장은 성격이 활발할 뿐만 아니라 사람도 훌륭하고, 일을 할 때도 매우 인내심이 있어서 동료들은 모두 그녀를 매우 좋아한다.

해설

제시문의 핵심 단어는 '粗心(덜렁대다)'입니다. 녹음에서는 '活泼', '优秀', '很有耐心'과 같은 긍정적인 어감의 단어들만 들리고, 부정적인 어감의 단어인 '粗心'과 관련된 내용은 들리지 않았습니다. 따라서 정답은 ✗입니다.

단어

粗心 cūxīn 형 소홀하다, 부주의하다, 덜렁대다 ｜ 性格活泼 xìnggé huópō 성격이 활발하다 ｜ 优秀 yōuxiù 형 우수하다, 훌륭하다 ｜ 耐心 nàixīn 명 인내심 ｜ 同事 tóngshì 명 동료 ｜ 特别 tèbié 부 매우, 특별히

## 4

정답 및 해석

★ 说话人在考虑换个房子住。 （ ✓ ）
我现在住的房子离公司有点儿远，来回坐地铁要花一个多小时，很不方便，并且房东还说明年要增加租金，所以我在考虑要不要换个地方住。

★ 화자는 다른 집을 구해 살지 생각 중이다. （ ✓ ）
내가 지금 살고 있는 집은 회사에서 조금 멀어서, 지하철로 왕복하는데 1시간 이상 걸리고 불편하다. 게다가 집주인도 내년에 세를 올린다고 해서 나는 다른 곳을 구해 살지 여부를 생각 중이다.

해설

녹음 앞부분에서 '离公司有点儿远', '很不方便' 등을 듣고 화자는 지금 집에 불만인 상태임을 알 수 있습니다. 이를 근거로 제시문처럼 '다른 집을 구해 살지 생각 중이다'라는 내용이 진행될 가능성이 높음을 염두에 둡니다. 물론 앞 부분 내용을 못 알아들어도 마지막 문장 '我在考虑要不要换个地方住'에서 '换个地方住' 부분이 의미상 제시문과 서로 일치하므로 이 부분만 잘 들어주면 됩니다. 따라서 정답은 ✓가 됩니다.

단어

考虑 kǎolǜ 동 고려하다, 생각하다 ｜ 换个房子住 huàn ge fángzi zhù 집을 바꿔 살다, 다른 집을 구해 살다 *换 동 교환하다, 바꾸다 ｜ 来回 láihuí 동 왕복하다 ｜ 地铁 dìtiě 명 지하철 ｜ 花 huā 동 (시간이) 걸리다 ｜ 不方便 bù fāngbiàn 형 불편하다 ｜ 并且 bìngqiě 접 게다가 ｜ 房东 fángdōng 명 집주인 ｜ 增加 zēngjiā 동 증가하다, 늘리다, 올리다 ｜ 租金 zūjīn 명 임대료, 세

정답 및 해석

★ 明天会降温。 （ ✓ ）
电视上说明天温度将会下降六七度，还有小雨，你要是出门的话，就穿厚点，别忘了带伞。

★ 내일은 기온이 떨어질 것이다. （ ✓ ）
TV에서 내일 온도가 6~7도 떨어지고 가랑비도 올 것이라고 했으니, 만약 외출한다면 (옷을) 좀 두껍게 입고 우산 챙기는 것 잊지 마.

해설

녹음 첫 문장 '明天温度将会下降六七度'에서 내일 온도가 떨어질 거라는 내용이 들렸습니다. 따라서 정답은 ✓입니다. 이런 문제는 첫 문장에 바로 힌트가 나오기 때문에 놓치면 체감 난이도가 올라갑니다. 또한 제시문의 '降温'과 녹음의 '温度将会下降'을 듣고 서로 내용이 일치한다는 것을 알아야 합니다.

단어

降温 jiàngwēn 동 기온이 떨어지다 ｜ 温度 wēndù 명 온도 *度 양 도[온도의 단위] ｜ 下降 xiàjiàng 동 내려가다, 떨어지다 ｜ 小雨 xiǎoyǔ 명 가는 비, 가랑비 ｜ 穿厚点 chuān hòu diǎn (옷을) 좀 두껍게 입다 ｜ 带伞 dài sǎn 우산을 챙기다

정답 | **1** C A B | **2** A C B | **3** B C A | **4** A C B | **5** B C A
**6** A C B | **7** A C B | **8** B A C | **9** C B A | **10** C A B

---

### 1

**정답 및 해석**

C 满头大汗时千万别脱衣服
A 最好先用毛巾擦擦汗
B 然后坐在沙发上休息一会儿

C 온 얼굴이 땀투성이일 때는 절대 옷을 벗지 마라.
A 먼저 수건으로 땀을 좀 닦는 것이 좋고,
B 그다음에 소파에 앉아서 잠시 쉬는 것이다.

**해설** 문장의 앞부분을 훑어보며 힌트를 빨리 파악합니다. A에 '先(먼저)', B에 '然后(그다음에)'가 보이므로 '先…然后…' 구문을 파악하여 A-B 순서를 맞춰 줍니다. 그리고 A의 '最好(~하는 것이 가장 좋다)'는 제안할 때 사용하며, 뒤에 땀을 닦으라는 내용이 나옵니다. C의 '满头大汗'을 통해 땀을 흘린 것을 알 수 있으므로 A앞에 C를 쓰도록 합니다. 보통 '最好'가 맨 앞에 오는 경우는 드물고 앞에 다른 내용이 먼저 나오는 경우가 많다는 점도 체크해 둡니다.

**단어** 满头大汗 mǎntóudàhàn 젱 온 얼굴이 땀투성이다 | 千万 qiānwàn 뷔 제발, 절대(로) | 脱衣服 tuō yīfu 옷을 벗다 | 最好 zuìhǎo 뷔 가장 좋기는, ~하는 것이 가장 좋다 | 毛巾 máojīn 몡 수건 | 擦汗 cā hàn 땀을 닦다 | 然后 ránhòu 젭 그런 후에, 그 다음에 | 沙发 shāfā 몡 소파 | 休息 xiūxi 동 휴식하다, 쉬다 | 一会儿 yíhuìr 몡 잠시

---

### 2

**정답 및 해석**

A "只买对的，不买贵的"这句话提醒我们
C 买东西时关键不是看价格
B 最重要是看是否适合自己

A '맞는 것만 사고, 비싼 것은 사지 않는다'는 이 말은 우리에게 알려준다.
C 물건을 살 때 관건은 가격을 보는 것이 아니라,
B 가장 중요한 것은 자신에게 잘 맞는지 아닌지를 보는 것이다.

**해설** A에 '只买对的，不买贵的'라는 속담이 나오는데, 뒷부분에는 이 속담에 대한 풀이가 나오는 것이 문맥상 적절합니다. B와 C를 훑어보고 '不是A，(而)是B(A가 아니라, B이다)' 구문을 파악하여 C-B 순서를 맞춰 줍니다.

**단어** 只买对的，不买贵的 zhǐ mǎi duì de, bù mǎi guì de 맞는 것만 사고, 비싼 것은 사지 않는다 | 提醒 tíxǐng 동 알려주다, 깨우치다 | 关键 guānjiàn 몡 관건, 핵심 | 价格 jiàgé 몡 가격 | 适合 shìhé 동 적합하다, 잘 맞다

---

### 3

**정답 및 해석**

B 如果出现问题的时候害怕面对
C 就永远没有可能获得成功
A 所以，千万不要因为害怕而放弃机会

B 만약 문제가 생겼을 때 마주하는 걸 두려워하면,
C 영원히 성공할 가능성이 없다.
A 그래서 절대로 두려움 때문에 기회를 포기하지 마라.

**해설** B의 '如果'는 가정을 나타내는 접속사입니다. '如果' 뒤 절에는 '就'가 와서 자연스러운 결과를 끌어내므로, B-C 순서를 맞춰 줍니다. A의 '所以'는 결과를 나타내는 접속사로, 문장 맨 앞에는 올 수 없고, 의미상 맨 뒤에 와야 합니다.

**단어** 如果 rúguǒ 젭 만약, 만일 | 出现问题 chūxiàn wèntí 문제가 생기다 *出现 동 출현하다, (문제가) 생기다 | 害怕 hàipà 동 두려워하다, 무서워하다 | 面对 miànduì 동 마주하다, 직면하다 | 永远 yǒngyuǎn 뷔 영원히 | 没有可能 méiyǒu kěnéng ~할 가능성(가망)이 없다 | 获得成功 huòdé chénggōng 성공을 하다 | 千万 qiānwàn 뷔 절대로 | 放弃机会 fàngqì jīhuì 기회를 포기하다

---

### 4

**정답 및 해석**

A 最近街舞非常流行
C 不仅在很多地方可以看到街舞教室
B 电视里还有专门的街舞节目

A 요즘 힙합 댄스가 매우 유행한다.
C 여러 곳에서 힙합 댄스 교실을 볼 수 있을 뿐만 아니라,
B TV에는 전문 힙합 댄스 프로그램도 있다.

---

| | |
|---|---|
| 해설 | 먼저 C에 '不仅'이 보이므로 짝꿍인 '还'를 찾아서 C-B 순서를 맞춰 줍니다. A는 대전제 문장으로 대부분 문장 맨 앞에 위치합니다. 따라서 A를 C앞에 둡니다. |
| 단어 | 街舞 jiēwǔ 몡 힙합 댄스 ㅣ 流行 liúxíng 통 유행하다 ㅣ 不仅 bùjǐn 젭 ~뿐만 아니라 ㅣ 教室 jiàoshì 몡 교실 ㅣ 专门 zhuānmén 톙 전문의 ㅣ 节目 jiémù 몡 프로그램 |

## 5

| 정답 및 해석 | | |
|---|---|---|
| B | 他咳嗽咳得太厉害了 | B 그는 기침이 너무 심하다. |
| C | 所以不得不请假休息一天 | C 그래서 어쩔 수 없이 휴가를 내고 하루 쉬었고, |
| A | 明天就能正常上班了 | A 내일이면 정상적으로 출근할 수 있다. |

| | |
|---|---|
| 해설 | 맨 앞에 오는 문장을 고르기 힘들 때는 맨 앞에 올 수 없는 문장부터 제거합니다. C에 '所以'가 있으므로 맨 앞에 올 수 없고, A의 '就能'도 결과를 이끌어내는 역할을 하므로 맨 앞에 올 수 없습니다. B에 대명사 '他'가 있긴 하지만 '他'가 가리키는 대상이 A와 C에 없으므로 B를 맨 앞에 놓을 수 있습니다. 또한 B는 의미상 원인을 나타내고, C의 접속사 '所以'는 그에 따른 결과를 나타내므로, B-C 순서를 맞춰 줍니다. A의 '明天就能'은 미래를 의미하기 때문에 시간의 흐름상 A는 마지막에 위치합니다. |
| 단어 | 咳嗽 késou 통 기침하다 ㅣ 厉害 lìhài 톙 (정도가) 심하다 ㅣ 不得不 bùdébù 뤈 어쩔 수 없이, 할 수 없이 ㅣ 请假 qǐngjià 휴가를 내다 ㅣ 休息 xiūxi 통 휴식하다, 쉬다 ㅣ 正常 zhèngcháng 톙 정상적이다 ㅣ 上班 shàngbān 통 출근하다 |

## 6

| 정답 및 해석 | | |
|---|---|---|
| A | 爷爷很爱听京剧 | A 할아버지는 경극을 즐겨 듣는다. |
| C | 每天早上他都会听几段 | C 매일 아침 그는 (경극) 몇 단락을 듣고 |
| B | 偶尔还会跟着音乐唱上几句 | B 게다가 가끔 음악에 맞춰 몇 마디를 부르기도 한다. |

| | |
|---|---|
| 해설 | C의 대명사 '他'가 가리키는 대상이 있는 A(爷爷)를 문장 맨 앞에 위치시켜서 A-C 순서를 정합니다. B에 있는 '还'는 '而且'의 의미로 내용이 추가되는 역할을 하는 부사입니다. 따라서 C-B 순으로 배열합니다. 의미상으로도 '听几段(몇 단락 듣고)'후에 '唱上几句(몇 마디 부르다)'가 맞습니다. |
| 단어 | 京剧 jīngjù 몡 경극 ㅣ 段 duàn 양 단락[연속성을 가진 사물을 구분한 한 부분] ㅣ 偶尔 ǒu'ěr 뤈 가끔, 때때로 ㅣ 跟着 gēnzhe 통 (뒤)따르다, (음악에) 맞추다 ㅣ 句 jù 양 마디[시나 말을 셀 때 쓰임] |

## 7

| 정답 및 해석 | | |
|---|---|---|
| A | 小李工作起来特别认真 | A 샤오리는 일을 하면 아주 열심히 한다. |
| C | 不管遇到什么样的困难 | C 어떤 어려움을 만나든지 간에 |
| B | 他从来都不叫苦叫累 | B 그는 여태껏 괴롭다거나 힘들다는 소리를 한 적이 없다. |

| | |
|---|---|
| 해설 | 각 문장의 앞부분을 빠르게 읽은 후, 주어가 있는 선택지 A(小李)와 B(他) 중에서 첫 번째 문장을 고릅니다. A의 '小李'를 B에서 '他'로 받은 것이므로 A를 첫 번째 문장으로 배열합니다. C의 접속사 '不管'은 B의 부사 '都'와 서로 호응하여 쓰이므로 C-B 순으로 배열하면 됩니다. |
| 단어 | 特别 tèbié 뤈 매우, 아주 ㅣ 认真 rènzhēn 톙 진지하다, 열심히 하다 ㅣ 不管 bùguǎn 젭 ~에 관계없이, ~하든 간에 ㅣ 遇到 yùdào 통 만나다, 마주치다 ㅣ 困难 kùnnan 몡 어려움, 곤란 ㅣ 从来 cónglái 뤈 지금까지, 여태껏 ㅣ 叫苦叫累 jiào kǔ jiào lèi 괴롭다거나 힘들다는 소리를 하다 |

## 8

| 정답 및 해석 | | |
|---|---|---|
| B | 弟弟小时候很矮，当时家里人都担心他长不高 | B 동생이 어렸을 때 키가 작아서, 당시에 가족들은 모두 그가 키가 크지 않을까 걱정했다. |
| A | 上学后，他常常跟同学去打篮球 | A 입학한 후에, 그는 자주 친구들과 농구를 해서 |
| C | 现在身高差不多有一米八了 | C 지금은 키가 거의 180cm가 되었다. |

해설 | B의 '小时候'는 과거를 의미하고 C의 '现在'는 현재를 의미하므로 우선 B-C 순으로 배열합니다. A의 '上学后'는 과거에서 시간이 좀 더 경과된 시점이기 때문에 B와 C 사이에 A를 넣어주면 됩니다. 또한 농구를 해서 키가 컸기 때문에 의미상으로도 A-C 순서로 배열해 줍니다.

단어 | 矮 ǎi 형 (키가) 작다 | 担心 dānxīn 통 걱정하다 | 长不高 zhǎng bu gāo 키가 크지 않다 | 上学 shàngxué 통 (초등학교에) 입학하다 | 同学 tóngxué 명 (학교) 친구 | 打篮球 dǎ lánqiú 농구를 하다 | 身高 shēngāo 명 신장, 키 | 差不多 chàbuduō 부 거의

## 9

정답 및 해석

| | | |
|---|---|---|
| C | 我们已经在森林里走了一个多小时了 | C 우리는 이미 숲속에서 한 시간 넘게 걸었는데, |
| B | 结果还是没有找到出口 | B 결국 출구를 찾지 못했다. |
| A | 恐怕是迷路了 | A 아마 길을 잃은 것 같다. |

해설 | B의 접속사 '结果'와 A의 부사 '恐怕'는 첫 문장에 오지 못하므로 C를 문장 맨 앞에 위치시킵니다. 길을 걸었는데 결과적으로 출구를 찾지 못했기 때문에 C-B의 순서로 배열합니다. A는 의미상 최종적인 판단을 하는 문장이므로 맨 마지막에 배열합니다. 정답은 C-B-A입니다.

단어 | 森林 sēnlín 명 삼림, 숲 | 结果 jiéguǒ 접 결국, 그 결과 | 出口 chūkǒu 명 출구 | 恐怕 kǒngpà 부 아마 ~일 것이다, 아마 ~한 것 같다 | 迷路 mílù 통 길을 잃다

## 10

정답 및 해석

| | | |
|---|---|---|
| C | 儿子是虎年出生的 | C 아들은 호랑이해에 태어났다. |
| A | 我希望他以后能像老虎一样勇敢 | A 나는 그가 앞으로 호랑이처럼 용감해서 |
| B | 遇到任何困难都不害怕 | B 어떤 어려움을 만나도 두려워하지 않기를 바란다. |

해설 | A의 대명사 '他'가 가리키는 대상은 C에 있는 '儿子'이므로 C-A 순서로 배열합니다. '像老虎一样勇敢 (호랑이처럼 용감하다)'이 먼저 나온 후에 '어떠한 어려움을 만나도 두려워하지 않는다'가 흐름상 자연스러우므로 A-B 순으로 배열합니다. 정답은 C-A-B 순서입니다.

단어 | 虎年 hǔnián 호랑이해 | 出生 chūshēng 통 출생하다, 태어나다 | 希望 xīwàng 통 희망하다, 바라다 | 像…一样 xiàng……yíyàng ~와 같이, ~처럼 | 老虎 lǎohǔ 명 호랑이 | 勇敢 yǒnggǎn 통 용감하다, 용감하게 맞서다 | 遇到困难 yùdào kùnnan 어려움을 만나다 | 任何 rènhé 대 어떤, 무슨 | 害怕 hàipà 통 두려워하다

# 🎯 실력 확인하기 〈 듣기 | 제3부분 서술형 〉  🔊 5-12

정답 | **1** B　　**2** C　　**3** B　　**4** D　　**5** B　　**6** A

## 1-2

정답 및 해석

第1到2题是根据下面一段话:

各位同学，根据学期工作安排，2023到2024学年第二学期大学体育网上选课工作 ¹将于下周一早上八点开始，周三下午五点结束。大学体育为必修课，²每个人都必须参加，请同学们互相提醒，按时选课。

1~2번 문제는 다음 이야기에 근거한다:

학생 여러분, 학기 업무 계획에 따르면, 2023~2024학년 2학기 대학 스포츠 온라인 수강 신청 작업은 ¹다음 주 월요일 오전 8시에 시작해서 수요일 오후 5시에 끝나게 됩니다. 대학 스포츠는 필수 과목으로 ²모두가 반드시 참가해야 하니, 학생들은 서로 알려주어 제때 수강 신청을 하도록 해주세요.

| | |
|---|---|
| **1** 选课什么时候开始？<br>A 周六　　　　　B 下周一（✓）<br>C 下周五　　　　D 周三 | **1** 수강 신청은 언제 시작하는가?<br>A 토요일　　　　B 다음주 월요일（✓）<br>C 다음주 금요일　D 수요일 |
| **2** 关于那门课，可以知道什么？<br>A 是选修课<br>B 没有老师<br>C 必须参加（✓）<br>D 每天有课 | **2** 그 과목에 관해서, 무엇을 알 수 있는가?<br>A 선택 과목이다<br>B 선생님이 없다<br>C 반드시 참가해야 한다（✓）<br>D 매일 수업이 있다 |

해설　1 요일을 묻는 문제이기 때문에 녹음에서 요일을 언급하는 부분은 놓치지 말고 집중해서 듣도록 합니다. 녹음 중간쯤에 '下周一早上八点开始'라고 특정 요일을 그대로 들려주었고, 질문에서 '选课什么时候开始?'라고 물었으므로 정답은 B입니다. '周三'도 녹음에서 들리지만 '周三'은 수강 신청이 끝나는 요일이므로 잘 기억했다가 문제를 끝까지 잘 듣고 정답을 고르도록 합니다.

2 선택지를 보면 어떤 과목(课)에 대해 묻고 있는 문제임을 알 수 있습니다. 녹음 마지막 문장에서 '每个人都必须参加'라고 그대로 들려주었으므로 정답은 C입니다.

단어　选修课 xuǎnxiūkè 〔명〕 선택 과목 *课 〔명〕 ①(수업) 과목 ②수업, 강의 | 必须 bìxū 〔부〕 반드시 ~해야 한다 | 参加 cānjiā 〔동〕 참가하다 | 同学 tóngxué 〔명〕 학생에 대한 호칭 | 根据 gēnjù 〔전〕 ~에 근거하여, ~에 따르면 | 学期 xuéqī 〔명〕 학기 | 安排 ānpái 〔동〕 안배하다, 계획하다 | 大学体育 dàxué tǐyù 대학 스포츠 | 网上选课 wǎngshàng xuǎnkè 온라인 수강 신청 *选课 〔동〕 수강 신청을 하다 | 结束 jiéshù 〔동〕 끝나다 | 为 wéi 〔동〕 ~이다 | 必修课 bìxiūkè 〔명〕 필수 과목 | 互相 hùxiāng 〔부〕 서로 | 提醒 tíxǐng 〔동〕 (잊지 말라고) 알려주다 | 按时 ànshí 〔부〕 제때, 제시간에

---

**3-4**

정답 및 해석

| | |
|---|---|
| 第3到4题是根据下面一段话： | 3~4번 문제는 다음 이야기에 근거한다: |
| ³有些父母觉得孩子作业做得慢，总是帮他们做，这样做其实很不好。孩子作业做得慢往往是因为他们不会管理自己的时间，⁴因此父母应该让孩子养成合理安排时间的好习惯，而不要让他们总想靠别人帮忙。 | ³어떤 부모들은 아이가 숙제를 느리게 한다고 여겨서 항상 그들이 (숙제) 하는 것을 돕는데, 이렇게 하는 것은 사실 좋지 않다. 아이가 숙제를 느리게 하는 것은 주로 그들이 자신의 시간을 관리할 줄 모르기 때문이다. ⁴따라서 부모는 아이에게 합리적으로 시간을 안배하는 좋은 습관을 기르도록 해야 하고, 그들이 언제나 남이 돕는 것에 의지하고 싶어 하게 해서는 안 된다. |
| **3** 有些父母看到孩子作业做得慢会怎么做？<br>A 发脾气<br>B 帮孩子做（✓）<br>C 说孩子懒<br>D 批评孩子 | **3** 어떤 부모들은 아이가 숙제를 느리게 하는 것을 보고 어떻게 하는가?<br>A 화를 낸다<br>B 아이가 (숙제) 하는 것을 돕는다（✓）<br>C 아이에게 게으르다고 나무란다<br>D 아이를 꾸짖는다 |
| **4** 根据这段话，要让孩子养成什么好习惯？<br>A 找人帮忙<br>B 预习<br>C 多阅读<br>D 会安排时间（✓） | **4** 이 이야기에 따르면, 아이에게 어떤 좋은 습관을 기르도록 해야 하는가?<br>A 도와줄 사람을 찾는다<br>B 예습한다<br>C 많이 읽는다<br>D 시간을 안배할 줄 안다（✓） |

해설　3 녹음 첫 문장에서 '有些父母觉得孩子作业做得慢，总是帮他们做'가 들렸고, 여기서 '他们'이 바로 '孩子'이므로 정답은 B입니다. C번 '说孩子懒'의 '说'는 '나무라다, 꾸짖다'라는 의미가 있습니다.

4 접속사 '因此(따라서)'는 앞의 내용을 정리해서 해결책이나 결론을 제시해 주는 역할을 합니다. 녹음에서 아이가 숙제를 느리게 하는 건 시간을 관리할 줄 모르기 때문이라는 언급이 있었고, '因此' 뒷부분에 그에 대한 해결책이 나왔습니다. '因此父母应该让孩子养成合理安排时间的好习惯'라고 했으므로, 정답은 D입니다.

发脾气 fā píqi 图 화를 내다 | 懒 lǎn 图 게으르다 | 批评 pīpíng 图 질책하다, 꾸짖다 | 帮忙 bāngmáng 图 일을 돕다 | 预习 yùxí 图 예습하다 | 阅读 yuèdú 图 읽다 | 安排 ānpái 图 (시간을) 안배하다 | 做作业 zuò zuòyè 숙제를 하다 | 慢 màn 图 느리다 | 总是 zǒngshì 图 항상, 늘, 언제나(=总) | 其实 qíshí 图 사실 | 往往 wǎngwǎng 图 종종, 주로, 대부분 | 管理 guǎnlǐ 图 관리하다 | 因此 yīncǐ 图 이 때문에, 따라서 | 养成习惯 yǎngchéng xíguàn 습관을 기르다 | 合理 hélǐ 图 합리적이다 | 靠 kào 图 기대다, 의지하다 | 根据 gēnjù 图 ~에 근거하여, ~에 따르면

## 5-6

第5到6题是根据下面一段话:

学习英语不是一件简单的事情，<sup>5</sup>许多人在开始学的时候觉得很困难，于是就放弃了。<sup>6</sup>但其实只要坚持下去、从最基础的东西学起，慢慢就会发现自己的变化，而且能找到学习的方法，后面也会变得轻松一点。

5~6번 문제는 다음 이야기에 근거한다:

영어를 배우는 것은 간단한 일이 아니다. <sup>5</sup>많은 사람들이 배우기 시작할 때 어렵다고 여겨서 바로 포기한다. <sup>6</sup>하지만 사실 꾸준히 해 나가고, 가장 기초적인 것부터 배우기 시작하기만 하면, 차츰 자신의 변화를 발견하게 될 것이며, 게다가 학습 방법을 찾을 수 있어서 나중에는 조금 수월해질 것이다.

---

5 很多人开始学习英语时会觉得怎么样?
 A 很害怕　　　　B 很困难 (✓)
 C 非常简单　　　D 很有意思

5 많은 사람들이 영어를 배우기 시작할 때 어떻다고 여기는가?
 A 매우 무섭다　　　B 매우 어렵다 (✓)
 C 매우 간단하다　　D 매우 재미있다

6 怎样才能学好英语?
 A 坚持 (✓)
 B 多练习
 C 边听边写
 D 交外国朋友

6 어떻게 해야 영어를 잘 배울 수 있는가?
 A 꾸준히 한다 (✓)
 B 많이 연습한다
 C 들으면서 쓴다
 D 외국 친구를 사귄다

---

5 녹음에서 들리는 선택지가 있으면, 체크를 해 주면서 녹음을 듣도록 합니다. 녹음 도입부 '许多人在开始学的时候觉得很困难'에서 '很困难'을 그대로 들려주었으므로, 정답은 B입니다.

6 '但其实(하지만 사실)'는 글의 핵심을 전달하는 역할을 합니다. 시험에서 '其实' 뒷부분은 대부분 정답인 경우가 많습니다. 녹음에서 '但其实只要坚持下去'라고 했으므로 정답은 A입니다.

害怕 hàipà 图 두려워하다, 무서워하다 | 困难 kùnnan 图 어렵다 | 简单 jiǎndān 图 간단하다 | 有意思 yǒuyìsi 图 재미있다, 흥미 있다 | 坚持 jiānchí 图 (포기하지 않고) 계속하다, 꾸준히 하다 | 练习 liànxí 图 연습하다 | 交 jiāo 图 (친구를) 사귀다 | 英语 yīngyǔ 图 영어 | 许多 xǔduō 图 매우 많다 | 于是 yúshì 图 그래서 | 放弃 fàngqì 图 포기하다 | 其实 qíshí 图 사실 | 只要 zhǐyào 图 ~하기만 하면 | 从…学起 cóng……xuéqǐ ~부터 배우기 시작하다 | 基础 jīchǔ 图 기초, 토대 | 慢慢 mànmàn 图 천천히, 차츰 | 发现 fāxiàn 图 발견하다, 알아차리다 | 变化 biànhuà 图 변화 | 而且 érqiě 图 게다가, 뿐만 아니라 | 方法 fāngfǎ 图 방법 | 轻松 qīngsōng 图 수월하다, 쉽다

## 🎯 실력 확인하기 〈쓰기 | 제2부분〉

**답안**

**1** 她正在发传真。 / 我今天收到了你发的传真。

**2** 昨天我和妈妈去百货商店购物了。 / 我和妈妈经常出去购物。

**3** 这道菜太咸了。 / 我做的菜太咸了，很难吃。

**1**

传真

**해설**

STEP 1    제시어가 명사이므로 주어나 목적어로 사용한다.

STEP 2    사진에 사람이 나오므로 주어는 '她', 목적어는 '传真'으로 써 준다.

STEP 3    '传真'이 목적어이므로 호응하는 동사 '发'를 떠올려서 '她发传真'과 같이 문장의 기본적인 뼈대를 완성한다.

STEP 4    동사 술어 '发' 앞에 부사 '正在'를 써서 현재 진행형을 나타내 준다.

**답안 및 해석**    她正在发传真。 그녀는 팩스를 보내고 있다.

我今天收到了你发的传真。 나는 오늘 네가 보낸 팩스를 받았다.

**단어**    传真 chuánzhēn 몡 팩스

선생님의
**한마디**    '팩스를 보내다'의 '보내다'는 '送'이 아닌 '发'를 써 주는 것에 유의합니다. 참고로 '(이메일·문자) 보내다'에서도 동사 '发'를 씁니다.

发传真 fā chuánzhēn 팩스를 보내다  |  收传真 shōu chuánzhēn 팩스를 받다

发电子邮件 fā diànzǐ yóujiàn 이메일을 보내다

**2**

购物

**해설**

STEP 1    제시어가 동사이므로 술어로 사용한다.

STEP 2    딸과 엄마가 쇼핑하는 모습이므로 주어는 '我和妈妈'로 써 준다.

STEP 3    '去+장소+购物(~에 가서 쇼핑하다)' 패턴을 적용하고, '장소'에 '百货商店(백화점)'을 써 준다.

STEP 4    시간명사 '昨天'을 주어 앞에 써 주고, '购物' 뒤에 동태조사 '了'를 넣어 동작의 완료를 나타낸다.

**답안 및 해석**    昨天我和妈妈去百货商店购物了。 어제 나는 엄마와 백화점에 가서 쇼핑했다.

我和妈妈经常出去购物。 나는 엄마와 자주 쇼핑하러 나간다.

**단어**    购物 gòuwù 됭 물건을 사다, 쇼핑하다  |  百货商店 bǎihuò shāngdiàn 몡 백화점

선생님의
**한마디**    '购物'는 '동사+목적어'의 형태로 이루어진 이합동사이기 때문에 뒤에 목적어를 가질 수 없습니다.

**3**

咸

| 해설 | STEP 1 | 제시어가 형용사이므로 술어로 사용한다. |
| | STEP 2 | 요리가 짜서 찌푸린 표정이므로 주어는 '这个菜', 술어는 '咸'으로 써 준다. |
| | STEP 3 | '太+A(형용사)+了' 패턴을 적용한다. |
| | STEP 4 | '菜'의 양사를 '道'로 바꿔주면 더 높은 점수를 받을 수 있다. |

**답안 및 해석**  这道菜太咸了。 이 요리는 너무 짜다.

我做的菜太咸了，很难吃。 내가 만든 요리가 너무 짜서, 맛이 없다.

**단어**  咸 xián 형(맛이) 짜다 | 道 dào 양 요리를 셀 때 쓰임 | 菜 cài 명 요리

선생님의
한마디

맛 관련 단어에는 '酸 suān(시다)', '甜 tián(달다)', '苦 kǔ(쓰다)', '辣 là(맵다)', '淡 dàn(싱겁다)' 등이 있습니다.

# HSK 4급 실전 모의고사 정답

## 一、听力

**第一部分**

| 1 × | 2 × | 3 √ | 4 × | 5 √ | 6 × | 7 × | 8 √ | 9 √ | 10 √ |

**第二部分**

| 11 A | 12 C | 13 A | 14 B | 15 A | 16 A | 17 B | 18 C | 19 A | 20 C |
| 21 A | 22 C | 23 A | 24 B | 25 A |

**第三部分**

| 26 B | 27 C | 28 A | 29 C | 30 D | 31 C | 32 A | 33 C | 34 C | 35 B |
| 36 A | 37 B | 38 D | 39 D | 40 A | 41 C | 42 D | 43 B | 44 C | 45 C |

## 二、阅读

**第一部分**

| 46 B | 47 F | 48 A | 49 C | 50 E | 51 E | 52 F | 53 B | 54 A | 55 D |

**第二部分**

| 56 B A C | 57 C A B | 58 B C A | 59 C B A | 60 C A B |
| 61 A C B | 62 C B A | 63 B C A | 64 B A C | 65 A B C |

**第三部分**

| 66 C | 67 A | 68 A | 69 B | 70 A | 71 B | 72 C | 73 B | 74 A | 75 D |
| 76 C | 77 B | 78 D | 79 C | 80 C | 81 B | 82 A | 83 B | 84 A | 85 B |

## 三、书写

**第一部分**

86 我们把镜子挂在哪儿？

87 这张纸上写着我的详细地址。

88 你千万别放弃这个机会。

89 周博士是个冷静的人。

90 他耐心地解释了事情发生的经过。

91 那场讨论会吸引了很多人参加。

92 客厅被妈妈收拾得很干净。

93 希望我们的友谊长存。

94 这样的态度解决不了任何问题。

95 难道你从来没有失败过吗？

**第二部分**

96 她拿着一个盒子。/ 妹妹在这个盒子里面放了几本书。

97 这朵花很漂亮。/ 我送给女朋友100朵花。

98 她正在擦汗。/ 天气太热了，姐姐一直在擦汗。

99 他仔细地检查那份材料。/ 他把那份材料仔细地看了一遍。

100 汤的味道很好。/ 他今天做的汤味道很不错。

# HSK 4급 실전 모의고사 해설

## 一、听力

6-01

第一部分 단문 녹음을 듣고 녹음의 내용과 제시문이 일치하면 ✔, 일치하지 않으면 ✘를 적으세요.

### 1.

정답 및 해석

★ 说话人从来不复习。( ✘ )

每上完一节课，我都会总结出这节课的重点知识，这样等到期末考试前，我只需要复习这些内容就行了，可以节约时间。

★ 화자는 여태껏 복습한 적이 없다. ( ✘ )

수업이 끝날 때마다, 난 항상 이 수업의 핵심 지식을 총정리한다. 이렇게 하면 기말고사 전까지 나는 이 내용들을 복습하기만 하면 돼서, 시간을 절약할 수 있다.

해설

첫 문장 '每上完一节课，我都会总结出这节课的重点知识'에서 수업이 끝날 때마다 총정리(总结)한다고 했으므로 화자가 복습하고 있음을 알 수 있습니다. 따라서 정답은 ✘입니다.

단어

从来不 cónglái bù 여태껏 ~한 적이 없다 | 复习 fùxí 동 복습하다 | 节 jié 양 수업을 셀 때 쓰임 | 总结 zǒngjié 동 총정리하다 | 重点知识 zhòngdiǎn zhīshi 핵심 지식 | 等到…前 děngdào……qián ~ 전까지 | 期末考试 qīmò kǎoshì 기말고사 | 只需要 zhǐ xūyào ~하기만 하면(= 只要) | 节约时间 jiéyuē shíjiān 시간을 절약하다

### 2.

정답 및 해석

★ 老李准备去打网球。( ✘ )

老李，游泳前记得先活动活动，可以原地高抬腿、跑一会儿，然后再下水。

★ 라오리는 테니스 치러 가려고 한다. ( ✘ )

라오리, 수영하기 전에 먼저 운동을 좀 하는 걸 잊지 마세요. 제자리에서 다리를 높이 들고 잠시 뛰고 나서, 물에 들어가면 됩니다.

해설

제시문의 핵심 단어는 '网球(테니스)'입니다. 녹음에서는 수영(游泳) 관련 내용들만 들리고 테니스(网球)와 관련된 내용은 들리지 않습니다. 따라서 정답은 ✘입니다.

단어

准备 zhǔnbèi 동 준비하다, ~하려고 하다 | 打网球 dǎ wǎngqiú 테니스를 치다 | 游泳 yóuyǒng 동 수영하다 | 记得 jìde 동 기억하고 있다, 잊지 않다 | 活动 huódòng 동 활동하다, 운동하다 | 原地 yuándì 명 제자리 | 抬腿 táituǐ 동 다리를 들다 | 一会儿 yíhuìr 명 잠시, 잠깐 | 然后 ránhòu 접 그런 후에, 그리고 나서 | 下水 xià shuǐ 동 물에 들어가다

### 3.

정답 및 해석

★ 那趟航班将在大兴国际机场起飞。( ✔ )

你明天要乘坐的飞机是从大兴国际机场起飞的，早上机场高速公路容易堵车，你最好早点出门。

★ 그 항공편은 따싱국제공항에서 출발할 것이다. ( ✔ )

당신이 내일 탈 비행기는 따싱국제공항에서 출발합니다. 오전에 공항 고속도로는 차가 막히기 쉬우니, 조금 일찍 나가는 것이 좋겠습니다.

해설

녹음 첫 문장 '你明天要乘坐的飞机是从大兴国际机场起飞的'에서 '明天'은 ★ 뒤의 제시문에서 부사 '将(~일 것이다)'으로 바뀌어 미래 시제를 나타내고 있고, '从大兴国际机场起飞'은 제시문과 내용이 서로 일치합니다. 따라서 정답은 ✔입니다.

단어

趟 tàng 양 차례, 번[왕래한 횟수를 셀 때 쓰임] | 航班 hángbān 명 항공편 | 将 jiāng 부 ~일 것이다 | 大兴国际机场 Dàxīng guójì jīchǎng 따싱국제공항 | 起飞 qǐfēi 동 (비행기가) 이륙하다, 출발하다 | 乘坐 chéngzuò 동 (탈것에) 타다 | 高速公路 gāosù gōnglù 명 고속도로 | 容易 róngyì 형 쉽다 | 堵车 dǔchē 동 차가 막히다 | 最好 zuìhǎo 부 ~하는 것이 좋다 | 出门 chūmén 동 외출하다, 나가다

乘坐 vs 骑
- 乘坐 chéngzuò: 자동차, 배, 비행기 등 좌석이 있어서 일반적으로 앉아서 갈 수 있는 것 등을 탈 때
  乘坐飞机 비행기를 타다 | 乘坐火车 기차를 타다
- 骑 qí: 동물이나 자전거, 오토바이 등 다리를 벌리고 탈 때
  骑马 말을 타다 | 骑自行车 자전거를 타다

**4.**

★ 那位男演员总是发脾气。( ✗ )

这位男演员演过不少动作电影，他工作时非常认真，不管多难多危险的动作，都坚持自己完成。

★ 그 남자 배우는 늘 화를 낸다. ( ✗ )

이 남자 배우는 액션 영화에 많이 출연해 봤다. 그는 일할 때 매우 성실하고, 얼마나 어렵고 위험한 동작이든 관계없이 항상 포기하지 않고 직접 완성한다.

해설

제시문의 핵심 단어는 '发脾气(화를 내다)'입니다. 녹음에서는 '认真'과 같은 긍정적인 어감의 단어로 남자 배우를 표현하고 있고, 부정적인 어감의 단어인 '发脾气'와 비슷한 표현은 들리지 않았습니다. 따라서 정답은 ✗입니다.

단어

演员 yǎnyuán 명 배우 | 总是 zǒngshì 부 항상, 늘 | 发脾气 fā píqi 화를 내다 | 演 yǎn 동 연기하다, 출연하다 | 动作电影 dòngzuò diànyǐng 액션 영화 | 认真 rènzhēn 형 진지하다, 성실하다 | 不管 bùguǎn 접 ~에 관계없이, ~을 막론하고 | 危险 wēixiǎn 형 위험하다 | 坚持 jiānchí 동 (하고 있던 것을) 꾸준히 하다, 포기하지 않다

**5.**

★ 公园距离医院不远。( ✓ )

先生，医院入口处禁止停车，您往前开几十米，就有个小公园，公园里有停车场，您可以把车停到那儿。

★ 공원은 병원에서 멀지 않다. ( ✓ )

선생님, 병원 입구에는 주차가 금지되어 있습니다. 앞쪽으로 몇십 미터 운전해서 가면 작은 공원이 있고 공원에 주차장이 있으니 그곳에 주차하면 됩니다.

해설

녹음 중 '医院入口处禁止停车，您往前开几十米，就有个小公园'을 듣고 병원에서 공원까지의 거리가 '几十米(몇 십미터)'라고 했으므로 공원이 병원에서 멀지 않음을 알 수 있습니다. 따라서 정답은 ✓입니다.

단어

公园 gōngyuán 명 공원 | 距离 jùlí 동 (~로부터) 떨어지다 | 医院 yīyuàn 명 병원 | 入口处 rùkǒu chù 입구 | 禁止 jìnzhǐ 동 금지하다 | 停车 tíngchē 동 차를 세우다, 주차하다 | 往前开 wǎng qián kāi (운전해서) 앞으로 가다, 직진하다 | 停车场 tíngchēchǎng 명 주차장

**6.**

★ 奶奶的做法很安全。( ✗ )

奶奶怕忘记银行卡的密码，于是把密码写在纸上，和卡一起放在钱包里，其实这样做很不安全，要是钱包丢了就麻烦了。

★ 할머니의 방법은 안전하다. ( ✗ )

할머니는 은행카드의 비밀번호를 잊어버릴까 봐 걱정되어 비밀번호를 종이에 적어 카드와 함께 지갑에 넣었는데, 사실 이렇게 하는 것은 안전하지 않다. 만약 지갑을 잃어버리면 귀찮아진다.

해설

제시문의 핵심 단어는 '安全(안전하다)'입니다. 녹음에서 할머니의 방법(做法)에 대해 들려준 뒤 '其实这样做很不安全(사실 이렇게 하는 것은 안전하지 않다)'라고 하였으므로, 제시문과 녹음 내용이 반대임을 알 수 있습니다. 따라서 정답은 ✗입니다.

단어

奶奶 nǎinai 명 할머니 | 做法 zuòfǎ 명 (하는) 방법 | 安全 ānquán 형 안전하다 | 怕 pà 동 (~할까 봐) 걱정이 되다 | 忘记 wàngjì 동 잊어버리다 | 银行卡 yínhángkǎ 명 은행카드 *卡 kǎ 명 카드 | 密码 mìmǎ 명 비밀번호, 패스워드 | 纸 zhǐ 명 종이 | 钱包 qiánbāo 명 지갑 | 其实 qíshí 부 사실 | 要是 yàoshi 접 만약 ~하면 | 丢 diū 동 잃어버리다, 분실하다 | 麻烦 máfan 형 귀찮다, 번거롭다

**7.**

★ 丽丽腿部动作不标准。( ✗ )

丽丽，你游泳时腿部动作还挺标准的，就是出水的时候头抬得太高了，这样很影响游泳速度。

★ 리리는 다리 동작이 정확하지 않다. ( ✗ )

리리, 너 수영할 때 다리 동작은 꽤 정확한데, 단지 물속에서 나올 때 머리를 너무 높이 들어. 이러면 수영 속도에 큰 영향을 주게 돼.

해설

제시문의 핵심 단어는 '不标准(정확하지 않다)'입니다. 하지만 녹음에서 '你游泳时腿部动作还挺标准的'라고 했으므로 제시문과 녹음 내용이 반대임을 알 수 있습니다. 따라서 정답은 ✗입니다.

단어

丽丽 Lìlì 고유 리리[인명] | 腿部动作 tuǐbù dòngzuò 다리 동작 | 标准 biāozhǔn 형 표준적인, (동작이) 정확하다 | 游泳 yóuyǒng 동 수영하다 | 挺 tǐng 부 꽤, 제법, 아주 | 就是 jiùshì 부 단지, 다만(약간 아쉬운 느낌) | 出水 chūshuǐ 동 물 속에서 나오다 | 抬头 táitóu 동 머리를 들다 | 影响 yǐngxiǎng 동 영향을 주다 | 速度 sùdù 명 속도

**8.**

정답 및 해석

★ 油纸伞历史久远。( ✓ )

一位中国朋友送了我一把美丽的油纸伞，他告诉我，油纸伞是世界上最早的雨伞，一千多年前就已经出现了。

★ 유지우산은 역사가 오래되었다. ( ✓ )

한 중국 친구가 나에게 아름다운 유지우산을 선물했다. 그는 나에게 유지우산은 세계 최초의 우산으로 천여 년 전에 이미 나타났다고 말했다.

해설

녹음 중 '油纸伞是世界上最早的雨伞，一千多年前就已经出现了'라고 유지우산(油纸伞)에 대해 언급한 부분을 듣고 역사가 오래되었다(历史久远)는 것을 알 수 있습니다. 따라서 정답은 ✓입니다. '久远'처럼 어려운 단어가 나왔을 땐 '久(오래되다)' 한 글자만 가지고서도 뜻을 유추해야 합니다.

단어

油纸伞 Yóuzhǐ sǎn 고유 유지우산[기름 먹인 종이우산] | 历史久远 lìshǐ jiǔyuǎn 역사가 오래되다 | 把 bǎ 양 손잡이가 있는 물건을 셀 때 쓰임 | 美丽 měilì 형 아름답다 | 雨伞 yǔsǎn 명 우산 | 出现 chūxiàn 동 출현하다, 나타나다

**9.**

정답 및 해석

★ 说话人要去上海。( ✓ )

小马，公司通知我明天上午去上海出差，星期五才能回来，明晚不能和你一起吃饭了，咱们改天再聚吧。

★ 화자는 상하이에 가려고 한다. ( ✓ )

샤오마, 회사에서 나에게 내일 오전에 상하이로 출장 가라고 통지해서 금요일에나 돌아올 수 있어. 내일 저녁은 너랑 같이 식사할 수 없어, 우리 다음에 다시 모이자.

해설

녹음 중 '公司通知我明天上午去上海出差'에서 회사 통지로 상하이에 출장 가게 되었다는 내용이 들렸습니다. 따라서 정답은 ✓입니다.

단어

上海 Shànghǎi 고유 상하이[지명] | 通知 tōngzhī 동 통지하다, 알리다 | 出差 chūchāi 동 (외지로) 출장 가다 | 改天 gǎitiān 명 다른 날, 다음에 | 聚 jù 동 모이다

**10.**

정답 및 해석

★ 说话人很熟悉那家咖啡店。( ✓ )

那家咖啡店就在古今路那儿，周围都是商店，十分热闹，但店里却非常安静，在那里喝咖啡看书特别舒服，我几乎每个周末都去。

★ 화자는 그 커피숍을 잘 안다. ( ✓ )

그 커피숍은 바로 고금로 쪽에 있다. 주변은 온통 상점들이라 매우 떠들썩하지만, 가게 안은 매우 조용하다. 그곳에서 커피를 마시고 책을 읽으면 매우 편안해서 나는 거의 주말마다 간다.

해설

제시문의 핵심 단어는 '熟悉(잘 안다)'입니다. 녹음에서 그 커피숍이 어디에 있고, 주변은 어떻고, 가게 안은 어떠한지 등과 같은 내용이 들렸으므로 화자가 그 커피숍을 잘 안다고 볼 수 있습니다. 앞부분을 못 들었어도 마지막에 '我几乎每个周末都去'라고 했으므로 커피숍을 잘 안다고 할 수 있습니다. 따라서 정답은 ✓입니다. 이처럼 녹음에서 들리는 단어를 직접 언급하지 않고 내용을 전반적으로 이해해서 풀어야 하는 문제들은 난이도가 높은 편입니다.

단어

熟悉 shúxī 동 잘 알다 | 咖啡店 kāfēidiàn 명 커피숍 | 古今路 Gǔjīnlù 고유 고금로[지명] | 周围 zhōuwéi 명 주위, 주변 | 商店 shāngdiàn 명 상점 | 热闹 rènao 형 번화하다, 떠들썩하다 | 安静 ānjìng 형 조용하다 | 特别 tèbié 부 매우, 특별히 | 舒服 shūfu 형 편안하다 | 几乎 jīhū 부 거의 | 周末 zhōumò 명 주말

두 사람의 대화 녹음을 듣고, 녹음 속 질문에 알맞은 답을 보기에서 고르세요.

## 11.

**정답 및 해석**

男：小李，麻烦你帮我翻译一下这份材料。

女：好的，请稍等几分钟，我先发个传真。

남：샤오리, 번거롭겠지만 이 자료 좀 번역해 주세요.

여：알겠습니다. 몇 분만 기다려 주세요. 제가 먼저 팩스를 보낼게요.

---

问：**男的让女的做什么？**

　A 翻译材料（✓）

　B 发传真

　C 开会

　D 打电话

질문：남자는 여자에게 무엇을 하라고 했는가?

　A 자료를 번역한다（✓）

　B 팩스를 보낸다

　C 회의를 한다

　D 전화를 건다

**해설**

남자가 '麻烦你帮我翻译一下这份材料'라고 했기 때문에 A가 정답입니다. 여자의 '我先发个传真' 부분을 듣고 B가 답이라고 혼동할 수 있지만, 질문에서 남자가 여자에게 무엇을 시켰는지 물었으므로 B는 정답이 될 수 없습니다. 이처럼 선택지가 2개 들릴 경우 문제를 끝까지 잘 듣고 풀어야 합니다.

**단어**

翻译材料 fānyì cáiliào 자료를 번역하다 | 发传真 fā chuánzhēn 팩스를 보내다 | 麻烦 máfan 图 번거롭게 하다 | 份 fèn 图 신문·문건을 셀 때 쓰임 | 稍 shāo 图 잠시, 잠깐

## 12.

**정답 및 해석**

女：你把右边胳膊抬起来，你打完针后记得今天不要洗澡。

男：好的，谢谢护士。

여：오른팔을 드세요. 주사를 맞은 후에 샤워하면 안 된다는 것을 잊지 마세요.

남：알겠습니다. 간호사님 감사합니다.

---

问：**男的可能在哪儿？**

　A 学校

　B 公司

　C 医院（✓）

　D 电影院

질문：남자는 아마도 어디에 있는가?

　A 학교

　B 회사

　C 병원（✓）

　D 영화관

**해설**

선택지를 보면 장소 관련 문제임을 알 수 있습니다. 이 문제는 힌트가 되는 단어를 통해 답을 골라야 합니다. 녹음에서 '打完针后'와 '护士'라는 힌트 단어가 들렸으므로 현재 장소가 '医院(병원)'이라는 것을 짐작할 수 있습니다. 따라서 정답은 C입니다.

**단어**

医院 yīyuàn 图 병원 | 电影院 diànyǐngyuàn 图 영화관 | 胳膊 gēbo 图 팔 | 抬 tái 图 들다 | 打针 dǎzhēn 图 주사를 놓다 (맞다) | 记得 jìde 图 기억하고 있다, 잊지 않다 | 洗澡 xǐzǎo 图 목욕하다, 샤워하다 | 护士 hùshi 图 간호사

## 13.

**정답 및 해석**

男：都秋天了，怎么还这么热？

女：新闻上说，至少还有一周的高温天气，下周差不多就不热了。

남：이미 가을인데, 왜 아직도 이렇게 덥지?

여：뉴스에서 적어도 일주일 더 더운 날씨고, 다음 주에는 대체로 덥지 않을 거라고 했어.

---

问：**今天天气怎么样？**

　A 很热（✓）

　B 比较凉快

　C 很冷

　D 温暖舒适

질문：오늘 날씨는 어떠한가?

　A 덥다（✓）

　B 비교적 시원하다

　C 춥다

　D 따뜻하고 쾌적하다

**해설**

선택지를 보고 날씨를 묻는 문제라는 걸 파악합니다. 남자가 '怎么还这么热'라고 했고 질문에서 오늘 날씨가 어떤지 물었으므로, 정답은 A가 됩니다.

**단어**

凉快 liángkuai 图 시원하다 | 温暖舒适 wēnnuǎn shūshì 따뜻하고 쾌적하다 | 新闻 xīnwén 图 뉴스 | 至少 zhìshǎo 图 최소한, 적어도 | 高温天气 gāowēn tiānqì 고온 날씨, 더운 날씨 | 下周 xiàzhōu 图 다음 주 | 差不多 chàbuduō 图 거의, 대체로

**14.**

정답 및 해석

| | |
|---|---|
| 女：我想申请国外的工作签证，你对这方面了解吗？<br>男：我帮你问问我的<u>大学同学李莉</u>，她在大使馆工作。 | 여：저는 해외 취업 비자를 신청하고 싶은데, 당신은 이 방면에 대해 알고 있나요?<br>남：제 <u>대학 동창인 리리</u>에게 좀 물어봐 줄게요. 그녀는 대사관에서 일해요. |
| 问：男的和李莉是什么关系？<br>　A 恋人<br>　B 大学同学（✓）<br>　C 同事<br>　D 朋友 | 질문：남자는 리리와 어떤 관계인가？<br>　A 연인<br>　B 대학 동창（✓）<br>　C 동료<br>　D 친구 |

해설　선택지를 보면 관계를 묻는 문제임을 알 수 있습니다. 남자의 말에서 '大学同学李莉'가 들렸기 때문에 '李莉'와 '大学同学(대학 동창)' 사이임을 알 수 있습니다. 따라서 정답은 B입니다.

단어　恋人 liànrén 뗑연인 | 大学同学 dàxué tóngxué 대학 동창 | 同事 tóngshì 뗑동료 | 申请 shēnqǐng 뙤신청하다 | 工作签证 gōngzuò qiānzhèng 취업 비자 | 了解 liǎojiě 뙤(자세하게 잘) 알다, 이해하다 | 李莉 Lǐ Lì 교유리리[인명] | 大使馆 dàshǐguǎn 뗑대사관 | 关系 guānxi 뗑관계

**15.**

정답 및 해석

| | |
|---|---|
| 男：我最近不知道怎么了，<u>晚上经常做梦</u>，起床时也觉得很累。<br>女：你工作安排得太紧张了，周末去爬爬山，放松一下吧。 | 남：나는 요즘 왜 그런지 모르겠는데, 밤에 자주 꿈을 꾸고 일어날 때도 피곤한 것 같아.<br>여：네가 일이 너무 많아서 그래. 주말에 등산도 가고, 좀 쉬도록 해. |
| 问：男的最近怎么了？<br>　A 经常做梦（✓）<br>　B 心情很紧张<br>　C 打算爬山<br>　D 生病了 | 질문：남자는 요즘 어떠한가？<br>　A 자주 꿈을 꾼다（✓）<br>　B 마음이 긴장된다<br>　C 등산할 계획이다<br>　D 병이 났다 |

해설　남자가 '晚上经常做梦'이라고 했고 질문에서 남자한테 무슨 일이 있었는지 물었으므로 정답은 A입니다. 여자의 말에서 언급된 '工作安排得太紧张了'의 '紧张'은 '(일이) 바쁘다, 많다'는 의미로 B의 '紧张(긴장하다)과는 다른 의미입니다.

단어　做梦 zuòmèng 뙤꿈을 꾸다 | 紧张 jǐnzhāng 뼹①긴장하다 ②(일·학습이) 바쁘다, 많다 | 打算 dǎsuàn 뙤~할 계획이다 | 爬山 páshān 뙤등산하다 | 起床 qǐchuáng 뙤(잠자리에서) 일어나다 | 安排 ānpái 뙤안배하다, 배치하다 | 周末 zhōumò 뗑주말 | 放松 fàngsōng 뙤편하게 하다, 쉬다

**16.**

정답 및 해석

| | |
|---|---|
| 女：你的考试成绩出来了吗？<br>男：暂时还没有，<u>不过我估计应该能上理想的大学</u>。 | 여：네 시험 성적은 나왔니？<br>남：아직 안 나왔어요. <u>하지만 저는 가고 싶은 대학에 갈 수 있을 것 같아요.</u> |
| 问：男的是什么意思？<br>　A 没有问题（✓）<br>　B 考试没通过<br>　C 不能上学<br>　D 没参加考试 | 질문：남자는 무슨 뜻인가？<br>　A 문제없다（✓）<br>　B 시험에 통과하지 못했다<br>　C 진학할 수 없다<br>　D 시험을 보지 못했다 |

해설　남자가 '不过我估计应该能上理想的大学'라고 한 것은 '대학 진학에 문제없다(没有问题)'는 의미로 이해할 수 있습니다. 따라서 정답은 A입니다. '理想'이 형용사로 쓰일 경우 '만족스럽다, 이상적이다'는 의미로 사용됩니다. '理想的大学'는 '가고 싶은 대학'이라고 해석하면 됩니다.

단어    问题 wèntí 명 문제 | 考试 kǎoshì 명 시험 | 通过 tōngguò 동 통과하다 | 参加 cānjiā 동 참가하나, (시험을) 보다 | 成绩 chéngjì 명 성적 | 暂时 zànshí 명 잠시, 당분간 | 估计 gūjì 동 추측하다, ~할 것 같다 | 理想 lǐxiǎng 형 만족스럽다, 이상적이다

## 17.

정답 및 해석

| 男：昨天的演出好看吗？<br>女：**棒极了**，演员们都很专业，座位全都坐满了。 | 남: 어제 공연은 재미있었어?<br>여: 엄청 대단했어. 배우들이 모두 전문적이고, 자리가 모두 가득 찼어. |
| --- | --- |
| 问: **关于演出，可以知道什么？**<br>  A 一般<br>  B 非常精彩 ( ✔ )<br>  C 观众很少<br>  D 演员不好看 | 질문: 공연에 관해서 무엇을 알 수 있는가?<br>  A 보통이다<br>  B 매우 훌륭하다 ( ✔ )<br>  C 관중이 적다<br>  D 배우가 못생겼다 |

해설    공연에 대한 질문에 여자가 '棒极了'라고 대답했으므로 정답은 B가 됩니다. 그 뒤에 '座位全都坐满了'라는 내용도 들렸기 때문에 선택지 C는 정답이 될 수 없습니다.

단어    一般 yìbān 형 일반적이다, 보통이다 | 精彩 jīngcǎi 형 뛰어나다, 훌륭하다 | 观众 guānzhòng 명 관중 | 演员 yǎnyuán 명 배우, 연기자 | 演出 yǎnchū 명 공연 | 棒 bàng 형 뛰어나다, 대단하나 | 极了 jíle 매우[형용사 뒤에 위치해 뜻을 매우 강조할 때 쓰임] | 专业 zhuānyè 형 전문적인 | 座位 zuòwèi 명 자리 | 全都 quándōu 부 전부, 모두

## 18.

정답 및 해석

| 女：请问，"好干净"洗衣店怎么走？<br>男：您往前走五百米就到了，它就在一家烤鸭店旁边。 | 여: 실례지만 '하오깐징' 세탁소는 어떻게 갑니까?<br>남: 앞으로 500미터 가면 도착해요. 세탁소는 오리구이 가게 옆에 바로 있습니다. |
| --- | --- |
| 问: **女的要去哪儿？**<br>  A 烤鸭店<br>  B 电影院<br>  C 洗衣店 ( ✔ )<br>  D 邮局 | 질문: 여자는 어디에 가려고 하는가?<br>  A 오리구이 가게<br>  B 영화관<br>  C 세탁소 ( ✔ )<br>  D 우체국 |

해설    선택지를 보고 장소를 묻는 문제라는 걸 파악합니다. 여자의 말에서 '请问，"好干净"洗衣店怎么走？'라며 직접 '洗衣店(세탁소)'을 언급했고, 질문에서 여자가 어디에 가려고 하는지 물었으므로 정답은 C입니다. 선택지 A는 남자가 세탁소의 위치를 설명할 때 언급한 장소이므로 정답이 될 수 없습니다. 이렇게 장소가 2개 들릴 경우 문제를 끝까지 잘 듣고 풀어야 합니다.

단어    烤鸭店 kǎoyādiàn 명 오리구이 가게 | 电影院 diànyǐngyuàn 명 영화관 | 洗衣店 xǐyīdiàn 명 세탁소 | 邮局 yóujú 명 우체국 | 旁边 pángbiān 명 옆

## 19.

정답 및 해석

| 男：听说这次省羽毛球比赛的奖金很高。<br>女：别有压力，不管输赢，我都会为你加油。 | 남: 이번 성(省) 배드민턴 경기의 상금이 높다고 들었어요.<br>여: 스트레스받지 마, 이기든 지든 난 항상 널 응원할게. |
| --- | --- |
| 问: **女的对男的是什么态度？**<br>  A 支持 ( ✔ )<br>  B 批评<br>  C 帮助<br>  D 不关心 | 질문: 여자는 남자에게 어떤 태도인가?<br>  A 지지한다 ( ✔ )<br>  B 질책한다<br>  C 돕는다<br>  D 관심 없다 |

해설    여자의 말 '我都会为你加油'에서 '加油(응원하다)'가 들렸으므로 비슷한 의미의 A 支持(지지하다)를 정답으로 골라 줍니다. 태도 관련 문제는 긍정적 의미의 단어가 답으로 출제될 가능성이 높습니다.

단어 支持 zhīchí 통 지지하다, 응원하다 | 批评 pīpíng 통 질책하다, 꾸짖다 | 听说 tīngshuō 통 ~라고 듣다 | 省 shěng 명 성[중국의 최상급 지방 행정 단위] | 羽毛球比赛 yǔmáoqiú bǐsài 배드민턴 경기 | 奖金 jiǎngjīn 명 상금 | 压力 yālì 명 스트레스 | 不管 bùguǎn 접 ~에 관계없이, ~하든 | 输 shū 통 지다 | 赢 yíng 통 이기다 | 加油 jiāyóu 통 응원하다 | 态度 tàidu 명 태도

## 20.

정답 및 해석

女 : 等第一个月的工资发了，我想给我爸妈换个新沙发。

男 : 你真是个好女儿，他们一定会非常开心的。

여: 첫 월급이 나오면, 전 부모님께 새 소파로 바꿔드리고 싶어요.
남: 넌 정말 좋은 딸이구나. 그들은 꼭 매우 기뻐하실 거야.

问: 女的想给父母买什么？

　A 床
　B 椅子
　C 沙发（✓）
　D 电视

질문: 여자는 부모님께 무엇을 사드리고 싶어 하는가?

　A 침대
　B 의자
　C 소파（✓）
　D 텔레비전

해설 선택지 단어가 녹음에서 들리면, 집중해서 듣도록 합니다. 여자의 말에서 '我想给我爸妈换个新沙发'라며 직접 '沙发(소파)'를 언급했으므로 정답은 C입니다.

단어 椅子 yǐzi 명 의자 | 沙发 shāfā 명 소파 | 工资 gōngzī 명 월급 | 发 fā 명 (월급이) 나오다 | 换 huàn 통 교환하다, 바꾸다 | 开心 kāixīn 형 기쁘다, 즐겁다

## 21.

정답 및 해석

男 : 我突然肚子疼得厉害，想跟经理请个假。

女 : 他去买咖啡了，你直接打电话联系他吧。

남: 저 갑자기 배가 너무 아파서 팀장님께 휴가를 신청하고 싶어요.
여: 그는 커피를 사러 갔으니 당신이 직접 전화로 연락하세요.

问: 男的为什么请假？

　A 肚子疼（✓）
　B 有急事
　C 不喜欢咖啡
　D 见朋友

질문: 남자는 왜 휴가를 신청하는가?

　A 배가 아프다（✓）
　B 급한 일이 있다
　C 커피를 좋아하지 않는다
　D 친구를 만난다

해설 남자가 '我突然肚子疼得厉害(저 갑자기 배가 너무 아파서)'라며 정답 A를 바로 읽었습니다. 선택지에서 눈을 떼지 말고 녹음을 들어야 합니다.

단어 肚子疼 dùzi téng 배가 아프다 | 急事 jíshì 명 급한 일 | 咖啡 kāfēi 명 커피 | 突然 tūrán 부 갑자기 | 厉害 lìhai 형 (정도가) 심하다 | 经理 jīnglǐ 명 팀장 | 请假 qǐngjià 통 휴가를 신청하다 | 直接 zhíjiē 부 직접 | 联系 liánxì 통 연락하다

## 22.

정답 및 해석

女 : 张明，你父母对你的外国女朋友印象怎么样？

男 : 他们没想到她的普通话竟然这么流利，还说她活泼可爱。

여: 장밍, 너희 부모님은 네 외국인 여자친구에 대한 인상이 어땠어?
남: 부모님은 그녀의 표준어가 뜻밖에 이렇게 유창할지 생각지 못했어요. 또 그녀가 활발하고 귀엽다고 했어요.

问: 张明的父母觉得他的女朋友怎么样？

　A 勇敢
　B 聪明
　C 活泼（✓）
　D 漂亮

질문: 장밍의 부모님은 그의 여자친구가 어떻다고 생각하는가?

　A 용감하다
　B 똑똑하다
　C 활발하다（✓）
　D 예쁘다

해설 외국인 여자친구에 대한 질문에 남자가 '还说她活泼可爱'라며 '活泼(활발하다)'를 그대로 언급했으므로 정답은 C입니다.

단어 勇敢 yǒnggǎn 휑 용감히다 ┃ 聪明 cōngming 휑 똑똑하다 ┃ 活泼 huópō 휑 (성격이) 활발하다 ┃ 漂亮 piàoliang 휑 예쁘다 ┃ 印象 yìnxiàng 휑 인상 ┃ 没想到 méixiǎngdào 생각지 못하다. 뜻밖에도 ┃ 普通话 pǔtōnghuà 휑 (중국어의) 표준어 ┃ 竟然 jìngrán 휑 뜻밖에도, 의외로 ┃ 流利 liúlì 휑 (말이) 유창하다

## 23.

| 정답 및 해석 | 男 : 音乐会八点开始，一刻钟后出门，完全来得及。<br>女 : 我们是第一个节目，<u>去晚了就来不及打扮了</u>。 | 남 : 음악회는 8시에 시작하니, 15분 후에 나가면 절대로 늦지 않을 거예요.<br>여 : 저희는 첫 번째 프로그램이라 <u>늦게 가면 꾸밀 시간이 없어요</u>. |
|---|---|---|
| | 问: **女的担心什么?**<br>　A 来不及打扮 ( ✔ )<br>　B 会堵车<br>　C 没有车<br>　D 会迟到 | 질문: 여자는 무엇을 걱정하는가?<br>　A 꾸밀 시간이 없다 ( ✔ )<br>　B 차가 막힐 것이다<br>　C 차가 없다<br>　D 늦을 것이다 |

해설　여자의 말 '去晚了就来不及打扮了'에서 '来不及打扮(꾸밀 시간이 없다)'이 그대로 들렸고 질문에서 여자가 무엇을 걱정하는지 물었으므로 정답은 A입니다.

단어　来不及 lái bu jí (시간이 부족하여) ~할 겨를(시간)이 없다 ┃ 打扮 dǎban 휑 단장하다, 꾸미다 ┃ 堵车 dǔchē 휑 차가 막히다 ┃ 迟到 chídào 휑 지각하다, 늦다 ┃ 音乐会 yīnyuèhuì 휑 음악회 ┃ 一刻(钟) yíkè(zhōng) 휑 15분 ┃ 来得及 lái de jí 늦지 않다 ┃ 节目 jiémù 휑 프로그램, 프로 ┃ 担心 dānxīn 휑 걱정하다

---

**TIP ✦ TIP**

**시간 읽기**

1:00　一点

2:05　两点五分 = 两点零五分

3:10　三点十分

4:15　四点十五分 = 四点一刻

5:30　五点三十分钟 = 五点半

6:45　六点四十五分 = 差一刻七点

点 diǎn 시 ┃ 分 fēn 분 ┃ 刻 kè 15분 ┃ 半 bàn 30분 ┃ 差 chà 모자라다

---

## 24.

| 정답 및 해석 | 女 : 体检结果怎么样?<br>男 : 医生说我超过标准体重了，<u>要多运动</u>。 | 여 : 건강검진 결과는 어때요?<br>남 : 의사는 내가 표준 체중을 넘었으니 <u>운동을 많이 해야 한다</u>고 했어요. |
|---|---|---|
| | 问: **医生建议男的怎么做?**<br>　A 别喝酒<br>　B 锻炼身体 ( ✔ )<br>　C 多休息<br>　D 住院治疗 | 질문: 의사는 남자에게 어떻게 하라고 제안했는가?<br>　A 술을 마시지 마라<br>　B 운동해라 ( ✔ )<br>　C 많이 쉬어라<br>　D 입원해서 치료해라 |

해설　남자의 말 '医生说我超过标准体重了，要多运动'에서 의사의 제안인 '要多运动'이 들렸기 때문에 의미가 비슷한 선택지 B 锻炼身体가 정답이 됩니다.

단어　喝酒 hē jiǔ 술을 마시다 ┃ 锻炼身体 duànliàn shēntǐ 신체를 단련하다, 운동하다 ┃ 休息 xiūxi 휑 휴식하다, 쉬다 ┃ 住院 zhùyuàn 휑 입원하다 ┃ 治疗 zhìliáo 휑 치료하다 ┃ 体检 tǐjiǎn 휑 신체검사, 건강검진 (= 身体检查 shēntǐ jiǎnchá) ┃ 结果 jiéguǒ 휑 결과 ┃ 医生 yīshēng 휑 의사 ┃ 超过 chāoguò 휑 초과하다, 넘다 ┃ 标准 biāozhǔn 휑 표준의 ┃ 体重 tǐzhòng 휑 체중 ┃ 建议 jiànyì 휑 건의하다, 제안하다

**25.**

<table>
<tr><td>정답 및 해석</td><td>男 : 你小孙女的牙有点黄，她平时刷牙仔细吗？<br><br>女 : 她有时候睡前懒得刷牙，刷的时候也很马虎。</td><td>남 : 당신의 어린 손녀의 이가 좀 누렇네요. 그녀는 평소에 이를 꼼꼼히 닦나요?<br><br>여 : 그녀는 때때로 자기 전에 이 닦는 걸 귀찮아하고, 닦을 때도 대충합니다.</td></tr>
<tr><td></td><td>问: 女的觉得孙女刷牙怎么样？<br>　　A 不仔细 ( ✔ )<br>　　B 很认真<br>　　C 不刷牙<br>　　D 每天刷牙</td><td>질문 : 여자는 손녀가 이를 닦는 게 어떻다고 생각하는가？<br>　　A 꼼꼼하지 않다 ( ✔ )<br>　　B 열심히 한다<br>　　C 이를 닦지 않는다<br>　　D 매일 이를 닦는다</td></tr>
</table>

해설　손녀가 평소에 이를 꼼꼼히 닦는지 묻는 말에 여자가 '她有时候睡前懒得刷牙，刷的时候也很马虎'라고 했습니다. '懒得(~하는 것을 귀찮아하다)', '马虎(대충하다)'와 같은 단어가 들렸으므로, 이 닦는 것이 '不仔细(꼼꼼하지 않다)'하다는 것을 알 수 있습니다. 따라서 정답은 A입니다. '懒得'와 '马虎'가 어려운 단어라 듣지 못했다면, 남자의 질문인 '她平时刷牙仔细吗？'에서 '仔细'를 듣고, 그 다음 여자의 답변에서 뭔가 '仔细'한 것과는 거리가 멀다는 것을 유추해서 정답을 찍어야 합니다.

단어　仔细 zǐxì 혱 자세하다, 꼼꼼하다 | 认真 rènzhēn 혱 진지하다, 열심히 하다 | 刷牙 shuāyá 동 이를 닦다, 양치질하다 | 孙女 sūnnǚ 명 손녀 | 有时候 yǒushíhòu 부 가끔, 때때로 | 懒得 lǎnde 동 (~하는 것을) 귀찮아하다 | 马虎 mǎhu 혱 대충하다

---

**第三部分**　녹음을 듣고, 녹음 속 질문에 알맞은 답을 보기에서 고르세요.

**26.**

<table>
<tr><td>정답 및 해석</td><td>女 : 听我弟弟说，你暑假要去贵阳旅行？<br>男 : 是啊，那里夏天很凉快，暑假去最舒服了。<br>女 : 你打算几号出发？<br>男 : 月底吧，一放假我就走。</td><td>여 : 내 동생의 말로는 너 여름 방학에 꾸이양으로 여행 간다며？<br>남 : 맞아, 그곳은 여름에 시원해서 여름방학에 가는 게 제일 편해.<br>여 : 넌 며칠에 출발할 계획이니？<br>남 : 월말에. 방학하자마자 갈 거야.</td></tr>
<tr><td></td><td>问: 男的准备什么时候出发？<br>　　A 寒假<br>　　B 这月底 ( ✔ )<br>　　C 下个星期<br>　　D 明天</td><td>질문 : 남자는 언제 출발할 계획인가？<br>　　A 겨울 방학<br>　　B 이달 말 ( ✔ )<br>　　C 다음주<br>　　D 내일</td></tr>
</table>

해설　선택지를 보고 날짜를 묻는 문제라는 걸 파악합니다. 며칠에 출발할 건지 묻는 말에 남자가 '月底吧'라고 했고 질문에서 남자가 언제 출발할 계획인지 물었으므로, 정답은 B 这月底입니다.

단어　寒假 hánjià 명 겨울 방학 | 月底 yuèdǐ 명 월말 *这月底 이달 말 | 听说 tīngshuō 동 ~라고 듣다, ~의 말로는 | 暑假 shǔjià 명 여름 방학 | 贵阳 Guìyáng 고유 꾸이양[지명] | 旅行 lǚxíng 동 여행하다 | 夏天 xiàtiān 명 여름 | 凉快 liángkuài 혱 시원하다 | 舒服 shūfu 혱 편(안)하다 | 打算 dǎsuàn 동 ~할 계획이다 | 一A就B yī A jiù B A하자마자 B하다 | 放假 fàngjià 동 방학하다 | 准备 zhǔnbèi 동 준비하다, ~할 계획이다

---

**27.**

<table>
<tr><td>정답 및 해석</td><td>男 : 小马，你这是去哪儿？<br>女 : 我亲戚今天从上海过来，我去买只烤鸭中午吃。<br>男 : 我去邮局寄东西，正好路过烤鸭店，你上车，我顺便送你过去。<br>女 : 好的，太感谢了。</td><td>남 : 샤오마, 너 어디 가？<br>여 : 내 친척이 오늘 상하이에서 와서 점심으로 먹을 오리구이 사러 가.<br>남 : 난 우체국에 물건 부치러 가는데, 마침 오리구이 가게를 지나가니 차에 타. 내가 가는 길에 데려다줄게.<br>여 : 알겠어. 너무 고마워.</td></tr>
</table>

| 问: 女的要去哪儿? | 질문: 여자는 어디에 가려고 하는가? |
|---|---|
| A 邮局 | A 우체국 |
| B 火车站 | B 기차역 |
| C 烤鸭店 (✓) | C 오리구이 가게 (✓) |
| D 机场 | D 공항 |

**해설**     선택지를 보면 장소 관련 문제임을 알 수 있습니다. 여자가 '我去买只烤鸭中午吃'라며 오리구이를 사러 간다고 했고 질문에서 여자가 어디에 가려고 하는지 물었으므로, 정답은 C 烤鸭店 입니다. 녹음에서 남자가 가려고 하는 장소인 '邮局(우체국)'도 들리므로 오답에 주의해야 합니다. 녹음에서 장소가 2개 이상 들릴 경우 각각 '女的'와 '男的'를 구분해서 잘 듣고, 질문도 끝까지 잘 들어야 합니다.

**단어**     邮局 yóujú 명 우체국 | 火车站 huǒchēzhàn 명 기차역 | 烤鸭店 kǎoyādiàn 명 오리구이 가게 | 亲戚 qīnqī 명 친척 | 寄 jì 동 (우편으로) 부치다 | 正好 zhènghǎo 부 마침 | 路过 lùguò 동 지나다 | 顺便 shùnbiàn 부 ~하는 김에 | 感谢 gǎnxiè 동 감사하다, 고맙게 여기다

## 28.

**정답 및 해석**

| 女: 这张银行卡的密码我给忘了, 你记得吗? | 여: 이 은행 카드의 비밀번호를 잊어버렸어요. 당신은 기억하세요? |
|---|---|
| 男: 好像是儿子的生日, 你试试。 | 남: 아마 아들 생일일 거예요. 한번 해 보세요. |
| 女: 试过了, 不对。 | 여: 해봤는데, 아니네요. |
| 男: 实在不行, 你直接联系银行找回吧。 | 남: 정말 안 되면 당신이 은행에 직접 연락해서 찾아봐요. |

| 问: 男的让女的怎样找回密码? | 질문: 남자는 여자에게 비밀번호를 어떻게 찾으라고 했는가? |
|---|---|
| A 联系银行 (✓) | A 은행에 연락한다 (✓) |
| B 问儿子 | B 아들에게 물어본다 |
| C 问朋友 | C 친구에게 물어본다 |
| D 再试试 | D 다시 한번 해본다 |

**해설**     선택지가 모두 동사구로 이루어져 있으므로 어떤 행동과 관련된 문제입니다. 남자의 말 '你直接联系银行找回吧'에서 '联系银行(은행에 연락하다)'이 녹음에서 그대로 들렸습니다. 따라서 정답은 A 联系银行입니다. 남자가 '你试试'라고 했지만, 여자가 이미 '不对(비밀번호가 틀리다)'라고 했으므로 선택지 D 再试试는 정답이 될 수 없습니다.

**단어**     联系 liánxì 동 연락하다 | 银行 yínháng 명 은행 | 试试 shìshì 한번 해보다 | 张 zhāng 양 장[종이 · 카드 등의 넓고 평평한 표면을 가진 것을 셀 때 쓰임] | 银行卡 yínhángkǎ 명 은행카드 | 密码 mìmǎ 명 비밀번호, 패스워드 | 记得 jìde 동 기억하고 있다 | 好像 hǎoxiàng 부 아마 ~일 것이다 | 实在 shízài 부 정말 | 直接 zhíjiē 부 직접

## 29.

**정답 및 해석**

| 男: 你家厨房的推拉门真好看, 在哪儿买的? | 남: 너희 집 주방의 미닫이문 정말 예쁘네. 어디서 샀어? |
|---|---|
| 女: 不是买的, 是我爷爷做的。 | 여: 산 게 아니고, 우리 할아버지가 만든 거야. |
| 男: 你爷爷真厉害。 | 남: 너희 할아버지 정말 대단하시네. |
| 女: 他做推拉门已经做了几十年了。 | 여: 할아버지가 미닫이문을 만든 지 벌써 수십 년이 되었어. |

| 问: 关于推拉门, 下列哪个正确? | 질문: 미닫이문에 관해서 다음 중 정확한 것은? |
|---|---|
| A 质量很好 | A 품질이 좋다 |
| B 有点小 | B 조금 작다 |
| C 是爷爷做的 (✓) | C 할아버지가 만든 것이다 (✓) |
| D 不便宜 | D 저렴하지 않다 |

**해설**     '推拉门'의 의미를 굳이 몰라도 문제를 푸는데 지장이 없습니다. 어디서 샀는지 묻는 질문에 여자가 '是我爷爷做的'라고 했으므로 이와 비슷한 선택지 C 是爷爷做的가 정답이 됩니다.

**단어**     质量 zhìliàng 명 품질 | 便宜 piányi 형 싸다 *不便宜 비싸다 | 厨房 chúfáng 명 주방 | 推拉门 tuīlāmén 명 미닫이문 *推拉 밀고 당기다 | 厉害 lìhai 형 대단하다 | 正确 zhèngquè 형 정확하다

**30.**

정답 및 해석

女：明天那趟航班是在几号航站楼啊？

男：二号航站楼。

女：那咱们是打车去机场还是坐地铁去？

男：<u>坐地铁去吧</u>，早上打车恐怕会堵。

问：**男的要怎么去机场？**

  A 打车

  B 坐公共汽车

  C 开车

  D 乘地铁（✔）

---

여：내일 그 항공편은 몇 번 터미널에 있나요?

남：2번 터미널입니다.

여：그럼 우리 공항까지 택시 타고 갈까요, 아니면 지하철 타고 갈까요?

남：<u>지하철 타고 가요.</u> 오전에 택시를 타면 아마 막힐 거예요.

질문：남자는 어떻게 공항에 가려고 하는가?

  A 택시를 탄다

  B 버스를 탄다

  C 차를 운전한다

  D 지하철을 탄다（✔）

해설
선택지를 보고 어떤 교통수단을 이용할 건지 묻는 문제라는 걸 파악합니다. 녹음에서는 '打车'와 '坐地铁'가 함께 들리지만, 최종적으로 남자는 '坐地铁去吧'라고 했으므로 정답은 D 乘地铁가 됩니다. '乘 chéng'과 '坐 zuò'는 같은 의미로 '(교통 수단에) 타다'라는 뜻입니다. '乘'과 '坐'를 합쳐서 '乘坐'처럼 한 단어로 쓰기도 합니다.

단어
打车 dǎchē 동 택시를 타다(=打的 dǎdī) | 坐公共汽车 zuò gōnggòng qìchē 버스를 타다 | 乘地铁 chéng dìtiě 지하철을 타다 | 趟 tàng 양 차례, 번[왕래한 횟수를 셀 때 쓰임] | 航班 hángbān 명 항공편 | 航站楼 hángzhànlóu 명 터미널 | 恐怕 kǒngpà 부 아마 ~일 것이다 | 堵 dǔ 동 막다, 막히다

중국에서는 보통 버스를 '公共汽车' 대신 '公交车 gōngjiāochē'라고 부릅니다.

**31.**

정답 및 해석

女：你把车钥匙放哪儿了？我到处找都找不到。

男：就在书桌上，你好好找找。

女：你的书桌实在太乱了。

男：我最近忙，过几天我就整理。

问：**女的在找什么？**

  A 项链

  B 戒指

  C 车钥匙（✔）

  D 钱包

---

여：당신 차 열쇠를 어디에 뒀어요? 내가 여기저기 찾아봤는데 도 못 찾겠어요.

남：책상 위에 있으니까 잘 좀 찾아봐요.

여：당신 책상이 정말 너무 어지럽네요.

남：난 요즘 바빴어요. 며칠 지나서 정리할게요.

질문：여자는 무엇을 찾고 있는가?

  A 목걸이

  B 반지

  C 차 열쇠（✔）

  D 지갑

해설
여자의 말 '你把车钥匙放哪儿了?'에서 차 열쇠를 찾고 있음을 알 수 있습니다. 다른 선택지는 녹음에서 들리지 않았으므로 C 车钥匙를 정답으로 골라주면 됩니다.

단어
项链 xiàngliàn 명 목걸이 | 戒指 jièzhǐ 명 반지 | 钥匙 yàoshi 명 열쇠 | 钱包 qiánbāo 명 지갑 | 到处 dàochù 부 도처에, 곳곳에, 여기저기 | 书桌 shūzhuō 명 책상 | 实在 shízài 부 정말 | 乱 luàn 형 어지럽다 | 整理 zhěnglǐ 동 정리하다

**32.**

정답 및 해석

女：下午王建教授要来咱们学院讲国际法，你去吗？

男：去不了，<u>有家银行通知我下午去面试</u>。

女：错过这么好的学习机会真可惜。

男：没办法，只好借你的笔记看看了。

---

여：오후에 왕젠 교수님이 국제법을 강의하러 우리 대학에 오신 다는데, 너 갈래?

남：못 가. <u>은행에서 나에게 오후에 면접 보러 오라고 통지했어.</u>

여：이렇게 좋은 배움의 기회를 놓치다니 정말 아깝다.

남：네 필기를 좀 빌려 볼 수밖에 없겠어.

<table>
<tr><td>

问: 男的为什么错过了这次学习机会?

  A 得去面试 ( ✓ )

  B 要见朋友

  C 有工作

  D 和家人吃饭

</td><td>

질문: 남자는 왜 이번 배움의 기회를 놓쳤는가?

  A 면접 보러 가야 한다 ( ✓ )

  B 친구를 만나려고 한다

  C 일이 있다

  D 가족과 식사한다

</td></tr>
</table>

**해설**    남자의 말 '有家银行通知我下午去面试'에서 '去面试(면접 보러 가다)'가 그대로 들렸고, 배움의 기회를 놓치게 되어 아깝다는 여자의 말이 뒤에 이어졌습니다. 질문에서 배움의 기회를 놓치게 된 이유를 물었으므로 정답은 A 得去面试 입니다.

**단어**    面试 miànshì 통 면접을 보다 | 王建 Wáng Jiàn 고유 왕젠[인명] | 教授 jiàoshòu 명 교수 | 学院 xuéyuàn 명 (단과) 대학 | 讲 jiǎng 통 강의하다 | 国际法 guójìfǎ 명 국제법 | 银行 yínháng 명 은행 | 通知 tōngzhī 통 통지하다, 알리다 | 错过机会 cuòguò jīhuì 기회를 놓치다 | 可惜 kěxī 형 아쉽다, 아깝다 | 只好 zhǐhǎo 부 ~할 수밖에 없다 | 笔记 bǐjì 명 필기

**선생님의 한마디**

중국에서 '大学'와 '学院'은 모두 중국 교육부가 지정한 정식 대학교를 의미합니다. 종합 대학을 '大学'라 하고 미대, 의대 등과 같은 전문 분야 대학을 '学院'이라고 합니다. 우리가 보통 학교 수업 이외의 목적, 즉 성적 향상을 위해 다니는 학원은 중국어로 '补习班 bǔxíbān'이라고 합니다.

## 33.

**정답 및 해석**

<table>
<tr><td>

男 : 最近我跟小林的关系有些紧张。

女 : 为什么呀? 你俩不是现在一起租房吗?

男 : 我不能接受他不打扫房间，不倒垃圾，他却觉得我太爱干净。

女 : 适应别人的生活习惯确实不容易。

</td><td>

남 : 요즘 나와 샤오린의 관계가 조금 긴장 상태야.

여 : 왜? 너희 둘이 지금 함께 임차해서 사는 거 아니야?

남 : 난 그가 방을 청소하지 않고 쓰레기를 비우지 않는 것을 받아들일 수 없는데, 그는 내가 너무 깔끔을 떤다고 생각해.

여 : 다른 사람의 생활 습관에 적응하는 것은 정말로 어려워.

</td></tr>
<tr><td>

问: 男的认为小林怎么样?

  A 很爱笑

  B 比较胖

  C 不爱收拾 ( ✓ )

  D 很爱干净

</td><td>

질문: 남자는 샤오린이 어떻다고 생각하는가?

  A 매우 잘 웃는다

  B 비교적 뚱뚱하다

  C 치우기 싫어한다 ( ✓ )

  D 매우 깔끔을 떤다

</td></tr>
</table>

**해설**    남자의 말 '我不能接受他不打扫房间，不倒垃圾'에서 '不打扫房间，不倒垃圾(방을 청소하지 않고 쓰레기를 비우지 않는다)'가 들렸으므로 샤오린을 어떻게 생각하는지 알 수 있습니다. 따라서 정답은 C 不爱收拾입니다. 마지막 남자의 말에서 '他却觉得我太爱干净'이라고 했지만, 이것은 샤오린이 남자를 그렇게 생각한다는 의미이기 때문에 선택지 D 很爱干净은 오답입니다.

**단어**    爱 ài 통 잘 ~하다, ~를 즐겨하다 | 胖 pàng 형 뚱뚱하다, 살찌다 | 收拾 shōushi 통 정리하다, 치우다 | 干净 gānjìng 형 깨끗하다, 깔끔하다 | 关系紧张 guānxì jǐnzhāng 관계가 긴장 상태이다 | 租房 zūfáng 통 세 들어 살다, 임차하다 | 接受 jiēshòu 통 받아들이다 | 打扫房间 dǎsǎo fángjiān 방을 청소하다 | 倒垃圾 dào lājī 쓰레기를 비우다 | 适应 shìyìng 통 적응하다 | 生活习惯 shēnghuó xíguàn 생활 습관 | 确实 quèshí 부 확실히, 정말로 | 容易 róngyì 형 쉽다

## 34.

**정답 및 해석**

<table>
<tr><td>

女 : 我点了盘烤肉，你看看菜单，还有没有别的想吃的?

男 : 要个酸菜鱼怎么样?

女 : 好啊，这家店的酸菜鱼很有名，又酸又辣，特别好吃。

男 : 再加两碗米饭，就先来这些吧。

</td><td>

여 : 나는 구운 고기 한 접시를 주문했어. 네가 메뉴판 좀 봐봐. 다른 먹고 싶은 거 더 없어?

남 : 쏸차이위를 시키는 건 어때?

여 : 좋아. 이 가게의 쏸차이위는 유명해. 시큼하고 매워서 아주 맛있어.

남 : 밥 두 공기 더 추가하고, 우선 이것들 먼저 주세요.

</td></tr>
</table>

| 问: 那家店的酸菜鱼怎么样？ | 질문: 그 가게의 쏸차이위는 어떠한가? |
|---|---|
| A 很值得 | A 매우 가치가 있다 |
| B 不太好吃 | B 별로 맛이 없다 |
| C 又酸又辣 (✓) | C 시큼하고 맵다 (✓) |
| D 比较一般 | D 비교적 보통이다 |

**해설**    선택지를 보고 어떤 요리에 대해 묻는 문제라는 걸 파악합니다. '酸菜鱼'라는 요리 이름을 못 알아 들어도 문제를 푸는 데는 상관없습니다. 여자가 이 식당의 '酸菜鱼'에 대해 유명하다고 하면서 '又酸又辣'라고 했으므로 정답은 C 又酸又辣입니다.

**단어**    值得 zhíde 동 가치가 있다 | 酸 suān 형 시다, 시큼하다 | 辣 là 형 맵다 | 一般 yìbān 형 일반적이다, 보통이다 | 点 diǎn 동 (요리를) 주문하다, 시키다(=要) | 盘 pán 양 접시를 셀 때 쓰임 | 烤肉 kǎoròu 명 구운 고기 | 菜单 càidān 명 메뉴판 | 酸菜鱼 Suāncàiyú 고유 쏸차이위[시큼한 맛의 채소가 곁들어진 생선 요리] | 特别 tèbié 부 특별히, 아주 | 加 jiā 동 추가하다 | 碗 wǎn 양 그릇·공기 등을 셀 때 쓰임

## 35.

**정답 및 해석**

| 女: 这次任务比较急，一天内必须整理完所有的材料。<br>男: 一天的时间也太紧张了，我害怕会弄不完。<br>女: 放心吧，来得及。我请了王技术员过来帮忙。<br>男: 那问题应该不大了。 | 여: 이번 업무는 비교적 급해서 하루 안에 모든 자료를 다 정리해야 해요.<br>남: 하루의 시간도 너무 촉박해서, 다 못할까 봐 걱정돼요.<br>여: 안심해요. 시간은 충분해요. 제가 왕 기술자에게 와서 도와달라고 했어요.<br>남: 그러면 문제는 당연히 크지 않을 거예요. |
|---|---|
| 问: 男的担心什么？ | 질문: 남자는 무엇을 걱정하는가? |
| A 材料不够 | A 자료가 부족하다 |
| B 时间不够 (✓) | B 시간이 부족하다 (✓) |
| C 人手太少 | C 일손이 너무 적다 |
| D 没有空间 | D 공간이 없다 |

**해설**    남자의 말 '一天的时间也太紧张了'에서 '时间紧张(시간이 촉박하다)'이 들립니다. 이는 남자가 시간이 부족해서 걱정하고 있다는 것을 알 수 있습니다. 따라서 정답은 B 时间不够입니다. 이 문제는 '时间紧张'의 의미를 알고 풀거나 뉘앙스로 파악해서 풀어야 하는 난이도 높은 문제입니다.

**단어**    材料 cáiliào 명 자료 | 不够 búgòu 형 부족하다 | 人手 rénshǒu 명 일손 | 空间 kōngjiān 명 공간 | 任务 rènwu 명 임무, (책임진) 업무 | 急 jí 형 급하다 | 必须 bìxū 부 반드시 ~해야 한다 | 整理 zhěnglǐ 동 정리하다 | 紧张 jǐnzhāng 형 (시간이) 촉박하다 | 害怕 hàipà 동 두려워하다 | 弄不完 nòng bu wán 다 못하다 | 放心 fàngxīn 동 마음을 놓다, 안심하다 | 来得及 lái de jí 늦지 않다, 시간이 충분하다 | 技术员 jìshùyuán 명 기술자 | 问题 wèntí 명 문제 | 担心 dānxīn 동 걱정하다

## 36-37.

**정답 및 해석**

| 第36到37题是根据下面一段话：<br>小张本来是一个京剧演员，可是演了十几年也没人认识他，<sup>36</sup>后来在妻子的鼓励下，他开始在互联网上写小说。没想到他的小说很受年轻人的欢迎，越来越多的人通过小说认识了他，他也因此出了名，<sup>37</sup>获得了成功。 | 36~37번 문제는 다음 이야기에 근거한다:<br>샤오장은 원래 경극 배우였다. 하지만 십여 년을 연기했어도 그를 알아보는 사람이 없었다. <sup>36</sup>나중에 아내의 격려로 그는 인터넷에 소설을 쓰기 시작했다. 뜻밖에도 그의 소설은 젊은이에게 인기가 많았고, 갈수록 많은 사람들이 소설을 통해서 그를 알게 되었다. 그도 이로 인해 유명해졌고, <sup>37</sup>성공을 거두었다. |
|---|---|
| 36 妻子鼓励小张做什么？ | 36 아내는 샤오장에게 무엇을 하라고 격려했는가? |
| A 写小说 (✓) | A 소설을 쓴다 (✓) |
| B 考研究生 | B 대학원 시험을 본다 |
| C 看京剧 | C 경극을 본다 |
| D 研究普通话 | D 표준어를 연구한다 |

<table>
<tr>
<td>

**37** 小张后来怎么了？

   A 当老师了

   B 获得了成功 ( ✓ )

   C 考上博士了

   D 成为一名导游

</td>
<td>

**37** 샤오장은 나중에 어떻게 되었는가?

   A 선생님이 되었다

   B 성공을 거두었다 ( ✓ )

   C 박사 과정에 합격했다

   D 여행 가이드가 되었다

</td>
</tr>
</table>

**해설**

**36** 녹음의 '后来在妻子的鼓励下，他开始在互联网上写小说'에서 '写小说(소설을 쓰다)'가 그대로 들렸고, 질문에서 아내가 무엇을 하라고 격려했는지를 물었으므로 정답은 A 写小说가 됩니다. 녹음에서 '京剧演员'을 듣고 무심코 선택지 C를 답으로 고르지 말아야 합니다.

선생님의
**한마디**

녹음 첫 문장 '小张本来是一个京剧演员'에서 '本来'의 속뜻은 '지금은 아니다'로, 뒤에 역접의 접속사 '可是'가 나오면서 상황이 변하는 내용이 이어집니다. 즉, 나중에는 경극 배우가 아닌 다른 일을 한다는 내용이 나온다는 것을 짐작할 수 있습니다.

**37** 녹음의 마지막 문장에서 '获得了成功'을 그대로 들려 주었으므로 정답은 B 获得了成功입니다. 참고로 HSK에 나오는 이야기 글의 주인공들은 대부분 성공한다는 스토리가 많습니다.

**단어**

小说 xiǎoshuō 명 소설 | 考研生 kǎo yánjiūshēng 대학원 시험을 보다 *研究生 명 대학원생 | 京剧 jīngjù 명 경극 | 研究 yánjiū 통 연구하다 | 普通话 pǔtōnghuà 명 (중국어의) 표준어 | 当 dāng 통 ~이/가 되다 | 获得成功 huòdé chénggōng 성공을 거두다 | 考上博士 kǎoshàng bóshì 박과 과정에 합격하다 *考上 통 (시험에) 합격하다 | 导游 dǎoyóu 명 관광 안내원, 여행 가이드 | 本来 běnlái 부 본래에는, 원래에는 | 演员 yǎnyuán 명 배우, 연기자 | 演 yǎn 통 연기하다 | 认识 rènshi 통 알다, 알아보다 | 妻子 qīzi 명 아내 | 鼓励 gǔlì 통 격려하다 | 互联网 hùliánwǎng 명 인터넷 | 没想到 méixiǎngdào 생각지 못하다, 뜻밖에도 | 受欢迎 shòu huānyíng 환영을 받다, 인기가 있다 | 年轻人 niánqīngrén 명 젊은이 | 越来越 yuèláiyuè 부 점점, 갈수록 | 通过 tōngguò 전 ~을 통해서 | 因此 yīncǐ 접 이 때문에, 이로 인해 | 出名 chūmíng 통 유명해지다

## 38–39.

**정답 및 해석**

<table>
<tr>
<td>

第38到39题是根据下面一段话：

写日记不仅能回忆过去，也是一个提高自我的过程。将普通的生活认真地记下来，<sup>38</sup>就是在提高你的语言能力和总结能力。另外，写日记也是在和自己诚实地对话，帮助我们更好地了解自己。

</td>
<td>

38~39번 문제는 다음 이야기에 근거한다：

일기 쓰기는 과거를 회상할 수 있을 뿐만 아니라, 자기 자신을 향상하는 과정이기도 하다. 평범한 생활을 열심히 적는 것은 <sup>38</sup>바로 당신의 언어 능력과 총정리 능력을 향상하고 있는 것이다. 이 외에, 일기 쓰기는 자신과 솔직하게 대화하고 있는 것이기도 하며, 우리가 자신을 더 잘 이해하도록 돕는다.

</td>
</tr>
<tr>
<td>

**38** 说话人认为写日记会使人怎么样？

   A 浪费时间

   B 字写得好看

   C 心情好

   D 提高语言水平 ( ✓ )

**39** 说话人对写日记的态度是什么？

   A 不表态

   B 中立

   C 反对

   D 支持 ( ✓ )

</td>
<td>

**38** 화자는 일기 쓰기가 사람을 어떻게 만든다고 생각하는가？

   A 시간을 낭비한다

   B 글씨를 보기 좋게 쓴다

   C 기분이 좋다

   D 언어 실력을 향상시킨다 ( ✓ )

**39** 일기 쓰기에 대한 화자의 태도는 무엇인가？

   A 태도를 밝히지 않는다

   B 중립을 지킨다

   C 반대한다

   D 지지한다 ( ✓ )

</td>
</tr>
</table>

**해설**

**38** 녹음 중 '就是在提高你的语言能力和总结能力'에서 '提高语言能力(언어 능력을 향상시키다)'가 들렸으므로 이와 비슷한 선택지 D 提高语言水平이 정답이 됩니다.

**39** 선택지를 보면 화자의 태도를 묻는 문제임을 알 수 있습니다. 녹음에서 일기 쓰기에 대한 좋은 점을 계속 언급하고 있으므로 화자는 일기 쓰기를 '支持(지지하다)'한다고 볼 수 있습니다. 따라서 정답은 D 支持입니다. 이 문제는 '支持'가 녹음에서 들리지 않아, 내용을 전반적으로 이해해야 하므로 난이도가 높은 편입니다.

浪费时间 làngfèi shíjiān 시간을 낭비하다 | 心情 xīnqíng 몡마음, 기분 | 提高水平 tígāo shuǐpíng 수준(실력)을 향상시키다 | 语言 yǔyán 몡언어 | 表态 biǎotài 용태도를 밝히다 | 中立 zhōnglì 용중립을 지키다 | 反对 fǎnduì 용반대하다 | 支持 zhīchí 용지지하다 | 写日记 xiě rìjì 일기를 쓰다 | 不仅 bùjǐn 쩝~뿐만 아니라 | 回忆过去 huíyì guòqù 과거를 회상하다 | 过程 guòchéng 몡과정 | 普通 pǔtōng 혱보통이다, 평범하다 | 认真 rènzhēn 혱진지하다, 열심히 하다 | 记 jì 용적다, 기록하다 | 总结 zǒngjié 용총정리하다 | 另外 lìngwài 쩝이 외에 | 诚实 chéngshí 혱진실하다, 솔직하다 | 帮助 bāngzhù 용돕다 | 了解 liǎojiě 용(자세하게 잘) 알다, 이해하다 | 态度 tàidu 몡태도

## 40–41.

第40到41题是根据下面一段话:

老师发现班里有个学跳舞的小女孩,<sup>40</sup>每次上课都不高兴,而且经常想各种办法请假,原来是她母亲认为学跳舞会让人变美,所以一定要她来,于是老师对母亲说:"既然孩子不喜欢,就不用来了,<sup>41</sup>喜欢跳舞的是你,你才应该来当我的学生。"

40 小女孩上课时心情怎么样?
A 不开心 (✓)
B 激动
C 伤心
D 忧郁

41 老师让小女孩的母亲怎么做?
A 放弃跳舞
B 批评女孩
C 自己来上课 (✓)
D 重新开始学习

40~41번 문제는 다음 이야기에 근거한다:

선생님은 반에서 춤을 배우는 한 어린 여자아이가 <sup>40</sup>수업 시간마다 기분이 좋지 않고, 자주 갖가지 방법을 생각해서 결석계를 내는 것을 발견했다. 알고 보니 그녀의 어머니는 춤을 배우면 예뻐진다고 생각해서 딸한테 꼭 가도록 했던 거였다. 그래서 선생님이 어머니에게 말했다. "이미 아이가 싫어한 이상, 올 필요가 없어요. <sup>41</sup>춤을 좋아하는 건 어머니이니, 어머니야말로 오셔서 저의 학생이 되셔야 해요."

40 어린 여자아이는 수업할 때 기분이 어땠는가?
A 즐겁지 않다 (✓)
B 흥분하다
C 슬퍼하다
D 우울하다

41 선생님은 어린 여자아이의 어머니에게 어떻게 하라고 했는가?
A 춤추는 것을 포기해라
B 아이를 꾸짖어라
C 직접 와서 수업을 들어라 (✓)
D 다시 배우기 시작해라

40 녹음 중 '每次上课都不高兴'에서 수업 시간마다 기분이 좋지 않다고 했으므로, 이와 의미가 비슷한 선택지 A 不开心이 정답이 됩니다. '不高兴'을 듣고 동의어인 '不开心'을 고르는 문제입니다.

41 녹음 마지막 문장 '喜欢跳舞的是你, 你才应该来当我的学生'에서 선생님이 아이 어머니한테 저의 학생이 되어야 한다고 한 것은 직접 와서 수업을 들으라는 의미로 이해할 수 있습니다. 따라서 정답은 C 自己来上课입니다.

开心 kāixīn 혱기쁘다, 즐겁다 | 激动 jīdòng 용(감정이) 격해지다, 흥분하다 | 伤心 shāngxīn 용상심하다, 슬퍼하다 | 忧郁 yōuyù 혱우울하다 | 放弃 fàngqì 용포기하다 | 跳舞 tiàowǔ 용춤을 추다 몡춤 | 批评 pīpíng 용질책하다, 꾸짖다 | 重新 chóngxīn 부다시, 재차 | 发现 fāxiàn 용발견하다, 알아차리다 | 班 bān 몡반 | 而且 érqiě 쩝게다가, ~뿐만 아니라 | 各种 gèzhǒng 혱각종의, 갖가지의 | 办法 bànfǎ 몡방법 | 请假 qǐngjià 용휴가를 내다, 결석계를 내다 | 原来 yuánlái 부알고 보니 | 母亲 mǔqīn 몡어머니 | 认为 rènwéi 용여기다, 생각하다 | 变美 biàn měi 예뻐지다 | 于是 yúshì 쩝그래서 | 既然 jìrán 쩝이미 ~한 이상 | 当 dāng 용~이/가 되다

## 42–43.

第42到43题是根据下面一段话:

<sup>42</sup>人在不同年龄段对生活的看法往往也不一样,我年轻时觉得浪漫的爱情、工作上的成功最重要,<sup>43</sup>40岁时认为身体健康才是最大的幸福,现在我已经60了,慢慢相信一切都是最好的安排。

42~43번 문제는 다음 이야기에 근거한다:

<sup>42</sup>사람은 연령대에 따라 삶에 대한 견해도 종종 다르다. 나는 젊었을 때 로맨틱한 사랑과 일의 성공이 가장 중요하다고 여겼고, <sup>43</sup>40세에는 몸이 건강한 것이야말로 가장 큰 행복이라고 여겼다. 지금은 내가 이미 60세가 되면서 모든 것이 가장 좋은 계획이라는 것을 차츰 믿게 되었다.

| | |
|---|---|
| **42** 下列哪个影响人们对生活的看法？<br>　A 金钱<br>　B 健康<br>　C 外貌<br>　D 年龄（✓） | **42** 다음 중 삶에 대한 사람들의 견해에 영향을 주는 것은?<br>　A 금전<br>　B 건강<br>　C 외모<br>　D 나이（✓） |
| **43** 说话人40岁时觉得什么最重要？<br>　A 工资高<br>　B 身体健康（✓）<br>　C 存款<br>　D 家人平安 | **43** 화자는 40세에 무엇이 가장 중요하다고 여겼는가?<br>　A 월급이 높다<br>　B 신체가 건강하다（✓）<br>　C 예금하다<br>　D 가족이 평안하다 |

**해설**

**42** 녹음 중 첫 문장 '人在不同年龄段对生活的看法往往也不一样'에서 연령대(年龄段)에 따라 삶에 대한 견해도 다르다고 했고, 뒤에서 '年轻时', '40岁时' 등등 나이에 따라 중요하게 생각하는 것들을 설명하고 있습니다. 따라서 정답은 D 年龄입니다.

**43** 녹음 중간 부분 '40岁时认为身体健康才是最大的幸福'에서 '身体健康(몸이 건강하다)'이 그대로 들렸고 질문에서 40세에 무엇을 가장 중요하다고 여겼는지 물었으므로 정답은 B 身体健康입니다.

**단어**

金钱 jīnqián 몡 금전, 돈 | 健康 jiànkāng 몡 건강 휑 건강하다 | 外貌 wàimào 몡 외모 | 年龄 niánlíng 몡 연령, 나이 | 工资 gōngzī 몡 월급 | 存款 cúnkuǎn 몡 예금, 저금 동 예금하다 | 平安 píng'ān 휑 평안하다 | 年龄段 niánlíngduàn 몡 연령대 | 看法 kànfǎ 몡 견해 | 往往 wǎngwǎng 뷔 주로, 대부분, 종종 | 不一样 bù yíyàng 다르다 | 年轻 niánqīng 휑 젊다 | 浪漫 làngmàn 휑 낭만적이다, 로맨틱하다 | 爱情 àiqíng 몡 (남녀 간의) 사랑 | 幸福 xìngfú 몡 행복 | 慢慢 mànmàn 뷔 천천히, 차츰 | 相信 xiāngxìn 동 믿다 | 一切 yíqiè 때 일체, 모든 것 | 安排 ānpái 동 안배하다, 계획하다 | 影响 yǐngxiǎng 동 영향을 주다

## 44~45.

**정답 및 해석**

| | |
|---|---|
| 第44到45题是根据下面一段话：<br>记笔记是一种非常有效的学习方法，<sup>44</sup>可以帮助我们更好地记住、理解信息，然而在记笔记时，不需要把每句话都记下来，而是要学会记重点知识。另外，<sup>45</sup>最好不要把每页笔记都写得太满，留出一些空来，方便以后能增加或改写笔记的内容。 | 44~45번 문제는 다음 이야기에 근거한다:<br>필기는 매우 효과적인 학습 방법으로 <sup>44</sup>우리가 정보를 더 잘 기억하고 이해하도록 도울 수 있다. 그러나 필기할 때 모든 말을 다 적을 필요 없고, 핵심 지식을 적을 줄 알아야 한다. 이 외에도 <sup>45</sup>모든 필기를 너무 빼곡하게 적지 않는 것이 가장 좋고, 공간을 좀 뒤서 나중에 필기한 내용을 추가하거나 고쳐 쓸 수 있게 한다. |
| **44** 记笔记有什么作用？<br>　A 增强记忆<br>　B 增进友谊<br>　C 加深理解（✓）<br>　D 提高成绩 | **44** 필기는 어떤 효과가 있는가?<br>　A 기억력을 강화한다<br>　B 우정을 돈독히 한다<br>　C 이해를 깊게 한다（✓）<br>　D 성적을 높인다 |
| **45** 记笔记时应该怎么做？<br>　A 记下所有内容<br>　B 把字写漂亮<br>　C 不要写得太满（✓）<br>　D 要经常换本子 | **45** 필기할 때 어떻게 해야 하는가?<br>　A 모든 내용을 기록한다<br>　B 글자를 예쁘게 쓴다<br>　C 너무 빼곡하게 쓰지 마라（✓）<br>　D 자주 노트를 바꿔야 한다 |

**해설**

**44** 녹음 중 '可以帮助我们更好地记住、理解信息'에서 '更好地理解(더 잘 이해하다)'가 들렸으므로 정답은 이와 의미가 비슷한 선택지 C 加深理解가 정답이 됩니다. '加深'이 어려우면 '理解'만이라도 듣고 정답을 골라야 합니다. '更好地记住'를 듣고 '增强记忆'를 오답으로 쓰면 안됩니다. 잘 기억하는 것과 기억력을 강화하는 것은 다른 의미입니다.

**45** 녹음 후반 '另外，最好不要把每页笔记都写得太满'에서 '不要写得太满(너무 빼곡하게 쓰지 마라)'이 그대로 들렸습니다. 따라서 정답은 C 不要写得太满입니다. 보통 '另外'가 들리면, '另外' 뒤에 정답이 나오는 경우가 많습니다.

단어    增强记忆 zēngqiáng jìyì 기억력을 강화하다 *增强 통 강화하다, 높이다 | 增进友谊 zēngjìn yǒuyì 우정을 돈독히 하다 *增进 통 증진하다, 돈독히 하다 | 加深理解 jiāshēn lǐjiě 이해를 깊게 하다 | 提高成绩 tígāo chéngjì 성적을 높이다 *提高 통 향상시키다, 높이다 | 记 jì 통 적다, 기록하다 | 内容 nèiróng 명 내용 | 漂亮 piàoliang 형 예쁘다 | 满 mǎn 형 꽉 차다, 빼곡하다 | 换本子 huàn běnzi 노트를 바꾸다 | 记笔记 jì bǐjì 필기하다 *笔记 명 필기 통 필기하다 | 有效 yǒuxiào 형 유효하다, 효과적이다 | 学习方法 xuéxí fāngfǎ 학습 방법 | 帮助 bāngzhù 통 돕다 | 记住 jìzhu 통 (확실히) 기억하다 | 理解 lǐjiě 통 이해하다 | 信息 xìnxī 명 정보 | 然而 rán'ér 접 그러나, 하지만 | 不需要 bù xūyào ~할 필요 없다 | 学会 xuéhuì ~할 줄 알다 | 重点知识 zhòngdiǎn zhīshi 핵심 지식 | 另外 lìngwài 접 이 외에, 이 밖에 | 最好不要 zuìhǎo búyào ~하지 않는 것이 가장 좋다 | 页 yè 양 쪽, 페이지 | 留空 liúkòng 공백으로 남기다, 간격을 두다 | 方便 fāngbiàn 통 (편리)하게 하다 | 增加 zēngjiā 통 증가하다, 추가하다 | 改写 gǎixiě 통 고쳐 쓰다 | 作用 zuòyòng 명 작용, 효과

# 二、阅读

🔊 6-02

第一部分   빈칸에 들어갈 알맞은 단어를 보기에서 고르세요.

A 世纪   B 遍   C 无论   D 坚持   E 羡慕   F 开心

**46.**

| 정답 및 해석 | 你问题都回答完以后再检查一（ B 遍 ）。 | 당신이 질문에 다 대답한 후에 다시 한（ B 번 ） 검토해 보세요. |
|---|---|---|

해설   빈칸은 수사 '一' 뒤에 있으므로 양사 자리입니다. 제시어 중 양사는 '遍' 밖에 없으므로 B가 정답이 됩니다.

단어   遍 biàn 양 번, 차례, 회[한 동작의 처음부터 끝까지의 전 과정을 셀 때 쓰임] | 问题 wèntí 명 문제, 질문 | 回答 huídá 통 대답하다 | 检查 jiǎnchá 통 검사하다, 검토하다

**47.**

| 정답 및 해석 | 今天是母亲节，儿子用自己的零花钱给我买了礼物，我非常（ F 开心 ）。 | 오늘은 어머니의 날이라 아들이 자기 용돈으로 내게 선물을 사줘서 나는 매우（ F 기쁘다 ）. |
|---|---|---|

해설   빈칸은 부사 '非常' 뒤에 있으므로 형용사 술어 자리입니다. 제시어 중 심리동사 '羡慕'와 형용사 '开心'이 빈칸에 올 수 있는데, '아들이 선물을 사줘서 매우 기쁘다'가 문맥상 자연스럽습니다. 따라서 정답은 F입니다.

단어   开心 kāixīn 형 기쁘다, 즐겁다 | 母亲节 mǔqīnjié 고유 어머니의 날[매년 5월 둘째 주 일요일] | 零花钱 línghuāqián 명 용돈 | 礼物 lǐwù 명 선물

**48.**

| 정답 및 해석 | 上个（ A 世纪 ）末，世界人口已经超过了60亿。 | 지난（ A 세기 ） 말에 세계 인구는 이미 60억을 넘었다. |
|---|---|---|

해설   '上个' 뒤에는 명사가 와야 합니다. 제시어 중 명사는 '世纪' 밖에 없으므로 A가 정답이 됩니다.

단어   世纪 shìjì 명 세기 | 末 mò 명 말(어떤 기간의 끝) | 世界人口 shìjiè rénkǒu 세계 인구 | 超过 chāoguò 통 초과하다, 넘다 | 亿 yì 수 억

**49.**

| 정답 및 해석 | （ C 无论 ）我们之间的距离是远还是近，我们的友谊都不会改变。 | 우리 사이의 거리가 멀든 가깝（ C 든 ） 우리의 우정은 변하지 않을 것이다. |
|---|---|---|

해설   빈칸 뒤에 'A 还是 B(2가지 이상의 조건)'가 있으므로 제시어 중 빈칸에 올 수 있는 것은 접속사 '无论' 밖에 없습니다. 따라서 정답은 C입니다.

단어   无论 wúlùn 접 ~에 관계없이, ~하든 | 之间 zhījiān 명 사이 | 距离 jùlí 명 거리 | 友谊 yǒuyì 명 우정 | 改变 gǎibiàn 통 변하다

**50.**

| 정답 및 해석 | 他爸爸总是带他出去旅游，真让人（ E 羡慕 ）。 | 그의 아빠는 항상 그를 데리고 여행을 가는데, 정말（ E 부럽다 ）. |
|---|---|---|

해설 사역동사 '让' 뒤에는 다시 '주어+술어'가 오므로 빈칸은 술어 자리입니다. 제시어 중 동사 '羡慕'와 형용사 '开心'이 빈칸에 올 수 있는데, '아빠가 항상 그를 데리고 여행을 가서 정말 부럽다'가 문맥상 자연스럽습니다. 또한 '开心'은 이미 47번의 정답으로 쓰였습니다. 따라서 정답은 E입니다.

단어 羡慕 xiànmù 통 부러워하다 ｜ 总是 zǒngshì 부 항상, 늘, 언제나 ｜ 带 dài 통 이끌다, 데리다 ｜ 旅游 lǚyóu 통 여행하다

---

A 另外　B 进行　C 温度　D 顺便　E 部分　F 光

**51.**

| 정답 및 해석 | A: 中文水平考试现在有7到9级了？<br>B: 对啊，听老师说新增了翻译和口试（ E 部分 ）。 | A: 중국어 능력 시험은 이제 7~9급이 있나요?<br>B: 맞아요. 선생님에게 들었는데 번역과 말하기 시험（ E 부분 ）이 새롭게 추가됐대요. |
|---|---|---|

해설 동사 '新增' 뒤에 있는 빈칸은 관형어 '翻译和口试'의 수식을 받는 목적어 자리이므로 빈칸에는 명사가 와야 됩니다. 제시어 중 명사는 '部分' 밖에 없습니다. 따라서 정답은 E입니다.

단어 部分 bùfen 명 부분 ｜ 中文水平考试 zhōngwén shuǐpíng kǎoshì 중국어 능력 시험 ｜ 级 jí 양 등급, 급 ｜ 听说 tīngshuō 통 ~라고 들었다 ｜ 新增 xīn zēng 새롭게 추가되다 ｜ 翻译 fānyì 명 번역 ｜ 口试 kǒushì 명 말하기 시험

**52.**

| 정답 및 해석 | A: 过马路别（ F 光 ）看手机，太危险了。<br>B: 知道了，谢谢提醒。 | A: 길을 건널 때 핸드폰（ F 만 ）보지 말아요. 너무 위험해요.<br>B: 알겠어요. 알려줘서 고마워요. |
|---|---|---|

해설 빈칸은 동사 '看' 앞에 있으므로 부사어 자리입니다. 제시어 중 부사는 '顺便(겸사겸사, ~하는 김에)'과 '光(단지, ~만)'이 있는데, 핸드폰만 보지 말라고 하는 것이 문맥상 자연스럽습니다. 따라서 정답은 F입니다.

단어 光 guāng 부 (단지) ~만 ｜ 过马路 guò mǎlù 길을 건너다 ｜ 危险 wēixiǎn 형 위험하다 ｜ 提醒 tíxǐng 통 일깨우다, (잊지 말라고) 알려주다

**53.**

| 정답 및 해석 | A: 做调查时要注意什么？<br>B: 在（ B 进行 ）调查研究时，只有从实际出发才能得到正确的结果。 | A: 조사를 할 때 무엇을 주의해야 하나요?<br>B: 조사 연구를（ B 진행 ）할 때 사실에서 출발해야만 정확한 결과를 얻을 수 있어요. |
|---|---|---|

해설 제시어 중 뒤에 동사 목적어(调查研究)를 갖는 것은 '进行' 밖에 없습니다. 또한 '조사 연구를 진행하다'가 문맥상 자연스러우므로 B가 정답이 됩니다.

단어 进行 jìnxíng 통 진행하다 ｜ 调查 diàochá 통 조사하다 ｜ 注意 zhùyì 통 주의하다 ｜ 研究 yánjiū 통 연구하다 ｜ 只有 zhǐyǒu 접 (반드시) ~해야만 ｜ 实际 shíjì 명 실제, 사실 ｜ 出发 chūfā 통 출발하다 ｜ 得到结果 dédào jiéguǒ 결과를 얻다 ｜ 正确 zhèngquè 형 정확하다

**54.**

| 정답 및 해석 | A: 师傅，我们不是去机场吗？你是不是走错了？<br>B: 前面有点儿堵车，我们走（ A 另外 ）一条路。 | A: 기사님, 저희 공항 가는 거 아닌가요? 길을 잘못 든 거 아니에요?<br>B: 앞에 차가 조금 막혀서 우린（ A 다른 ）길로 가는 거예요. |
|---|---|---|

| 해설 | 동사 '走' 뒤에 있는 빈칸은 '一条路'를 수식하는 관형어 자리입니다. 제시어 중 형용사가 없지만 대신 대명사 '另外(다른)'가 명사를 수식하는 관형어 역할을 할 수 있습니다. 따라서 정답은 A입니다. |
|---|---|
| 단어 | **另外** lìngwài 때 다른, 그 밖의 ｜ **师傅** shīfu 뗑 기사님[기예·기능을 가진 사람에 대한 존칭] ｜ **走错** zǒucuò 동 길을 잘못 들다 ｜ **有点儿** yǒudiǎnr 문 조금, 약간 ｜ **堵车** dǔchē 동 차가 막히다 ｜ **条** tiáo 양 가늘고 긴 것을 셀 때 쓰임 |

## 55.

| 정답 및 해석 | A: 你一会儿去超市的时候，（ D 顺便 ）帮我买点儿啤酒回来。<br>B: 你早点儿说就好了，我刚刚才回来。 | A: 당신 이따가 마트에 가는 ( D 김에 ) 맥주 좀 사 와줘요.<br>B: 좀 일찍 말했으면 좋잖아요. 난 방금 막 돌아왔는데. |
|---|---|---|
| 해설 | 빈칸은 동사 '帮' 앞에 있으므로 부사어 자리입니다. 제시어 중 부사는 '顺便'과 '光'이 있는데, '이따가 마트에 가는 김에, 겸사겸사 맥주 좀 사 오라'고 하는 것이 문맥상 자연스럽습니다. 또한 '光'은 52번의 정답으로 쓰였습니다. 따라서 정답은 D입니다. | |
| 단어 | **顺便** shùnbiàn 문 ~하는 김에, 겸사겸사 ｜ **一会儿** yíhuìr 수량 이따가, 잠시 후에 ｜ **超市** chāoshì 뗑 마트 ｜ **啤酒** píjiǔ 뗑 맥주 ｜ **刚刚** gānggāng 문 지금 막, 방금 | |

---

**第二部分** 주어진 3개의 문장을 순서에 맞게 배열하세요.

## 56.

| 정답 및 해석 | B 这家咖啡店最吸引我的地方<u>有两个</u>，<br>A <u>一个是</u>店员态度特别好，<br>C <u>另外一个是</u>店里有很多可爱的小猫。 | B 이 커피숍에서 나를 가장 사로잡은 점은 <u>두 가지가 있다</u>.<br>A <u>하나는</u> 점원의 태도가 아주 좋다는 것이고,<br>C <u>다른 하나는</u> 가게에 귀여운 새끼 고양이들이 많다는 것이다. |
|---|---|---|
| 해설 | B의 '有两个(두 가지가 있다)'는 대전제에 해당하므로 B를 문장 맨 앞에 위치시킵니다. '一个是'와 '另外一个是'에서 C의 '另外(다른)'가 의미상 두 번째이므로 A-C 순서를 맞춰 줍니다. 최종적으로 '有两个 ➡ 一个是 ➡ 另外一个是'로 순서를 배열해 주면 됩니다. | |
| 단어 | **咖啡店** kāfēidiàn 뗑 커피숍 ｜ **吸引** xīyǐn 동 끌어당기다, 사로잡다 ｜ **店员** diànyuán 뗑 점원 ｜ **态度** tàidu 뗑 태도 ｜ **特别** tèbié 문 특별히, 아주 ｜ **另外** lìngwài 뗑 다른, 그 밖의 ｜ **可爱** kě'ài 형 사랑스럽다, 귀엽다 ｜ **小猫** xiǎomāo 뗑 새끼 고양이 | |

## 57.

| 정답 및 해석 | C <u>每个月</u>发了工资，<br>A 姐姐<u>都</u>只留出自己的生活费，<br>B <u>然后</u>把剩下的钱全部存进银行。 | C 매달 월급이 나오면<br>A 언니는 <u>항상</u> 자신의 생활비만 남기고,<br>B <u>그다음에</u> 남은 돈을 전부 은행에 예금한다. |
|---|---|---|
| 해설 | C의 '发工资(월급이 나오다)'가 전제되어야 내용이 전개될 수 있으므로, C를 문장 맨 앞에 위치합니다. 또한 '每个月'처럼 '每'가 쓰이면 뒤에 범위 부사 '都'가 오기 때문에 C-A 순서를 정합니다. 그리고 A는 주어(姐姐)가 있고, B의 접속사 '然后'는 동작의 순서상 뒤쪽에 해당하므로 A-B 순서를 맞춰 줍니다. | |
| 단어 | **发工资** fā gōngzī 월급이 나오다 ｜ **留** liú 동 남기다 ｜ **生活费** shēnghuófèi 뗑 생활비 ｜ **然后** ránhòu 접 그런 후에, 그다음에 ｜ **剩下** shèngxià 동 남다, 남기다 ｜ **全部** quánbù 뗑 전부, 모두 ｜ **存进银行** cúnjìn yínháng 은행에 예금하다 *存 동 저축하다, 예금하다 | |

## 58.

| 정답 및 해석 | B 昨天吃饭时小李没打招呼就着急走了，<br>C 当时我们稍微有些不高兴，<br>A 今天才听说原来是他奶奶生病住院了。 | B 어제 식사할 때 샤오리가 인사도 없이 급하게 가서<br>C 당시에 우리는 조금 기분이 좋지 않았는데,<br>A 오늘에서야 알고 보니 그의 할머니가 병이 나서 입원했다고 들었다. |
|---|---|---|
| 해설 | B의 '昨天'은 과거를 의미하고, A의 '今天'은 현재를 의미하고, C의 '当时'는 과거를 의미합니다. 과거를 나타내는 B와 C를 놓고 해석하면, 이야기는 흐름에 따라 B-C가 맞습니다. 마지막으로 현재를 나타내는 A를 써주면 됩니다. | |

단어   打招呼 dǎzhāohu 통 (말·행동으로) 인사하다 | 着急 zháojí 통 조급하다, 급하다 | 稍微 shāowēi 부 조금, 약간(=有些 yǒuxiē) | 听说 tīngshuō 통 ~라고 들었다 | 原来 yuánlái 부 알고 보니 | 住院 zhùyuàn 통 입원하다

## 59.

| 정답 및 해석 | | |
|---|---|
| C | 我这次出差，<u>要是</u>一切顺利， | C 나의 이번 출장은 <u>만약</u> 모든 것이 순조롭다면 |
| B | 估计两三天<u>就</u>回来了， | B 2~3일이면 돌아올 것 같아요. |
| A | <u>所以</u>不用带那么多衣服，拿两件换洗的就行。 | A <u>그러니</u> 그렇게 많은 옷을 챙길 필요는 없고, 갈아입을 옷 몇 벌만 가져가면 됩니다. |

**해설** 주어(我这次出差)가 확실히 있는 C를 첫 번째 문장으로 골라 줍니다. 또한 C에 '要是'가 보이므로 짝꿍인 '就'를 찾아서 C-B 순서를 맞춰주고, '所以'로 결과를 말하는 A를 문장 마지막에 위치시킵니다.

**단어** 出差 chūchāi 통 (외지로) 출장 가다 | 要是 yàoshi 접 만약 ~하면 | 一切顺利 yíqiè shùnlì 모든 것이 순조롭다 | 估计 gūjì 통 추측하다. ~할 것 같다 | 带 dài 통 (몸에) 지니다. 챙기다 | 衣服 yīfu 명 의복, 옷 | 拿 ná 통 (손에) 쥐다. 가지다 | 换洗 huànxǐ 통 (옷을) 바꾸어 세탁하다, 갈아입다

## 60.

| 정답 및 해석 | | |
|---|---|
| C | <u>这个警察</u>在上班的路上看到有个孩子遇到了危险， | C <u>이 경찰은</u> 출근길에 한 아이가 위험에 처한 것을 보고, |
| A | <u>来不及</u>考虑太多， | A 충분히 생각할 <u>겨를도 없이</u> |
| B | <u>就</u>勇敢地跳下了水。 | B 용감하게 물에 뛰어들었다. |

**해설** 주어(这个警察)가 확실히 있는 C를 첫 번째 문장으로 골라 줍니다. A와 B 중에서 B의 '就'는 결과를 이끄는 부사이므로 A-B 순서로 씁니다. 또한 '생각할 겨를도 없이 용감하게 물에 뛰어들었다'가 문맥상 자연스럽습니다.

**단어** 警察 jǐngchá 명 경찰 | 上班 shàngbān 통 출근하다 | 遇到危险 yùdào wēixiǎn 위험을 만나다. 위험에 처하다 | 来不及 lái bu jí (시간이 부족하여) ~할 겨를이 없다 | 考虑 kǎolù 통 고려하다, 생각하다 | 勇敢 yǒnggǎn 형 용감하다 | 跳水 tiàoshuǐ 통 물에 뛰어들다

## 61.

| 정답 및 해석 | | |
|---|---|
| A | 大家请看黑板上的这两句对话， | A 여러분 칠판에 적힌 이 두 마디 대화를 보세요. |
| C | <u>里面</u>有一处语法错误， | C <u>안에는</u> 어법 오류가 한 군데 있으니, |
| B | 找到的同学请<u>举手回答</u>。 | B 찾은 학생은 <u>손을 들고 대답하세요</u>. |

**해설** 시간의 흐름으로는 칠판에 적힌 문제를 보는 것이 먼저이므로, A를 문장 맨 앞에 위치시킵니다. 문제에 대한 설명이 그 뒤에 바로 이어지고 마지막에 문제를 풀게 되므로 C-B 순서로 맞춰 줍니다. 이 문제는 전체적으로 해석해서 이야기의 흐름을 파악해야 하는 문제로 난이도가 높습니다.

**단어** 黑板 hēibǎn 명 칠판 | 句 jù 양 구절, 마디[시나 말을 셀 때 쓰임] | 对话 duìhuà 명 대화 | 处 chù 양 곳, 군데 | 语法错误 yǔfǎ cuòwù 어법 오류 | 同学 tóngxué 명 학생에 대한 호칭 | 举手 jǔshǒu 통 손을 들다 | 回答 huídá 통 대답하다

## 62.

| 정답 및 해석 | | |
|---|---|
| C | <u>孩子的生活能力</u>应从小开始锻炼， | C <u>아이들의 생활 능력</u>은 어릴 때부터 단련해야 하며 |
| B | 可以让<u>他们</u>从生活中的小事做起， | B <u>그들이</u> 생활 속의 작은 일부터 시작하게 할 수 있는데, |
| A | <u>例如</u>自己脱衣服，洗袜子等。 | A <u>예를 들어</u> 스스로 옷을 벗고 양말을 빠는 것 등이 있다. |

**해설** A의 '例如(예를 들다)'는 의미상 맨 앞에 올 수 없으며, B의 '让' 앞에도 주어가 와야 하므로 맨 앞에 쓸 수 없습니다. C는 문장 전체가 B의 주어이고, 또한 C의 '孩子'가 B의 '他们'으로 연결되므로 C-B 순서를 맞춰 줍니다. B에서 언급한 내용의 구체적인 예가 A이므로 A는 마지막에 위치합니다.

**단어** 生活能力 shēnghuó nénglì 생활 능력 | 锻炼 duànliàn 통 단련하다 | 从…做起 cóng……zuòqǐ ~부터 시작하다 | 例如 lìrú 통 예를 들다 | 脱衣服 tuō yīfu 옷을 벗다 | 洗袜子 xǐ wàzi 양말을 빨다

**63.**

정답 및 해석

| B | 我很感谢我的妻子，她无论何时都很尊重我的选择， | B | 나는 내 아내에게 정말 고맙습니다. 그녀는 언제나 내 선택을 매우 존중해 주었고, |
| C | 即使是在我生意失败的时候， | C | 설령 내 사업이 실패했더라도 |
| A | 也愿意一直相信我，支持我。 | A | 기꺼이 줄곧 나를 믿고 지지해 주었습니다. |

해설

B에서 아내한테 고맙다고 말한 후에 구체적인 내용을 언급해야 글의 흐름이 자연스러우므로, B를 문장 맨 앞에 위치시킵니다. C에 '即使'가 보이므로 짝꿍인 '也'를 찾아서 C-A 순서를 맞춰 줍니다.

단어

感谢 gǎnxiè 图 감사하다, 고맙다 | 妻子 qīzi 명 아내 | 无论何时 wúlùn héshí 언제든지, 언제나 | 尊重 zūnzhòng 图 존중하다 | 选择 xuǎnzé 명 선택 | 即使 jíshǐ 접 설령 ~하더라도 | 生意失败 shēngyi shībài 사업이 실패하다 | 愿意 yuànyì 능 원하다, 기꺼이 ~하다 | 一直 yìzhí 부 계속, 줄곧 | 相信 xiāngxìn 图 믿다 | 支持 zhīchí 图 지지하다

**64.**

정답 및 해석

| B | 每天早晨喝一杯黑咖啡对身体有很多好处， | B | 매일 아침 블랙커피 한 잔을 마시는 것은 몸에 좋은 점이 많다. |
| A | 可是不建议空腹喝， | A | 그러나 공복에 마시는 걸 권장하지 않는 건 |
| C | 因为肚子会很难受。 | C | 속이 쓰릴 것이기 때문이다. |

해설

A의 '可是'는 문장 맨 앞에 올 수 없으며, 전제에 해당하는 B를 문장 맨 앞에 위치시킵니다. A의 '可是(그러나)'는 역접을 나타내는 접속사로 앞에 반대되는 내용이 오기 때문에 B-A 순서를 맞춰 줍니다. 나머지 C는 문장 마지막에 위치하여 원인을 나타냅니다. '因为 A, 所以 B' 구문이 아니기 때문에 C를 문장 앞에 쓰면 안 됩니다.

단어

早晨 zǎochén 명 (이른) 아침 | 黑咖啡 hēi kāfēi 블랙커피 | 好处 hǎochù 명 좋은 점, 장점 | 建议 jiànyì 图 건의하다, 권장하다 | 空腹 kōngfù 공복 | 肚子难受 dùzi nánshòu (뱃)속이 쓰리다 *难受 형 괴롭다, 불편하다

**65.**

정답 및 해석

| A | 这只小狗很聪明，常常帮助主人。 | A | 이 강아지는 똑똑해서 자주 주인을 도와준다. |
| B | 它喜欢玩球，但是不喜欢洗澡。 | B | 그 강아지는 공놀이를 좋아하지만, 목욕하는 것은 싫어한다. |
| C | 每次洗澡时，主人都很烦恼。 | C | 매번 목욕할 때마다 주인은 걱정한다. |

해설

A의 '这只小狗'와 B의 '它喜欢玩球'가 보입니다. B의 '它'는 A의 '这只小狗'를 가리키므로 A가 먼저 나오는 문장임을 알 수 있습니다. B의 '不喜欢洗澡'와 C 문장 전체를 놓고 보면 의미상 C가 맨 마지막에 와야 합니다. 따라서 정답은 A-B-C 순서입니다.

단어

小狗 xiǎogǒu 명 강아지 | 帮助 bāngzhù 图 돕다 | 主人 zhǔrén 명 주인 | 玩 wán 图 놀다 | 球 qiú 명 공 | 洗澡 xǐzǎo 图 목욕하다 | 每次 měi cì 매번 | 烦恼 fánnǎo 형 걱정스럽다, 걱정하다

---

**第三部分** 문장을 읽고, 제시된 1~2개의 질문에 알맞은 답을 고르세요.

**66.**

정답 및 해석

| 云南有很多少数民族，在一次聚会时，在座的六个云南人分别来自不同的民族，让我们很惊讶。 | 윈난에는 소수민족이 많다. 어떤 모임에서 참석한 6명의 윈난 사람이 각각 서로 다른 민족 출신이어서 우리는 놀랐다. |

| ★ 从话里可以知道云南： | ★ 이야기에서 윈난에 대해 알 수 있는 것은: |
| A 地方大 | A 지역이 크다 |
| B 人很多 | B 사람이 많다 |
| C 少数民族多 ( ✓ ) | C 소수민족이 많다 ( ✓ ) |
| D 喜欢聚会 | D 모임을 좋아한다 |

해설

★ 뒤의 문제를 먼저 보면 윈난에 관해 묻고 있습니다. 지문 첫 문장에서 '云南有很多少数民族'라고 하였으므로 정답은 C 少数民族多입니다. 지문에서 '聚会'라는 단어가 등장하지만, '모임을 좋아한다'는 구체적인 언급이 없었기 때문에 D는 정답이 될 수 없습니다.

단어 云南 Yúnnán 고유 윈난, 운남[지명] | 少数民族 shǎoshù mínzú 명 소수민족 | 次 cì 양 차례, 번 | 聚会 jùhuì 명 모임 | 在座 zàizuò 동 (모임에) 참석하다 | 分别 fēnbié 부 각각, 따로따로 | 来自 láizì 동 ~에서 오다, ~ 출신이다 | 民族 mínzú 명 민족 | 惊讶 jīngyà 형 놀라다, 의아하다

## 67.

| 정답 및 해석 | 要保护孩子的眼睛，就要注意他们的用眼距离和环境，周末的时候带他们出去走走，看看绿树红花，蓝天白云。 | 아이의 눈을 보호하려면 그들의 눈 사용 거리와 환경에 주의해야 한다. 주말에 그들을 데리고 산책을 나가 푸른 나무와 붉은 꽃, 푸른 하늘과 흰 구름을 좀 보자. |
|---|---|---|
| 해설 | ★ 这段话说的是：<br>A 怎么保护眼睛 ( ✓ )<br>B 养成好习惯<br>C 动作要标准<br>D 对刷牙感兴趣 | ★ 이 이야기에서 말하는 것은:<br>A 어떻게 눈을 보호하는가 ( ✓ )<br>B 좋은 습관을 기른다<br>C 동작이 정확해야 한다<br>D 양치질에 관심이 있다 |

해설 글의 주제를 묻는 문제입니다. 지문 첫 번째 문장 '要保护孩子的眼睛, 就要注意…'에서 '要'는 '如果'의 의미입니다. 이 문장에서 주제를 언급했으므로 정답은 A 怎么保护眼睛입니다.

단어 保护眼睛 bǎohù yǎnjing 눈을 보호하다 | 注意 zhùyì 동 주의하다 | 距离 jùlí 명 거리 | 环境 huánjìng 명 환경 | 周末 zhōumò 명 주말 | 带 dài 동 이끌다, 데리다 | 绿树红花 lǜshù hónghuā 푸른 나무와 붉은 꽃 | 蓝天白云 lántiān báiyún 푸른 하늘과 흰 구름 | 养成习惯 yǎngchéng xíguàn 습관을 기르다 | 动作标准 dòngzuò biāozhǔn 동작이 정확하다 *标准 형 표준적인, (동작이) 정확하다 | 刷牙 shuāyá 동 이를 닦다, 양치질하다 | 感兴趣 gǎn xìngqù 흥미를 느끼다, 관심이 있다

## 68.

| 정답 및 해석 | 雪的颜色是白的看上去很干净，其实并不是这样，因为下雪会带走各种污染物。空气污染越严重，雪可能就越脏，这也是下雪后周围空气质量更好的原因。 | 눈의 색깔은 하얗고 깨끗해 보이지만 사실 결코 그렇지 않은 건, 눈이 오면 각종 오염 물질을 가져가기 때문이다. 공기 오염이 심각할수록 눈은 더러워질 수 있고, 이것은 눈이 온 뒤 주변 공기의 질이 더 좋은 원인이기도 하다. |
|---|---|---|
| 해설 | ★ 根据这段话，下雪会：<br>A 使空气更干净 ( ✓ )<br>B 让云变多<br>C 改变心情<br>D 引起咳嗽 | ★ 이 글에 따르면, 눈이 오면:<br>A 공기를 더 깨끗하게 한다 ( ✓ )<br>B 구름을 많아지게 한다<br>C 기분을 바꾼다<br>D 기침을 일으킨다 |

해설 눈이 오면 어떻게 되는지 묻고 있습니다. 마지막 문장 '这也是下雪后周围空气质量更好的原因'에서 눈이 온 뒤 공기의 질이 더 좋다고 하였으므로 정답은 A 使空气更干净입니다.

단어 颜色 yánsè 명 색, 색깔 | 看上去 kàn shàngqù ~해 보이다 | 干净 gānjìng 형 깨끗하다 | 其实 qíshí 부 사실 | 带走 dàizǒu 동 가지고 가다, 가져가다 | 污染物 wūrǎnwù 명 오염 물질 | 空气污染 kōngqì wūrǎn 공기 오염 | 严重 yánzhòng 형 (정도가) 심각하다 | 脏 zāng 형 더럽다 | 周围 zhōuwéi 명 주위, 주변 | 质量 zhìliàng 명 품질, 질 | 根据 gēnjù 전 ~에 근거하여, ~에 따르면 | 改变心情 gǎibiàn xīnqíng 기분을 바꾸다 | 引起咳嗽 yǐnqǐ késou 기침을 일으키다

## 69.

| 정답 및 해석 | 我们这次篮球比赛虽然输了，但是赢得了友谊，赢得了尊重，现在我们回去后要总结经验，制订计划，下次一定要取得胜利。 | 우리는 이번 농구 시합에서 비록 졌지만 우정과 존중을 얻었으니, 이제 우리는 돌아가서 경험을 총정리해야 하고, 계획을 세워서 다음에는 꼭 승리를 거둬야 한다. |
|---|---|---|
| 해설 | ★ 说话人的态度：<br>A 脾气很好<br>B 态度积极 ( ✓ )<br>C 不高兴<br>D 有点儿生气 | ★ 화자의 태도는:<br>A 성격이 좋다<br>B 태도가 적극적이다 ( ✓ )<br>C 기분이 좋지 않다<br>D 화가 좀 난다 |

<table>
<tr>
<td>해설</td>
<td colspan="2">질문을 보면 태도를 묻는 문제이니, 독해를 하면서도 화자의 태도를 생각하며 읽습니다. 농구 시합에서 졌다는 내용으로 시작해서 마지막에 '下次一定要取得胜利'라며 꼭 승리를 거두겠다고 했기 때문에 화자의 태도가 적극적임을 알 수 있습니다. 따라서 정답은 B 态度积极입니다.</td>
</tr>
<tr>
<td>단어</td>
<td colspan="2">篮球比赛 lánqiú bǐsài 농구 시합 | 虽然 suīrán 젭 비록 ~지만 | 输 shū 동 (경기에서) 지다 | 赢得 yíngdé 동 얻다, 획득하다 | 友谊 yǒuyì 명 우정 | 尊重 zūnzhòng 동 존중하다 | 总结经验 zǒngjié jīngyàn 경험을 총정리하다 | 制订计划 zhìdìng jìhuà 계획을 세우다 *制订 동 만들어 정하다 | 取得胜利 qǔdé shènglì 승리를 거두다 | 态度 tàidu 명 태도 | 脾气 píqi 명 성격, 성질 | 积极 jījí 형 적극적이다</td>
</tr>
</table>

**70.**

<table>
<tr>
<td>정답 및 해석</td>
<td>爸爸可以让你玩游戏，<u>但你要按照爸爸的要求，每天玩三十分钟</u>，到时间我会提醒你，那时你就得关掉游戏，做得到的话，我可以让你每天玩会儿游戏，你能做到吗？</td>
<td>아빠는 네가 게임을 해도 좋다고 했지만, 넌 아빠의 요구대로 매일 30분씩 해야 해. 시간이 되면 네게 알려줄게. 그때 넌 게임을 꺼야 해. 해낼 수 있다면 난 네가 매일 게임을 잠깐 하도록 할 수 있어. 할 수 있겠니?</td>
</tr>
<tr>
<td>해설</td>
<td>★ 爸爸要求孩子怎么做?<br>A 按规定玩游戏 (✔)<br>B 早点睡觉<br>C 好好学习<br>D 增加自信</td>
<td>★ 아빠는 아이에게 어떻게 하라고 요구했는가?<br>A 규칙대로 게임을 한다 (✔)<br>B 좀 일찍 잔다<br>C 열심히 공부한다<br>D 자신감을 높인다</td>
</tr>
<tr>
<td>해설</td>
<td colspan="2">먼저 문제를 기억한 뒤 지문을 읽어야 합니다. 지문 중 '但你要按照爸爸的要求，每天玩三十分钟'에서 아빠의 요구대로 게임에 30분 시간제한을 두자고 하였고, 뒤에 시간이 되면 게임을 꺼야 한다는 규칙을 언급하였으므로 정답은 A 按规定玩游戏입니다.</td>
</tr>
<tr>
<td>단어</td>
<td colspan="2">玩游戏 wán yóuxì 게임을 하다 | 按照 ànzhào 전 ~에 따라, ~대로(=按) | 要求 yāoqiú 명 요구 동 요구하다 | 提醒 tíxǐng 동 일깨우다, (잊지 말라고) 알려주다 | 关掉 guāndiào (게임을) 끄다 *掉 동 ~해 버리다[동사 뒤에 쓰여 동작의 완성을 나타냄] | 做得到 zuò de dào 할 수 있다 | 会儿 huìr 명 잠시, 잠깐 | 规定 guīdìng 명 규정, 규칙 | 睡觉 shuìjiào 동 (잠을) 자다 | 增加自信 zēngjiā zìxìn 자신감을 높이다</td>
</tr>
</table>

**71.**

<table>
<tr>
<td>정답 및 해석</td>
<td>我们门店的果汁都是用新鲜水果做的，而且没有任何添加物，<u>特别是我们的葡萄汁，很受欢迎</u>，你要来一杯吗？</td>
<td>저희 가게의 주스는 모두 신선한 과일로 만들고, 게다가 어떤 첨가물도 없어요. 특히 저희 포도주스가 인기가 많습니다. 한 잔 하시겠어요?</td>
</tr>
<tr>
<td>해설</td>
<td>★ 店里的葡萄汁:<br>A 不太新鲜<br>B 很受欢迎 (✔)<br>C 卖光了<br>D 不再做了</td>
<td>★ 가게의 포도주스는:<br>A 별로 신선하지 않다<br>B 인기가 많다 (✔)<br>C 다 팔렸다<br>D 더 이상 안 만든다</td>
</tr>
<tr>
<td>해설</td>
<td colspan="2">가게의 포도주스에 관해 묻고 있습니다. 지문 중 '特别是我们的葡萄汁，很受欢迎'에서 포도주스가 인기가 많다고 했으므로 정답은 B 很受欢迎입니다.</td>
</tr>
<tr>
<td>단어</td>
<td colspan="2">门店 méndiàn 명 상점, 가게 | 果汁 guǒzhī 명 (과일) 주스 | 新鲜 xīnxiān 형 신선하다 | 而且 érqiě 젭 게다가, 뿐만 아니라 | 任何 rènhé 데 어떤 | 添加物 tiānjiāwù 첨가물 | 特别(是) tèbié(shì) 부 (그중에서) 특히 | 葡萄汁 pútáozhī 명 포도주스 | 受欢迎 shòu huānyíng 환영을 받다, 인기 있다 | 杯 bēi 양 잔, 컵 | 光 guāng 형 조금도 남지 않다</td>
</tr>
</table>

**72.**

<table>
<tr>
<td>정답 및 해석</td>
<td>对一个人来说，聪不聪明无法选择，然而态度可以由自己决定，所以，<u>我更重视一个人做事的态度，更愿意把机会给那些对工作非常认真负责的人</u>。</td>
<td>사람에게 있어서 똑똑한지 아닌지는 선택할 수 없지만, 태도는 스스로 결정할 수 있다. 그래서 <u>나는 사람이 일하는 태도를 더 중시하고 일에 대해 매우 성실하고 책임감이 강한 그런 사람들에게 더 기회를 주고 싶다.</u></td>
</tr>
</table>

222

| 해설 | ★ 说话人更重视什么样的人? | ★ 화자는 어떤 사람을 더 중시하는가? |
|---|---|---|
| | A 有能力的 | A 능력이 있는 사람 |
| | B 技术好的 | B 기술이 좋은 사람 |
| | C 态度认真的 ( ✓ ) | C 태도가 성실한 사람 ( ✓ ) |
| | D 从不迟到的 | D 늦지 않는 사람 |

해설    앞에서 일하는 태도를 중시한다고 언급하고, 이어서 '更愿意把机会给那些对工作非常认真负责的人'이라며 '认真(성실하다)'한 사람에게 더 기회를 주고 싶다고 했으므로 정답은 C 态度认真的입니다.

단어    对…来说 duì……láishuō ~에게 있어서 | 聪明 cōngming 혱 똑똑하다 | 无法 wúfǎ 동 ~할 수 없다 | 选择 xuǎnzé 동 선택하다 | 然而 rán'ér 접 그러나, 하지만 | 态度 tàidu 명 태도 | 由 yóu 전 ~이/가 | 决定 juédìng 동 결정하다 | 重视 zhòngshì 동 중시하다 | 愿意 yuànyì 능 원하다, ~하고 싶다 | 机会 jīhuì 명 기회 | 认真 rènzhēn 형 성실하다, 열심히 하다 | 负责 fùzé 형 책임감이 강하다 | 能力 nénglì 명 능력 | 技术 jìshù 명 기술 | 迟到 chídào 동 지각하다, 늦다

## 73.

정답 및 해석    如果你对亚洲经济会议有兴趣，<u>请填写申请表，然后递交</u>，我们会给符合要求的人发邮件。    만약 당신이 아시아 경제 회의에 관심이 있다면, <u>신청서를 작성한 다음에 제출해 주세요</u>. 해당하는 분들께 메일을 보내드리겠습니다.

| 해설 | ★ 想参加亚洲经济会议的人需要做什么? | ★ 아시아 경제 회의에 참가하고 싶은 사람은 무엇을 해야 하는가? |
|---|---|---|
| | A 会说英语 | A 영어를 할 줄 안다 |
| | B 交申请表 ( ✓ ) | B 신청서를 제출한다 ( ✓ ) |
| | C 上网开会 | C 인터넷으로 회의한다 |
| | D 交费用 | D 비용을 낸다 |

해설    아시아 경제 회의에 관심 있는 사람들한테 '请填写申请表，然后递交'라며 신청서 작성 후 제출해 달라고 했으므로 정답은 B 交申请表입니다.

단어    亚洲经济会议 Yàzhōu jīngjì huìyì 아시아 경제 회의 | 对…有兴趣 duì……yǒu xìngqù ~에 흥미가 있다, 관심이 있다 | 填写 tiánxiě 동 (일정한 양식에) 기입하다, 작성하다 | 申请表 shēnqǐngbiǎo 명 신청서 | 然后 ránhòu 접 그런 후에, 그다음에 | 递交 dìjiāo 동 건네다, 제출하다(=交) | 符合要求 fúhé yāoqiú 요구에 부합하다, 해당하다 | 发邮件 fā yóujiàn 메일을 보내다 | 参加 cānjiā 동 참가하다 | 需要 xūyào 능 ~해야 한다 | 英语 yīngyǔ 명 영어 | 交费用 jiāo fèiyong 비용을 내다

## 74.

정답 및 해석    请问你看到过我的孙子吗? 他身高一米一，穿蓝衬衫，戴黑帽子，我带他来超市买水果，<u>但一转眼他就不见了</u>。    실례지만 저희 손자를 보셨나요? 손자는 키 110cm에 파란 셔츠를 입고 검은 모자를 썼어요. 제가 과일을 사려고 마트에 손자를 데려왔는데, <u>눈 깜짝할 사이에 손자가 없어졌어요</u>.

| 해설 | ★ 这个老人在做什么? | ★ 이 노인은 무엇을 하고 있는가? |
|---|---|---|
| | A 在找孙子 ( ✓ ) | A 손자를 찾고 있다 ( ✓ ) |
| | B 在买水果 | B 과일을 사고 있다 |
| | C 在打电话 | C 전화를 하고 있다 |
| | D 在买衣服 | D 옷을 사고 있다 |

해설    노인이 무엇을 하고 있는지 묻고 있습니다. 노인이 손자를 봤는지 물어보며 손자의 특징을 말하는 내용이 나왔고, 마지막 문장 '但一转眼他就不见了'에서 손자가 없어졌다고 했으므로 잃어버린 손자를 찾고 있음을 알 수 있습니다. 따라서 정답은 A 在找孙子입니다.

단어    孙子 sūnzi 명 손자 | 身高 shēngāo 명 신장, 키 | 穿衬衫 chuān chènshān 셔츠를 입다 | 蓝 lán 형 파랗다 | 戴帽子 dài màozi 모자를 쓰다 | 黑 hēi 형 검다 | 带 dài 동 이끌다, 데리다 | 超市 chāoshì 명 마트 | 卖 mài 동 팔다 | 一转眼 yìzhuǎnyǎn 명 눈 깜짝할 사이

## 75.

정답 및 해석

关于这两个词语我昨天就说明过了，但今天交上来的作业里很多同学还是做错了，<u>所以我今天就再说一遍。</u>

이 두 어휘에 관해서 내가 어제 설명해 줬지만, 오늘 제출한 숙제에서 많은 학생들이 여전히 틀렸어요. <u>그래서 내가 오늘 다시 한번 설명할게요.</u>

해설

★ 接下来这位老师要做什么?

A 批评学生
B 说明课文
C 让学生考试
D 解释词语 ( ✔ )

★ 이어서 이 선생님은 무엇을 하려고 하는가?

A 학생을 질책한다
B 본문을 설명한다
C 학생에게 시험을 치르게 한다
D 어휘를 설명한다 ( ✔ )

해설

이어서 선생님이 무엇을 하려고 하는지 묻고 있습니다. 지문 마지막 문장 '所以我今天就再说一遍'에서 다시 한번 설명한다고 했고, 맨 앞에 '词语(어휘)'가 등장 했으므로 정답은 D 解释词语입니다.

단어

词语 cíyǔ 명 단어와 어구, 어휘 | 说明 shuōmíng 동 설명하다 | 交 jiāo 동 제출하다 | 作业 zuòyè 명 숙제 | 同学 tóngxué 명 학생에 대한 호칭 | 遍 biàn 양 번, 차례, 회[한 동작의 처음부터 끝까지의 전 과정을 셀 때 쓰임] | 接下来 jiēxiàlái 다음으로, 이어서 | 批评 pīpíng 동 질책하다, 꾸짖다 | 课文 kèwén 명 본문 | 解释 jiěshì 동 설명하다, 해명하다

## 76.

정답 및 해석

<u>我一直觉得导游是个很厉害的职业</u>，不仅要知识丰富，还要语言幽默，这样才能使人觉得旅游生动有趣。

<u>나는 줄곧 가이드는 대단한 직업이라고 생각해 왔다.</u> 지식이 풍부해야 할 뿐만 아니라 말에도 유머가 있어야 하고, 이렇게 해야 사람들에게 여행이 생동감 있고 재미있다고 여기게 할 수 있다.

해설

★ 说话人觉得导游怎么样?

A 很危险
B 很辛苦
C 很厉害 ( ✔ )
D 很有趣

★ 화자는 가이드가 어떻다고 생각하는가?

A 위험하다
B 고되다
C 대단하다 ( ✔ )
D 재미있다

해설

가이드에 대한 화자의 생각을 묻고 있습니다. 지문 첫 문장 '我一直觉得导游是个很厉害的职业'에서 '厉害'라는 키워드가 그대로 언급되어 있으므로 정답은 C 很厉害입니다.

단어

一直 yìzhí 부 계속, 줄곧 | 导游 dǎoyóu 명 관광 안내원, 가이드 | 厉害 lìhai 형 대단하다, 굉장하다 | 职业 zhíyè 명 직업 | 不仅 bùjǐn 접 ~뿐만 아니라 | 知识丰富 zhīshi fēngfù 지식이 풍부하다 | 语言幽默 yǔyán yōumò 말에 유머가 있다 | 旅游 lǚyóu 동 여행하다 | 生动有趣 shēngdòng yǒuqù 생동감 있고 재미있다 | 危险 wēixiǎn 형 위험하다 | 辛苦 xīnkǔ 형 고생스럽다, 고되다

## 77.

정답 및 해석

如果可能，就不要批评别人，不得不批评的时候，也要友好地说出你的意见，不要把话说得太过分，<u>这样才能让被批评的人知道你是想帮助他</u>，而不是光想着批评他。

만약 가능하다면, 다른 사람을 비판하지 말아야 하고, 할 수 없이 비판할 때에도 당신의 의견을 우호적으로 말해야 하고, 말을 너무 지나치게 해선 안 된다. <u>이렇게 해야 비판 받는 사람이 당신은 그를 돕고 싶은 거지</u> 비판할 생각만 하고 있는 것은 아니라는 점을 알게 할 수 있다.

해설

★ 根据这段话，批评的目的是:

A 获得经验
B 帮助别人 ( ✔ )
C 回忆过去
D 表示祝贺

★ 이 이야기에 따르면, 비판의 목적은:

A 경험을 얻는다
B 다른 사람을 돕는다 ( ✔ )
C 과거를 회상한다
D 축하를 표한다

해설

질문은 비판의 목적을 묻고 있습니다. 지문 중 '这样才能让被批评的人知道你是想帮助他'에서 '帮助'가 비판의 목적임을 알 수 있습니다. 따라서 정답은 B 帮助别人입니다.

단어 如果 rúguǒ 웹 만약, 만일 | 批评 pīpíng 통 비판하다, 질책하다 | 不得不 bùdébù 뵘 할 수 없이 | 友好 yǒuhǎo 톙 우호적이다 | 意见 yìjiàn 뎽 의견 | 过分 guòfèn 통 (말·행동이) 지나치다 | 帮助 bāngzhù 통 돕다 | 光 guāng 뵘 (단지) ~만 | 根据 gēnjù 젠 ~에 근거하여, ~에 따르면 | 目的 mùdì 뎽 목적 | 获得经验 huòdé jīngyàn 경험을 얻다 | 回忆过去 huíyì guòqù 과거를 회상하다 | 表示祝贺 biǎoshì zhùhè 축하를 표하다

## 78.

정답 및 해석

汉语中，"找不着北"这句话本来的意思是找不到哪边是北，后来用于指一个人做事时，找不到方向或者不清楚自己的目的是什么。

중국어에서 '找不着北'라는 이 말의 본래 의미는 어느 쪽이 북쪽인지 찾을 수 없다는 것으로, 나중에 사람이 일을 할 때 방향을 찾지 못하거나 자신의 목적이 무엇인지 잘 모른다는 것을 가리키는 말로 쓰였다.

해설

★ "找不着北"后来指：
A 说话没重点
B 迷路了
C 没信心
D 做事没方向 (✓)

★ '找不着北'가 나중에 가리키는 것은:
A 말에 핵심이 없다
B 길을 잃었다
C 자신이 없다
D 일할 때 방향이 없다 (✓)

해설 '找不着北'가 나중에 무엇을 가리키는지 묻고 있으므로, 지문에서 '后来' 뒤에 나오는 내용을 집중해서 봅니다. 지문 마지막 문장 '后来用于指一个人做事时，找不到方向或者不清楚自己的目的是什么'에서 '做事'와 '找不到方向'이 핵심입니다. 따라서 의미가 상통하는 D 做事没方向이 정답이 됩니다.

단어 找不着北 zhǎo bu zháo běi 갈피를 못 잡다, 헷갈리다 | 本来 běnlái 톙 본래의, 원래의 | 意思 yìsi 뎽 뜻, 의미 | 用于 yòngyú 통 ~에 쓰이다 | 指 zhǐ 통 가리키다 | 或者 huòzhě 웹 ~(이)거나, 혹은 | 不清楚 bù qīngchu 잘 모르다 | 目的 mùdì 뎽 목적 | 重点 zhòngdiǎn 뎽 중점, 핵심 | 迷路 mílù 통 길을 잃다 | 信心 xìnxīn 뎽 자신 | 方向 fāngxiàng 뎽 방향

## 79.

정답 및 해석

这学期的计算机课挺难的，那么多复杂的内容，要全部记住实在不容易，只好课后多下点儿功夫，好好复习了。

이번 학기의 컴퓨터 과목은 꽤 어렵다. 그렇게 많이 복잡한 내용을 전부 기억해야 한다는 것은 정말 쉽지 않아서, 어쩔 수 없이 방과 후에 시간을 좀 많이 들여서 열심히 복습해야겠다.

해설

★ 为了学好这门课，他需要：
A 记笔记
B 积极讨论
C 课后多花时间 (✓)
D 提前预习

★ 이 과목을 잘 배우기 위해서 그는 무엇이 필요한가?
A 필기를 한다
B 적극적으로 토론한다
C 방과 후에 시간을 많이 들인다 (✓)
D 미리 예습한다

해설 지문에서 '只好' 뒤에는 '어쩔 수 없이 무엇을 해야 한다'는 핵심 내용이 이어지기 때문에, '只好' 뒤에 나오는 내용을 살펴보아야 합니다. '课后多下点儿功夫'에서 '下功夫(공을 들이다, 시간과 에너지를 들이다)'는 선택지 C의 '花时间'과 의미가 서로 같으므로 정답은 C입니다.

단어 学期 xuéqī 뎽 학기 | 计算机 jìsuànjī 뎽 컴퓨터 | 课 kè 뎽 (수업) 과목 | 挺 tǐng 뵘 꽤, 제법, 아주 | 复杂 fùzá 톙 복잡하다 | 内容 nèiróng 뎽 내용 | 全部 quánbù 뎽 전부 | 记住 jìzhu 통 (확실히) 기억하다 | 实在 shízài 뵘 정말, 참으로 | 不容易 bù róngyì 쉽지 않다 | 只好 zhǐhǎo 뵘 어쩔 수 없이 | 课后 kèhòu 뎽 방과 후 | 下功夫 xià gōngfu 공(시간)을 들이다 | 好好(儿) hǎohāo(r) 뵘 열심히 | 复习 fùxí 통 복습하다 | 需要 xūyào 통 필요하다, 요구하다 | 记笔记 jì bǐjì 필기를 하다 *记 통 기록하다, 적다 | 积极 jījí 톙 적극적이다 | 讨论 tǎolùn 통 토론하다 | 花时间 huā shíjiān 시간을 들이다 | 提前 tíqián 통 (예정된 시간·위치를) 앞당기다, 미리 ~하다 | 预习 yùxí 통 예습하다

225

## 80-81.

**정답 및 해석**

[80]人的体温会跟心情有关系，在高兴或生气时，血压升高，血流量加速，体温会有升高的现象，在心情低落、思念过多时，体温有偏低的现象，所以在测量体温时要处于相对平静的状态，在大喜大怒后测量体温应在半小时以后测量。

[80]사람의 체온은 기분과 관계가 있다. 기쁘거나 화날 때 혈압이 올라 혈류량이 빨라지면 체온이 오르는 현상이 있고, 우울하고 그리움이 너무 많을 때 체온이 너무 낮은 현상이 있어서, 체온을 측정할 때 상대적으로 평온한 상태에 있어야 하고, 크게 기뻐하고 크게 화낸 후에 체온 측정은 30분 지나서 측정해야 한다.

**해설**

★ 从文中可以看出，体温跟下列哪个有关:
A 年龄
B 时间
C 心情（✔）
D 地点

★ 这段话最可能出自哪里?
A《国家地理》
B《生命科学》（✔）
C《每日周刊》
D《天下大事》

★ 글에서 체온이 다음 중 어느 것과 관계가 있는지 알 수 있는가:
A 나이
B 시간
C 기분（✔）
D 장소

★ 이 이야기는 어디에서 나올 가능성이 가장 높은가?
A 〈내셔널 지오그래픽〉
B 〈생명 과학〉（✔）
C 〈데이 위클리〉
D 〈천하대사〉

**해설**

80 체온이 어느 것과 관계가 있는지 묻고 있습니다. 지문 첫 문장 '人的体温会跟心情有关系'에서 체온은 기분과 관계가 있다고 했으므로 정답은 C 心情입니다.

81 체온과 기분의 연관성에 관한 서술이므로 〈생명 과학〉에 해당한다고 볼 수 있습니다. 따라서 정답은 B《生命科学》입니다.

**단어**

体温 tǐwēn 명체온 ┃ 跟…有关系 gēn……yǒu guānxì ~와 관계가 있다(=跟…有关) ┃ 心情 xīnqíng 명마음, 기분 ┃ 血压 xuèyā 명혈압 ┃ 升高 shēnggāo 동(혈압·체온 등이) 오르다 ┃ 血流量 xuèliúliàng 명혈류량 ┃ 加速 jiāsù 동가속하다, 빨라지다 ┃ 现象 xiànxiàng 명현상 ┃ 低落 dīluò 형(기분이) 가라앉다 *心情低落 우울하다 ┃ 思念 sīniàn 동그리워하다 ┃ 偏低 piāndī 형너무 낮다 ┃ 测量 cèliáng 동측량하다, 측정하다 ┃ 处于 chǔyú 동~(어떤 상태)에 있다 ┃ 相对 xiāngduì 형상대적이다 ┃ 平静 píngjìng 형평온하다 ┃ 状态 zhuàngtài 명상태 ┃ 大喜大怒 dàxǐ dànù 크게 기뻐하고 크게 화내다 ┃ 年龄 niánlíng 명나이 ┃ 地点 dìdiǎn 명지점, 장소 ┃ 国家地理 Guójiā Dìlǐ 고유내셔널 지오그래픽 ┃ 生命科学 Shēngmìng Kēxué 고유생명 과학 ┃ 每日周刊 Měirì Zhōukān 고유데이 위클리

## 82-83.

**정답 및 해석**

我们都听过很多关于海洋的童话故事，[82]其实真正的海底世界比故事里写的还要有趣。科学研究发现，海洋里面并不是我们想象中的那么安静，海底的动物们都会发出声音，只不过人的耳朵听不到这些声音。另外，海底也不完全是黑的，[83]许多鱼会发出各种颜色的光，它们通过这些光来吸引其他的鱼靠近。

우리는 모두 바다에 관한 동화 이야기를 많이 들어봤지만, [82]사실 진정한 해저 세계는 이야기에 쓰인 것보다 더 재미있다. 과학 연구에 따르면 바닷속은 결코 우리가 상상하는 것처럼 그렇게 조용하지 않고, 해저의 동물들은 모두 소리를 내는데, 단지 사람의 귀에 이런 소리들이 들리지 않을 뿐이라고 한다. 이 밖에, 해저도 완전히 어둡지 않아서, [83]수많은 물고기가 갖가지 색의 빛을 발산하고, 그것들은 이런 빛들을 통해서 다른 물고기가 접근하도록 유인한다.

**해설**

★ 说话人认为海底世界怎么样?
A 很有趣（✔）
B 没有水草
C 有美人鱼
D 什么都看不见

★ 研究发现，许多生活在海底的鱼:
A 喜欢热闹
B 会发光（✔）
C 有耳朵
D 非常冷静

★ 화자는 해저 세계가 어떻다고 여기는가?
A 재미있다（✔）
B 수초가 없다
C 인어가 있다
D 아무것도 보이지 않는다

★ 연구에 따르면 해저에 사는 수많은 물고기는:
A 시끌벅적한 것을 좋아한다
B 빛을 발산한다（✔）
C 귀가 있다
D 매우 침착하다

82 해저 세계가 어떤지 묻고 있습니다. '海底世界(해저 세계)'란 단어가 있는 지문을 빠르게 찾도록 합니다. 지문 중 '其实真正的海底世界比故事里写的还要有趣'에 '有趣'라는 키워드가 그대로 언급되어 있으므로 정답은 A 很有趣입니다.

83 해저에 사는 물고기에 관해 묻고 있습니다. 지문 중 '许多鱼会发出各种颜色的光'에서 물고기들이 빛을 발산한다고 했으므로 정답은 B 会发光입니다.

단어 海洋 hǎiyáng 몡 해양, 바다 │ 童话 tónghuà 몡 동화 │ 故事 gùshi 몡 이야기 │ 其实 qíshí 틘 사실 │ 海底 hǎidǐ 몡 해저(바다의 밑바닥) │ 有趣 yǒuqù 혱 재미있다, 흥미 있다 │ 科学研究 kēxué yánjiū 과학 연구 │ 发现 fāxiàn 동 발견하다, 알아차리다 │ 想象 xiǎngxiàng 동 상상하다 │ 安静 ānjìng 혱 조용하다 │ 动物 dòngwù 몡 동물 │ 发出声音 fāchū shēngyīn 소리를 내다 │ 只不过 zhǐbúguò 튄 단지 ~일 뿐이다 │ 耳朵 ěrduo 몡 귀 │ 另外 lìngwài 젭 이 외에, 이 밖에 │ 完全 wánquán 튄 완전히 │ 黑 hēi 혱 어둡다 │ 许多 xǔduō 혱 매우 많다 │ 发光 fāguāng 동 빛을 발산하다 │ 颜色 yánsè 몡 색, 색깔 │ 通过 tōngguò 젠 ~을 통해서 │ 吸引 xīyǐn 동 끌어당기다, 유인하다 │ 靠近 kàojìn 동 가까이 가다, 접근하다 │ 水草 shuǐcǎo 몡 수초, 물풀 │ 美人鱼 měirényú 몡 인어 │ 热闹 rènao 혱 떠들썩하다, 시끌벅적하다 │ 冷静 lěngjìng 혱 냉철하다, 침착하다

# 84-85.

정답 및 해석

<table>
<tr><td>

84 "养成一种习惯需要21天"的说法一直很流行，但并不准确。这样的观点最早其实来自一位医生，他发现病人需要21天才能适应生病带来的身体变化，后来有人做了专门的研究，发现有人18天就能养成一个简单的习惯，有人则需要66天，最长要254天，不同的人情况也不一样，因此，不要太关注时间的长短，85坚持才是关键。

</td><td>

84 '하나의 습관을 기르는 데 21일이 걸린다'라는 견해가 계속 유행했지만, 결코 정확하지 않다. 이런 관점은 사실 한 의사로부터 최초로 나왔다. 그는 환자가 21일이 걸려야 병으로 인한 신체 변화에 적응할 수 있다는 것을 발견했고, 나중에 누군가가 전문적인 연구를 해서 어떤 사람은 18일에 간단한 습관을 기를 수 있지만, 어떤 사람은 66일이 걸리고, 가장 길게는 254일이 걸리며, 서로 다른 사람은 상황도 다르다는 것을 발견했다. 따라서, 시간의 길이에 너무 관심을 갖지 마라. 85꾸준히 하는 것이야말로 관건이다.

</td></tr>
</table>

해설

<table>
<tr><td>

★ 关于"养成一种习惯需要21天"的说法，可以知道：

A 不太准确 (✓)
B 不够正式
C 不流行了
D 来自杂志

★ 根据这段话，养成习惯的关键是什么？

A 不怕失败
B 坚持 (✓)
C 制定好计划
D 打好基础

</td><td>

★ '하나의 습관을 기르는데 21일이 걸린다'는 견해에 관하여, 알 수 있는 것은:

A 그다지 정확하지 않다 (✓)
B 그다지 공식적이지 않다
C 유행하지 않는다
D 잡지에서 나온다

★ 이 이야기에 따르면, 습관을 기르는 관건은 무엇인가?

A 실패를 두려워하지 않는다
B 꾸준히 한다 (✓)
C 계획을 잘 세운다
D 기초를 잘 닦는다

</td></tr>
</table>

해설

84 '养成一种习惯需要21天'이라는 견해에 관해 묻고 있습니다. 지문 중 '但并不准确'에 답이 그대로 나왔으므로 정답은 A 不太准确입니다.

85 습관을 기르는 관건이 무엇인지 묻고 있습니다. 지문 마지막 문장 '坚持才是关键'에서 '坚持(꾸준히 하다)'가 관건이라고 했으므로 정답은 B 坚持입니다.

단어 养成习惯 yǎngchéng xíguàn 습관을 기르다 │ 需要 xūyào 동 필요하다, (시간이) 걸리다 │ 说法 shuōfǎ 몡 견해 │ 一直 yìzhí 틘 계속, 줄곧 │ 流行 liúxíng 동 유행하다 │ 准确 zhǔnquè 혱 정확하다 │ 观点 guāndiǎn 몡 관점 │ 其实 qíshí 튄 사실 │ 来自 láizì 동 ~로부터/에서 나오다 │ 发现 fāxiàn 동 발견하다 │ 适应 shìyìng 동 적응하다 │ 带来 dàilái 동 가져오다 │ 身体变化 shēntǐ biànhuà 신체 변화 │ 专门 zhuānmén 혱 전문적인 │ 研究 yánjiū 동 연구하다 │ 简单 jiǎndān 혱 간단하다 │ 则 zé 젭 하지만, 그러나[대비·역접을 나타냄] │ 情况 qíngkuàng 몡 상황 │ 不一样 bùyíyàng 다르다 │ 因此 yīncǐ 젭 이 때문에, 따라서 │ 关注 guānzhù 동 관심을 가지다 │ 长短 chángduǎn 몡 길이 │ 坚持 jiānchí 동 (포기하지 않고) 계속하다, 꾸준히 하다 │ 关键 guānjiàn 몡 관건, 핵심 │ 不够 búgòu 튄 그다지 ~하지 않다 │ 正式 zhèngshì 혱 정식의, 공식적인 │ 杂志 zázhì 몡 잡지 │ 根据 gēnjù 젠 ~에 근거하여, ~에 따르면 │ 不怕 búpà 동 두려워하지 않다 │ 失败 shībài 동 실패 │ 制定计划 zhìdìng jìhuà 계획을 세우다 │ 打基础 dǎ jīchǔ 기초를 닦다

# 三、书写

第一部分 주어진 단어를 순서대로 배열해 문장을 완성하세요.

**86.**

| 镜子 | 挂在 | 我们 | 哪儿 | 把 |
|---|---|---|---|---|

해설

STEP 1  '把'와 술어 '挂在'를 먼저 배열한다. ➡ '挂+在'가 결합한 형태임

STEP 2  '挂'의 행위자인 '我们'을 주어 자리에 놓고, 나머지 명사 '镜子'를 '把' 뒤의 목적어 자리에 놓는다.

STEP 3  把자문에서 술어 뒤에 오는 '在+장소'가 보어 역할을 하므로 마지막 남은 '哪儿'을 '在' 뒤에 놓고 문장을 완성한다.

| 我们 | 把镜子 | 挂 | 在哪儿 |
|---|---|---|---|
| 주어 | 把+목적어 | 술어 | 보어 |

정답 및 해석  我们把镜子挂在哪儿? 우리는 거울을 어디에 걸까요?

단어  镜子 jìngzi 몡 거울 | 挂 guà 동 (고리·못 따위에) 걸다

**87.**

| 详细地址 | 写着我的 | 这张 | 纸上 |
|---|---|---|---|

해설

STEP 1  '写着我的'를 술어 자리에 위치시킨다. ➡ '写着+我的'가 결합한 형태임

STEP 2  '지시사(这)+양사(张)+명사(纸)+방위사(上)'의 형태를 만든 후, 장소를 나타내는 '这张纸上'을 주어 자리에 놓는다. 장소가 있는데 전치사 '在'나 '从'이 없을 경우 장소를 주어 자리에 둔다.

STEP 3  '写着'의 대상인 '详细地址'를 '我的' 뒤의 목적어 자리에 놓고 문장을 완성한다.

| 这张纸上 | 写 | 着 | 我的 | 详细地址 |
|---|---|---|---|---|
| 주어 | 술어 | 조사 | 관형어 | 목적어 |

정답 및 해석  这张纸上写着我的详细地址。 이 종이에는 나의 상세 주소가 쓰여 있다.

단어  张 zhāng 양 장[종이나 가죽 등을 셀 때 쓰임] | 纸 zhǐ 몡 종이 | 详细 xiángxì 혱 상세하다 | 地址 dìzhǐ 몡 주소

**88.**

| 千万 | 放弃这个 | 别 | 你 | 机会 |
|---|---|---|---|---|

해설

STEP 1  '放弃这个'를 술어 자리에 위치시킨다. ➡ '放弃+这个'가 결합한 형태임

STEP 2  '放弃'의 주어는 '你'이므로 주어 자리에 놓는다.

STEP 3  '机会'는 지시사 '这个' 뒤에 놓는다.

STEP 4  부사 '千万'과 '别'는 붙어 다니므로 서로 합쳐서 '千万别'를 만들어준 후에 주어 뒤, 술어 앞 부사어 자리에 놓고 문장을 완성한다.

| 你 | 千万别 | 放弃 | 这个 | 机会 |
|---|---|---|---|---|
| 주어 | 부사어 | 술어 | 관형어 | 목적어 |

정답 및 해석  你千万别放弃这个机会。 너는 절대로 이 기회를 포기하지 마라.

단어  千万 qiānwàn 부 절대로, 제발 | 放弃机会 fàngqì jīhuì 기회를 포기하다

**89.**

| 冷静 | 是个 | 周博士 | 的人 |
|---|---|---|---|

해설
STEP 1  '是个'를 술어 자리에 위치시킨다. → '是+个'가 결합한 형태임
STEP 2  '是'의 주어는 '周博士'이므로 주어 자리에 놓고, '是'의 대상인 '的人'을 목적어 자리에 놓는다.
STEP 3  마지막 남은 형용사 '冷静'은 '的人'을 수식해주는 관형어 자리에 놓고 문장을 완성한다.

| 周博士 | 是 | 个冷静的 | 人 |
|---|---|---|---|
| 주어 | 술어 | 관형어 | 목적어 |

정답 및 해석  周博士是个冷静的人。 주 박사는 냉철한 사람이다.

단어  博士 bóshì 몡 박사 | 冷静 lěngjìng 혱 냉철하다, 침착하다

**90.**

| 事情发生的 | 解释了 | 耐心地 | 他 | 经过 |
|---|---|---|---|---|

해설
STEP 1  '解释了'를 술어 자리에 위치시킨다.
STEP 2  '解释'의 주어는 '他'이므로 주어 자리에 놓고, '解释'의 대상인 '经过'를 목적어 자리에 놓는다. '经过'는 동사로
'(장소를) 지나가다', 전치사로 '~한 끝에'란 뜻도 있지만 여기서는 명사로 쓰여 '경과'라는 의미를 나타낸다.
STEP 3  '事情发生的'는 관형어로 명사인 '经过' 앞에 놓는다.
STEP 4  마지막 남은 '耐心地'는 '耐心+地'의 결합 형태로 부사어이므로 술어 앞에 놓고 문장을 완성한다.

| 他 | 耐心地 | 解释 | 了 | 事情发生的 | 经过 |
|---|---|---|---|---|---|
| 주어 | 부사어 | 술어 | 조사 | 관형어 | 목적어 |

정답 및 해석  他耐心地解释了事情发生的经过。 그는 끈기 있게 사건이 발생한 경과를 설명했다.

단어  耐心 nàixīn 혱 인내심이 있다, 끈기 있다 | 解释 jiěshì 동 설명하다, 해명하다 | 事情 shìqíng 몡 사건, 일 | 发生 fāshēng 동 발
생하다, 일어나다 | 经过 jīngguò 몡 경과, 과정

**91.**

| 讨论会 | 那场 | 很多人 | 吸引了 | 参加 |
|---|---|---|---|---|

해설
STEP 1  동사 '吸引'과 '参加' 중에 뒤에 절(S+V) 형태의 목적어가 올 수 있는 동사는 '吸引'이므로 '吸引了'를 술어
자리에 위치시킨다.
STEP 2  '吸引'의 의미상 주어는 주로 풍경이나 대회 같은 사물이 오므로 '讨论会'가 주어이다. 또한 '수사+양사'인
'那场'은 명사 '讨论会'와 결합한다. → 那场讨论会
STEP 3  '很多人'과 '参加'는 의미상 '吸引'의 목적어이므로 서로 결합하여 목적어 자리에 놓고 문장을 완성한다.

| 那场讨论会 | 吸引 | 了 | 很多人 | 参加 |
|---|---|---|---|---|
| 주어 | 술어 | 조사 | 주어 | 술어 |
| | | | '吸引'의 목적어 | |

정답 및 해석  那场讨论会吸引了很多人参加。 그 토론회는 많은 사람들이 참가하도록 끌어들였다.

단어  场 chǎng 양 회, 번, 차례 | 讨论会 tǎolùnhuì 몡 토론회 | 吸引 xīyǐn 동 끌어들이다, 매료시키다 | 参加 cānjiā 동 참가하다

**92.**

| 收拾得 | 客厅 | 被 | 很干净 | 妈妈 |
|---|---|---|---|---|

해설

STEP 1 '被'와 '收拾得'를 먼저 배열한다.

STEP 2 동사 '收拾'의 행위자인 '妈妈'는 '被' 뒤 주어 자리에 놓고, '收拾'의 대상인 '客厅'은 '被' 앞 목적어 자리에 놓는다.

STEP 3 被자문에서 '술어+得' 뒤에 오는 '정도부사+형용사'가 보어 역할을 하므로 마지막 남은 '很干净'을 '得' 뒤에 놓고 문장을 완성한다.

| 客厅 | 被妈妈 | 收拾 | 得 | 很干净 |
|---|---|---|---|---|
| 목적어 | 被+주어 | 술어 | 조사 | 보어 |

정답 및 해석  客厅被妈妈收拾得很干净。 거실은 어머니가 깔끔하게 치웠다.

단어  客厅 kètīng 몡 거실 | 收拾 shōushi 동 정리하다. 치우다 | 干净 gānjìng 형 깨끗하다. 깔끔하다

**93.**

| 长存 | 我们的 | 希望 | 友谊 |
|---|---|---|---|

해설

STEP 1 동사 '长存'과 '希望' 중에 뒤에 절 형태의 목적어가 올 수 있는 동사는 '希望'이므로 '希望'을 술어 자리에 위치킨다.

STEP 2 '友谊'와 '长存'은 의미상 '希望'의 목적어이므로 서로 결합하여 목적어 자리에 놓는다. 동사 '希望'앞에 주어인 '我'는 생략되어 있다.

STEP 3 마지막 남은 '我们的'는 '友谊' 앞의 관형어 자리에 놓고 문장을 완성한다.

| 希望 | 我们的 | 友谊 | 长存 |
|---|---|---|---|
| 술어 | 관형어 | 주어 | 술어 |
|  | '希望'의 목적어 | | |

정답 및 해석  希望我们的友谊长存。 우리의 우정이 오래가길 바랍니다.

단어  希望 xīwàng 동 희망하다. 바라다 | 友谊长存 yǒuyì chángcún 우정이 오래가다 *长存 동 영원히 살다. 오래가다

**94.**

| 任何 | 这样的 | 解决不了 | 态度 | 问题 |
|---|---|---|---|---|

해설

STEP 1 '解决不了'를 술어 자리에 위치킨다.

STEP 2 '解决不了'의 주어보다 목적어인 '问题'를 찾기가 더 쉽다. ➜ 解决不了+ 问题

STEP 3 '解决不了'의 주어 '态度'를 주어 자리에 놓고 남아 있는 '这样的'와 '任何'중에서 '态度' 앞에 관형어를 찾는다. 의미상 '这样的态度'가 맞다.

STEP 4 '任何' 뒤에는 명사가 오므로 남아 있는 명사 '问题'와 서로 결합한 후에 목적어 자리에 놓고 문장을 완성한다.

| 这样的 | 态度 | 解决不了 | 任何 | 问题 |
|---|---|---|---|---|
| 관형어 | 주어 | 술어 | 관형어 | 목적어 |

정답 및 해석  这样的态度解决不了任何问题。 이런 태도는 어떤 문제도 해결할 수 없다.

단어  态度 tàidu 몡 태도 | 解决不了 jiějué bùliǎo 해결할 수 없다 | 任何 rènhé 대 어떠한 | 问题 wèntí 몡 문제

## 95.

| 从来 | 难道你 | 吗 | 失败过 | 没有 |

**해설**

STEP 1 '从来没有+동사+过' 공식을 활용해 '从来没有失败过'를 완성한다.

STEP 2 '难道你'에는 주어 '你'가 있으므로 주어 자리에 놓는다. '难道'는 어기부사로 주어 앞 뒤에 모두 쓸 수 있기 때문에 주어와 함께 붙여서 제시해준다.

STEP 3 마지막 남은 의문을 나타내는 어기조사 '吗'는 문장 끝에 놓고 문장을 완성한다.

| 难道 | 你 | 从来没有 | 失败 | 过吗? |
|------|------|---------|------|-------|
| 부사어 | 주어 | 부사어 | 술어 | 조사 |

**정답 및 해석**

难道你从来没有失败过吗? 설마 넌 여태껏 실패한 적이 없니?

**단어**

难道 nándào 閉 설마 ~란 말인가? | 从来 cónglái 閉 지금까지, 여태껏 | 失败 shībài 동 실패하다

---

**TIP · TIP**

1 从来不 cónglái bù 여태껏 ~하지 않다

他从来不抽烟。 그는 여태껏 담배를 피우지 않는다.

♦ 抽烟 chōuyān 동 흡연하다, 담배를 피우다

2 从来没(有)…过 cónglái méi(yǒu)……guo 여태껏 ~한 적이 없다

我从来没有看过老虎。 나는 여태껏 호랑이를 본 적 없다.

♦ 老虎 lǎohǔ 명 호랑이

3 일반적으로 부사는 주어 앞에 쓰면 안됩니다. 하지만 문장 전체의 느낌을 나타낼 때, 일부 어기부사는 주어 앞에 위치하기도 합니다.

• 주어 앞뒤에 모두 쓸 수 있는 어기부사:

☐ 其实 qíshí (그러나) 사실(은), 실제는

☐ 到底/究竟 dàodǐ/jiūjìng 도대체[의문문에 쓰임]

☐ 本来 běnlái 원래 ~했는데

☐ 原来 yuánlái 알고 보니[몰랐던 사실을 알았을 때]

☐ 至少 zhìshǎo 최소한, 적어도

☐ 也许 yěxǔ 어쩌면, 아마도[추측을 나타냄]

☐ 好像 hǎoxiàng (마치) ~인 거 같다, ~인 듯하다

☐ 难道 nándào 설마 ~란 말인가?

---

**第二部分** 주어진 사진을 보고, 단어를 사용해 단문을 만드세요.

## 96.

盒子

**해설**

STEP 1 제시어가 명사이므로 주어나 목적어로 사용한다.

STEP 2 사진에 사람이 나오므로 주어는 '她', 목적어는 '盒子'로 써 준다.

STEP 3 사진 속 동작에 해당되는 동사 '拿'를 떠올려서 '她拿盒子'와 같이 문장의 기본적인 뼈대를 완성한다.

STEP 4 동사 '拿' 뒤에 '着'를 넣어 동작이 지속되고 있음을 나타낸다.

STEP 5 마지막으로 명사 '盒子' 앞에 '一个[수사+양사]'를 넣는다.

**답안 및 해석**

她拿着一个盒子。 그녀는 상자 하나를 들고 있다.

妹妹在这个盒子里面放了几本书。 여동생은 이 상자 안에 책 몇 권을 넣었다.

**단어**

盒子 hézi 명 (작은) 상자 | 拿 ná 동 (손으로) 들다 | 妹妹 mèimei 명 여동생

선생님의 한마디

작은 상자는 '盒子'라고 하며, '行李箱(xínglǐxiāng 캐리어)'과 '冰箱(bīngxiāng 냉장고)'처럼 사이즈가 큰 상자는 '箱子'라고 합니다.

**97.**

朵

| 해설 | STEP 1 | 제시어가 양사이므로 '这/那+양사+명사' 또는 '수사+양사+명사'의 형태로 만들어준다 |
| | STEP 2 | 꽃이 나오므로 '这朵花'를 완성하여 주어 자리에 놓고, 의미상 호응하는 형용사 '漂亮'을 술어 자리에 놓는다. |
| | STEP 3 | 마지막으로 형용사 술어 '漂亮' 앞에 정도부사 '很'을 써 준다. |

답안 및 해석    这朵花很漂亮。 이 꽃은 아름답다.

我送给女朋友100朵花。 나는 여자친구에게 꽃 100송이를 선물했다.

단어    朵 duǒ 양 송이[꽃·구름 따위를 셀 때 쓰임]

**98.**

擦

| 해설 | STEP 1 | 제시어가 동사이므로 술어로 사용한다. |
| | STEP 2 | 여자가 땀을 닦고 있는 모습이므로 주어는 '她'로 써 주고, 술어인 '擦'와 호응하는 명사 목적어 '汗'을 떠올려서 '她擦汗'과 같이 문장의 기본적인 뼈대를 완성한다. |
| | STEP 3 | 동사 술어 '擦' 앞에 부사 '正在'를 써서 현재 진행형을 나타내 준다. |

답안 및 해석    她正在擦汗。 그녀는 땀을 닦고 있다.

天气太热了，姐姐一直在擦汗。 날씨가 너무 더워서 누나는 계속 땀을 닦고 있다.

단어    擦 cā 동 (수건으로) 닦다 | 汗 hàn 명 땀 | 姐姐 jiějie 명 누나, 언니 | 一直 yìzhí 부 계속, 줄곧

---

**TIP · TIP**

**동사 '擦'의 호응관계**

擦桌子 탁자를 닦다

擦得很干净 깨끗이 닦다

用毛巾擦汗 수건으로 땀을 닦다

◆ 桌子 zhuōzi 명 탁자, 테이블 | 干净 gānjìng 형 깨끗하다 | 毛巾 máojīn 명 수건

---

**99.**

仔细

| 해설 | STEP 1 | 제시어 '仔细'는 형용사이지만 부사어 사용 빈도가 높으므로 뒤에 '地'를 붙여 부사어로 사용한다. |
|---|---|---|
| | STEP 2 | 남자가 서류를 검토하는 모습이므로 주어는 '他'로 써 주고, 동사 술어 '检查'와 명사 목적어 '材料'를 떠올려서 '他检查材料'와 같이 문장의 기본적인 뼈대를 완성한다. |
| | STEP 3 | '材料'의 양사는 '份'이므로 '这/那+양사+명사'의 공식대로 '那份材料'를 완성한다. |
| | STEP 4 | 마지막으로 동사 술어 '检查' 앞에 부사어 '仔细地'를 써 준다. |

답안 및 해석 　他仔细地检查那份材料。　 그는 그 서류를 자세히 검토했다.

　他把那份材料仔细地看了一遍。　 그는 그 서류를 꼼꼼히 한 번 봤다.

단어 　**仔细** zǐxì 휑 자세하다, 꼼꼼하다 ｜ **检查** jiǎnchá 통 검사하다, 검토하다 ｜ **份** fèn 휑 부, 통[신문·문건·자료를 셀 때 쓰임] ｜ **材料** cáiliào 휑 자료, 서류

선생님의
**한마디**

'仔细'는 동사를 수식할 때 조사 '地'를 쓰지 않고 직접 수식해도 됩니다. 또한, '仔细'는 어떤 동작을 꼼꼼하게 한다는 뜻 외에, '조심하다'라는 뜻도 있습니다.

仔细**观察** 자세하게 관찰하다.

**车上人多，**仔细**点儿。** 차에 사람이 많으니, 좀 조심하세요.

# 100.

味道

| 해설 | STEP 1 | 제시어가 명사이므로 주어나 목적어로 사용한다. |
|---|---|---|
| | STEP 2 | 요리가 나왔으므로 '味道'를 주어 자리에 놓고, 의미상 호응하는 형용사 '好'를 떠올려서 '味道好'와 같이 문장의 기본적인 뼈대를 완성한다. |
| | STEP 3 | 탕(汤) 요리이므로 '汤的'를 '味道' 앞 관형어 자리에 놓는다. |
| | STEP 4 | 마지막으로 형용사 술어 '好' 앞에 정도부사 '很'을 써 준다. |

답안 및 해석 　汤的味道很好。　 탕의 맛이 좋다.

　他今天做的汤味道很不错。　 그가 오늘 만든 탕은 맛이 꽤 괜찮다.

단어 　**汤** tāng 휑 탕, 국 ｜ **味道** wèidao 휑 맛 ｜ **不错** búcuò 휑 좋다, 괜찮다

선생님의
**한마디**

'맛이 좋다'는 중국어로 '味道很好'라고 해야지, '味道很好吃'는 틀린 표현입니다.

# HSK 3급·4급
## 최우선 빈출 어휘

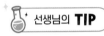 선생님의 **TIP**

- HSK 4급에 잘 나오는 3급 어휘 200개와 4급 어휘 350개를 선별했습니다.
- 단어는 '30일 학습 플래너'의 일일 공부량에 따라 25개씩 분리했습니다.
- 단어를 외울 때마다 숫자 옆 네모 칸(□)에 ✔ 해 보세요.

# MP3파일 목록

| HSK 3급 최우선 빈출 어휘 200 | HSK 4급 최우선 빈출 어휘 350 |
|---|---|
| 3급001~025.mp3 | 4급001~025.mp3 |
| 3급026~050.mp3 | 4급026~050.mp3 |
| 3급051~075.mp3 | 4급051~075.mp3 |
| 3급076~100.mp3 | 4급076~100.mp3 |
| 3급101~125.mp3 | 4급101~125.mp3 |
| 3급126~150.mp3 | 4급126~150.mp3 |
| 3급151~175.mp3 | 4급151~175.mp3 |
| 3급176~200.mp3 | 4급176~200.mp3 |
| | 4급201~225.mp3 |
| | 4급226~250.mp3 |
| | 4급251~275.mp3 |
| | 4급276~300.mp3 |
| | 4급301~325.mp3 |
| | 4급326~350.mp3 |

# HSK 3급 최우선 빈출 어휘 200

| 순서 | 한자 | 한어병음 | 뜻 |
|---|---|---|---|
| ☐☐ 001 | 矮 | ǎi | 형 (키가) 작다, (높이가) 낮다 |
| ☐☐ 002 | 安静 | ānjìng | 형 조용하다 |
| ☐☐ 003 | 把 | bǎ | 전 ~을(를) 양 손잡이·자루가 있는 기구를 셀 때 쓰임 |
| ☐☐ 004 | 搬 | bān | 동 옮기다, 운반하다, 이사하다 |
| ☐☐ 005 | 帮忙 | bāngmáng | 동 돕다, 도와주다 |
| ☐☐ 006 | 包 | bāo | 동 (물건을)싸다 명 가방 |
| ☐☐ 007 | 饱 | bǎo | 형 배부르다 |
| ☐☐ 008 | 被 | bèi | 전 ~에게 ~를 당하다 |
| ☐☐ 009 | 笔记本 | bǐjìběn | 명 노트, 수첩 |
| ☐☐ 010 | 比较 | bǐjiào | 부 비교적 동 비교하다 |
| ☐☐ 011 | 比赛 | bǐsài | 명 시합, 경기 동 시합하다, 경기하다 |
| ☐☐ 012 | 必须 | bìxū | 부 반드시 ~해야 한다 |
| ☐☐ 013 | 鼻子 | bízi | 명 코 |
| ☐☐ 014 | 变化 | biànhuà | 동 변화하다 명 변화 |
| ☐☐ 015 | 别人 | biérén | 대 다른 사람, 남, 타인 |
| ☐☐ 016 | 不但…而且… | búdàn…érqiě… | 접 ~할 뿐만 아니라 ~이기도 하다 |
| ☐☐ 017 | 菜单 | càidān | 명 식단, 메뉴 |
| ☐☐ 018 | 参加 | cānjiā | 동 참가하다 |
| ☐☐ 019 | 层 | céng | 양 층, 겹 |
| ☐☐ 020 | 差 | chà | 형 (성적·자질·물건의 품질 등이) 좋지 않다, 표준 미달이다, 부족하다 |
| ☐☐ 021 | 超市 | chāoshì | 명 슈퍼마켓, 마트 |
| ☐☐ 022 | 衬衫 | chènshān | 명 셔츠 |
| ☐☐ 023 | 成绩 | chéngjì | 명 성적 |
| ☐☐ 024 | 迟到 | chídào | 동 지각하다, 늦게 도착하다 |
| ☐☐ 025 | 除了 | chúle | 전 ~을(를) 제외하고 |
| ☐☐ 026 | 船 | chuán | 명 배, 선박 |
| ☐☐ 027 | 词典 | cídiǎn | 명 사전 |

| 순서 | | 한자 | 한어병음 | 뜻 |
|---|---|---|---|---|
| ☐☐ | 028 | 打扫 | dǎsǎo | 통 청소하다 |
| ☐☐ | 029 | 打算 | dǎsuàn | 통 ~할 계획이다 |
| ☐☐ | 030 | 带 | dài | 통 ①지니다, 휴대하다 ②이끌다, 인솔하다 |
| ☐☐ | 031 | 蛋糕 | dàngāo | 명 케이크 |
| ☐☐ | 032 | 担心 | dānxīn | 통 걱정하다, 근심하다 |
| ☐☐ | 033 | 地方 | dìfang | 명 곳, 장소, 지방 |
| ☐☐ | 034 | 地铁 | dìtiě | 명 지하철 |
| ☐☐ | 035 | 地图 | dìtú | 명 지도 |
| ☐☐ | 036 | 段 | duàn | 양 토막, 구간, 단락 |
| ☐☐ | 037 | 短 | duǎn | 형 (길이가) 짧다 |
| ☐☐ | 038 | 锻炼 | duànliàn | 통 단련하다, 운동하다 |
| ☐☐ | 039 | 耳朵 | ěrduo | 명 귀 |
| ☐☐ | 040 | 发 | fā | 통 전송하다, 나눠주다 |
| ☐☐ | 041 | 发烧 | fāshāo | 통 열이 나다 |
| ☐☐ | 042 | 发现 | fāxiàn | 통 발견하다, 알아차리다 |
| ☐☐ | 043 | 放 | fàng | 통 놓다, 두다 |
| ☐☐ | 044 | 方便 | fāngbiàn | 형 편리하다  통 편리하게 하다 |
| ☐☐ | 045 | 放心 | fàngxīn | 통 안심하다, 마음을 놓다 |
| ☐☐ | 046 | 分 | fēn | 통 나누다, 분배하다 |
| ☐☐ | 047 | 附近 | fùjìn | 명 부근, 근처 |
| ☐☐ | 048 | 复习 | fùxí | 통 복습하다 |
| ☐☐ | 049 | 干净 | gānjìng | 형 깨끗하다 |
| ☐☐ | 050 | 感冒 | gǎnmào | 명 감기  통 감기에 걸리다 |
| ☐☐ | 051 | 感兴趣 | gǎn xìngqù | 통 관심이 있다, 흥미가 있다 |
| ☐☐ | 052 | 个子 | gèzi | 명 키 |
| ☐☐ | 053 | 跟 | gēn | 전 ~와  통 뒤따르다, 따라가다 |
| ☐☐ | 054 | 根据 | gēnjù | 전 ~에 근거해서  명 근거 |
| ☐☐ | 055 | 更 | gèng | 부 더, 더욱 |
| ☐☐ | 056 | 公斤 | gōngjīn | 양 킬로그램(kg) |

| 순서 | 한자 | 한어병음 | 뜻 |
|---|---|---|---|
| ☐☐ 057 | 关 | guān | 동① 닫다, 끄다 ② (기업 등이) 문을 닫다, 도산하다 |
| ☐☐ 058 | 关系 | guānxi | 명 관계, 사이 |
| ☐☐ 059 | 关心 | guānxīn | 동 관심을 가지다 |
| ☐☐ 060 | 关于 | guānyú | 전 ~에 관해, ~에 관하여 |
| ☐☐ 061 | 过 | guo | 조 ~한 적이 있다[과거의 경험] |
| ☐☐ 062 | 过去 | guòqù | 동 지나가다, 가다 명 과거 |
| ☐☐ 063 | 害怕 | hàipà | 동 두려워하다, 무서워하다 |
| ☐☐ 064 | 还是 | háishi | 부① 여전히, 아직(도) ② 또는, 아니면 |
| ☐☐ 065 | 护照 | hùzhào | 명 여권 |
| ☐☐ 066 | 花 | huā | 명 꽃 동 쓰다, 소비하다, 들이다 |
| ☐☐ 067 | 坏 | huài | 형 고장 나다, 망가지다 |
| ☐☐ 068 | 还 | huán | 동① 돌아가다, 돌아오다 ② 돌려주다, 갚다, 반납하다 |
| ☐☐ 069 | 换 | huàn | 동 바꾸다 |
| ☐☐ 070 | 欢迎 | huānyíng | 동 환영하다 |
| ☐☐ 071 | 回答 | huídá | 동 대답하다 |
| ☐☐ 072 | 会议 | huìyì | 명 회의 |
| ☐☐ 073 | 或者 | huòzhě | 접 또는, ~이거나 |
| ☐☐ 074 | 极 | jí | 부 아주, 매우 |
| ☐☐ 075 | 记得 | jìde | 동 기억하고 있다 |
| ☐☐ 076 | 几乎 | jīhū | 부 거의 |
| ☐☐ 077 | 机会 | jīhuì | 명 기회 |
| ☐☐ 078 | 季节 | jìjié | 명 계절 |
| ☐☐ 079 | 检查 | jiǎnchá | 동 점검하다, 검사하다 |
| ☐☐ 080 | 健康 | jiànkāng | 형 건강하다 |
| ☐☐ 081 | 讲 | jiǎng | 동 말하다, 연설하다 |
| ☐☐ 082 | 教 | jiāo | 동 가르치다 |
| ☐☐ 083 | 脚 | jiǎo | 명 발 |
| ☐☐ 084 | 接 | jiē | 동① 마중하다 ② (전화를) 받다 |
| ☐☐ 085 | 借 | jiè | 동 빌리다 |

| 순서 | 한자 | 한어병음 | 뜻 |
|---|---|---|---|
| □□ 086 | 街道 | jiēdào | 명 거리 |
| □□ 087 | 结婚 | jiéhūn | 동 결혼하다 |
| □□ 088 | 解决 | jiějué | 동 해결하다 |
| □□ 089 | 节目 | jiémù | 명 프로그램 |
| □□ 090 | 节日 | jiérì | 명 명절 |
| □□ 091 | 结束 | jiéshù | 동 끝나다, 마치다 |
| □□ 092 | 经常 | jīngcháng | 부 자주 |
| □□ 093 | 经过 | jīngguò | 전 ~(과정)을 거쳐서(통해서) 동 지나다 명 과정, 경위 |
| □□ 094 | 经理 | jīnglǐ | 동 사장, 지배인 |
| □□ 095 | 旧 | jiù | 형 (오래되어) 낡다 |
| □□ 096 | 久 | jiǔ | 형 길다, 오래다 |
| □□ 097 | 句子 | jùzi | 명 문장, 구절 |
| □□ 098 | 决定 | juédìng | 동 결정하다 |
| □□ 099 | 渴 | kě | 형 목마르다, 갈증나다 |
| □□ 100 | 客人 | kèrén | 명 손님 |
| □□ 101 | 口 | kǒu | 명 입 양 식구 |
| □□ 102 | 哭 | kū | 동 (소리 내어) 울다 |
| □□ 103 | 筷子 | kuàizi | 명 젓가락 |
| □□ 104 | 离开 | líkāi | 동 떠나다 |
| □□ 105 | 历史 | lìshǐ | 명 역사 |
| □□ 106 | 脸 | liǎn | 명 얼굴 |
| □□ 107 | 练习 | liànxí | 동 연습하다 |
| □□ 108 | 辆 | liàng | 양 대[차량을 셀 때 쓰임] |
| □□ 109 | 了解 | liǎojiě | 동 ①잘 알다, 이해하다 ②알아보다, 조사하다 |
| □□ 110 | 聊天 | liáotiān | 동 이야기하다, 수다를 떨다 |
| □□ 111 | 邻居 | línjū | 명 이웃 |
| □□ 112 | 留学 | liúxué | 동 유학하다 |
| □□ 113 | 楼 | lóu | 명 건물 양 층 |
| □□ 114 | 马上 | mǎshàng | 부 곧, 즉시 |

| 순서 | 한자 | 한어병음 | 뜻 |
|---|---|---|---|
| ☐☐ 115 | 满意 | mǎnyì | 동 만족하다 |
| ☐☐ 116 | 帽子 | màozi | 명 모자 |
| ☐☐ 117 | 明白 | míngbai | 동 이해하다 |
| ☐☐ 118 | 拿 | ná | 동 (손으로) 들다 전 ~을 가지고 |
| ☐☐ 119 | 难 | nán | 형 어렵다 |
| ☐☐ 120 | 难过 | nánguò | 형 (주로 마음이) 슬프다, 괴롭다 |
| ☐☐ 121 | 年轻 | niánqīng | 형 (나이가) 젊다 |
| ☐☐ 122 | 胖 | pàng | 형 뚱뚱하다 |
| ☐☐ 123 | 啤酒 | píjiǔ | 명 맥주 |
| ☐☐ 124 | 瓶子 | píngzi | 명 병 |
| ☐☐ 125 | 骑 | qí | 동 (자전거 등에) 타다 |
| ☐☐ 126 | 起飞 | qǐfēi | 동 (비행기 등이) 이륙하다 |
| ☐☐ 127 | 奇怪 | qíguài | 형 기이하다, 이상하다 |
| ☐☐ 128 | 其实 | qíshí | 부 사실은 |
| ☐☐ 129 | 清楚 | qīngchu | 형 분명하다, 뚜렷하다 |
| ☐☐ 130 | 请假 | qǐngjià | 동 (휴가 등을) 신청하다 |
| ☐☐ 131 | 热情 | rèqíng | 형 열정적이다, 친절하다 |
| ☐☐ 132 | 认为 | rènwéi | 동 ~라고 생각하다 |
| ☐☐ 133 | 认真 | rènzhēn | 형 진지하다, 열심히 하다 |
| ☐☐ 134 | 容易 | róngyì | 형 쉽다, ~하기 쉽다 |
| ☐☐ 135 | 如果 | rúguǒ | 접 만약 |
| ☐☐ 136 | 上网 | shàngwǎng | 동 인터넷을 하다 |
| ☐☐ 137 | 生气 | shēngqì | 동 화내다 |
| ☐☐ 138 | 声音 | shēngyīn | 명 소리, 목소리 |
| ☐☐ 139 | 试 | shì | 동 (시험 삼아) 해 보다 |
| ☐☐ 140 | 瘦 | shòu | 형 마르다 |
| ☐☐ 141 | 树 | shù | 명 나무 |
| ☐☐ 142 | 舒服 | shūfu | 형 편안하다 |
| ☐☐ 143 | 数学 | shùxué | 명 수학 |

| 순서 | 한자 | 한어병음 | 뜻 |
|---|---|---|---|
| ☐☐ 144 | 刷牙 | shuāyá | 통 양치질하다 |
| ☐☐ 145 | 水平 | shuǐpíng | 명 수준 |
| ☐☐ 146 | 提高 | tígāo | 통 향상시키다, 높이다 |
| ☐☐ 147 | 甜 | tián | 형 달다, 달콤하다 |
| ☐☐ 148 | 条 | tiáo | 양 가늘고 긴 것을 셀 때 쓰임 |
| ☐☐ 149 | 同意 | tóngyì | 통 동의하다, 찬성하다 |
| ☐☐ 150 | 头发 | tóufa | 명 두발, 머리카락 |
| ☐☐ 151 | 突然 | tūrán | 부 갑자기 |
| ☐☐ 152 | 腿 | tuǐ | 명 다리 |
| ☐☐ 153 | 碗 | wǎn | 명 공기, 사발, 그릇  양 그릇·공기·사발을 셀 때 쓰임 |
| ☐☐ 154 | 完成 | wánchéng | 통 완성하다, 완수하다 |
| ☐☐ 155 | 忘记 | wàngjì | 통 잊어버리다, 잊다 |
| ☐☐ 156 | 为 | wèi | 전 ~을 위해서 |
| ☐☐ 157 | 位 | wèi | 명 자리, 곳, 위치  양 분[사람의 수를 셀 때 쓰임] |
| ☐☐ 158 | 为了 | wèile | 전 ~을 하기 위하여 |
| ☐☐ 159 | 习惯 | xíguàn | 명 버릇, 습관  통 습관이 되다, 익숙해 지다 |
| ☐☐ 160 | 洗手间 | xǐshǒujiān | 명 화장실 |
| ☐☐ 161 | 洗澡 | xǐzǎo | 통 목욕하다 |
| ☐☐ 162 | 先 | xiān | 부 먼저 |
| ☐☐ 163 | 向 | xiàng | 전 ~을(를) 향하여 |
| ☐☐ 164 | 像 | xiàng | 통 마치 ~같다, 닮다 |
| ☐☐ 165 | 香蕉 | xiāngjiāo | 명 바나나 |
| ☐☐ 166 | 相信 | xiāngxìn | 통 믿다 |
| ☐☐ 167 | 新闻 | xīnwén | 명 뉴스 |
| ☐☐ 168 | 新鲜 | xīnxiān | 형 신선하다, 싱싱하다 |
| ☐☐ 169 | 信用卡 | xìnyòngkǎ | 명 신용카드 |
| ☐☐ 170 | 行李箱 | xínglǐxiāng | 명 여행용 가방 |
| ☐☐ 171 | 熊猫 | xióngmāo | 명 팬더 |
| ☐☐ 172 | 需要 | xūyào | 통 필요하다, 요구되다 |

| 순서 | 한자 | 한어병음 | 뜻 |
|---|---|---|---|
| □□ 173 | 选择 | xuǎnzé | 통 선택하다, 고르다  명 선택 |
| □□ 174 | 要求 | yāoqiú | 통 요구하다  명 요구 |
| □□ 175 | 一般 | yìbān | 형 일반적이다, 보통이다 |
| □□ 176 | 一边 | yìbiān | 부 ~하면서 ~하다 |
| □□ 177 | 一定 | yídìng | 부 반드시, 꼭  형 어느 정도의 |
| □□ 178 | 一共 | yígòng | 부 모두 |
| □□ 179 | 一会儿 | yíhuìr | 명 잠깐 동안 |
| □□ 180 | 一直 | yìzhí | 부 계속, 줄곧 |
| □□ 181 | 银行 | yínháng | 명 은행 |
| □□ 182 | 影响 | yǐngxiǎng | 통 영향을 주다(끼치다)  명 영향 |
| □□ 183 | 又 | yòu | 부 또 |
| □□ 184 | 有名 | yǒumíng | 형 유명하다 |
| □□ 185 | 游戏 | yóuxì | 명 게임 |
| □□ 186 | 遇到 | yùdào | 통 (우연히) 만나다 |
| □□ 187 | 愿意 | yuànyì | 통 원하다 |
| □□ 188 | 越 | yuè | 부 ~할수록 |
| □□ 189 | 站 | zhàn | 통 서다  명 정류장 |
| □□ 190 | 照顾 | zhàogù | 통 돌보다, 보살피다 |
| □□ 191 | 着急 | zháojí | 통 조급해하다, 초조하다 |
| □□ 192 | 照片 | zhàopiàn | 명 사진 |
| □□ 193 | 只 | zhǐ | 부 단지, 다만, 오직, 겨우 |
| □□ 194 | 只有…才… | zhǐyǒu…cái… | 접 반드시 ~해야지만, 비로소 ~할 수 있다 |
| □□ 195 | 种 | zhǒng | 양 종류 |
| □□ 196 | 重要 | zhòngyào | 형 중요하다 |
| □□ 197 | 终于 | zhōngyú | 부 마침내 |
| □□ 198 | 主要 | zhǔyào | 형 주요하다 |
| □□ 199 | 注意 | zhùyì | 통 주의하다, 조심하다 |
| □□ 200 | 总是 | zǒngshì | 부 늘, 항상 |

# HSK 4급 최우선 빈출 어휘 350

| 순서 | 한자 | 한어병음 | 뜻 |
|---|---|---|---|
| □□ 001 | 安排 | ānpái | 동 (인원·시간을) 안배하다, (일을) 처리하다 |
| □□ 002 | 安全 | ānquán | 형 안전하다 |
| □□ 003 | 按时 | ànshí | 부 제때에, 시간에 맞추어 |
| □□ 004 | 按照 | ànzhào | 전 ~에 따라, ~대로 |
| □□ 005 | 百分之 | bǎifēnzhī | 수 퍼센트 |
| □□ 006 | 棒 | bàng | 형 (성적이) 좋다, (수준이) 높다   명 막대기, 방망이 |
| □□ 007 | 包子 | bāozi | 명 (소가 든) 찐빵 |
| □□ 008 | 保护 | bǎohù | 동 보호하다 |
| □□ 009 | 保证 | bǎozhèng | 동 보증하다, 담보하다 |
| □□ 010 | 报名 | bàomíng | 동 신청하다, 등록하다 |
| □□ 011 | 抱 | bào | 동 안다, 껴안다, 포옹하다 |
| □□ 012 | 抱歉 | bàoqiàn | 동 미안해하다, 죄송합니다 |
| □□ 013 | 倍 | bèi | 양 배, 배수, 곱절 |
| □□ 014 | 比如 | bǐrú | 접 예를 들어 |
| □□ 015 | 毕业 | bìyè | 동 졸업하다   명 졸업 |
| □□ 016 | 遍 | biàn | 양 번, 차례, 회 |
| □□ 017 | 标准 | biāozhǔn | 명 표준, 기준 |
| □□ 018 | 表格 | biǎogé | 명 표, 양식, 서식 |
| □□ 019 | 表示 | biǎoshì | 동 표시하다, 나타내다, 의미하다 |
| □□ 020 | 表演 | biǎoyǎn | 동 공연하다, 연기하다   명 공연, 연기 |
| □□ 021 | 表扬 | biǎoyáng | 동 표창하다, 칭찬하다 |
| □□ 022 | 博士 | bóshì | 명 박사(학위) |
| □□ 023 | 不得不 | bùdébù | 부 어쩔 수 없이 |
| □□ 024 | 不管 | bùguǎn | 접 ~에 관계없이, ~을 막론하고 |
| □□ 025 | 不过 | búguò | 접 그러나, 그런데 |
| □□ 026 | 擦 | cā | 동 (천·수건으로) 닦다 |

| 순서 | 한자 | 한어병음 | 뜻 |
|---|---|---|---|
| ☐☐ 027 | 猜 | cāi | 동 추측하다, 알아맞히다 |
| ☐☐ 028 | 材料 | cáiliào | 명 재료, 원료, 자재 |
| ☐☐ 029 | 差不多 | chàbuduō | 형 비슷하다　부 거의, 대체로 |
| ☐☐ 030 | 长城 | Chángchéng | 고유 만리장성 |
| ☐☐ 031 | 长江 | Chángjiāng | 고유 창장, 양쯔장(扬子江) |
| ☐☐ 032 | 超过 | chāoguò | 동 초과하다, 넘다 |
| ☐☐ 033 | 成为 | chéngwéi | 동 ~이(가) 되다, ~(으)로 되다 |
| ☐☐ 034 | 诚实 | chéngshí | 형 진실하다, 성실하다 |
| ☐☐ 035 | 吃惊 | chījīng | 동 놀라다 |
| ☐☐ 036 | 重新 | chóngxīn | 부 다시, 재차 |
| ☐☐ 037 | 抽烟 | chōuyān | 동 흡연하다, 담배를 피우다 |
| ☐☐ 038 | 传真 | chuánzhēn | 명 팩시밀리, 팩스 |
| ☐☐ 039 | 从来 | cónglái | 부 (과거부터) 지금까지, 여태껏 |
| ☐☐ 040 | 粗心 | cūxīn | 형 소홀하다, 부주의하다 |
| ☐☐ 041 | 存 | cún | 동 존재하다, 보존하다 |
| ☐☐ 042 | 错误 | cuòwù | 명 착오, 잘못　형 잘못되다 |
| ☐☐ 043 | 答案 | dá'àn | 명 답안, 답, 해답 |
| ☐☐ 044 | 打扮 | dǎban | 동 화장하다, 꾸미다 |
| ☐☐ 045 | 打扰 | dǎrǎo | 동 방해하다, 폐를 끼치다 |
| ☐☐ 046 | 打印 | dǎyìn | 동 인쇄하다, 프린트하다 |
| ☐☐ 047 | 打招呼 | dǎzhāohu | 동 (말·행동으로) 인사하다 |
| ☐☐ 048 | 打折 | dǎzhé | 동 할인하다, 가격을 깎다 |
| ☐☐ 049 | 打针 | dǎzhēn | 동 주사를 놓다(맞다) |
| ☐☐ 050 | 大概 | dàgài | 부 아마도, 대개, 대략 |
| ☐☐ 051 | 大使馆 | dàshǐguǎn | 명 대사관 |
| ☐☐ 052 | 大约 | dàyuē | 부 대략, 대강 |
| ☐☐ 053 | 戴 | dài | 동 착용하다, 쓰다, (몸에) 달다 |
| ☐☐ 054 | 导游 | dǎoyóu | 명 관광 안내원, 가이드 |

| 순서 | 한자 | 한어병음 | 뜻 |
|---|---|---|---|
| ☐☐ 055 | 到处 | dàochù | 튀 도처, 곳곳 |
| ☐☐ 056 | 到底 | dàodǐ | 튀 도대체 |
| ☐☐ 057 | 倒 | dào | 형 (상하·전후가) 거꾸로 되다 튀 오히려, 도리어 |
| ☐☐ 058 | 道歉 | dàoqiàn | 동 사과하다 |
| ☐☐ 059 | 得意 | déyì | 형 득의양양하다, 만족하다 |
| ☐☐ 060 | 地点 | dìdiǎn | 명 지점, 장소 |
| ☐☐ 061 | 地球 | dìqiú | 명 지구 |
| ☐☐ 062 | 地址 | dìzhǐ | 명 주소 |
| ☐☐ 063 | 调查 | diàochá | 동 조사하다 |
| ☐☐ 064 | 掉 | diào | 동 떨어지다 |
| ☐☐ 065 | 丢 | diū | 동 ①잃다, 잃어버리다 ②(내)던지다, (내)버리다 |
| ☐☐ 066 | 动作 | dòngzuò | 명 동작 |
| ☐☐ 067 | 堵车 | dǔchē | 동 차가 막히다, 교통이 체증되다 |
| ☐☐ 068 | 肚子 | dùzi | 명 배, 복부 |
| ☐☐ 069 | 短信 | duǎnxìn | 명 문자 메시지 |
| ☐☐ 070 | 对话 | duìhuà | 동 대화하다 명 대화 |
| ☐☐ 071 | 对于 | duìyú | 전 ~에 대해서 |
| ☐☐ 072 | 翻译 | fānyì | 동 번역하다, 통역하다 명 번역, 통역 |
| ☐☐ 073 | 烦恼 | fánnǎo | 형 고민하다, 걱정하다 명 고민, 걱정 |
| ☐☐ 074 | 反对 | fǎnduì | 동 반대하다 |
| ☐☐ 075 | 房东 | fángdōng | 명 집주인 |
| ☐☐ 076 | 放弃 | fàngqì | 동 포기하다 |
| ☐☐ 077 | 放暑假 | fàng shǔjià | 여름 방학을 하다 |
| ☐☐ 078 | 放松 | fàngsōng | 동 늦추다, 느슨하게 하다 |
| ☐☐ 079 | 丰富 | fēngfù | 형 풍부하다 |
| ☐☐ 080 | 否则 | fǒuzé | 접 만약 그렇지 않으면 |
| ☐☐ 081 | 符合 | fúhé | 동 부합하다 |
| ☐☐ 082 | 付款 | fùkuǎn | 동 돈을 지불하다 |

| 순서 | 한자 | 한어병음 | 뜻 |
|---|---|---|---|
| ☐☐ 083 | 负责 | fùzé | 동 책임지다 |
| ☐☐ 084 | 赶 | gǎn | 동 ①뒤쫓다 ②서두르다 |
| ☐☐ 085 | 敢 | gǎn | 능 감히 ~하다 |
| ☐☐ 086 | 感谢 | gǎnxiè | 동 고맙다, 감사하다 |
| ☐☐ 087 | 干 | gàn | 동 하다 |
| ☐☐ 088 | 高速公路 | gāosù gōnglù | 명 고속도로 |
| ☐☐ 089 | 胳膊 | gēbo | 명 팔 |
| ☐☐ 090 | 工资 | gōngzī | 명 월급, 임금 |
| ☐☐ 091 | 公里 | gōnglǐ | 양 킬로미터(km) |
| ☐☐ 092 | 功夫 | gōngfu | 명 ①(무술 방면의) 재주, 솜씨 ②공(功), 노력 ③시간(=工夫) |
| ☐☐ 093 | 够 | gòu | 동 ①충분하다, 넉넉하다 ②(손이) 닿다 |
| ☐☐ 094 | 估计 | gūjì | 동 추측하다, 예측하다 |
| ☐☐ 095 | 鼓励 | gǔlì | 동 격려하다, 북돋우다 |
| ☐☐ 096 | 故意 | gùyì | 부 고의로, 일부러 |
| ☐☐ 097 | 顾客 | gùkè | 명 고객, 손님 |
| ☐☐ 098 | 挂 | guà | 동 걸다 |
| ☐☐ 099 | 关键 | guānjiàn | 명 관건, 열쇠, 키포인트 형 매우 중요한 |
| ☐☐ 100 | 光 | guāng | 부 단지, 다만 |
| ☐☐ 101 | 广播 | guǎngbō | 동 방송하다 명 방송 |
| ☐☐ 102 | 广告 | guǎnggào | 명 광고, 선전 |
| ☐☐ 103 | 逛 | guàng | 동 돌아다니다, 구경하다 |
| ☐☐ 104 | 规定 | guīdìng | 동 규정하다 명 규정 |
| ☐☐ 105 | 过程 | guòchéng | 명 과정 |
| ☐☐ 106 | 害羞 | hàixiū | 동 부끄러워하다, 수줍어하다 |
| ☐☐ 107 | 寒假 | hánjià | 명 겨울 방학 |
| ☐☐ 108 | 汗 | hàn | 명 땀 |
| ☐☐ 109 | 好处 | hǎochù | 명 이점, 장점 |
| ☐☐ 110 | 合格 | hégé | 형 합격이다, 규격에 맞다 |

| 순서 | 한자 | 한어병음 | 뜻 |
|------|------|----------|-----|
| ☐☐ 111 | 合适 | héshì | 형 적합(적당)하다, 알맞다 |
| ☐☐ 112 | 盒子 | hézi | 명 (작은) 상자, 합, 곽 |
| ☐☐ 113 | 后悔 | hòuhuǐ | 동 후회하다 |
| ☐☐ 114 | 互联网 | hùliánwǎng | 명 인터넷 |
| ☐☐ 115 | 护士 | hùshi | 명 간호사 |
| ☐☐ 116 | 怀疑 | huáiyí | 동 의심하다 |
| ☐☐ 117 | 活动 | huódòng | 동 활동하다, (몸을) 움직이다  명 활동, 행사 |
| ☐☐ 118 | 活泼 | huópō | 형 활발하다, 활기차다 |
| ☐☐ 119 | 获得 | huòdé | 동 획득하다, 얻다 |
| ☐☐ 120 | 积极 | jījí | 형 적극(열성)적이다, 긍정적이다 |
| ☐☐ 121 | 积累 | jīlěi | 동 (조금씩) 쌓다, 축적하다 |
| ☐☐ 122 | 基础 | jīchǔ | 명 기초, 토대 |
| ☐☐ 123 | 激动 | jīdòng | 동 감격하다, 감동하다 |
| ☐☐ 124 | 及时 | jíshí | 형 시기 적절하다  부 제때에, 즉시, 곧바로 |
| ☐☐ 125 | 即使 | jíshǐ | 접 설령 ~하더라도 |
| ☐☐ 126 | 计划 | jìhuà | 동 계획하다, ~할 계획이다  명 계획 |
| ☐☐ 127 | 记者 | jìzhě | 명 기자 |
| ☐☐ 128 | 技术 | jìshù | 명 기술 |
| ☐☐ 129 | 既然 | jìrán | 접 ~된 바에야, ~한 이상 |
| ☐☐ 130 | 继续 | jìxù | 동 계속하다 |
| ☐☐ 131 | 寄 | jì | 동 (우편으로) 부치다, 보내다 |
| ☐☐ 132 | 加班 | jiābān | 동 초과 근무를 하다, 야근하다 |
| ☐☐ 133 | 加油站 | jiāyóuzhàn | 명 주유소 |
| ☐☐ 134 | 假 | jiǎ | 형 거짓의, 가짜의 |
| ☐☐ 135 | 假 | jià | 명 휴가, 방학 |
| ☐☐ 136 | 价 | jià | 명 값, 가격 |
| ☐☐ 137 | 坚持 | jiānchí | 동 꾸준히 하다, 고수하다 |
| ☐☐ 138 | 减肥 | jiǎnféi | 동 살을 빼다, 다이어트하다 |

| 순서 | 한자 | 한어병음 | 뜻 |
|---|---|---|---|
| □□ 139 | 建议 | jiànyì | 통 건의하다, 제안하다  명 건의, 제안 |
| □□ 140 | 将来 | jiānglái | 명 장래, 미래 |
| □□ 141 | 奖金 | jiǎngjīn | 명 상금, 보너스 |
| □□ 142 | 降低 | jiàngdī | 통 내리다, 낮추다 |
| □□ 143 | 降落 | jiàngluò | 통 내려오다, 착륙하다 |
| □□ 144 | 郊区 | jiāoqū | 명 (도시의) 변두리, 교외 |
| □□ 145 | 骄傲 | jiāo'ào | 형 ①오만하다, 거만하다 ②자랑스럽다 |
| □□ 146 | 接受 | jiēshòu | 통 받아들이다, 받다 |
| □□ 147 | 接着 | jiēzhe | 부 이어서, 연이어 |
| □□ 148 | 节 | jié | 명 기념일, 명절 |
| □□ 149 | 节约 | jiéyuē | 통 절약하다, 아끼다 |
| □□ 150 | 解释 | jiěshì | 통 ①해석하다 ②설명하다, 해명하다 |
| □□ 151 | 禁止 | jìnzhǐ | 통 금지하다 |
| □□ 152 | 京剧 | jīngjù | 명 경극 |
| □□ 153 | 经济 | jīngjì | 명 경제 |
| □□ 154 | 经历 | jīnglì | 통 경험하다  명 경험, 경력 |
| □□ 155 | 经验 | jīngyàn | 명 경험, 체험 |
| □□ 156 | 精彩 | jīngcǎi | 형 뛰어나다, 훌륭하다 |
| □□ 157 | 警察 | jǐngchá | 명 경찰 |
| □□ 158 | 竞争 | jìngzhēng | 통 경쟁하다 |
| □□ 159 | 竟然 | jìngrán | 부 뜻밖에도, 의외로 |
| □□ 160 | 镜子 | jìngzi | 명 거울 |
| □□ 161 | 究竟 | jiūjìng | 부 도대체(=到底 dàodǐ) |
| □□ 162 | 举 | jǔ | 통 들다, 들어올리다 |
| □□ 163 | 举办 | jǔbàn | 통 개최하다, 열다 |
| □□ 164 | 举行 | jǔxíng | 통 거행하다 |
| □□ 165 | 拒绝 | jùjué | 통 거절하다, 거부하다 |
| □□ 166 | 距离 | jùlí | 명 거리, 간격 |

| 순서 | 한자 | 한어병음 | 뜻 |
|---|---|---|---|
| ☐☐ 167 | 聚会 | jùhuì | 명 모임 동 모이다 |
| ☐☐ 168 | 开玩笑 | kāi wánxiào | 동 농담하다, 놀리다 |
| ☐☐ 169 | 科学 | kēxué | 명 과학 형 과학적이다 |
| ☐☐ 170 | 咳嗽 | késou | 동 기침하다 |
| ☐☐ 171 | 可惜 | kěxī | 형 아쉽다, 아깝다 |
| ☐☐ 172 | 客厅 | kètīng | 명 객실, 응접실 |
| ☐☐ 173 | 恐怕 | kǒngpà | 부 아마 ~일 것이다 |
| ☐☐ 174 | 苦 | kǔ | 형 ①(맛이) 쓰다 ②힘들다, 고생스럽다 |
| ☐☐ 175 | 垃圾桶 | lājītǒng | 명 쓰레기통 |
| ☐☐ 176 | 拉 | lā | 동 끌다, 당기다 |
| ☐☐ 177 | 来不及 | láibují | 동 늦다, (시간이 부족하여) ~할 겨를이 없다 |
| ☐☐ 178 | 来得及 | láidejí | 동 늦지 않다, (시간이 있어서) ~할 겨를이 있다 |
| ☐☐ 179 | 来自 | láizì | 동 ~(로)부터 오다 |
| ☐☐ 180 | 懒 | lǎn | 형 게으르다, 나태하다 |
| ☐☐ 181 | 浪费 | làngfèi | 동 낭비하다 |
| ☐☐ 182 | 冷静 | lěngjìng | 형 냉정하다, 침착하다 |
| ☐☐ 183 | 礼拜天 | lǐbàitiān | 명 일요일 |
| ☐☐ 184 | 礼貌 | lǐmào | 명 예의, 예의범절 |
| ☐☐ 185 | 理解 | lǐjiě | 동 이해하다 |
| ☐☐ 186 | 力气 | lìqi | 명 힘 |
| ☐☐ 187 | 厉害 | lìhai | 형 심하다, 대단하다 |
| ☐☐ 188 | 例如 | lìrú | 동 예를 들다, 예건대 |
| ☐☐ 189 | 连 | lián | 전 ~조차도 |
| ☐☐ 190 | 联系 | liánxì | 동 연락하다, 연결하다 |
| ☐☐ 191 | 零钱 | língqián | 명 잔돈, 용돈 |
| ☐☐ 192 | 另外 | lìngwài | 접 그밖에 대 다른 사람이나 사물 |
| ☐☐ 193 | 留 | liú | 동 남기다 |
| ☐☐ 194 | 流利 | liúlì | 형 (말·문장이) 유창하다, 막힘이 없다 |

| 순서 | 한자 | 한어병음 | 뜻 |
|---|---|---|---|
| ☐☐ 195 | 乱 | luàn | 휑 어지럽다, 혼란하다 |
| ☐☐ 196 | 马虎 | mǎhu | 휑 대충하다 |
| ☐☐ 197 | 毛巾 | máojīn | 명 수건, 타월 |
| ☐☐ 198 | 梦 | mèng | 명 꿈 |
| ☐☐ 199 | 迷路 | mílù | 동 길을 잃다 |
| ☐☐ 200 | 密码 | mìmǎ | 명 비밀번호, 패스워드 |
| ☐☐ 201 | 免费 | miǎnfèi | 동 무료로 하다 |
| ☐☐ 202 | 目的 | mùdì | 명 목적 |
| ☐☐ 203 | 耐心 | nàixīn | 명 인내심 휑 인내심이 있다 |
| ☐☐ 204 | 难道 | nándào | 뷔 설마 ~란 말인가? 설마 ~하겠는가? |
| ☐☐ 205 | 难受 | nánshòu | 휑 ①(몸이) 불편하다, 아프다 ②(마음이) 괴롭다, 견디기 어렵다 |
| ☐☐ 206 | 年龄 | niánlíng | 명 연령, 나이 |
| ☐☐ 207 | 弄 | nòng | 동 하다, 행하다 |
| ☐☐ 208 | 排队 | páiduì | 동 줄을 서다 |
| ☐☐ 209 | 排列 | páiliè | 동 배열하다, 정렬하다 |
| ☐☐ 210 | 判断 | pànduàn | 동 판단하다 |
| ☐☐ 211 | 批评 | pīpíng | 동 비판하다, 질책하다, 꾸짖다 |
| ☐☐ 212 | 脾气 | píqi | 명 성격, 기질 |
| ☐☐ 213 | 篇 | piān | 양 편, 장[문장·종이를 셀 때 쓰임] |
| ☐☐ 214 | 骗 | piàn | 동 속이다, 기만하다 |
| ☐☐ 215 | 破 | pò | 동 파손되다, 찢어지다 |
| ☐☐ 216 | 普遍 | pǔbiàn | 휑 보편적인, 일반적인 |
| ☐☐ 217 | 千万 | qiānwàn | 뷔 부디, 제발, 절대로 |
| ☐☐ 218 | 签证 | qiānzhèng | 명 비자 |
| ☐☐ 219 | 敲 | qiāo | 동 치다, 두드리다 |
| ☐☐ 220 | 桥 | qiáo | 명 다리, 교량 |
| ☐☐ 221 | 巧克力 | qiǎokèlì | 명 초콜릿 |
| ☐☐ 222 | 亲戚 | qīnqi | 명 친척 |

| 순서 | 한자 | 한어병음 | 뜻 |
|---|---|---|---|
| ☐☐ 223 | 轻松 | qīngsōng | 혱 (일 따위가) 수월하다, 가볍다 |
| ☐☐ 224 | 区别 | qūbié | 몡 구별, 차이 |
| ☐☐ 225 | 取 | qǔ | 동 ①가지다, 찾다 ②얻다, 받다 |
| ☐☐ 226 | 缺点 | quēdiǎn | 몡 결점, 단점 |
| ☐☐ 227 | 确实 | quèshí | 혱 확실하다 튀 확실히, 틀림없이 |
| ☐☐ 228 | 然而 | rán'ér | 젭 그러나, 하지만 |
| ☐☐ 229 | 热闹 | rènao | 혱 번화하다, 떠들썩하다 |
| ☐☐ 230 | 任务 | rènwu | 몡 임무 |
| ☐☐ 231 | 扔 | rēng | 동 버리다, 던지다 |
| ☐☐ 232 | 仍然 | réngrán | 튀 여전히, 변함없이 |
| ☐☐ 233 | 日记 | rìjì | 몡 일기 |
| ☐☐ 234 | 沙发 | shāfā | 몡 소파 |
| ☐☐ 235 | 伤心 | shāngxīn | 혱 상심하다, 슬퍼하다 |
| ☐☐ 236 | 商量 | shāngliang | 동 상의하다, 의논하다 |
| ☐☐ 237 | 稍微 | shāowēi | 튀 조금, 약간 |
| ☐☐ 238 | 社会 | shèhuì | 몡 사회 |
| ☐☐ 239 | 申请 | shēnqǐng | 동 신청하다 |
| ☐☐ 240 | 深 | shēn | 혱 깊다 |
| ☐☐ 241 | 生意 | shēngyi | 몡 장사, 영업, 비즈니스 |
| ☐☐ 242 | 省 | shěng | 동 아끼다, 절약하다 |
| ☐☐ 243 | 剩 | shèng | 동 남다, 남기다 |
| ☐☐ 244 | 失败 | shībài | 동 실패하다 |
| ☐☐ 245 | 失望 | shīwàng | 동 실망하다 |
| ☐☐ 246 | 十分 | shífēn | 튀 매우, 아주 |
| ☐☐ 247 | 实在 | shízài | 튀 확실히, 정말, 참으로 |
| ☐☐ 248 | 是否 | shìfǒu | 튀 ~인지 아닌지 |
| ☐☐ 249 | 适合 | shìhé | 동 적합하다, 적절하다 |
| ☐☐ 250 | 适应 | shìyìng | 동 적응하다 |

| 순서 | 한자 | 한어병음 | 뜻 |
|---|---|---|---|
| ☐☐ 251 | 收入 | shōurù | 몡 수입, 소득 |
| ☐☐ 252 | 收拾 | shōushi | 동 정리하다, 치우다 |
| ☐☐ 253 | 首先 | shǒuxiān | 부 가장 먼저 |
| ☐☐ 254 | 受不了 | shòu bu liǎo | 동 견딜 수 없다, 참을 수 없다 |
| ☐☐ 255 | 受到 | shòudao | 동 (환영·칭찬·도움을) 받다 |
| ☐☐ 256 | 售货员 | shòuhuòyuán | 몡 판매원, 점원 |
| ☐☐ 257 | 输 | shū | 동 ①(승부에서) 지다, 패하다 ②운송하다, 나르다 |
| ☐☐ 258 | 熟悉 | shúxī | 혱 잘 알다, 익숙하다 |
| ☐☐ 259 | 顺便 | shùnbiàn | 부 ~하는 김에, 겸사겸사 |
| ☐☐ 260 | 顺序 | shùnxù | 몡 순서, 차례 |
| ☐☐ 261 | 速度 | sùdù | 몡 속도 |
| ☐☐ 262 | 塑料袋 | sùliàodài | 몡 비닐봉지 |
| ☐☐ 263 | 随便 | suíbiàn | 부 마음대로, 좋을 대로, 함부로 |
| ☐☐ 264 | 躺 | tǎng | 동 눕다, 드러눕다 |
| ☐☐ 265 | 趟 | tàng | 양 차례, 번[왕래한 횟수를 셀 때 쓰임] |
| ☐☐ 266 | 讨论 | tǎolùn | 동 토론하다 |
| ☐☐ 267 | 讨厌 | tǎoyàn | 동 싫어하다, 미워하다 |
| ☐☐ 268 | 提 | tí | 동 ①(아래에서 위로) 끌어올리다, 높이다 ②(손잡이가 있는 물건을) 들다 |
| ☐☐ 269 | 提供 | tígōng | 동 제공하다 |
| ☐☐ 270 | 提前 | tíqián | 동 (예정된 시간·위치를) 앞당기다 |
| ☐☐ 271 | 提醒 | tíxǐng | 동 일깨우다, 깨우치다 |
| ☐☐ 272 | 填空 | tiánkòng | 동 괄호를 채우다, 빈 칸에 써 넣다 |
| ☐☐ 273 | 挺 | tǐng | 부 상당히, 매우, 아주 |
| ☐☐ 274 | 通过 | tōngguò | 동 통과하다, 지나가다 |
| ☐☐ 275 | 推 | tuī | 동 밀다 |
| ☐☐ 276 | 推迟 | tuīchí | 동 미루다, 늦추다, 연기하다 |
| ☐☐ 277 | 脱 | tuō | 동 (몸에서) 벗다 |
| ☐☐ 278 | 袜子 | wàzi | 몡 양말, 스타킹 |

| 순서 | 한자 | 한어병음 | 뜻 |
|---|---|---|---|
| □□ 279 | 危险 | wēixiǎn | 형 위험하다  명 위험 |
| □□ 280 | 卫生间 | wèishēngjiān | 명 화장실 |
| □□ 281 | 味道 | wèidào | 명 맛 |
| □□ 282 | 无 | wú | 동 없다 |
| □□ 283 | 无聊 | wúliáo | 형 무료하다, 심심하다 |
| □□ 284 | 无论 | wúlùn | 접 ~에 관계없이, ~을 막론하고 |
| □□ 285 | 误会 | wùhuì | 동 오해하다  명 오해 |
| □□ 286 | 吸引 | xīyǐn | 동 끌어당기다, 매료시키다 |
| □□ 287 | 羡慕 | xiànmù | 동 흠모하다, 부러워하다 |
| □□ 288 | 详细 | xiángxì | 형 상세하다, 자세하다 |
| □□ 289 | 消息 | xiāoxi | 명 소식, 뉴스 |
| □□ 290 | 小伙子 | xiǎohuǒzi | 명 젊은이, 청년 |
| □□ 291 | 小说 | xiǎoshuō | 명 소설 |
| □□ 292 | 笑话 | xiàohua | 명 우스갯소리, 농담  동 비웃다 |
| □□ 293 | 信封 | xìnfēng | 명 편지봉투 |
| □□ 294 | 信心 | xìnxīn | 명 자신(감) |
| □□ 295 | 兴奋 | xīngfèn | 형 (기뻐서) 흥분하다, 감격하다 |
| □□ 296 | 醒 | xǐng | 동 (잠에서) 깨다 |
| □□ 297 | 修理 | xiūlǐ | 동 수리하다, 고치다 |
| □□ 298 | 压力 | yālì | 명 압력, 스트레스 |
| □□ 299 | 牙膏 | yágāo | 명 치약 |
| □□ 300 | 亚洲 | Yàzhōu | 고유 아시아 |
| □□ 301 | 严格 | yángé | 형 엄격하다, 엄하다 |
| □□ 302 | 严重 | yánzhòng | 형 심각하다, (정도가) 심하다 |
| □□ 303 | 研究 | yánjiū | 동 연구하다 |
| □□ 304 | 眼镜 | yǎnjìng | 명 안경 |
| □□ 305 | 养成 | yǎngchéng | 동 (습관을) 기르다 |
| □□ 306 | 要是 | yàoshi | 접 만약 ~이라면 |

| 순서 | | 한자 | 한어병음 | 뜻 |
|---|---|---|---|---|
| ☐☐ | 307 | 钥匙 | yàoshi | 명 열쇠 |
| ☐☐ | 308 | 一切 | yíqiè | 대 일체, 모든 것 |
| ☐☐ | 309 | 因此 | yīncǐ | 접 이로 인하여, 그래서, 이 때문에 |
| ☐☐ | 310 | 引起 | yǐnqǐ | 동 (주의를) 끌다, (사건 등을) 일으키다 |
| ☐☐ | 311 | 印象 | yìnxiàng | 명 인상 |
| ☐☐ | 312 | 赢 | yíng | 동 이기다, 승리하다 |
| ☐☐ | 313 | 应聘 | yìngpìn | 동 초빙에 응하다, 지원하다 |
| ☐☐ | 314 | 优秀 | yōuxiù | 형 우수하다, 뛰어나다 |
| ☐☐ | 315 | 幽默 | yōumò | 형 유머러스하다 |
| ☐☐ | 316 | 尤其 | yóuqí | 부 더욱이, 특히 |
| ☐☐ | 317 | 邮局 | yóujú | 명 우체국 |
| ☐☐ | 318 | 于是 | yúshì | 접 그래서 |
| ☐☐ | 319 | 愉快 | yúkuài | 형 유쾌하다, 즐겁다 |
| ☐☐ | 320 | 预习 | yùxí | 동 예습하다 |
| ☐☐ | 321 | 原谅 | yuánliàng | 동 용서하다 |
| ☐☐ | 322 | 约会 | yuēhuì | 명 만날 약속, 데이트 |
| ☐☐ | 323 | 允许 | yǔnxǔ | 동 허가하다, 허락하다 |
| ☐☐ | 324 | 暂时 | zànshí | 명 잠시, 잠깐 |
| ☐☐ | 325 | 脏 | zāng | 형 더럽다 |
| ☐☐ | 326 | 责任 | zérèn | 명 책임 |
| ☐☐ | 327 | 增加 | zēngjiā | 동 증가하다, 늘리다 |
| ☐☐ | 328 | 占线 | zhànxiàn | 동 (전화가) 통화 중이다 |
| ☐☐ | 329 | 招聘 | zhāopìn | 동 모집하다, 채용하다 |
| ☐☐ | 330 | 照 | zhào | 동 ①비추다, 비치다 ②(사진·영화를) 찍다 |
| ☐☐ | 331 | 支持 | zhīchí | 동 지지하다, 응원하다 |
| ☐☐ | 332 | 直接 | zhíjiē | 형 직접적인 |
| ☐☐ | 333 | 值得 | zhídé | 동 ~할 만한 가치가 있다 |
| ☐☐ | 334 | 职业 | zhíyè | 명 직업 |

| 순서 | 한자 | 한어병음 | 뜻 |
|---|---|---|---|
| ☐☐ 335 | 只好 | zhǐhǎo | 囲 할 수 없이, 어쩔 수 없이 |
| ☐☐ 336 | 只要 | zhǐyào | 젭 ~하기만 하면 |
| ☐☐ 337 | 质量 | zhìliàng | 몡 품질, 질 |
| ☐☐ 338 | 周围 | zhōuwéi | 몡 주위, 주변 |
| ☐☐ 339 | 祝贺 | zhùhè | 통 축하하다 |
| ☐☐ 340 | 著名 | zhùmíng | 혱 저명하다, 유명하다 |
| ☐☐ 341 | 专门 | zhuānmén | 혱 전문적이다  囲 ①전문적으로  ②일부러 |
| ☐☐ 342 | 转 | zhuàn | 통 돌다, 회전하다 |
| ☐☐ 343 | 转 | zhuǎn | 통 (방향·위치·상황 등이) 돌다, 바꾸다, 바뀌다 |
| ☐☐ 344 | 赚 | zhuàn | 통 (돈을) 벌다 |
| ☐☐ 345 | 准确 | zhǔnquè | 혱 정확하다, 확실하다 |
| ☐☐ 346 | 仔细 | zǐxì | 혱 자세하다, 꼼꼼하다 |
| ☐☐ 347 | 总结 | zǒngjié | 통 총정리하다 |
| ☐☐ 348 | 租 | zū | 통 ①세내다, 임차하다 ②세를 주다, 임대하다 |
| ☐☐ 349 | 尊重 | zūnzhòng | 통 존중하다 |
| ☐☐ 350 | 作家 | zuòjiā | 몡 작가 |

다락원 홈페이지에서
MP3파일 다운로드 및
실시간 재생 서비스

**지은이** 리우, 최예슬
**펴낸이** 정규도
**펴낸곳** (주)다락원

**초판 1쇄 발행** 2025년 2월 7일

**기획·편집** 주민경, 이상윤
**디자인** 윤지영
**조판** 최영란
**녹음** 王乐, 朴龙君, 권영지
**사진** Shutterstock

**다락원** 경기도 파주시 문발로 211
전화 (02)736-2031 (내선 250~252 / 내선 430)
팩스 (02)732-2037
출판등록 1977년 9월 16일 제406-2008-000007호

ISBN 978-89-277-2328-8 14720
     978-89-277-2327-1 (set)

**www.darakwon.co.kr**
다락원 홈페이지를 방문하시면 상세한 출판 정보와 함께 동영상 강좌,
MP3 자료 등 다양한 어학 정보를 얻으실 수 있습니다.